조직신학

조직신학

정지련 지음

THEO
SYSTEMATIC
THEOLOGY
SYSTEMATIC
THEOLOGY

하나님 인간과 죄 그리스도 성령 삼위일체 구원론 교회론 종말론

kmc

프롤로그

"너는 네 하나님 여호와의 이름을 망령되게 부르지 말라
여호와는 그의 이름을 망령되게 부르는 자를
죄 없다 하지 아니하리라(출 20:7)."

4세기의 수도자 에바그리우스(Evagrius)는 이렇게 말한 적이 있다. "기도하지 않는 자는 신학자가 될 수 없다." 이 말은 그의 말이라기보다는 교부들과 수도원 전통의 사상을 전해 준 것이다. 사실 그리스도교의 수도원 전통은 기도 없이 성서를 읽는 것을, 그리고 수행(修行, Praxis) 없이 기도하는 것을 늘 경계해 왔다. 인도의 성자로 불렸던 선다 싱(Sundar Singh)이 말했듯이, 기도로부터 나오지 않는 말은 생명력이 없기 때문이다. "죽은 사람은 공기 속에 누워 있어도 호흡을 하지 않고 또 감각도 없듯이, 죄로 죽은 사람은 주위에 있는 하나님의 실재를 감각하지 못하고 기도의 호흡도 하지 않는다."

하나님에 관해 말하려는 사람은 성서가 증언하는 하나님을 지성으로 파악하는 데 그쳐서는 안 되며, 기도 속에 주어지는 은총의 빛에서 성서를 묵상해야 한다. 이러한 해석학적 진리에 이의를 제기할 사람은 없을 것이다.

그러나 그리스도교 전통은 자신의 체험을 성서 해석의 원리로 삼는 것에 대해서도 경고한다. 그것은 영적 교만의 산물이라는 것이다. 교부들은 지성적 교만뿐 아니라 영적 교만도 경계해 왔다. 사실 우리는 영적인 교만이 가져온 엄청난 폐해를 잘 알고 있다.

그렇다고 기도에 주어지는 체험이 성서를 이해하는 데 장애가 된다는 말은 결코 아니다. 성서를 이해하기 위해선 오히려 이러한 체험이 깊어져야 한

다. 다만 기도 없이 성서를 이해하려는 것만큼이나 자신의 체험을 성서 해석의 원리로 삼으려는 교만을 경계해야 한다는 것이다. 이를 위해 교부들은 기도의 체험을 가지고 성서를 묵상하면서도 성서로부터 비춰지는 빛에 의해 자신의 체험을 이해하고 분별하라고 권면한다.

사실 자신의 체험을 성서 해석의 원리로 삼는 것은 체험이 아직 온전한 경지에 도달하지 못했다는 증거다. 수행과 기도에 주어지는 체험이 깊어지면 무지(無知)의 지(知)를 체험하기 때문이다. 하나님은 당신을 계시하면서도 숨기신다는 통찰력 말이다. 교부들은 이러한 사실을 부정신학(否定神學, Apophatic theology)으로 부르곤 했다. 하나님 체험이 깊어지면 질수록 빛이 아니라 어둠을 체험하며, 이러한 어둠 속에서 하나님이 아니라 - 자신을 순종으로 부르시는 무언(無言)의 음성 앞에 서 있는 - 자기 자신을 바라보게 된다는 것이다. 그러나 교부들에게 이러한 부정신학의 체험은 지성의 한계가 아니라 은총의 충만함을 지시해 준다. 하나님의 은총은 우리의 지성을 인격의 중심인 마음에 통합시켜 마음으로 느끼고 들으며 순종하는 법을 가르쳐 주기 때문이다.

기도의 체험이 깊어지면 질수록 겸손해질 수밖에 없는 이유가 바로 이것 때문이다. 이러한 겸손은 성서와 사도의 하나님이 자신이 체험한 하나님보다 크다는 사실을 인정할 뿐만 아니라 교부들과 다른 그리스도인의 하나님 체험을 존중하도록 만든다. 진정으로 기도하는 사람은 자신의 체험을 성서 해석의 원리로 삼는 것이 아니라 오히려 성서의 증언과 형제의 말을 경청하게 된다.

선교사요 영성가인 머레이(A. Murray)가 말했듯이 기도 속에 주어지는 은총의 열매는 겸손이다. "참된 겸손은 하나님이 비추시는 빛 앞에서 우리가 아무것도 아님을 보았을 때 오는 것이며, 자신을 내려놓고 하나님이 전부가 되도록 할 때에 생겨나는 것이다. …… 겸손이란 자기를 비워 하나님이 채우지 않으시면, 우리 안에 선한 것이 하나도 없음을 인정하는 것이다. 물이 가장 낮은 곳으로 흘러가듯이 피조물이 자신을 낮추고 비우는 순간, 하나님의 영광과 권능이 흘러들어 그 빈자리를 채우고 그들에게 복 주시는 상태다."[1]

사실 복음서는 세례 요한 앞에서 자신을 낮추는 예수를 메시아로 선포함으로써 권능과 지식이 아니라 낮아지고 비우는 겸손이 메시아의 자격이라는 사실을 제시한다. 사실 죄의 뿌리를 교만으로 보는 성서의 관점을 염두에 둔다면, 겸손을 은총의 열매요 구원의 능력으로 이해하는 것은 그리 어려운 일이 아니다.

바울도 그리스도인에게 주어지는 가장 큰 은사인 사랑이 겸손임을 시사해 준다. "내가 사람의 방언과 천사의 말을 할지라도 사랑이 없으면 소리 나는 구리와 울리는 꽹과리가 되고 내가 예언하는 능력이 있어 모든 비밀과 모든 지식을 알고 또 산을 옮길 만한 모든 믿음이 있을지라도 사랑이 없으면 내가 아무 것도 아니요 내가 내게 있는 모든 것으로 구제하고 또 내 몸을 불사르게 내줄지라도 사랑이 없으면 내게 아무 유익이 없느니라(고전 13:1~3)."

은사도 사랑이 없으면 아무것도 아니라는 말씀은 쉽게 수긍할 수 있는 말씀이다. 그러나 자신의 모든 것을 드리는 구제와 자기희생도 사랑이 없으면 아무것도 아니라는 말씀은 쉽게 이해가 되지 않는다. 구제와 자기희생이야말로 사랑을 실천하는 것이 아닌가? 그러나 계속되는 말들은 바울이 말하

---

[1] 앤드류 머레이/채대광 역, 「겸손」, (서울: 좋은씨앗, 2014), 98.

는 사랑이 무엇인지를 시사해 준다. "사랑은 오래 참고 사랑은 온유하며 시기하지 아니하며 사랑은 자랑하지 아니하며 교만하지 아니하며 무례히 행하지 아니하며 자기의 유익을 구하지 아니하며 성내지 아니하며 악한 것을 생각하지 아니하며 불의를 기뻐하지 아니하며 진리와 함께 기뻐하고 모든 것을 참으며 모든 것을 믿으며 모든 것을 바라며 모든 것을 견디느니라(고전 13:4~7).”

사랑이란 마음속 어디선가 나타나 인간을 사로잡으려는 악한 생각들 - 충동적인 생각과 공격성, 시기와 자기자랑, 교만, 무례함, 이기심, 분노, 악한 생각과 불의의 생각들 - 이 비워진 상태요, 이러한 부정적인 생각들의 발원지 역할을 하는 인간의 이기적 본성으로부터 해방된 상태, 즉 겸손이라는 것이다.

겸손이란 물론 하나님의 은총이 우리 안에서 창조하시는 현실이다. 그러나 이러한 은총의 길을 예비할 책임은 인간에게 있다. 자신의 마음을 정화하려는 수행과 위기의 순간에 하나님의 이름을 부르는 기도가 바로 이러한 책임에 속한다.

십계명의 처음 계명들이 의미하는 바가 바로 이것이다. "나 외에는 다른 신들을 네게 두지 말라(출 20:3).”는 첫 계명은 단지 우상 숭배만을 경고하는 것은 아니다. 루터가 『대교리문답』에서 풀어 주었듯이, 이 계명에서 언급된 신들은 "우리의 마음이 매달려 있고 우리의 모든 것을 지탱하는 대상”이기 때문이다.

사실 우리가 원치 않아도 욕망과 걱정에 휘둘리는 것은 우리가 그 무언가에 사로잡혀 있기 때문이다. 이러한 사실은 우리가 하나님 외에 다른 신들을 우리 마음에 두고 있다는 증거다. 따라서 그리스도인은 하나님 아닌 것에 우리의 마음이 매이지 않도록 항상 주의를 기울여야 한다. 이를 위해 우리는 무엇보다도 먼저 정신을 차려 안팎에서 우리에게 다가오는 염려와 욕망, 분노와 절망의 생각들을 바라보아야 한다. 이것이 바로 예언자들과 예수께서 광야에서 행하셨던 수행이기도 하다.

그러나 우리에게 다가오는 생각들을 바라보면 바라볼수록, 그리고 그것들에 휘둘리지 않으려고 노력하면 할수록 우리가 - 죄에 의해 왜곡된 - 우리의 이기적인 본성에 매여 있음을 깨닫게 된다. 그리고 우리가 분노나 좌절감, 헛된 욕망이나 염려를 마음속에서 지우려 해도 쉽게 그렇게 되지 않는 이유를 알게 된다. 즉 우리 안에 있는 이기적 본성이 - 이집트의 노예 생활로부터 탈출하려는 하나님의 백성을 붙잡아 두려는 파라오같이 - 집요하게 우리를 놓아 주지 않으려 한다는 사실 말이다.

교부들은 바로 이러한 선한 싸움 속에서 우리를 놓아 주지 않는 이기적 본성의 압도적인 힘을 느낄 때마다 주님의 이름을 부르라고 권면한다. "망령되이 하나님의 이름을 일컫지 말라."는 계명을 실천하라는 것이다. 하나님의 이름은 우리가 우리의 유익이나 주장을 관철시키기 위해 끌어댈 수 있는 이름이 아니라 오직 우리가 우리의 실존적인 위기 속에서 간절하게 불러야 하는 이름이기 때문이다.

이러한 기도 속에서 겸손의 은총을 체험한 사람은 "기도하지 않는 자는 신학자가 아니다."라는 말의 뜻을 깨닫게 될 것이다. 그리고 왜 "여호와의 율법을 즐거워하여 주야로 묵상하는 자(시 1:2)"가 복 있는 사람인지도 깨닫게 될 것이다.

히브리 사상에 의하면, 이러한 사람의 말에는 - 그것이 설교든 권면이든 전도든 간에 - 능력이 동반된다. 히브리 사상에서 말이란 성취를 내포하고 있는 말이며, 성취될 사건에 대한 예언(豫言)을 뜻한다. 말이란 성취될 때 비로소 말이 된다는 것이다. 달리 말하면, 말로 그치는 말은 거짓말이라는 것이다. 그러나 히브리인들에게 참된 말, 즉 예언의 의미를 갖는 말은 존재의 깊이에서 나오는 말이다. 존재의 깊이인 마음에서 나오는 말만이 열매를 맺는 참된 말이라는 것이다. 히브리 사상에서 말이 말로 끝나는 것은 그 말이 존재의 깊이에서 나오지 않았음을 입증해 줄 뿐이다.

참된 말이 우리의 입술을 통해 나오도록 하기 위해선 수행과 기도 그리고 성서 묵상이 전제되어야 한다. 수행과 기도 없이는 우리를 우리 존재의 깊이와 중심으로 인도하려는 성령의 인도하심을 따를 수 없기 때문이다. 따라서 그리스도인은 수행과 기도 없이는 거짓말을 할 수밖에 없으며, 하나님에 대해서는 더욱 망령되이 말할 수밖에 없다는 사실을 늘 인식해야 한다.

수행과 기도가 부족해도 너무 부족한 사람이 하나님에 관해 얄팍한 지식을 전하게 된 것이 송구스러울 따름이다. 오직 하나님의 은총이 독자들의 영적인 눈과 귀를 열어 주기만을 소망할 따름이다. 부족한 사람에게 기회를 주시고 격려해 주신 도서출판kmc에 먼저 감사의 말을 전한다. 그리고 원고를 꼼꼼히 읽고 조언을 아끼지 않았던 은입자 선생에게도 진심으로 감사드린다. 지난 25년간 작은 공동체를 함께 섬겨 온 안산부곡감리교회의 교우들과 아름다운 교제를 통해 귀한 깨달음을 주셨던 해운대감리교회의 한석문 목사님과 성도들께 감사의 마음을 전한다.

2020년 2월
정지련

차례

프롤로그 4

제1장 신학의 방법
1. 신학의 역사 ·· 15
2. 신학의 방법 ·· 20
3. 신학의 방법에 대한 전망 ································ 41

제2장 하나님
1. 철학자의 하나님과 성서의 하나님 ···················· 47
2. 하나님의 자기 계시 ······································· 50
3. 창조주 하나님 ··· 73

제3장 인간과 죄
1. 인간론 ··· 85
2. 죄론 ·· 94

제4장 그리스도
1. 성서의 그리스도론 ·· 111
2. 그리스도론의 역사 ·· 116
3. 예수 그리스도의 신비 ···································· 121
4. 그리스도 사건의 의미 ···································· 139

제5장 성령

1. 성서의 성령 이해 ················· 145
2. 동방교회와 서방교회의 성령 이해 ········· 149
3. 성령의 사역 ··················· 154
4. 성령과 은사 ··················· 166

 제6장 삼위일체

1. 성서와 삼위일체론 ················ 171
2. 삼위일체론의 역사 ················ 174
3. 삼위일체론의 초점 ················ 178
4. 삼위일체론의 근본 체험 ·············· 187
5. 삼위일체론의 의미 ················ 191

제7장 구원론

1. 성서의 은총론 ·················· 195
2. 교부들의 은총론 ················· 197
3. 하나님의 본질과 은총 ··············· 199
4. 은총과 인간의 의지 ················ 202
5. 구원의 순서 ··················· 205
6. 은총의 수단 ··················· 211

차례

제8장 교회론

1. 교회의 기원 ·· 220
2. 성서의 교회론 ···································· 223
3. 니케아 공의회의 교회론 ···················· 233
4. 교회의 직제 ······································· 237
5. 교회의 사명 ······································· 240

제9장 종말론

1. 현대 신학의 종말론 논쟁 ·················· 246
2. 묵시 사상 ··· 248
3. 예수의 재림 ······································· 250
4. 죽음 이후의 삶 ·································· 260

에필로그 ·· 270
주요 참고 문헌 ·· 274
부록: 존 웨슬리의 영성과 경제 사상 ········ 278

제1장
신학의
방법

조직신학(systematic theology)은 'system'이란 말이 가리키듯이, 성서와 전통에 구현된 그리스도교의 신앙 내용을 유기적으로 연관된 하나의 체계로 구성하는 학문을 뜻한다. 그러나 조직신학은 근자에 생겨난 신학의 한 분야가 아니다. 오히려 조직신학은 신학이 등장하면서부터 존재했다. 사실 신학이 세분화되기 이전에는 신학 하면 곧 조직신학을 의미했다. 다만 지금처럼 조직신학이란 이름으로 불리지 않았을 뿐이다.

조직신학의 옛 이름 혹은 다른 이름은 교의학(教義學, dogmatics)이다. 교의학이란 말은 17세기에 등장했던 개념이며, 가톨릭에서는 사변신학(思辨神學)으로 부르기도 한다. 물론 17세기 이전에 교의학이 없었던 것은 아니다. 다만 다른 이름으로 불렸을 뿐이다. 오리게네스의 『원리론』(Περι αρχων)은 교의학의 효시라 할 수 있으며, 아퀴나스의 『신학대전』(Summa Theologiae)과 칼뱅의 『기독교강요』(Institutio Christianae Religionis)도 교의학에 속한다.

그러나 현대에 들어오면서 교의학이 교회의 교리만을 다루는 학문으로 오해될 수 있다고 생각하는 신학자들이 조직신학이란 말을 사용하기 시작했다. 현대 신학에서는 이 두 개념이 모두 사용된다. 바르트는 교의학이란 말을 사용하며, 틸리히(P. Tillich)와 판넨베르크(W. Pannenberg)는 조직신학이란 말을 사용한다.

1. 신학의 역사

현대 신학은 조직신학, 성서신학, 교회사, 실천신학 등으로 세분화되어 있다. 그러나 이러한 세분화가 이루어지기 전에는 신학이란 이름이 자주 사용되지 않았다. 사실 신학으로 번역하는 theologia는 성서에는 나타나지 않는 말이다. 신학이란 본래 그리스 철학자들이 신들에 대한 이야기를 철학적으로 해명하거나 만유의 궁극적 원인을 추구하는 철학적 우주론을 지칭하는 말이었다.

초기 교부(敎父)들은 그리스도교의 진리를 그리스 사상과 차별화하기 위해 의식적으로 신학이란 말을 사용하지 않았다. 물론 오리게네스를 위시한 몇몇 동방 교부들이 신학이란 말을 부분적으로 사용했지만, 대다수의 교부들은 이 개념을 선호하지 않았다. 오리게네스도 자신의 저술을 『원리론』(Περι αρχων)으로 불렀다. 신학이란 말이 공식적인 명칭으로 통용되기 시작한 것은 스콜라 신학 이후 신학자들이 대학 교수가 되면서부터였다.

조직신학의 효시라 할 수 있는 『원리론』은 서론에서 신앙의 규범을 제시하고, 1권에서는 하나님과 삼위일체, 영적 피조물들과 그들의 타락에 관해 기술한다. 그리고 2권에서는 창조주 하나님과 성부 하나님의 동일성, 세상과 인간의 창조, 원죄, 예수 그리스도의 구원, 최후의 심판을 다룬다. 3권에서는 자유의지와 죄, 유혹, 만유의 회복을, 4권에서는 성서영감설과 성서 주석 방법에 대해 기술한다.

그러나 초기 교부들은 오리게네스를 제외하고는 그리스도교 신앙 내용을 하나의 전체적인 체계로 세우지는 않았다. 그들은 교회 안팎의 도전에 직면해 특정 주제들을 변증하는 데 심혈을 기울였다. 예를 들자면, 아타나시우스는 『성육신론』에서 성부와 성자의 동일본질을 해명하는 데 집중했으며, 바실리우스는 『성령론』에서 성령의 위격성과 신성을 입증하려 했다. 초기 교부들은 교회의 신조를 변증하기 위해 성서에 호소하는 방법을 취했다. 이러한 사실은 교부들에게 신조의 참됨을 입증해 주는 기준이 성서였음을 시사해 준다.

이와 같이 신학은 초기 단계에서는 이단 사상 및 당대의 철학 사상과 논쟁하는 가운데 형성되었지만, 점차 성서와 교리의 진리 주장을 하나의 체계로 해명할 필요성을 느끼게 되었다. 이러한 과정 속에서 서방교회의 교부 락탄티우스(L. C. F. Lactantius)가 4세기 초 그리스도교 사상을 변호하기 위해 『하나님의 가르침』(*Divinae institutiones*)을 내놓았으며, 아우구스티누스(A. Augustinus)는 『신학 입문서』(*Enchiridion ad Laurentium de fide spe et caritate*)를 출간했다.

동방교회에서는 7세기에 요하네스(Johannes Damascenus)가 정교회 신앙을 해설한 『지식의 원천』(Pēgē gnōseōs)을 펴냈다. 이 책은 인식론에 대한 철학적 해명과 이단의 정체성을 제시한 후 정교회 신앙을 해명한다. 그러나 동방교회는 서방교회와는 달리 신학의 체계화에 그리 큰 관심을 갖지 않았다.

반면에 서방교회의 스콜라 신학은 신학의 체계화에 박차를 가한다. 12세기에는 롬바르드(Peter Lombard)가 성서의 구원 사건을 사도신경의 순서를 따라 해명하는 『명제집』(Liber Sententiarum)을 출판했다. 이 책은 종교 개혁자들에게도 영향력을 행사했다.

스콜라 신학은 토마스 아퀴나스(Thomas Aquinas)의 『신학대전』(Summa Theologiae)에서 정점에 도달한다. 교의학의 거의 모든 주제를 다루는 이 책이 이전의 교의학 저술과 차별화되는 것은 신학의 학문성에 대한 논리적 고찰이었다. 신학의 학문성, 계시와 이성의 관계는 아퀴나스 이후 신학 방법의 주요 주제가 되었다.

토마스 아퀴나스는 1부에서 신학의 방법과 신론을 다루며, 2부에서는 인간론, 죄론, 구원론을 다룬다. 그리고 3부에서는 그리스도론과 성례전론을 다룬다. 그러나 그는 일곱 가지 성례전에 대해 기술하다 갑자기 집필을 중단한다. 『신학대전』은 결국 그의 제자였던 레지날도(Reginaldo Piperno)가 토마스 아퀴나스의 초기 저작이었던 『명제집 주해』에서 성례전론과 종말론 부분을 발췌해 나머지 부분을 보완함으로써 완성될 수 있었다.

『신학대전』은 가톨릭 신학은 물론이고 개신교 교의학에도 커다란 영향을 끼쳤다. 가톨릭 신학은 오늘날까지 이 책을 해석하면서 자신의 주장을 펼치고 있다. 개신교 정통주의의 교의학 또한 가톨릭 신학과의 차별성을 강조하면서도 『신학대전』의 방법론과 전개 방식을 따르고 있다.

종교 개혁자들도 교의학의 필요성을 인식했다. 멜란히톤은 루터 신학의 관점에서 교의학의 주요주제를 다룬 『신학총론』(Loci communes rerum *theologicarum*, 1521~1559)을 출판했다. 이 책은 신학의 궁극적인 권위를 성서에서 찾는다. 물론 멜란히톤은 그리스도교의 교리 전통도 신학의 자료로 간주하지만, 성서에 의해 입증된 교리만을 받아들인다.

이 책은 루터의 관점에서 성서와 교리를 바라본 교파적 교의학이다. 그러나 루터교회 내에서 멜란히톤이 신인협력설(神人協力說)을 주장하는 등 루터와 에라스무스(Erasmus)의 사상을 절충했다는 비판의 목소리가 커져 갔다. 이러한 비판의 목소리는 결국 게르하르트(J. Gerhardt)로 하여금 동일한 제목(Loci Communes Theologici)의 개신교 교의학을 출간하도록 만들었다. 이 책은 개신교 정통주의 시대를 여는 계기가 되었다.

그러나 개신교 정통주의자들은 성서만이 신앙의 유일한 규범이라는 사실을 강조하기 위해 축자영감설(逐字靈感說, verbal inspiration)을 주장한다. 일리리쿠스(M. F. Illyricus)는 성서의 문자뿐 아니라, 구약성서의 모음기호까지도 영감의 산물이라고 주장한다. 성서 기자들의 개성과 역사성은 성서에 아무런 영향력도 행사할 수 없었으며, 단지 성령이 불러 주는 것을 받아 기록하는 일밖에 할 수 없었다는 것이다. 따라서 성서 기자들의 기록에는 오류가 있을 수 없다고 주장한다.

개신교 교의학은 칼뱅의 『기독교강요』(*Christianae Religionis Institutio*, 1536~1560)에서 체계적이고 포괄적인 모습을 갖춘다. 『기독교강요』의 전개 순서는 『신학대전』과 비슷하다. 그러나 성령의 내적 조명과 성령의 감동에 의해 기록된 성서를 통해서만 하나님을 인식할 수 있으며, 오직 은혜로만 구원받을 수 있다고 주장하는 점에서는 『신학대전』과 다른 길을 걷는다.

그러나 칼뱅이 개혁교회 전체의 지지를 받은 것은 아니다. 네덜란드의 신학자 아르미니우스(J. Arminius)의 제자들은 칼뱅이 주장하는 불가항력적 은총과 예정론을 비판했다. 이러한 비판은 개혁교회 내에 파장을 불러일으켰으며, 결국 네덜란드의 도르트레히트(Dortrecht)에서 개혁교회 총회(1618~1619)가 소집되었다. 이 회의에서 개혁교회는 아르미니우스파가 제기

한 다섯 가지 신학적 주장을 거부하고 이른바 칼뱅주의 5대 강령을 선언한다.[1]

칼뱅주의는 19세기에 핫지(Charles Hodge)로 하여금 『조직신학』(*Systematic Theology*, 1871~1873)을 저술하도록 만들었다. 이 책은 미국의 보수 장로교회에서 오늘날까지 영향력을 행사하고 있다. 네덜란드에서도 바빙크(H. Bavinck)와 베르코프(L. Berkhof)가 개혁교회 교의학을 출간했다.

그러나 독일에서는 스콜라 형식의 개신교 정통주의에 반발하는 사조가 등장한다. 슈페너(P. J. Spener)와 프랑케(A. H. Francke) 등이 주도했던 경건주의가 바로 그것이다. 그들은 신앙의 토대가 이성이 아니라 체험임을 주장하면서 교의학을 스콜라 형식으로부터 해방시킬 것을 요청한다. 슐라이어마허(F. Schleiermacher)는 경건주의의 유산을 물려받으며 『종교론』(*Reden über die Religion*)과 『신앙론』(*Glaubenslehre*)을 출판했다. 그는 이 책들에서 성서와 전통도 체험의 산물이며, 신자들을 다시 체험으로 인도하는 매개라고 주장한다.

슐라이어마허의 주장은 개신교 신학 내에서 논쟁을 촉발시켰다. 바르트(K. Barth)는 『교회 교의학』(*Church Dogmatics*, 1936~1962)에서 하나님의 말씀이 주도하는 인식만이 교의학의 토대임을 강조하면서 체험을 신학의 구성요소에서 배제시킨다. 물론 바르트는 축자영감설을 받아들이지는 않는다. 성서는 하나님의 계시에 대한 역사적 인간의 응답이라는 것이다. 그럼에도 불구하고 바르트는 성서를 계시 사건의 원초적 증언이자 말씀의 매개로 간주하며, 이러한 의미에서 하나님의 말씀으로 부른다. 즉 교의학의 궁극적 대상인 하나님의 말씀은 – 성령의 감동을 받은 저자들이 기록한 – 성서를 통해 인간에게 전해진다는 것이다. 바르트는 – 하나님의 말씀이 창조한 – 믿음이 이해를 추구하는 성향을 가졌기에 성서와 전통을 해명하는 교의학이 필연적으로

---

[1] 5대 강령은 다음과 같다. ① 인간의 전적 부패(Total Depravity) ② 무조건적 선택(Unconditional Election) ③ 제한 속죄(Limited Atonement) ④ 불가항력적 은혜(Irresistible Grace) ⑤ 성도의 견인(Perseverance of Saints).

요청된다고 덧붙인다.

반면에 틸리히(P. Tillich)는 『조직신학』(*Systematic Theology*)에서 체험을 신학의 구성 요소로 받아들인다. 그러나 틸리히는 성서와 전통이 체험을 통해 인간에게 전달되는 것을 인정하면서도 체험 그 자체가 신학의 내용이 될 수는 없다고 강변한다. 즉 성서와 전통의 내용은 결코 체험 속에서 고갈되지 않으며, 오히려 체험에 주어진 인식을 수정해 준다는 것이다.

틸리히는 - 계시와 이성이 대립되지 않는다는 전제하에서 - 이성의 신학적 의미를 강조한다. 즉 이성은 성서의 언어에 내포되어 있는 의미를 해명해 줄 뿐만 아니라, 성서 진술의 한 부분을 넘어서 전체의 의미를 추구하도록 만든다는 것이다. 틸리히는 이와 같이 교의학의 토대인 신학적 인식이 성서와 전통 그리고 체험과 이성의 상호연관성 속에서 주어지는 것임을 강조한다. 틸리히는 이러한 맥락에서 인간의 실존적인 질문과 신학적인 대답의 상호관계성이 신학의 내용을 규정한다고 주장하는 이른바 '상관 방법(method of correlation)'을 신학의 방법으로 제시한다.

2. 신학의 방법

조직신학이란 성서와 전통이 증언하는 그리스도교 신앙을 해명하는 학문이다. 그러나 조직신학은 진리에 대한 자신의 인식 방법을 제시하는 '서설(Prolegomena)'로부터 시작된다. 이는 주장하려는 신학적 진리의 토대와 방법을 밝힘으로써 자신의 학문적 정당성을 입증하려는 것이다. 그러나 신학의 학문성을 당연시할 수만은 없는 신학적 사실 정황이 존재한다. 신학의 궁극적인 대상인 하나님의 계시는 정의상 이성의 인식 능력을 넘어선다는 사실 말이다. 이러한 사실 앞에서 전통적인 조직신학은 서설에서 다음과 같은 물음을 다룬다. 첫째, "계시란 무엇인가? 그리고 신학에 주어진 성경과 전통은 계시와 어떤 관계에 있는가?" 둘째, "이성이 과연 계시를 인식할 수 있는가?"

1) 계시

(1) 계시와 성서

신학에서 계시란 예수 그리스도 안에서 궁극적으로 나타난 하나님의 자기 계시를 뜻한다. 그러나 그리스도교 전통은 마르키온(Marcion)과의 논쟁을 통해 이스라엘의 역사 속에 나타난 계시도 하나님의 자기 계시에 속한다는 사실을 새삼 확인한다. 예수 그리스도 안에서 성취된 하나님의 자기 계시는 이미 이스라엘의 역사 속에서 나타났다는 것이다. 이러한 맥락에서 그리스도교 전통은 예언자와 예수, 구약성서와 신약성서를 약속과 성취의 관계로 이해한다. 그렇다고 그리스도교 전통이 구약성서에 부차적인 의미만을 부여하는 것은 아니다. 구약성서가 예수의 빛에서 온전하게 해명되어야 하듯이, 예수 안에 나타난 하나님의 계시도 구약성서의 빛에서만 올바르게 이해될 수 있다는 것이다.

그러면 하나님은 이스라엘의 역사 밖에서도 당신을 계시하시는가? 하나님의 자유를 감안한다면, 이를 부정할 수는 없다. 사실 바울도 이스라엘의 역사 밖에서도 계시가 주어졌음을 인정한다. "이는 하나님을 알 만한 것이 그들 속에 보임이라 하나님께서 이를 그들에게 보이셨느니라 창세로부터 그의 보이지 아니하는 것들 곧 그의 영원하신 능력과 신성이 그가 만드신 만물에 분명히 보여 알려졌나니(롬 1:19. 참조. 행 14:8~18; 17:16~34)."

이것을 그리스도교 신학은 자연 계시(revelatio naturalis) 혹은 보편 계시로 부른다. 그러나 자연 계시라는 개념이 주변의 다신론 종교를 인정하는 것은 아니다. 우상 숭배 금지 계명을 철저하게 지켰던 교부들은 오직 이성의 힘으로 하나님을 인식하려는 철학적 신학만을 받아들였다.

그러나 자연 계시에 대해 그리스도교 전통은 상반된 입장들을 표출해 왔다. 대부분의 교부들은 자연 계시를 성서의 계시에 대한 예비적인 단계로 받아들였다. 자연 계시는 주의 길을 예비하는 세례 요한의 역할을 수행한다는 것이다. 가톨릭 신학은 자연 계시의 긍정적인 측면을 강조하였다. 반면에 종교 개혁자들은 철학적 신론에 부정적인 입장을 취한다. 하나님이 당신의 뜻을 만물에 새겨 주셨다 할지라도 인간의 이성은 죄로 말미암아 왜곡되었기 때문에 참된 하나님 인식에 도달할 수 없다는 것이다.

그러나 계시에 대한 포괄적 이해와 배타적 이해가 대립되는 것만은 아니다. 전자로 하여금 하나님의 뜻이 만유 안에 새겨져 있음을 깨닫도록 만드는 것이나 후자로 하여금 인간의 이성이 얼마나 깊이 왜곡되었는지를 깨닫도록 만드는 것은 - 성서가 증언하는 - 하나님의 계시에 대한 체험에서 비롯되기 때문이다.

그리스도교 신학의 토대는 이스라엘과 예수 안에 나타난 하나님의 계시다. 그리스도교는 이러한 계시의 원천적 자료를 교회에 주어진 전승에서 찾는다. 교회의 전승 가운데 성서는 최고의 권위를 갖는다. 성서는 그리스도교 전통에서 신앙의 규범이자 매개로 이해된다. 이러한 맥락에서 그리스도교 전통은 - 성서가 성령의 감동을 받은 저자들에 의해 기록되었다는 - 성서영감론(聖書靈感論, Biblical inspiration)을 주장한다.

성서영감론의 역사는 그리스도교의 역사보다 오래된 것이다. 예수 당시에도 성서영감론은 낯선 것이 아니었다. 유대교와 그리스 사상 모두는 영감론에 거부감을 느끼지 않았다. 사실 신약성서의 성서영감론(딤후 3:16; 벧후 1:21)은 유대교의 성서영감론에서 비롯된 것이다. 유대교는 성서영감론에 근거해 미드라쉬(Midrash, מדרש)와 알레고리라는 해석학을 발전시켰으며, 이러한 해석학은 그리스도교 성서해석학에 커다란 영향을 끼쳤다.[2]

---

2 미드라쉬란 랍비 유대교의 성서 해석을 가리키는 말이다. 미드라쉬는 '찾아내다', '검증하다'란 뜻의 히브리어 '다라쉬(דרש)'에서 유래한 말로서 문자적인 의미뿐 아니라 그 이면에 숨겨진 의미들을 찾아내려는 해석을 가리킨다. 미드라쉬에는 할라카 미드라쉬와 학가다 미드라쉬가 있다. 할라카 미드라쉬란 토라의 의미를 찾아 현 상황에 적용시키는 법률적 성격을 가지며, 학가다 미드라쉬는 토라의 영적 의미를 찾아내 이것을 비유와 이야기 형태로 풀어 설명하는 것이다. 랍비 유대교의 미드라쉬와 헬레니즘 유대교의 알레고리는 텍스트의 숨겨진 의미를 찾는다는 점에서는 일치한다. 그러나 이러한 목적을 이루기 위한 방법에 있어서 대화적

교부들도 성서영감론을 당연한 것으로 받아들였다. 그러나 교부들의 성서영감론은 개신교 정통주의의 축자영감설(verbal inspiration, 逐字靈感說)과는 다르다. 교부들에게 영감이란 의식이 소멸된 상태가 아니라, 특별한 조명(照明) 속에 있는 상태를 말하기 때문이다.[3] 다시 말하면, 성령의 영감을 받은 상태에서도 인간의 역사성과 인격성은 배제되지 않는다는 것이다.

그렇다면 성령의 빛에서 기록된 성서에도 역사적 제약과 언어적 한계가 나타난다고 말할 수 있다. 사실 교부들에게 성서의 권위를 존중하려는 성서영감설과 신앙의 역사적 토대에 다가서려는 성서 비평은 상호 모순이 아닌 상호보완적이다. 이러한 맥락에서 성서의 영적 의미와 더불어 성서의 문자적 의미를 중시해 왔던 그리스도교 전통이 시사해 주는 바는 실로 크다고 말할 수 있다.

종교 개혁 이후에도 가톨릭과 개신교 모두는 성서영감론을 성서 해석의 전제로 간주했다. 그러나 종교 개혁자들의 논리를 체계화시켰던 개신교 정통주의자들은 성서만이 신앙의 규범이라는 사실을 강조하기 위해 축자영감설을 주장한다. 성서 기자들의 개성과 역사성은 성서에 아무런 영향력도 행사할 수 없었으며, 따라서 성서 기자들의 기록에는 오류가 있을 수 없다는 것이다.

물론 개신교 정통주의도 성령의 임재 속에서만 성서를 계시로 확신하게 된다고 주장한다. 달리 말하면, 이성은 결코 성서를 계시로 인정할 수 없다는 것이다. 이러한 축자영감설은 당대에 이미 많은 비판을 받았다.[4] 무엇보다도 성서의 다양성과 상이성이라는 부인할 수 없는 사실이 축자영감설의

이며 들으려는 태도를 강조하는 미드라쉬는 상상력과 체험에 의존하는 알레고리와 구분된다. 참조. 귄터 스템베르거/이수민 옮김, 『미드라쉬 입문』 (서울: 바오로딸, 2008), 19~38; Julio C. Trebolle Barrera, The Jewish Bible and the Christian Bible: an introduction to the history of the Bible (1997), 473~479.

3 참조. Bernhard Lohse, Epochen der Dogmengeschichte (1988), 220.
4 라흐트만(H. Rahtmann)은 성서 영감을 성서의 문자가 아닌 말씀의 선포에서 찾았으며, 제물러(J. S. Semler)도 축자영감설을 학문적으로 불가능한 가설에 불과하다고 비판한다.

한계를 여실히 드러내 준다는 것이다.

사실 축자영감설은 그리스도교 전통에 부합하지 않는다. 성서의 성육신(成肉身) 사상은 하나님의 진리가 초역사적인 현상이 아니라 구체적인 역사적 사건이나 인물 속에서 계시된다고 가르침으로써 성서 전승의 역사성을 시사한다. 그리고 성서를 계시의 매개가 아닌 계시 자체로 이해하는 것은 우상 숭배 금지를 중시하는 개신교 원리에도 위배된다.

간략하게 요약하면, 그리스도교 전통이 대변하는 성서영감론은 성서가 - 문화적 제약 속에 살았던 인간의 역사적 증언이라는 한계에도 불구하고 - 계시 체험의 기준이요 매개라는 사실을 말한다. 그러나 성서영감설은 성서가 누구에게나가 아니라 오직 성령의 조명(照明)을 받은 사람에게만 계시의 매개가 된다는 사실을 강조한다.

(2) 성서와 전통

교부들은 성서뿐 아니라 전통도 성령에 의해 생성된 것으로 이해한다. 그러면 전통이란 구체적으로 무엇을 가리키는가? 간략히 말하면, 전통이란 교회에 전승된 복합적인 자료들을 뜻하며, 구전(口傳) 전통과 해석 전통으로 구분할 수 있다. 즉 성서 외에 성서와 동일한 권위를 갖는 구전 전통뿐 아니라 교회의 위임하에 성서의 내용을 해석한 교부들의 가르침도 전통이라고 부른다. 예를 들자면, 훗날 사도신경이란 이름으로 기록된 공동체의 신앙 규범(regula fidei)과 전례(典禮, liturgy)가 전자에 속한다면, 교부와 공의회의 교리는 후자에 속한다. 동방교회는 성서와 전례를 거룩한 전승(聖傳)이라고 부른다. 그밖에도 동방교회는 일곱 차례의 공의회[5]와 교부들에게 전통이라는

---

[5] 일곱 차례의 공의회는 다음과 같다. 삼위일체론을 제정한 325년의 제1차 니케아 공의회와 381년의 제2차 콘스탄티노플 공의회, 예수의 어머니 마리아를 '하나님을 낳으신 분(Theotokos)'으로 정의한 431년의 제3차 에베소 공의회, 451년의 제4차 칼케돈 공의회, 553년의 제5차 콘스탄티노플 공의회, 680년의 제6차 콘스탄티노플 공의회 그리고 이콘(Icon) 공경의 정당성을 확인한 787년의 제7차 니케아 공의회.

권위를 부여한다.

　서방교회, 특히 개신교는 성서와 전통을 구분한다. 그러나 종교 개혁 이전까지는 성서와 전통의 관계가 해명되지 않았다. 이러한 상황 속에서 루터는 성서뿐 아니라 전통도 영감을 받았다고 말하는 가톨릭교회에 맞서 성서만이 영감을 받았다고 주장함으로써 격렬한 논쟁을 불러일으켰다.

　종교 개혁자들은 성서를 해석할 수 있는 권위가 교회에 있다는 가톨릭의 주장에 맞서 성서의 자명성(自明性)을 강조한다. 성서는 구원과 관련된 구절들에서는 결코 모호하지 않다는 것이다. 이러한 맥락에서 루터는 "성서는 스스로 해석한다(scriptura sui ipsius interpres)."는 명제를 제시한다. 인간의 구원에 대한 성서의 메시지는 교회의 해석이 필요 없을 만큼 자명하다는 것이다. 이러한 맥락에서 루터는 전통의 빛에서 성서를 해석할 것이 아니라 성서의 빛에서 전통을 비판적으로 검증해야 한다고 주장한다. 성서의 핵심 메시지인 복음만이 교회의 교리뿐 아니라 성서의 세부적인 내용들도 비판할 수 있는 척도라는 것이다.

　트리엔트 공의회는 종교 개혁자들의 주장에 맞서 다음과 같이 선언한다. "트리엔트 공의회는 복음의 진리와 교리가 기록된 책과 기록되지 않은 전통 안에 포함되어 있다는 것을 확실히 안다. 이 전통은 사도가 그리스도 자신의 입에서 받았거나 성령의 받아쓰게 함을 통해서 사도 자신에 의해서 마치 손에서 손으로 전해지는 것처럼 전달되어 우리에게 이르렀다(『거룩한 책과 전통의 수용에 대한 고찰』)."

　전통도 근원적인 것이므로 성서에 주어진 권위를 주장할 수 있다는 것이다. 트리엔트 공의회는 또한 성서 해석의 진위 여부가 교부들의 전통을 계승한 교회에 의해 결정되어야 한다고 덧붙인다. 이로써 트리엔트 공의회는 종교 개혁자들의 '오직 성서'와 성서의 자명성 교리를 거부한다.

　사실 루터가 선언한 '오직 성서'를 이전 세대는 알지 못했다. 동방교회의 전통 이해가 시사하듯이, 루터 이전에는 성서가 포괄적인 전통의 맥락에서 이해되었다.[6] 이러한 이해는 현대 개신교 신학에서도 나타난다. 가톨릭 신학자들은 물론이고 현대 개신교 신학자들도 '오직 성서'에 동조하지만은 않는다. 예를 들면, 루터교회 신학자 아수무센(H. Asmussen)은 다음과 같이 단호하게 말한다. "성서와 전통을 종교 개혁자들처럼 명확하게 구분할 수는 없다. 성서는 신적이며, 전통은 인간적이라고 말할 수는 없다."[7]

양자는 사도들의 전승이라는 동일한 근원으로부터 나왔다. 루터교회 신학자 알트하우스(P. Althaus)는 이렇게 말한다. "사도들의 선포 역시 원래는 구전 말씀이었다. 이것은 복음의 본성과 일치하는데, 왜냐하면 복음은 단지 읽은 것을 통해서 배우게 되는 그런 진리의 전달이 아니기 때문이다. 오히려 복음은 인간을 초청하시는 부르심이다."[8]

성서 이전에 전승이 존재했으며 정경의 형성 과정에도 교부들의 결단이 작용했다는 것은 부인할 수 없는 사실이다. 성서는 분명 전통의 일부다. 그러나 전통과 구분되는 성서만의 특징도 간과해서는 안 된다. 이에 대해 알트하우스는 다음과 같이 말한다. "성경은 구전 말씀의 근원을 갖고 있으며, 또 구두 선포를 위하여 존재한다. …… 그러나 기록된 성경이 필요한 것은 사도들의 규범적 메시지가 잊히면 설교가 이단적으로 왜곡될 수 있는 위험이 있기 때문이다. 그래서 기독교는 성경, 즉 사도적 설교를 지속적으로 기억시켜 주는 성경을 글로 된 형태로 가질 필요가 있었다."[9]

성서는 사도들의 선포를 회상시켜 줄 뿐 아니라 이단 사상을 경계하기 위해 기록되었다는 것이다. 간략하게 말하자면, 성서는 선포의 매개이자 선포

---

6 참조. Bernhard Lohse, *Martin Luther. Eine Einführung in sein Leben und sein Werk*, 2. Aufl. (München: Beck, 1982), 160~161.
7 Hans Asmussen und Thomas Sartory, *Gespräch zwischen der Konfessionen* (Frankfurt am Main: Fischer Bücherei KG, 1959), 21.
8 파울 알트하우스/이형기 옮김, 『루터의 신학』 (서울: 크리스챤다이제스트, 1994), 90.
9 앞의 책, 91. 필만(H. G. Pöhlmann)도 양자의 관계에 대해 다음과 같이 말한다. "사도적 원전승은 전승의 원천으로서 그 전승의 강물 – 이것은 다른 지류들로부터 흘러 온 물도 받아들인다. – 로부터 비록 분리될 수는 없지만 구분될 수 있다." 참조. 홀스트 필만/이신건 옮김, 『교의학』 (천안: 한국신학연구소, 1989), 87.

의 규범을 제시할 목적으로 기록되었다는 것이다.

물론 푈만(H. G. Pöhlmann)이 지적하듯이, 전통 없이 성서에 다가서는 것은 임의적인 해석에 빠질 수밖에 없다.[10] 그러나 루터가 지적했듯이, 전통을 무비판적으로 성서 해석의 기준으로 삼는 것도 문제다. 따라서 다음과 같은 결론에 이르게 된다. 전통의 빛에서 성서 해석을 심화시켜야 하지만, 전통도 성서의 빛에서 비판적으로 검증되어야 한다.[11] 전통과 성서는 양자택일이나 조화의 관계가 아니라 해석학적 순환이나 긴장 관계 속에서 이해되어야 한다. 사실 사도들은 전통을 성서 해석의 열쇠로 제시하고, 교리의 참됨을 항상 성서의 빛에서 입증했다. 의도하지 않았지만 부지불식간에 성서와 전통을 해석학적 순환 속에서 이해해 왔던 것이다.

2) 계시와 이성

성서와 교리는 이성에 의해서도 이해될 수 있으며, 무신론자도 성서와 교리를 객관적으로 요약할 수 있다. 그리스도교 전통은 성서에 대한 문법적이며 역사적인 해석에서 그리스도인과 비(非)그리스도인이 동의할 수 있다는 사실을 인정한다. 그러나 비(非)그리스도인이 성서와 교리를 실존적으로 이해하기란 쉽지 않다. 이성은 성서의 메시지를 추론하고 이해할 수는 있지만, 진리로 확신할 수는 없기 때문이다.

이러한 맥락에서 그리스도교 전통은 - 성령이 선사한 - 믿음에 의해서만 하나님의 계시가 실존적으로 이해될 수 있다고 가르쳐 왔다. 아우구스티누스로부터 안셀무스를 거쳐 토마스 아퀴나스에 이르기까지 서방교회는 "이

---

10 앞의 책, 87.
11 로제는 양자의 관계에 대해 다음과 같이 말한다. "전통은 성서를 설명하거나, 최소한 성서 안의 어두운 부분들을 설명해 준다. 그러나 다른 한편으로는 성서가 전통의 규범이 된다." 참조. Bernhard Lohse, *Epochen der Dogmengeschichte* (Stuttgart: Kreuz Verlag, 1988), 39.

해하기 위해서 믿는다(Credo ut intelligam)."를 신학의 명제로 제시한다. 이러한 전통은 종교 개혁자들에게도 예외가 아니다. 루터와 칼뱅에게 신학은 믿음이라는 토대 위에 세워진 집으로 이해된다.

그러면 믿음이란 무엇인가? 성서와 교회의 증언에 동의하는 것인가? 아니면 성서가 증언하는 하나님을 신뢰하는 것인가? 구약성서는 하나님의 약속에 대한 신뢰와 하나님에 대한 인격적 신뢰를 믿음으로 부른다. "아브람이 여호와를 믿으니 여호와께서 이를 그의 의로 여기시고(창 15:6)." 예수도 믿음을 신뢰로 이해한다. "다만 말씀으로만 하옵소서 그러면 내 하인이 낫겠사옵나이다 …… 내가 진실로 너희에게 이르노니 이스라엘 중 아무에게서도 이만한 믿음을 보지 못하였노라(마 8:8~10)." 바울에게도 이러한 믿음 이해가 계승된다. "아브라함이 하나님을 믿으매 그것이 그에게 의로 여겨진 바 되었느니라(롬 4:3. 참조. 갈 3:6)."

그러나 사도들은 복음에 대한 동의도 믿음으로 제시한다. "하나님이 처음부터 너희를 택하사 성령의 거룩하게 하심과 진리를 믿음으로 구원을 받게 하심이니(살후 2:13. 참조. 골 1:6)." 사실 예수도 하나님 나라의 도래를 선포하면서 다음과 같이 권면한다. "회개하고 복음을 믿으라(막 1:15)."

성서는 이와 같이 진리에 대한 동의와 하나님에 대한 인격적 신뢰 모두를 믿음으로 부른다. 아우구스티누스 이후의 서방교회는 이러한 성서의 믿음 이해를 따르면서 성서의 증언에 대한 동의와 하나님에 대한 인격적 신뢰를 구분하면서도 성서에 대한 지적인 동의를 인격적인 신뢰의 전제로 제시한다. 그러나 중세 가톨릭은 스콜라 신학의 영향하에서 교리에 대한 지식 그 자체를 믿음으로 간주하기도 했다.

루터는 가톨릭과의 논쟁 속에서 지적인 동의와 인격적 신뢰의 불연속성을 강조하면서 후자만을 믿음으로 받아들였다. 그러나 개신교 정통주의는 다시 지식(notitia)과 동의(assensus)를 신뢰(fiducia)에 이르는 과정으로 받아들인다.

신뢰는 동의를 낳지만, 동의는 신뢰를 낳지 않는다는 사실을 감안하면, 인격적 신뢰를 믿음의 본질로 제시하는 것이 적절할 것이다. 그리스도교 전통은 - 교파 간의 차이를 넘어서서 - 성령에 의해 선사된 믿음, 즉 인격적인 신뢰에 의해서만 하나님의 계시를 이해할 수 있다고 주장한다. 그러나 성령에 의해 선사된 믿음은 체험을 동반하기에 체험에 의해 계시가 실존적으로 이해된다고도 말할 수 있다. 칼뱅과 웨슬리는 물론이고 루터도 이러한 사실을 인정하며 신학의 방법을 명상(meditatio)과 시련(tenatio) 그리고 기도(oratio)로 제시한다.

현대 신학자 가운데서 체험의 신학적 의미를 가장 명료하게 해명해 준 신학자는 틸리히다. 그는 체험을 통해서만 성서와 전통이 우리에게 실존적으로 다가온다는 사실을 강조함으로써 본래적인 의미의 믿음이 지적인 동의가 아니라 인격적 신뢰라는 사실을 시사한다. 그러나 그는 다른 한편으로는 체험이 신학의 매개지 자료가 아니라는 사실을 강조한다. 이러한 사실을 간과하면, 계시와 체험을 동일시한 슐라이어마허의 전철을 밟게 된다는 것이다.[12]

체험은 이성과 함께 신학의 자료를 이해하는 데 반드시 필요한 매개지만, 성서와 동등한 권위를 갖는 것은 아니라는 것이다. 달리 말하면, 체험이란 성서를 바라보는 눈을 열어 주는 수단이지 성서 해석의 원리는 아니라는 것이다. 사실 체험은 성서를 해석하는 가운데 자신의 체험 속에 주어졌던 선입견을 수정하게 된다.

이러한 맥락에서 서방교회는 안셀무스를 자신의 증인으로 내세우며 "믿음은 이해를 추구한다(fides quaerens intellectum)."는 명제를 받아들인다. 믿음은 이성을 회복시켜 이성으로 하여금 신앙의 진리를 탐구하도록 만든다는 것이다. 안셀무스는 이러한 사실을 다음과 같이 표현한다. "믿음을 전제하지

---

[12] 참조. Paul Tillich, *Systematic Theology* V. 1 (Chicago: The University of Chicago Press, 1951), 40~46.

않는 것은 오만이며, 이성을 사용하지 않는 것은 태만이다."

안셀무스의 사상은 아퀴나스에게 계승되어 오늘날까지 가톨릭의 신학방법에 적용된다. 1998년 교황 바오로 2세가 펴낸 『신앙과 이성』이라는 교서는 이성에 대한 신앙의 우위를 인정하면서도 다음과 같이 말한다. "신앙은 그 자체로만 있으면 신화와 미신이 될 위험에 빠진다. …… 따라서 신앙과 철학은 긴밀한 연합을 되찾아야 한다는 중대하고 확고한 나의 충고를 결코 무분별한 것으로 봐서는 안 된다. 이 긴밀한 연합에서 이 둘은 상대편의 자율을 지켜 주면서 자신의 본질에 충실할 수 있다."

신앙은 이성과 구분되지만 이성에 빛을 던져 줌으로써 죄로 말미암아 왜곡된 이성을 회복시켜 준다는 것이다. 이러한 사상은 현대 개신교 신학에서도 받아들여지고 있다. 바르트는 교의학의 전개 가능성을 안셀무스의 "이해를 추구하는 믿음"에서 찾으며, 틸리히도 인간의 이성이 은총에 의해 본래의 모습을 되찾게 된다고 말한다. 즉 은총의 조명을 받은 이성은 신앙의 내용에 동의하면서 실존적으로 이해하게 된다는 것이다.

그러나 성령의 조명을 받은 이성은 신앙 내용에 동의하고 실존적으로 이해하는 과정 속에서 신앙 내용 전체에 대한 통찰력을 얻게 된다. 그리고 이러한 통찰력에 근거해 - 신앙 내용들이 유기적인 연관성 속에서 전체를 이루는 - 이른바 체계(system)를 세우려 한다.[13] 이성은 또한 체계를 세우는 방법에서 논리적인 합리성과 방법적인 일관성을 요청한다. 이성은 방법론이 확실할 때에만 진리를 신뢰하기 때문이다.

이러한 맥락에서 체계를 지향하는 조직신학은 결국 이성의 차원에서 그리스도교의 진리 내용을 해명하려는 목적을 가진다고 말할 수 있다. 그러나 체계란 - 그리스도인과 비(非)그리스도인을 자신에게 복종시키려는 - 완결된 지

---

[13] 체계 혹은 조직으로 번역되는 system은 그리스어 systema에서 유래한 말로서 하나의 전체를 구성하는 부문의 유기적인 결합을 뜻한다.

식이 아니라 그리스도인으로 하여금 신앙 내용을 이해할 수 있도록 신앙 내용 전체에 대한 관점이나 전(前)이해를 제시해 주는 대화적 자세로 이해되어야 한다. 즉 조직신학은 성서를 이해하려는 사람들을 '전체와 부분의 해석학적 순환 운동'으로 인도하는 섬김의 행위가 되어야 한다. 그렇지 않으면, 조직신학자는 사람들을 자신의 주장에 종속시키려는 지적 교만에 빠지게 될 것이다.

3) 부정신학

그리스도교 신학에는 체계를 지향하는 방법뿐 아니라, 신학적 체계에 이의를 제기하는 것처럼 보이는 방법도 존재한다. 동방교회의 부정신학이 바로 그것이다. 물론 동방교회도 서방교회와 마찬가지로 성서와 전통에 권위를 부여한다. 그러나 동방교회는 성서와 전통이라는 공동의 토대를 갖고 있으면서도 신학의 방법에서 서방교회와 근본적인 차이를 보인다. 성서와 전통을 내적으로 규정하는 방식이 서방교회와 다르기 때문이다. 이에 대해 교회사학자 펠리칸(J. Pelikan)은 다음과 같이 말한다. "동방교회의 권위들은 그들 자신의 내용에 의해 초월된다. 그들이 추구하는 지식은 특별한 종류의 지식이다. 대상에 대해 궁극적으로 알 수 없음을 인정하는 지식 말이다."[14]

이처럼 특별한 지식을 추구하는 신학의 방법을 동방교회에서는 부정신학이라고 부른다. 하나님에 대해서는 적극적인 규정을 부정하는 방식으로밖에 말할 수 없다는 부정신학적 특징 때문에 동방교회 신학은 신앙의 주제들을 지성적으로 추론하고 체계화시키는 서방교회의 신학과 달리 신앙의 신비를 해소하려는 모든 시도를 거부한다. 그러나 동방교회의 부정신학이 신학

---

[14] Jaroslav Pelikan, *The Christian Tradition Vol. 2: The Spirit of Eastern Christendom(600–1700)* (Chicago: The University of Chicago Press, 1974), 31.

적 불가지론(不可知論)을 뜻하는 것은 결코 아니다. 오히려 동방교회의 부정신학은 '궁극적으로 알 수 없는 분과의 연합'을 지향한다. 따라서 부정신학을 근간으로 하는 동방교회에서는 교의신학과 신비신학이 분리되지 않으며, 시대적 변화에 따라 다양한 신학 이론이 등장하는 서방신학과는 달리 현대에 이르기까지 신학의 방법과 주제에서 커다란 차이를 보이지 않는다.

(1) 동방교회 교부들의 부정신학

하나님의 본질은 알 수 없다고 말하는 부정신학은 신학이란 용어와 마찬가지로 플라톤 철학에서 유래한 개념이다. 사실 부정신학이란 용어뿐 아니라 부정신학의 주요 개념들인 정화(淨化, katharsis), 관상(觀想, theoria), 신화(神化, theosis)도 플라톤 철학의 개념들이다. 그리고 플라톤주의에서도 부정신학은 불가지론을 뜻하는 것이 아니라 궁극적 실재와의 합일(合一)을 지향한다. 지성(nous)은 궁극적 실재를 파악할 수 없지만, 정화의 과정을 거치면 궁극적 실재를 관상할 수 있을 뿐 아니라, 관상을 통해 관상의 대상인 궁극적 실재와 하나가 될 수 있다는 것이다.

교부들은 당대의 지성인들에게 사상적 배경을 제공해 주었던 플라톤주의를 단지 그리스도교 신앙을 전달할 도구로만 보지는 않았다. 그들은 플라톤주의에서 - 예수 그리스도 안에서 계시된 - '하나님과 인간의 연합'을 해명할 수 있는 적절한 소재를 찾았다고 생각했다. 오리게네스(Origenes)를 위시한 초기의 교부들은 특히 - 정화와 관상을 통해 신화에 이른다는 - 플라톤주의의 부정신학을 적극적으로 받아들였다.

이러한 이유로 인해 교부들이 플라톤주의를 무비판적으로 수용한 것이 아니냐는 비판이 끊임없이 제기되어 왔다. 그러나 교부들은 니케아 공의회 전후로 창조주와 피조물의 질적 차이를 강조하는 '무(無)로부터의 창조(creatio ex nihilo)' 교리를 그리스도교 신학의 기준으로 제시하면서 오리게네스의 지성적 관상 전통에 결정적인 수정을 가한다. 즉 지성에 주어지는 관상 체험이 그리스도교 계시 체험의 궁극적 단계가 아니라는 것이다. 오히려 관상 체험의 마지막 단계에서는 절대적인 어둠 속에서 하나님에 대한 무지(無知)의 지(知)를 체험하게 된다는 것이다. 동방교회는 이러한 어둠의 체험을 진정한 의미의 부정신학으로 제시한다. 추론적 지성뿐 아니라 정화된 지성의 관상조차 넘어서는 것이야말로 진정한 부정신학이라는 것이다.

이러한 부정신학은 서방교회에는 생소하게 느껴질 수 있기 때문에 부정신학에 대한 구체적인 이해를 돕기 위해 동방교회 부정신학을 대표하는 두 교부들의 신학 방법을 살펴보도록 하겠다.

① **니사의 그레고리우스**(St. Gregory of Nyssa)

부정신학 하면 6세기에 활동했던 위(僞) 디오니시우스(Pseudo-Dionysius)의 이름을 떠올리게 된다. 그러나 동방교회 부정신학의 전형(典型)은 이미 그레고리우스에게 나타난다.[15] 그는 『아가 주석』에서 하나님을 찾는 영혼의 여정을 부정신학의 관점에서 상술한다. 이 여정의 처음 단계에서는 진리의 빛이 무지의 어둠을 몰아내지만 영혼이 빛에 의해 정화되면 될수록 더 깊은 어둠 속으로 들어가며, 어둠 속에서 그분을 볼 수는 없지만 그분의 현존을 느끼며 그분을 찾아 나서게 된다고 말한다.

이러한 관점은 『모세의 생애』에서 더욱 선명하게 드러난다. 그는 출애굽기와 민수기에 기술된 모세의 생애를 먼저 문자적으로(historia) 주석한 후 주석을 통해 얻은 문자적 의미를 관상하며(theoria) 알레고리적으로 해석한다.

그레고리우스는 문자적 해석을 요약하며 다음과 같이 말한다. "하나님은

---

[15] 그레고리우스는 그의 형 바실리우스와 나지안주스의 그레고리우스와 함께 삼위일체론 정립에 기여한 카파도키아의 교부다. 그러나 그레고리우스는 삼위일체론뿐 아니라 신비 신학의 저술에도 심혈을 기울였다. 그는 수도자의 금욕적인 삶을 그린 『동정론』과 수도자였던 누이의 삶을 찬미한 『마크리나의 생애』에서 수도자의 영적 여정을 그렸으며, 노년에는 알레고리적 성서 주해에 관심을 갖고 그의 대표적 저술들인 『아가 주석』과 『모세의 생애』를 저술했다.

모세에게 인간의 지혜로 인식 가능한 그 어떤 것도 하나님으로 여겨서는 안 되며, 인간이 이해할 수 있는 그 어떤 것도 하나님의 초월적인 본성과 동등한 것으로 여겨져서는 안 된다고 주의를 주셨다."[16]

성서에 대한 문자적 해석 자체가 부정신학을 요청한다는 것이다. 그러나 그레고리우스는 인간의 지성을 넘어서는 성서의 진리에 불가지론적 입장을 표명하는 대신에 이러한 진리를 관상을 통해 실존적으로 체험하려 한다.

그는 관상을 통해 모세의 삶 속에 나타난 하나님의 빛을 하나님의 자기 계시로 해석하면서 이 빛이 예수 그리스도 이후 모든 사람에게 주어졌다고 말한다. "삶을 조명해 주는 빛은 모든 사람에게 동일하게 비춰지고 있지만, 각자의 선택 능력에 따라서 그것을 수용하기도 하고 물리치기도 한다."[17] 그러나 그레고리우스는 인간이 정화되면 될수록 빛을 더 뚜렷하게 보는 것이 아니라 오히려 암흑 속으로 인도된다고 말한다. "하나님은 암흑이라는 은밀한 곳에 홀로 계시는 분이지만, 동시에 그 은밀하고 신비스러운 암흑 속으로 우리를 이끄시는 분이기도 하다."[18]

그는 이 어둠을 하나님이 궁극적으로 자신을 계시하는 장소로 제시하면서 이러한 어둠의 의미를 다음과 같이 말한다. "하나님 보기를 갈구했던 모세는 이제 하나님을 어떻게 볼 수 있는지 깨닫게 되었다. 즉 하나님이 어디로 인도하든지 그를 따르는 것이 곧 하나님을 보는 것이다."[19]

그레고리우스에게 부정신학은 철저하게 은총을 전제한다. 하나님의 은총이 없으면 인간의 지성은 결코 하나님을 알 수 없다는 것이다. 그러나 은총에 의해 인도되면 될수록 인간은 어둠 속에서 하나님의 불가지성(不可知性)을 체험하게 된다는 것이다. 어둠 속으로 들어간다는 것은 인간의 한 부분

---

16 닛사의 그레고리/고진옥 옮김, 『모세의 생애』(서울: 은성, 2003), 61~65.
17 앞의 책, 99.
18 앞의 책, 129.
19 앞의 책, 163.

인 지성이 더 이상 홀로 활동하지 않는 상태, 그러나 - 동방교회에서 인간의 중심으로 간주되는 - 마음이 깨어 지각하는 상태를 뜻한다. 이때 인간은 지성의 활동이 중지되기 때문에 하나님을 지적으로 알려고 하는 대신에 오직 마음으로 하나님을 느끼며 따르게 된다. 이러한 상태에 대해 동방교회 신학자 라우스(A. Louth)는 다음과 같이 말한다. "영혼이 관상의 단계를 넘어가 버린다. …… 하나님은 알 수 없는 분이기에 하나님 당신의 본질에 관련해 셋째 길에서는 관상이 불가능한 것이다. 즉 이는 사랑을 통하여 결합되는 길이다."[20]

달리 말하자면, 겸손히 하나님을 따르는 순종의 행위야말로 자신을 계시하면서도 숨기시는 하나님과의 연합에 이르는 길이라는 것이다. 그러나 여기서도 그레고리우스는 하나님의 초월성을 강조한다. "완전은 한계가 없기 때문에 완전을 성취한다는 것은 확실히 불가능하다."[21]

그레고리우스는 이와 같이 추론적 지성의 단계뿐 아니라 관상의 단계도 넘어서는 어둠의 체험을 말함으로써 그리스도교 부정신학의 틀을 마련해 주었다.[22] 그레고리우스에게 부정신학은 성서의 요청으로 간주된다. 성서에 대한 문자적 해석 자체가 부정신학을 요청한다는 것이다. 물론 그레고리우스는 인간의 지성에 모순처럼 보이는 성서의 계시를 있는 그대로 서술하는 데 그치지 않고 이러한 역설 속에 존재하는 진리를 관상을 통해 실존적으로 체험하려 한다. 그러나 그레고리우스는 성서에 대한 문자적 해석을 중간 단계로만 인지하지는 않는다. 그에게 문자적 해석은 알레고리적 해석에 길을 열어 주기도 하지만, 알레고리적 해석의 진위 여부를 검증하는 기준이 된다.

---

20 앤드루 라우스/배성옥 옮김, 『서양신비사상의 기원』 (왜관: 분도출판사, 2011), 130.
21 닛사의 그레고리/고진옥 옮김, 『모세의 생애』 (2003), 44.
22 라우스는 이를 다음과 같이 설명한다. "플라톤적 의미의 관상은 그레고리오가 추구하는 길의 목표가 아니라 오히려 중간 단계에 속하는 것이다. …… 그 길은 마지막 단계에 가서는 관상을 초월하게 된다." 앤드루 라우스/배성옥 옮김, 『서양신비사상의 기원』 (2011), 133.

그리고 그레고리우스에게 결정적 의미를 갖는 관상은 개인적 관상이 아니라 세례와 전례를 뜻한다.[23]

② 위(僞) 디오니시우스(Pseudo-Dionysius)

6세기에 활동했던 디오니시우스의 저작들 - 『하나님의 이름들』(*Divine Names*), 『천상의 위계』(*Celestial Hierarchy*), 『교회의 위계』(*Ecclesiastical Hierarchy*), 『신비 신학』(*Mystical Theology*) 그리고 소실된 『상징 신학』 - 은 중세 이후 동방교회뿐 아니라 가톨릭에도 지대한 영향력을 행사했다.[24] 특히 그의 『신비 신학』은 정교회의 부정신학 전통을 완성시켰다는 평가를 받고 있다. 라우스는 다음과 같이 말한다. "오리게네스의 전통은 에바그리우스의 신비 신학적 영역에서 그 고전적 표현이 완성되었고 …… 필론 그리고 니싸의 그레고리오에 뿌리를 둔 부정신학의 전통은 디오니시우스가 쓴 작은 책이지만 엄청난 영향을 끼친 바 있는 『신비 신학』에서 요약되었던 것이다."[25]

디오니시우스가 명시하듯이 그의 출발점은 성서다. "존재를 초월하는 감추어진 하나님과 관련하여 성경에서 계시해 준 것을 떠나서 말이나 개념에 의존해서는 안 됩니다. …… 우리는 단지 성경이 드러내 준 것만 사용할 수 있습니다."[26] 그는 『하나님의 이름들』에서 성서에 나타난 하나님에 관한 긍정적 진술과 부정적 진술을 탐구하며 양자 사이의 모순을 있는 그대로 드러낸다. "성경은 하나님은 존재를 초월하시는 분이기 때문에 존재하는 것들은

---

23 앤드루 라우스/배성옥 옮김, 『서양신비사상의 기원』 (2011), 133.
24 디오니시우스는 중세까지 사도행전 17장 34절에 나오는 아레오바고의 관리 디오누시오로 간주되었다. 이러한 이유 때문에 그는 사도에 준하는 권위를 가질 수 있었다. 그러나 종교 개혁 이후 디오니시우스의 정체성에 대한 질문이 지속적으로 제기되었다. 현대 역사가들은 그가 아마 6세기에 활동했던 시리아의 수도사요 신학자였을 것이라고 추정한다. 그러나 종교 개혁자들의 강력한 비판도 디오니시우스 사상이 갖는 깊이와 영향력을 감소시킬 수는 없었다. 특히 고백자 막시무스(Maximus Confessor)의 디오니시우스 번역은 디오니시우스의 사상을 후대에 전해 주었으며, 에리우제나(J. S. Eriugena, Erigena)는 디오니시우스의 저술들을 라틴어로 번역해 서방교회에 전해 주었다.
25 앤드루 라우스/배성옥 옮김, 『서양신비사상의 기원』 (2011), 231.
26 위 디오니시우스/엄성옥 옮김, 『위 디오니시우스 전집』 (서울: 은성, 2007), 69~70.

하나님을 이해하거나 직접 볼 수 없다고 가르칩니다. …… 그러나 다른 한편, 선을 만물에게 전하는 것이 절대적으로 불가능하지는 않습니다. 그것은 저절로 변함이 없는 초자연적인 광선을 발하여 각 사람을 적절히 조명해 줌으로써 거룩한 정신으로 하여금 허락된 만큼 하나님을 보게 하여 그를 닮은 상태로 끌어올려 줍니다."[27]

그러나 그는 성서가 계시하는 것이 하나님의 본질이 아니라 하나님의 활동임을 주지시키며 다음과 같이 말한다. "성경 기자들이 하나님의 이름들과 관련하여 말하는 것들은 하나님의 은혜로운 발현들을 언급하는 것입니다."[28] 하나님의 본질은 하나님의 활동에 의해서도 결코 알려질 수 없다는 것이다. 보다 정확하게 말하자면, 바로 이러한 하나님의 활동에 의해서 하나님의 본질이 파악 불가능하다는 사실을 알게 된다는 것이다.

그는 – 지성에 모순으로 나타나는 – 이러한 역설에 직면해 하나님과의 연합을 추구한다. 여기서 디오니시우스는 – 자신을 드러내면서도 감추시는 – 성서의 하나님과 연합하는 길을 전례에서 찾는다. 그는 『하나님의 이름들』에서 다음과 같이 말한다. "거룩한 법의 명령을 받는 곳 …… 우리는 정신을 신중하고 거룩하게 하고서, 생각과 존재 너머에 감추어져 있는 분을 예배합니다. 우리는 말로 표현할 수 없는 분을 지혜로운 침묵으로 공경합니다. 우리는 거룩한 성경의 계몽적인 광선에게로 들려 올라갑니다."[29]

현대의 디오니시우스 연구자들이 주장하듯이, 디오니시우스의 신학은 근본적으로 교회적이고 예전적인 성격을 가지고 있다. 하나님과의 연합은 플로티누스(Plotinus)가 말하는 것처럼 한 개인이 일자(一者, the One)에게 나아가는 고독한 여행이 아니다. 『천상의 위계』와 『교회의 위계』가 말하려는 바가 바로 이것이다.

---

27 앞의 책. 70~71.
28 앞의 책. 72.
29 앞의 책. 71.

그는 플로티누스의 존재론을 세분화시킨 프로클루스(Proclus)의 존재론적 틀 속에서 전례의 의미를 정화와 조명 그리고 연합으로 이어지는 신화의 과정으로 설명한다. 바로 이러한 이유 때문에 디오니시우스는 그리스도교 영성을 헬레니즘화한 것이 아니냐는 비판을 받아 왔다. 그러나 그는 이러한 과정의 정점에서 엄밀한 의미의 부정신학으로 나아간다. 그는 『신비 신학』에서 다음과 같이 말한다. "감각되고 이해되는 모든 것, 인식할 수 있고 이해할 수 있는 모든 것, 존재하지 않는 모든 것과 존재하는 모든 것을 잊으십시오. 그리고 모든 존재와 지식을 초월하시는 분과의 연합을 위해 힘껏 노력하십시오. 모든 것을 버리고 모든 것에서 해방되어 당신 자신과 모든 것을 절대적으로 완전히 포기함으로써, 당신은 존재하는 모든 것을 초월하는 하나님의 어둠의 광선에게로 들려 올라갈 것입니다."[30]

디오니시우스는 그레고리우스와 마찬가지로 이러한 상태를 지성이 쉼 가운데 있는 상태로 간주한다. 그는 이렇게 말한다. "그는 보이지 않는 하나님을 보는 것이 아니라 하나님이 계신 곳을 봅니다. …… 우리는 지성의 활동을 정지함으로써 완전히 알려지지 않은 것과 연합하며, 아무것도 알지 않음으로써 정신을 초월하는 것을 압니다."[31]

이와 같이 그는 절대적 무지와 어둠의 체험을 - 인간의 지성이 결코 파악할 수 없는 - 하나님과 연합한 상태로 제시한다. 이러한 어둠의 신비주의는 앞에서 시사했듯이 그리스 철학에는 존재하지 않는 것이다.

요약하자면, 디오니시우스의 부정신학은 성서로부터 출발해 전례를 거쳐 하나님과의 연합에 이르는 길을 제시한다. 그렇다고 성서 해석은 긍정신학의 분야이며 예전은 부정신학의 대상이라고 말하는 것은 결코 아니다. 성서에는 하나님에 대한 긍정적인 진술뿐 아니라 부정적인 진술도 나타나며, 성

---

30 앞의 책, 210.
31 앞의 책, 212.

서의 진리가 입증되는 전례 또한 빛과 어둠의 체험이 공존하는 장소이기 때문이다. 그는 이렇게 말한다. "그분은 긍정과 부정을 초월하십니다. 그분은 모든 부정도 초월하십니다."[32] 이러한 맥락에서 라우스는 디오니시우스가 말하는 긍정신학과 부정신학이 연합에 이르는 길에서 서로 분리될 수 없는 하나의 통일체임을 강조한다.[33]

(2) 부정신학의 방법

동방교회 신학은 서방의 신학과 마찬가지로 성서로부터 출발한다. 카파도키아의 교부들은 물론이고 디오니시우스도 성서에 대한 문자적 해석, 즉 성서에 대한 지성적 이해로부터 출발한다. 동방교회 신학은 성서가 증언하는 하나님의 계시에 지성이 이해할 수 있는 부분이 있다는 사실을 부정하지 않는다. 그러나 성서가 증언하는 진리가 심오하면 할수록 그 진리는 지성에 모순으로 나타난다는 사실을 강조한다. 그렇다고 동방교회 신학이 지성에 모순으로 나타나는 말씀 앞에서 지성의 희생을 강요하는 것은 아니다. 교부들은 이해하지도 못하는 것을 억지로 받아들이라고 말하지 않는다.

동방교회 신학은 오히려 이러한 모순을 해소시키려는 시도를 지적인 불성실로 간주한다. 의도적으로 모순의 어느 한 측면만 강조함으로써 성서의 전체성을 희생시킨다는 것이다. 동방교회는 오히려 이러한 모순 앞에서 지성의 한계를 절감하며 지성으로는 - 모순 속에서 표현된 - 하나님의 계시를 이해할 수 없다고 선언한다. 이것이 바로 동방교회가 플라톤주의와 공유하는 부정신학의 첫 번째 메시지다.

동방교회의 부정신학은 불가지론으로 끝나는 것이 아니라 - 지성에 모순으로 나타나는 알 수 없는 하나님을 바라보는 - 관상의 단계로 넘어간다. 그러

---

32 앞의 책, 220.
33 앤드루 라우스/배성옥 옮김, 『서양신비사상의 기원』 (2011), 257.

나 동방교회에서 관상이란 개인적인 관상이 아니라, 예전을 통해 실현된다. 이러한 맥락에서 동방교회 교부들은 예전을 – 성서가 증언하는 하나님을 바라볼 수 있는 – '은총의 수단'으로 간주한다.

그렇다고 예전에서 성서 해석이 중단되는 것은 아니다. 단지 지성적으로 성서를 읽는 것과는 다른 방식으로 성서가 증언하는 구원 사건을 읽어 낼 뿐이다. 동방교회에서 예전이란 성서가 증언하는 구원 사건을 형상화한 상징들로 구성되기 때문이다.[34] 그러나 이와 같이 성서의 증언을 상징으로 이해하는 것이 임의적인 것은 아니다. 성서영감론 자체가 성서를 상징으로 바라보도록 촉구한다. 성서영감론에서 성서란 하나님의 신비로부터 나와 다시 이 신비를 중재해 주는 상징의 역할을 수행하기 때문이다. 사실 고대 교회의 예전신학은 성서영감론과 동일한 구조, 즉 성령의 임재 속에서 성서가 증언하는 구원 사건을 계시의 상징으로 받아들이는 구조를 갖는다. 이러한 맥락에서 정교회 예전학자 슈메만(A. Schmemann)은 다음과 같이 말한다. "교부들에게 상징성은 성례의 본질적 차원이며, 그 이해에 도달하게 하는 고유한 열쇠다."[35]

그러나 동방교회는 예전의 사효성(事效性, ex opere operato) 교리[36]를 대변

---

34 상징의 어원은 '결합시키다'란 뜻을 지닌 그리스어 symballo에서 파생된 symbalon이다. symbalon은 본래 한 물건을 두 사람이 헤어지면서 반으로 나누어 가졌다가, 오랜 시간이 흐른 다음 다시 만나서 나눠진 부분을 맞춰 보고 그것이 하나였음을 확인하는 물체였다. 이러한 맥락에서 종교는 성(聖)이 나타났던 속(俗)을, 또한 성과 속의 세계를 이어 주는 특정한 속을 상징으로 이해한다. 따라서 종교에서는 상징이 서로 다른 두 차원을 연결시켜 주는 다리로 이해되며 이로써 참여하는 자를 성의 차원으로 인도하는 역할을 수행한다. 그러나 정교회 신학자 지지울러스(J. D. Zizioulas)가 지적했듯이, 그리스도교가 전례의 구성요소로 받아들이는 상징의 출처는 자연이 아니라 – 하나님과 인간 사이에서 일어났던 – 인격적이며 역사적인 사건이다. 즉 그리스도교 전례에서는 하나님의 뜻이 나타났던 역사적인 사건만이 상징으로 간주된다는 것이다. 이러한 사실은 그리스도교 전례를 이해하는 데 중요한 의미를 갖는다. 예를 들자면, 이러한 상징 이해는 그리스도교 세례를 정화라는 물의 자연적 속성이 아니라 – 구약의 대홍수 사건과 출애굽의 홍해 이야기에 나타난 – 심판 사건의 맥락 속에서 이해하도록 만들며, 성만찬에서 빵과 포도주 그 자체의 변화에 초점을 맞추는 것을 이교적인 것으로 간주한다.
35 알렉산더 슈메만/이종태 옮김, 『세상에 생명을 주는 예배』 (서울: 복있는사람, 2011), 197.
36 서방교회의 사효성 교리에 의하면, 교회가 정한 의식대로 집전되는 성례전은 집례자의 주관적 상태와는 상관 없이 효력을 발휘한다는 것이다. 구체적으로 말하자면, 빵과 포도주에 말씀이 더해지면 성만찬은 효력을 갖는다는 것이다. 이러한 맥락에서 아우구스티누스는 성만찬을 보이는 말씀(verbum visibile)으로 불렀

하는 서방교회와 달리 오직 성령의 임재 속에서만 예전의 상징이 본연의 역할을 수행한다고 주장한다. 카파도키아의 교부들, 특히 바실리우스(Basilius of Caesarea)는 성령의 임재 속에서만 그리스도와의 교제가 이루어지며, 그리스도와의 교제 속에서만 성부 하나님 앞에 서게 된다는 사실을 강조한다.[37] 이러한 맥락에서 동방교회는 기도와 수행을 강조한다. 성령의 도래를 기다리며 그 길을 예비하는 수행과 기도 없이는 온전한 전례 체험이 주어지기 어렵다는 것이다.

그러나 동방교회 전통은 전례를 통해 계시의 빛이 비쳐지는 순간에 인간의 이성은 하나님의 신비에 대한 자신의 무지도 깨닫게 된다고 말한다. 동방교회에서는 바로 이러한 체험이 성서와의 해석학적 순환 운동을 통해 신학적 인식을 낳는다고 주장한다. 달리 말하자면, 이러한 체험이 없이는 성서를 피상적으로 이해할 수는 있을지 몰라도 성서가 증언하는 하나님의 계시를 온전하게 포착할 수 없다는 것이다.

3. 신학의 방법에 대한 전망

지금까지 서방교회와 동방교회의 신학 방법을 살펴보았다. 그 결과 양자 모두 성서와 전통을 신학의 원천 자료로 삼고 있으며, 이러한 신학의 원천 자료를 해석하는 주체로 체험과 이성을 제시한다는 사실을 알게 되었다.

이러한 공통점에도 불구하고 양자는 강조점에서 차이를 보이고 있다. 서방교회는 전통에서 주로 신조와 교리를 강조하는 반면에, 동방교회는 전통의 가장 중요한 요소로 전례와 기도를 든다. 물론 서방교회가 전례를 신학의 자료에 포함시키지 않는 것은 아니며, 동방교회 또한 교리를 간과하지 않는

다. 물론 이러한 사상의 배후에는 그리스도가 성만찬의 집례자라는 고대 교회의 인식이 존재한다. 가톨릭 신학은 이러한 사상을 오늘날까지 견지하고 있다.

[37] 참조. St. Basil the Great, *De Spiritu Sancto* (New York: Scriptura Press, 2015), 38.

다. 그러나 강조점의 차이는 부정할 수 없다.

　서방교회는 '이해를 추구하는 믿음'이란 명제가 가리키듯이, 이성 혹은 지성을 중시하는 전통을 가지고 있다. 이러한 전통은 신학이 열광주의나 미신을 경계하는 데 도움을 주었다. 그러나 다른 한편으로는 지성주의의 위험성을 내포하고 있는 것도 사실이다.

　물론 서방교회가 체험을 간과하는 것은 아니다. 서방교회가 강조하는 믿음도 체험이라 할 수 있다. 믿음의 본질인 하나님에 대한 인격적인 신뢰는 성령이 인간 안에서 창조하는 새로운 현실이기 때문이다. 그럼에도 불구하고 서방교회의 지성적 전통은 믿음을 지적인 동의나 확신에 한정시키려는 경향을 가지고 있다.

　이에 반해 동방교회는 체험을 강조한다. 기도하지 않는 자는 신학자가 될 수 없다는 명제는 동방교회 신학자들에게 망각되지 않았다. 자세하게 말하자면, 동방교회 신학은 이러한 체험에 의해 하나님의 계시에 눈을 뜨게 된 이성 혹은 성령의 조명을 받은 이성만이 성서를 실존적으로 이해할 수 있다는 사실을 늘 염두에 두었다. 메이엔도르프는 동방교회 부정신학의 특성을 다음과 같이 요약한다. "부정신학의 부정은 단지 성령에 의해 변화됨이 없이 하나님에게 도달하려는 모든 시도의 불가능성을 말할 뿐이다."[38]

　그러나 동방교회 신학에는 체험이 성서 해석의 원리가 될 위험성이 존재한다. 물론 동방교회 신학도 체험의 빛에서 성서를 바라보는 동시에 성서로부터 체험을 반성하는 해석학적 순환 운동을 받아들인다. 그러나 체험을 성서 해석의 원리로 강조하는 경향이 강하다는 것도 부인할 수 없는 현실이다.

　이러한 강조점의 차이에도 불구하고 동방교회와 서방교회는 분열 이후에도 서로 영향을 주고받았다. 동방교회에서도 지성주의를 받아들인 신학자들이 동방교회 전통에 도전했으며, 서방교회에서도 동방교회의 부정신학을 받

---

38 존 메이엔도르프/박노양 옮김, 『동방교회의 신비신학자: 그레고리우스 팔라마스』(서울: 누멘, 2009), 14.

아들인 예가 적지 않다. 중세에는 베르나르(Bernard de Clairvaux), 에크하르트(Meister Johannes Eckhart), 로욜라의 이그나티우스(Ignatius von Loyola), 아빌라의 테레사(Teresa of Avila), 십자가의 요한(John of the Cross) 그리고 근대에는 퀘이커의 창시자 조지 폭스(George Fox)와 감리회의 창시자 존 웨슬리(John Wesley) 등이 동방교회 교부들의 부정신학 전통을 받아들였다. 그리고 현대 개신교 신학자들 가운데서는 몰트만이 동방교회 신학을 적극적으로 받아들이고 있다.

해묵은 교파적 논쟁에서 벗어나 교회 일치를 추구하는 것이 신학에 주어진 또 하나의 과제라면, 신학 방법에서부터 서로가 서로에게 배우는 풍토를 조성하는 것이 바람직할 것이다. 이를 위해선 무엇보다도 먼저 동방교회와 서방교회 모두가 신학의 토대로 간주하는 성서와 전통, 체험과 이성이 상호적인 해석학적 순환 운동 속에서만 온전한 신학적 인식을 창출한다는 사실을 인정해야 한다. 성서와 전통, 체험과 이성뿐 아니라 성서와 체험 사이에도 존재하는 해석학적 순환 운동이 온전하게 지각되지 못할 때 신학은 어느 한 편으로 치우쳐 극단적인 주장에 빠질 수밖에 없을 것이다.

이러한 해석학적 순환 운동은 서방교회 전통 속에 있는 우리에게 무엇보다도 신학의 체계에 대해 반성할 것을 요청한다. 체계는 신앙 내용의 한 부분이 아니라 전체의 의미를 해명해 준다는 점에서 필연적이다. 사실 전체에 대한 전이해(前理解)가 없이는 부분에 대한 이해가 주어지지 않는다는 것이 해석학이 제시하는 진리다. 그러나 신학의 체계는 전체에 대한 전이해를 전달해 주는 것이지, 전체에 대한 완결된 지식을 제공해 주는 것이 아니라는 사실도 잊어서는 안 된다. 동방교회의 부정신학이 정당하게 강조하듯이, 성령의 빛을 받아 하나님의 계시에 눈을 뜨게 된 이성은 계시를 이해하는 과정에서 자신의 한계를 분명하게 인식하기 때문이다.

이러한 사실은 신학의 체계를 닫힌 체계가 아니라 열린 체계, 즉 지성에 물음을 던지는 체계로 이해할 것을 요청한다. 사실 교부들도 신학의 체계를 열린 체계로 이해했다. 아타나시우스는 『말씀의 성육신』에서 자신의 신학사상을 마무리하며 다음과 같이 말한다. "이것이 우리가 당신에게 제공하는 그리스도를 믿는 믿음에 관한, 그리고 우리에게 나타난 신성한 현현에 관한 기초적인 밑그림이고 간결한 개요입니다. 그러나 당신은 지금까지 기회를 엿보아, 만일 당신의 마음을 성경에 적용시키고 성경 본문 위에 빛을 비춘다면, 성경으로부터 우리가 말해 왔던 것에 대한 세부 사항들을 더 완전하고 더 분명하게 배울 것입니다."[39]

신학의 체계란 완결된 지식 체계가 아니라, 오히려 독자로 하여금 신학이 제공하는 전이해를 가지고 성서를 묵상하도록 도와야 한다는 것이다. 달리 말하면, 신학의 체계는 해석학적 순환 운동을 돕는 하나의 수단에 불과하지 결코 그 이상이 될 수 없다는 것이다.

또한 개신교 신학은 동방교회가 강조하는 전례와 기도의 신학적 의미를 받아들여야 한다. 사실 개신교 신학은 전례와 기도를 조직신학 서설에서 다루고 있지 않다. 성서와 전례의 상호적인 연관성을 간과하고 있기 때문이다. 전례와 기도, 기도와 수행 속에 주어지는 체험만큼 성서를 실존적으로 해석할 수 있는 힘을 부여해 주는 것이 없다는 사실을 개신교 신학은 인정해야 한다.

다음과 같은 아타나시우스의 가르침은 개신교 신학이 받아들여야 할 조언처럼 들린다. "성경을 연구하기 위하여 그리고 성경에 대한 참된 지식을 위해선 선한 삶의 변화가 필요하며, 순수한 영혼과 그리스도에 합당한 덕행이 요구됩니다. …… 순수한 마음 없이, 그리고 성인들의 삶을 본받음 없이, 누구라도 성인들의 말씀을 이해하는 것이 불가능하기 때문입니다."[40]

---

39 E. R. Hardy(ed.)/염창선·원성현·임승안 옮김, 『후기교부들의 기독론』 (서울: 두란노아카데미, 2011), 140.
40 앞의 책, 141.

제2장
하나님

1. 철학자의 하나님과 성서의 하나님

고대와 중세의 신학에서는 신론이 하나님 존재 증명, 하나님의 본질과 속성, 삼위일체의 순서로 전개된다. 이러한 사실은 고대의 신학이 이성에서 계시로, 철학의 하나님에서 성서의 하나님으로 나아가는 방법을 취하고 있음을 시사해 준다. 하나님의 존재 여부와 하나님에 관해 말할 수 있는 가능성을 이성으로 해명한 후에 계시에 근거해 하나님이 누구인지를 밝히는 방법 말이다.[1]

물론 서방교회의 모든 교부들이 철학적 하나님과 성서의 하나님을 보완적 관계로 이해했던 것은 아니다. "나는 불합리하기 때문에 믿는다(Credo quia absurdum est)."는 명제를 남긴 테르툴리아누스(Tertullianus)는 철학자의 하나님을 거부한다.

종교 개혁자들 또한 명시적으로 철학자의 하나님을 거부한다. 현대 신학에서는 바르트(K. Barth)가 하나님의 존재를 이성으로 증명하는 것에 부정적인 견해를 피력함으로써 개신교 신학 전반에서 지지를 받았다. 현대 개신교 신학에서 이러한 신학적 기류가 형성된 데에는 하나님의 존재를 증명하는 것이 이성의 월권행위임을 밝힌 칸트(I. Kant)의 영향이 크다. 그러나 개신교 신학자들은 철학적인 불가능성뿐 아니라 신학적인 이유를 들어 하나님의 존재 증명을 거부한다. 이성으로 증명된 하나님은 성서의 하나님이 아니라는 것이다.

가톨릭 신학은 일관된 자세로 하나님 존재 증명에 긍정적인 입장을 취한다. 제1차 바티칸 공의회뿐 아니라 제2차 바티칸 공의회도 하나님 존재 증명을 지지한다. 이성을 통해 하나님의 존재를 증명하는 것은 불가능하지 않을

---

[1] 전통적인 교의학은 하나님의 존재를 증명해 온 기존의 방법들을 평가함으로써 신론을 시작한다. 즉 존재론적, 우주론적, 목적론적 하나님의 존재 증명 방법을 소개하고 이러한 방법이 지니는 신학적 의미를 해명한다.

뿐만 아니라, 증명 여부와 상관없이 신학적 의미를 지니고 있다는 것이다.

현대 가톨릭 신학자들은 하나님 존재 증명이 문자 그대로 증명이 아니라, 이성이라는 공통의 토대 위에서 자신이 어떠한 의미로 하나님에 관해 말하는지를 해명하는 작업이라고 말한다. 가톨릭 신학자 큉(H. Küng)은 토마스 아퀴나스의 하나님 존재 증명의 의도가 상대를 굴복시키는 것이 아니라 대화로 부르는 것이라고 주장한다. 그리스도인이 세상과 공유하는 이성의 차원에서 인간 존재의 실상을 해명함으로써 비(非) 그리스도인과 교회 내 지성인들을 대화로 부르는 의미를 갖는다는 것이다. 다시 말하면, 하나님 존재 증명은 이성의 교만이 아니라, 인간의 근본상황을 해명하려는 정당한 시도라는 것이다. 예를 들자면, 하나님을 제일 원인으로 제시하는 존재 증명은 - 인간 존재의 원인이 자신에게 있는 것이 아니며, 따라서 존재하기 위해서는 존재의 궁극적 원인을 요청할 수밖에 없는 - 인간의 근본적인 상황을 제시하면서 상대의 의견을 기다리는 방법이라는 것이다.

그러나 가톨릭과 개신교 신학은 성서의 하나님을 신학의 본래적인 대상으로 삼는다는 점에서는 일치한다. 개신교 신학도 가톨릭 신학과 마찬가지로 - 존재를 본질(essentia)과 속성(attributa)으로 구분하는 - 철학적 존재론의 바탕 위에서 성서가 증언하는 하나님의 계시를 조명한다.[2] 이러한 사실은 종교개혁 전통이 철학 자체를 거부하는 것이 아니라는 사실을 시사해 준다. 종교개혁자들도 철학의 도구인 이성을 신학 작업에 사용하는 것을 거부하지 않는다.

개신교 신학은 하나님의 본질과 속성에 대해 말하기에 앞서 인식론적 가능성을 모색한다. 절대 타자(他者)로 규정되는 하나님을 인간의 역사적이고 유한한 언어로 담아낼 수 있느냐는 것이다. 이러한 난제 앞에서 전통적인 교의학은 세 가지 방법을 제시한다. 하나님에게 피조 세계의 속성을 부여하는

---

[2] 속성이란 본질은 아니지만 본질에서 나와 그 존재의 특성을 구성하는 것을 뜻한다.

것을 거부하는 부정의 방법(via negativa)과 하나님을 피조 세계의 제한성을 넘어서는 방식으로 묘사하는 초월의 방법(via eminentiae) 그리고 하나님을 제일 원인으로 제시하는 인과율의 방법(via causalitatis)이 그것이다.

그리고 이러한 철학적 반성의 토대 위에서 성서가 증언하는 하나님의 본질과 속성에 대해 기술한다. 이러한 과정 속에서 개신교 신학은 루터를 따라 하나님의 본질과 속성을 주로 사랑과 진노로 제시한다. 현대 개신교 신학자 브루너(E. Brunner)도 하나님의 본질을 인격으로 정의한 후 사랑과 진노를 하나님의 속성으로 제시한다. 물론 바르트는 하나님의 본질을 사랑과 자유로 제시하지만, 내용적으로는 루터의 이해와 크게 다르지 않다.

개신교 신학은 가톨릭 신학과 마찬가지로 하나님의 본질과 속성을 다룬 후 삼위일체 하나님을 해명한다. 이러한 전개방식에는 삼위일체에 대한 특정한 전이해(前理解)가 내포되어 있다. 삼위일체를 하나의 본질이 세 위격으로 나타나는 신비로 이해하는 전제 말이다. 그러나 동방교회가 삼위일체를 이해하는 방식은 서방교회와는 다르다. 동방교회는 하나의 본질이 세 위격으로 나타나는 신비가 아니라 세 위격이 하나의 본질을 공유하는 신비를 강조한다.

본 저자는 개신교 전통을 따라 하나님에 대한 성서의 증언으로부터 출발하겠다. 그러나 - 삼위일체론을 신학의 중심으로 제시하는 - 동방교회의 전통을 따라 신론 안에서 삼위일체론을 다루는 대신에 하나님과 그리스도 그리고 성령에 대한 성서와 교부들의 증언을 해명한 후에 삼위일체론을 별개의 주제로 다루겠다. 그리고 이를 위해 신론에서는 연구 범위를 예수께서 아버지로 부르셨던 하나님, 즉 구약성서가 증언하는 하나님의 계시에 한정하겠다.

2. 하나님의 자기 계시

1) 거룩하신 하나님

예언자들에게 하나님은 거룩하신 분으로 나타나신다. 이사야는 하나님을 보게 된 순간 천사가 다음과 같이 찬양하는 것을 듣는다. "거룩하다 거룩하다 거룩하다 만군의 여호와여 그의 영광이 온 땅에 충만하도다(사 6:3)." 레위기도 정결 의식을 언급하면서 하나님을 거룩하신 분으로 선포한다. "나는 너희의 하나님이 되려고 너희를 애굽 땅에서 인도하여 낸 여호와라 내가 거룩하니 너희도 거룩할지어다(레 11:45)."

사실 예언자들이 계시의 규범으로 간주하는 모세도 하나님을 거룩하신 분으로 체험한다. 하나님은 모세에게 당신이 거룩하신 분임을 선언하신다. "네가 선 곳은 거룩한 땅이니 네 발에서 신을 벗으라(출 3:5)."

거룩함이란 다름 혹은 구별됨을 뜻하는 히브리어 코데쉬(קדש)를 번역한 말이다. 구약성서에 자주 등장하는 카다쉬(קדש)란 동사와 카도쉬(קדוש)란 형용사도 코데쉬에서 파생된 단어들이다. 카다쉬란 어떤 영역을 세상의 속된 영역과 구별하는 행위를 뜻하며, 카도쉬란 하나님을 세상과 전적으로 다른 분으로 고백하는 것이다. 따라서 하나님을 체험했다는 것은 세상에 속하지 않는 존재를 체험했다는 것을 뜻한다. 이러한 맥락에서 바르트(K. Barth)는 하나님을 절대 타자(das ganz Andere)로 부른다.

하나님을 절대 타자로 부르는 것은 하나님이 - 세상에 현존하는 것만을 파악할 수 있는 - 인간의 인식 능력을 초월한다는 것을 뜻한다. 달리 말하자면, 인간은 하나님이 당신을 드러내 주실 때에만 하나님을 인식할 수 있다는 것이다.

종교학자들도 하나님을 절대 타자로 부른다. 독일의 신학자이자 종교학자인 오토(R. Otto)는 하나님을 절대 타자로 규정하면서 절대 타자에 대한 체험을 신비(Mysterium) 전율(tremendum) 매혹(fascinosum)으로 풀어낸다. 엘리아데(M. Eliade)도 거룩한 존재가 자신을 드러내는 이른바 성현(聖顯, hierophany)을 종교의 본질로 제시한다. 그러나 정교회 신학자 지지울러스(J. D. Zizioulas)가 강조하듯이, 그리스도교 신학은 종교학과는 달리 거룩(聖)의 매개를 자연이 아니라 – 하나님과 인간 사이에서 일어났던 – 인격적이며 역사적인 사건에 한정시킨다.³

구약성서는 이러한 맥락에서 우상 및 형상 숭배를 거부한다. 그러나 구약성서가 우상 숭배를 금지하는 이유는 하나님이 절대 타자이기 때문이 아니라, 하나님의 계시의 매개가 자연이 아니라고 생각하기 때문이다. 하나님과 자연 사이에는 존재 유비(analogia entis)가 없다는 것이다.

성서는 인간이 하나님의 계시를 체험하는 순간에도 하나님은 인간의 인식에 여전히 신비로 남는다는 사실을 지적한다. 하나님 보기를 갈망하는 모세에게 하나님은 다음과 같이 말씀하신다. "네가 내 얼굴을 보지 못하리니 나를 보고 살 자가 없음이니라 …… 내 영광이 지나갈 때에 내가 너를 반석 틈에 두고 내가 지나도록 내 손으로 너를 덮었다가 손을 거두리니 네가 내 등을 볼 것이요 얼굴은 보지 못하리라(출 33:20~23)."

동방교회뿐 아니라 서방교회도 이러한 사실을 강조한다. 동방교회는 하나님 체험 속에서도 하나님의 본질은 알려지지 않는다는 부정신학을 대변해 왔다. 서방교회 또한 하나님은 계시 속에서도 당신을 감추시는 분임을 강조한다.

그러나 거룩함에는 또 다른 의미가 있다. 죄를 용납할 수 없는 특성이 바로 그것이다. 성서는 하나님의 거룩하심을 세상 죄와 대립시킨다. 하나님은 죄와 공존할 수 없는 분이요, 따라서 죄를 소멸하고 심판할 수밖에 없는 공의의 하나님이라는 것이다. 사실 예언자들은 죄 가운데서 하나님의 얼굴을

---

3 J. D. Zizioulas, *The Eucharistic communion and the world* (T&T Clark: London, 2011), 86.

보는 것을 꺼려했다. 하나님을 보게 된 이사야는 다음과 같이 말한다. "화로 다 나여 망하게 되었도다 나는 입술이 부정한 사람이요 나는 입술이 부정한 백성 중에 거주하면서 만군의 여호와이신 왕을 뵈었음이로다(사 6:5)."

이와 같이 거룩하신 분에게 전적으로 압도당할 때 나타나는 현상을 그리스도교 전통은 경외심(敬畏心)이라고 부른다. 하나님의 신비에 압도당하며 느끼는 경이로움과 두려운 마음이 하나로 통합되는 체험 말이다.

2) 살아 계신 하나님

(1) 하나님의 이름

당신을 거룩한 분으로 나타내신 하나님은 당신의 이름을 묻는 모세에게 다음과 같이 대답하신다. "나는 스스로 있는 자이니라 또 이르시되 너는 이스라엘 자손에게 이같이 이르기를 스스로 있는 자가 나를 너희에게 보내셨다 하라(출 3:14)."

구약성서에는 엘 샤다이, 엘 엘리욘, 엘 로이, 엘로힘 등 권능(權能)을 가리키는 엘(El)이란 말과 결합된 다양한 이름들이 등장한다. 그 가운데 가장 많이 등장하는 이름은 엘로힘으로서 2,500회나 등장한다. 그러나 엘로힘보다 두 배 이상 많이 나타나는 이름이 있다. 이른바 테트라 그라마톤(Tetragrammaton)으로 불리는 히브리어 자음 네 글자로 구성된 יהוה(YHWH)가 바로 그것이다. 이 단어는 구약성서에서 6,500회 이상 나타난다.

성서학자들은 모세를 기점으로 엘로힘이 יהוה(YHWH) 개념에 통합되었다고 말한다. 이러한 통합은 출애굽기 6장 2~3절이 시사하듯이 하나님에 대한 체험이 모세 이후 깊어져 갔다는 사실을 지시해 준다. "하나님이 모세에게 말씀하여 이르시되 나는 여호와이니라 내가 아브라함과 이삭과 야곱에게 전능의 하나님(엘 샤다이, אל שדי)으로 나타났으나 나의 이름을 여호와(야웨)로는 그들에게 알리지 아니하였고."

모세 이후 יהוה(YHWH)는 이스라엘의 공식적인 하나님의 이름이 되었다. 그러나 하나님의 이름을 망령되이 일컫지 말라는 계명을 신실하게 지켰던 유대인들은 기원전 3세기부터 하나님의 이름을 소리 내어 부르거나 읽는 것마저 금지시켰다. 부정한 입술로 거룩한 하나님의 이름을 발음해서는 안 된다는 것이다. 그러나 이러한 금지령은 하나님의 이름에 대한 본래의 발음을 잊어버리게 만드는 결과를 초래했다.

후대의 유대인들은 하나님의 이름뿐 아니라 - 모음 없이 자음으로만 기록된 - 히브리어 성서를 읽는 법도 잊어버렸다. 이러한 문제에 봉착한 유대교 학자들은 기원후 6세기부터 히브리어 성서를 읽지 못하는 세대들을 위해 히브리어 성서에 모음을 달기 시작했다. 이것이 이른바 마소라 사본(Masoretic Text)이다. 그러나 이 사본은 하나님의 이름이 기록된 곳에는 - 본래 하나님의 이름에 상응하는 모음이 아니라 - 아도나이란 단어에 들어 있는 모음을 붙이고, 아도나이(אדוני, 주님)로 발음하도록 권고했다. 그들도 하나님의 거룩한 이름만큼은 발음의 대상이 되어서는 안 된다는 확신을 공유했기 때문이다.

그러나 16세기의 가톨릭 신학자 갈라티누스(Petrus Galatinus)는 히브리어 성서를 연구하다가 하나님의 이름을 가리키는 히브리어 자음 옆에 모음이 있는 것을 발견하고는 - 마소라 본문의 의도와는 정반대로 - 양자를 결합시켜 하나님의 이름을 여호와(YeHoWaH, 영어로는 Jehovah)로 읽을 것을 제안했다. 이러한 제안은 교계에 받아들여져 여호와란 이름이 오늘날까지도 통용되고 있다.

그러나 성서학자들은 이러한 발음이 오해에서 비롯되었다는 것을 깨닫고, 본래적인 하나님의 이름을 찾기 시작했다. 이러한 과정 속에서 대부분의 성서학자들은 히브리어 학자 게제니우스(W. Gesenius)의 연구 결과를 받아들여 하나님의 이름의 원래 발음을 야웨로 간주한다.

가톨릭은 현대 성서학자들의 견해를 받아들여 - 2008년 마소라 사본의 의도를 존중하면서 야웨란 이름을 주님(아도나이)으로 대체하기까지 - 야웨를 하나님의 이름으로 사용했다. 그러나 개신교는 오늘날까지 여호와란 이름을 고수하고 있다. 이러한 사실은 성서 번역에도 반영되고 있다. 공동번역성서는 하나님의 이름을 야웨로 표기하지만, 한글개역개정판은 여전히 여호와란 이름을 사용하고 있다. 그리고 표준새번역과 2008년 이후 발행된 가톨릭 성서는 야웨란 이름 대신에 주님이란 칭호를 사용하고 있다.

그러면 야웨로 불리는 하나님의 이름은 어디서 유래했을까? 종교적 체험 중에 발생하는 감탄사에서 나왔다는 주장도 있지만, 대부분의 성서학자들은 이 물음에 대한 대답을 하나님의 이름을 묻는 모세에게 주어진 하나님의 자기 계시에서 찾는다. 즉 모세에게 주어진 말씀인 – "나는 스스로 있는 자이니라(출 3:14)."의 히브리 원어인 – "에흐예 아쉐르 에흐예(אהיה אשר אהיה)."가 야웨란 이름의 근원이라는 것이다. 좀 더 자세하게 말하자면, 모세에게 주어진 하나님의 이름은 본래 에흐예 아쉐르 에흐예(אהיה אשר אהיה)였지만, 이 이름이 '에흐예(אהיה)'로 축소되고, 이 동사 형태의 이름이 다시 '야웨(יהוה)'라는 명사 형태로 최종 고정되었다는 것이다.[4]

예수께서 하나님의 이름을 자신에게 적용했다는 사실 또한 "에흐예 아쉐르 에흐예"가 본래적인 하나님의 이름이었음을 지시해 준다. "예수께서 이르시되 진실로 진실로 너희에게 이르노니 아브라함이 나기 전부터 내가 있느니라(Ἐγώ εἰμι)(요 8:58)."[5]

하나님의 자기 계시를 담은 출애굽기 3장 14절은 에흐예(אהיה, I am)라는 동일한 단어를 아쉐르(אשר, that)라는 관계대명사 전후에 위치시키는 구조를 가지고 있다. 성서학자 권성달이 지적하듯이, 관계대명사 전후에 동일한 형태의 단어를 위치시키는 것은 구약성서 어디에서도 찾아보기 힘든 것이며 히브리어의 언어적 특성 면에서도 독특한 것이다.[6]

---

4 참조. 장영일, "야웨 이름의 기원과 의미", 「장신논단」 12 (1996), 104~136.
5 참조. 마 14:27; 막 6:50; 요 6:20.
6 권성달, "출애굽기 3:14의 번역에 대한 언어학적 고찰", 「성경원문연구」 제26호 (2010), 7~31.

이러한 구조는 무엇보다도 거룩하신 분이 자신을 드러내면서도 감추시는 분이라는 사실을 지시해 준다. 동일한 단어를 관계대명사 전후에 위치시키면서도 명사와 동사, 혹은 주어와 술어의 의미로 서술하는 것은 주어를 해명하면서도 해명을 거부하는 모순을 내포하고 있기 때문이다.

에흐예는 – "~이다, 있다, 되다" 등으로 번역될 수 있는 – 하야(היה, to be, to become) 동사의 일인칭 단수 미완료형이다.[7] 대부분의 성서학자들은 문장의 구조상 첫 번째 에흐예에 주어의 역할을 부여하지만, 술어의 자리에 있는 두 번째 에흐예는 '있다' 혹은 '존재하다'의 의미로 해석한다.

그러나 이 문장은 단순히 하나님을 존재하는 자로 묘사하는 데 그치지 않는다. 두 번째 에흐예 또한 1인칭 동사로 서술되고 있기 때문이다. 거칠게 말하자면, 이 문장에는 "나는 존재한다"라는 메시지와 "나는 나다"라는 메시지가 통합되어 있다. 즉 자신을 – 존재하되 자신만의 존재 방식을 갖는 – 존재, 즉 "존재의 속성을 가진 존재 자체"[8]로 소개한다.

이러한 사상은 70인역 그리스어 성서와 한글 성서의 번역에도 반영되어 있다. 그리스어 성서는 에흐예 아쉐르 에흐예(אֶהְיֶה אֲשֶׁר אֶהְיֶה)를 ἐγώ εἰμι ὁ ὤν(I am the One who is.)로 번역함으로써, 즉 ἐγώ εἰμι가 있어야 할 자리에 정관사와 분사를 결합시킨 ὁ ὤν을 위치시키는 독특한 방식을 채택함으로써 하나님의 존재를 '참으로 존재하는 유일한 존재', 즉 존재 그 자체로 소개한다. 한글 성서 또한 에흐예를 "스스로 있는 자"로 번역함으로써 하나님의 존재를 타자뿐 아니라 시공간에도 의존되어 있지 않은 존재 그 자체로 묘사한다.

그러나 하나님을 존재 그 자체로 소개하는 것은 결코 하나님의 신비를 해소하는 것이 아니다. 존재 그 자체란 오직 자신의 행위를 통해 자신을 드러

---

7 히브리어 시제는 완료형(Perfect)과 미완료형(Imperfect)으로 구분될 수 있다. 전자는 어떤 행위가 완료된 것을 의미하고, 후자는 어떤 행위가 아직 완료되지 않은 상태를 가리킨다. 따라서 완료형은 항상 과거만을 의미하는 것도 아니며, 미완료형이 항상 미래만을 지시하는 것도 아니다.
8 권성달, "출애굽기 3:14의 번역에 대한 언어학적 고찰", 「성경원문연구」 제26호 (2010), 26.

내는 존재, 달리 말하자면, 타자를 존재케 만드는 행위를 통해서만 당신을 드러내시는 하나님의 신비를 지시해 주는 개념이기 때문이다.

이러한 전통적인 해석에 이의가 없는 것은 아니다. 폰 라드(Gerhard von Rad)는 에흐예가 하야 동사의 미완료 형태라는 점을 강조하면서 이 단어를 미래적으로 해석해야 한다고 주장한다.[9] 하나님은 이미 존재하는 분이 아니라 존재하실 분이라는 것이다. 부버(Martin Buber)는 한 걸음 더 나아가 하나님의 이름을 이스라엘과 함께하시겠다는 약속의 말씀으로 이해한다. 앵커 바이블(Anchor Bible) 또한 이러한 맥락에서 에흐예를 "I will be that I will be"로 번역한다.

그러나 현대 성서학자들은 고대 히브리어에서 미완료동사가 항상 미래의 행위를 나타내는 것만은 아니라는 점을 주지시킨다. 성서 히브리어는 현대 언어의 절대 시제 개념과는 다른 독특한 개념을 갖고 있다는 것이다. 간략하게 말하자면, 히브리어의 동사 체계는 시제 개념이 아닌 양태 개념에 근거를 두고 있다는 것이다. 따라서 하나님의 존재에 미완료동사를 사용한 것은 - 요한계시록 1장 8절("나는 …… 이제도 있고 전에도 있었고 장차 올 자요 전능한 자라")이 지시하듯이 - 하나님이 과거에도 존재했으며, 지금도 존재하고 미래에도 존재하실 분이라는 점을 강조하는 것이지, 하나님의 미래적 현존만을 말하려는 것은 아니라고 말할 수 있다.

올브라이트(W. F. Albright)는 - 마소라 학파가 히브리어 성서 본문에 모음을 붙이기 이전의 출애굽기 3장 14절에는 그리스 존재론 대신에 히브리 사상의 역동적인 하나님 사상이 전면에 부각되었을 것이라고 추정하면서 - 성서 비평 작업을 통해 에흐예 아쉐르 에흐예의 본래 형태가 3인칭 남성 사역동사를 주어로 갖는 야흐베 아쉐르 이흐베(יַהְוֶה אֲשֶׁר יִהְוֶה. He causes to be what comes into existence)였을 것이라고 말한다. 그는 이러한 맥락에서 에흐예의 본래 형태

---

[9] 참조. Von Rad, G. *Old Testament Theology*. Vol 1 (New York: Harper & Row, 1965).

가 하야 동사의 단순능동형(Qal)이 아니라 사역형(Hiphil, 使役型)이라고 추론하면서 야웨를 스스로 존재하는 자가 아니라 '존재할 것을 존재하게 하는 자'로 해석한다.[10]

올브라이트의 해석은 커다란 반향을 불러일으켰다. '존재할 자를 존재하게 만드는 자'를 하나님으로 제시하는 것은 히브리 사상에 상응하기 때문이다. 그러나 그의 추정이 모든 성서학자들에게 받아들여지는 것은 아니다. 구약성서 어디에도 나타나지 않는 하야 동사의 사역형이 굳이 출애굽기 3장 14절에만 사용되었겠느냐는 것이다. 사실 올브라이트는 '존재 그 자체'가 – 존재할 자를 존재하게 하는 – 행위를 통해 자신을 드러내는 존재를 가리킨다는 사실을 간과하고 있는 것처럼 보인다.

물론 폰 라드와 올브라이트의 야웨 해석이 전통적인 해석과 대립되는 것만은 아니다. 그러나 70인역 그리스어 성서가 출애굽기 3장 14절을 그리스 사상의 빛에서 해석했다거나, 출애굽기 3장 14절의 본문도 그리스 사상의 영향을 받아 본래적인 본문을 수정한 것이 아니냐는 추론은 히브리 사상과 헬라 사상의 관계를 대립 구도로 단순화시킨 것이 아니냐는 비판을 피하기 어렵다. 히브리 사상은 존재론을 거부하는 사상이며, 헬라 사상은 동사적 사고방식을 모르는 사상이라고 말할 수는 없기 때문이다.

사실 고대 교부들부터 틸리히에 이르기까지 하나님을 존재 그 자체로 사유해 온 그리스도교 전통을 청산되어야 할 그리스 철학의 잔재로 간주하는 것은 역사적 예수를 근거로 신앙의 그리스도를 거부하는 것만큼이나 너무나 소박한 주장이 아닐 수 없다.

---

10 참조. Albright, W. F. "Further Observations on the Name Yahwehh", *Journal of Biblical Literature* 44 (1925), 158~162.

(2) 하나님과 시간

하나님을 스스로 있는 자로 사유하는 것은 하나님은 피조물이 아니지만 피조물이 아니기 때문에 항상 존재하시는 분이라는 메시지를 내포하고 있다. 하나님이 피조물이 아니라는 것은 하나님을 공간 속에서 찾으려는 시도를 우상 숭배로 여겨 거부하는 것이다. 그러면 하나님은 구체적으로 어디에 현존하시는가? 이러한 물음 앞에서 유대교 전통은 하나님의 현존을 시간 속에서 찾는다. 이러한 사상은 안식일 계명에서 구체적으로 나타난다.

① **안식일과 하나님의 현존**

출애굽기 20장 8~11절과 신명기 5장 12~15절에 나오는 안식일 계명은 유대인들에게 가장 중요한 계명이다. 그들에게 안식일 규정 위반은 죽음도 각오해야 하는 것이었다(참조. 민 15:32~35). 오늘날에도 유대인 랍비들은 말한다. "우리가 어떤 사람이 될 것인지는 안식일이 우리에게 어떤 날이 되느냐에 달려 있다."

안식일을 거룩하게 지키라는 계명은 모든 일을 내려놓으라는 명령으로 구체화된다. 일을 내려놓음으로써 혹사당한 몸을 쉬게 하는 것이 하나님의 뜻이라는 것이다. 사실 안식일의 히브리 원어인 샤바트(Sabbath)란 말에는 노동의 중지와 쉼이라는 두 가지 뜻이 모두 내포되어 있다.

물론 안식일 계명이 노동을 경시하는 것은 결코 아니다. 노동도 하나님의 뜻이며, 하나님을 본받는 삶이다. 단지 쉼과 결합되지 않는 노동은 하나님의 뜻을 거역하는 삶이라는 것이다. 그러나 구약성서가 쉼을 단지 - 노동을 위해 에너지를 충전하는 - 휴식, 즉 노동에 종속되는 시간으로 간주하는 것은 아니다. 구약성서에서 쉼은 그 자체로서 의미를 갖는다. 따라서 유대교 전통은 육체적 쉼만으로 쉼이 성취된다고 생각하지는 않는다.

이러한 이유 때문에 유대인들은 안식일에 가족들이 모여 기도회를 곁들인 애찬을 가진 후 회당을 찾는다. 그들은 회당에서 성서 묵상을 통해 몸과 마음의 통전적인 안식에 이르려 한다. 유대교 문헌들은 몸과 마음이 함께 쉼을 얻을 때 나타나는 현상을 고요함 혹은 평강으로 묘사한다. 랍비들의 창세기 주석인 『창세기 랍바』(Genesis rabba)는 일곱째 날에 무엇이 창조되었느냐고 물으면서 "고요 평온 평화 휴식"이라고 대답한다.[11]

간략하게 말하자면, 유대교 전통이 말하는 쉼은 신체적 휴식에 그치는 것이 아니라, 인간 전체가 쉼에 들어가는 영성적 행위라 할 수 있다. 정교회 예배학자 슈메만(Alexander Schmemann)은 다음과 같이 말한다. "안식일의 의미는 인간이 하나님의 선한 창조에 참여하는 것이요 그것을 긍정하는 것이다. …… 그날에 규정된 쉼은, 후에 점차 사소한 율법의 규정들과 터부들로 의미가 퇴색되기는 했지만, 우리 현대인들이 말하는 '휴식', 즉 일을 안 한다는 의미로서의 쉼이 결코 아니다. 그것은 안식의 즐거움, 모든 일의 열매, 모든 시간의 절정으로서의 신적 평화의 신성함과 충만함에 대한 적극적인 참여를 의미했다. 그것은 우주적이자 종말론적인 뜻을 내포한 쉼이었다."[12]

이러한 사상의 토대가 되는 창세기 2장 1~3절은 다음과 같이 선포한다. "천지와 만물이 다 이루어지니라 하나님이 그가 하시던 일을 일곱째 날에 마치시니 그가 하시던 모든 일을 그치고 일곱째 날에 안식하시니라 하나님이 그 일곱째 날을 복되게 하사 거룩하게 하셨으니 이는 하나님이 그 창조하시며 만드시던 모든 일을 마치시고 그 날에 안식하셨음이니라."

일곱째 날을 복되고 거룩하게 만든 것은 다름 아닌 하나님의 안식이라는 것이다. 그러면 하나님이 일곱째 날에 안식하셨다는 것은 무엇을 말하는가? 하나님도 인간처럼 쉼을 필요로 하시는 분인가?

성서학자들에 의하면, 하나님의 쉼이란 표현은 하나님께서 당신이 창조하신 세상으로 오시는 것을 가리키는 은유다. 몰트만은 다음과 같이 말한다.

---

[11] Genesis rabba 10:9. 마르바 던/전의우 옮김, 『안식』(서울: 한국기독학생회출판부, 2016), 78에서 재인용.
[12] 알렉산더 슈메만/이종태 옮김, 『세상에 생명을 주는 예배』(서울: 복있는사람, 2011), 74.

"창조의 안식일은 그의 창조 안에 있는 하나님의 세계 내재를 가리킨다. 안식일에 하나님은 그의 영원한 현재를 그의 시간적인 창조와 결합하며 그의 휴식을 통하여 창조와 함께, 그리고 창조 안에 계신다. 그는 완전히 자기 자신 안에서 휴식하며 그 자신으로서 그의 창조 안에 전적으로 존재한다. 안식일은 하나님이 현존하는 날이다."[13]

안식일 계명의 근거가 하나님의 현존이라는 데 이의를 제기할 신학자는 없을 것이다. 그렇다면 안식일 계명의 의미는 단지 일을 중단하는 데 있지 않고, 창조 세계에 오시는 하나님의 현존을 받아들여 참된 안식(menuba)을 누리라는 부르심에 있다고 말할 수 있다. 결국 안식일의 쉼이란 하나님의 임재 속에서 비로소 완성된다는 것이다. 아우구스티누스는 이를 다음과 같이 표현한다. "당신은 우리를 당신을 향해서 살도록 창조하셨으므로 우리 마음이 당신 안에서 쉴 때까지는 편안하지 않습니다."[14]

② 안식일과 시간

그러면 하나님은 어디로 오시는가? 성전에 오시는가? 그러나 하나님이 성전에 오시는 것이 아니라 하나님께서 오시는 곳이 성전이다. 그러면 이 성전은 어디에 있는가? 인간이 지은 집에 있는가? 유대교 전통은 하나님의 현존을 시간 속에서 찾는다. 사실 하나님은 보이는 공간이나 자연이 아니라 보이지 않는 시간과 역사 속에서 자신을 계시하신다고 믿는 것이 구약성서에 의존하는 계시 종교의 특징이기도 하다. 인간은 시간의 차원에서만 하나님을 만날 수 있다는 것이다.

우리는 흔히 시간과 공간을 선험적인 두 가지 범주로 생각한다. 즉 시간은 공간과 함께 인간의 체험을 가능하게 만드는 조건들로 생각한다. 그러나 공

---

13 위르겐 몰트만/김균진 옮김, 『창조 안에 계신 하나님』 (서울: 한국신학연구소, 1991), 329.
14 어거스틴/선한용 옮김, 『성 어거스틴의 고백록』 (서울: 대한기독교서회, 1994), 1권 1장. 19.

간에 비해 비(非) 물질적인 시간은 유한하고 무상한 것, 즉 어디선가 와서 내게 잠시 머무르다 결국 흘러가 버리는 것으로 간주된다. 따라서 측정 가능한 흐름 속에 있는 인간도 언젠가는 소멸될 수밖에 없는 존재로 규정된다. 여기서 물음이 제기된다. 이러한 시간이 하나님이 오시는 장소인가? 성서는 이러한 시간의 존재를 부정하지는 않는다. 그렇다고 이러한 시간을 하나님이 오시는 장소로 간주하지도 않는다.

그러나 유대교 사상가들은 시편 90편 4절 - "주의 목전에는 천 년이 지나간 어제 같으며 밤의 한 순간 같을 뿐임이니이다." - 에서 영감을 받아 사람들이 흔히 말하는 흘러가는 시간 외에도 하나님의 시간이 존재함을 강조하며 이 시간이 시간의 본질을 해명해 줄 수 있다고 말한다. 유대교 사상가 헤셸(A. J. Heschel)은 다음과 같이 말한다. "우리는 모두 시간을 살고 있으며 시간과 밀착되어 있다. 우리가 시간을 알아채지 못하는 것은 그 때문이다. 공간의 세계가 실존을 에워싸고 있지만 그것은 우리 삶의 일부일 뿐이다. 공간의 세계를 제외한 전부가 다름 아닌 시간이다. …… 지적으로 집중하면서 눈을 감으면 우리는 공간이 없는 시간을 소유할 수 있지만 시간이 없는 공간은 소유할 수 없다. …… 우리의 영혼이 공간의 사물을 타고 가면서 실재를 바라보면, 시간이 끊임없이 움직이고 있는 것처럼 보인다. 하지만 끊임없이 달려가고 있는 것은 공간의 사물이라는 것을 깨닫는 순간, 우리는 시간이 결코 소멸하지 않는다는 것을, 공간의 세계가 시간의 무한한 영역을 달리고 있을 뿐임을 깨닫게 된다. …… 공간 너머에 있는 시간은 과거와 현재와 미래로 나뉘지 않는다."[15]

간단히 말하면, 시간이 끊임없이 흐르며 결국 소멸된다고 생각하는 것은 인간이 공간에 사로잡혀 있기 때문에 생기는 관념이라는 것이다. 그러나 결코 소멸되지 않는 시간의 본질을 체험한 사람에게는 끊임없이 움직이며

---

[15] 아브라함 요수아 헤셸/김순현 옮김, 『안식』 (서울: 복있는사람, 2007), 173~175.

소멸되는 것은 시간이 아니라 공간 내 사물이라는 깨달음이 주어진다는 것이다.

그리스도교 전통 또한 '항상 현재로 머물러 있는 시간'의 존재를 인정하면서 이러한 시간을 영원(永遠)이라고 부른다. 아우구스티누스는 『고백록』에서 다음과 같이 말한다. "그들은 …… 영원에는 아무것도 지나가는 것이 없어 모든 전체가 동시적으로 현재적이라는 것, 그리고 시간이란 항상 지나가는 것으로서 동시적으로 존재하지 못하는 것임을 알게 될 것입니다."[16] 시간은 항상 지나가는 것이지만 영원은 항상 머물러 있는 현재(nunc stans)라는 것이다.

그리스도교 전통은 아우구스티누스를 따라 두 가지 형태의 시간에 관해 말하고 있다. 크로노스(χρόνος)와 카이로스(καιρός)가 바로 그것이다. 그리스도교 전통은 크로노스로 불리는 '시간의 흐름'을 부정하지는 않지만 이것이 시간의 본질이 아님을 강조하면서 본래적인 의미의 시간을 - 헬라어로 신적이며 충만한 시간을 뜻하는 - 카이로스(καιρός)라고 부른다. 크로노스가 실제적인 것인지 아니면 관념에 불과한 것인지에 대해서는 사상가들 가운데서도 의견이 분분하다. 그러나 분명한 것은 항상 충만하게 머물러 있는 시간이 하나님이 오시는 성소(聖所)라고 주장한다는 점에서는 유대교와 그리스도교 사상가들이 일치한다. 현대의 영성신학자 나우엔(H. Nouwen)도 다음과 같이 말한다. "하나님은 현재의 하나님이시다. 하나님은 언제나 이 순간에 계신다."[17]

그러나 시간 그 자체는 지성에 신비로 남기 때문에 대부분의 사람들은 영원한 현재로서의 시간을 의식하지 못한다. 나우엔이 말했듯이, 과거에 대한 후회와 미래에 대한 염려가 현재에 머무는 것을 방해하기 때문이다. 그렇다

---

16 어거스틴/선한용 옮김, 『성 어거스틴의 고백록』 (서울: 대한기독교서회, 1994), 11권 11장, 392.
17 헨리 나우엔/장미숙 옮김, 『여기 지금 우리와 함께 하시는 하나님』 (서울: 은성, 1995), 16.

고 과거와 미래가 현재에 공존하기 때문이라고 생각해서는 안 된다. 과거와 현재 그리고 미래로 나누어지는 시간은 논리적인 시간이기는 하지만 – 영원한 현재로서의 시간을 체험한 사람들에게는 – 공간 속 사물에 사로잡힌 자에게 나타나는 표상에 불과하기 때문이다.

이로써 참된 시간에 이를 수 있는 길이 제시된다. 보이는 공간 내에 존재하는 것에 대한 집착으로부터 돌아서려는 회개와 실제적인 시간의 충만함을 받아들이려는 믿음이 바로 그것이다. 사실 안식일을 거룩하게 지킨다는 것은 유대교 전통에서 본래적인 의미의 시간을 신부(新婦)로 받아들인다는 것을 뜻한다.

그러면 어떻게 구체적으로 회개할 수 있는가? 고대 그리스 철학자들은 지성을 정화시킴으로써 현존하는 시간의 충만함을 바라보려 했지만, 유대교 전통은 공간에 대한 집착으로부터 벗어나려는 쉼과 기도를 충만한 시간을 받아들이는 길로 제시한다. 유대인들이 안식일에 일을 중단하고 회당에 가는 이유가 바로 이것이다.

유대인들은 그 어떤 계명보다 안식일 계명을 중시한다. 그들에게 안식일 계명은 보이는 공간 세상에 사로잡힌 상태로부터 하나님의 성소인 시간으로 돌아서라는 하나님의 요청이기 때문이다. 견물생심(見物生心)이란 말이 시사하듯이 보이는 공간 내 사물만을 바라볼 때 소유욕과 성취욕이 생겨나는 것은 주지의 사실이다. 그러나 이러한 탐욕은 시간이 속절없이 흐른다는 강박관념을 불러일으켜 인간을 늘 불안하게 만들 뿐만 아니라, 부지불식간에 더불어 살아가는 피조물에게도 해를 끼친다. 물론 보이는 세상 그 자체가 악한 것은 아니다. 그것은 엄연한 하나님의 창조이다. 사실 시간과 공간은 – 현대 물리학자들이 주장하듯이 – 구분은 되지만 분리되지 않고 서로 밀접하게 연관되어 하나의 전체를 이룬다.

안식일 계명은 단지 인간이 하나님이 도래하시는 장소인 시간의 신비를 외면한 채 공간에 무조건적으로 굴복하고 사물에 예속되는 것을 경고할 뿐이다. 형상적으로 묘사하자면, 하나님께서는 우리에게 - 3차원의 공간과 1차원의 시간이 결합된 - 4차원의 삶을 선사하셨는데, 인간이 시간의 차원을 간과하고 3차원의 공간에 안주하는 데서 죄와 타락이 시작된다는 것이다.

③ 현대 과학과 시간

합리적 검증과 과학적 객관성을 추구하는 현대 세계는 이러한 시간 이해를 거부할지도 모른다. 이러한 시간 이해에는 모든 사람이 체험을 통해 인식할 수 있는 보편성이 결여되어 있다는 것이다. 그러나 이와 같은 한계 설정은 오히려 20세기의 위대한 과학적 발견에 의해 반박되고 있다. 20세기의 물리학자 아인슈타인(Albert Einstein)의 '상대성 이론(theory of relativity)'이 바로 그것이다.

아인슈타인의 상대성 이론은 다음과 같이 요약할 수 있다. 첫째, 시간과 공간은 서로 독립된 두 가지 범주가 아니라 서로가 서로를 관통하는 하나의 결합체다. 둘째, 시간과 공간은 관찰자의 운동 상태에 따라 달라질 수 있다. 즉 빛의 속도 이상으로 운동하는 관찰자의 입장에서 보면, 시간이 느리게 흘러가며 공간 내 사물 간의 거리도 좁혀진다는 것이다.

이러한 상대성 이론은 - 시간이 관찰자의 상태와는 관계없이 항상 동일한 측량 값을 가진다는 - 근대 과학의 이른바 절대시간론 및 절대공간론을 파기하는 혁신적인 이론으로서 현대 물리학에 지대한 영향을 끼쳤다. 사실 아인슈타인 이후의 물리학자들은 - 시간을 일정한 간격으로 흘러가는 흐름으로 이해하는 - 물리적 시간뿐 아니라 - 일장춘몽(一場春夢)이란 고사가 암시하듯이 인간이 내면에서 겪는 시간의 흐름이 밖에서 관찰한 사람들이 겪는 물리적 시간의 흐름과 차이가 나는 것에 주목하는 - 심리적 시간과, 더 나아가서는 카이로스로 대변되는 종교적 시간에도 관심을 갖게 되었다.[18]

---

18 참조. 황치욱, 『과학과 종교의 시간과 공간』 (파주: 생각의힘, 2014).

아인슈타인의 상대성 이론은 또한 시간의 흐름이 존재하지 않는 시간과 사물과 사물의 거리가 더 이상 존재하지 않는 공간의 가능성, 이른바 영원의 현존 가능성을 과학적으로도 긍정할 수 있는 길을 열어 주었다. 이러한 가능성은 융(Carl Gustav Jung)의 '동시성 이론(theory of synchronicity)'을 통해 더욱 개연적이 되었다.

융의 동시성 이론은 "호랑이도 제 말을 하면 온다."는 속담이나 "꿈이 신비하게 들어맞았다."는 말처럼 - 인과 관계의 법칙으로는 설명될 수 없는 - 한 개인의 정신적 상태와 외부 사건 사이에 나타나는 의미심장한 일치에 주목한다. 융의 동시성 이론은 또한 개인의 정신적 상태와 현재 사건 사이의 일치뿐 아니라, 개인의 정신적 상태가 미래를 예견하는 상태, 즉 개인의 정신적 상태와 미래 사건 사이에 나타나는 일치에도 주목한다. 예를 들자면, 꿈에 본 것이 며칠 후 실제 사건이 되는 현상을 동시성 이론의 주요 단서로 받아들인다.

융은 이러한 현상들을 단순한 우연의 일치로 보지 않는다. 오히려 이러한 현상들이 삶에 대해 갖는 중요한 의미를 지적한다. 즉 그들은 꿈이나 예감이란 현상 속에서 - 무의식적으로 - 자신에게 다가오는 이른바 '시간의 흐름이 더 이상 존재하지 않는 현재' 속에서 - 자신과 타자 사이에 존재하는 - 공간적인 거리를 극복하는 신비한 통찰력을 받아들이게 될 것이라고 말한다. 달리 말하자면, 이러한 현상들은 모든 사건에는 원인이 있다는 인과율의 법칙이나 항상 흘러 지나가는 - 이른바 물리적 - 시간의 법칙이 적용되지 않는 새로운 시공간, 즉 두 가지 사건 사이에 시간적 거리나 공간적 거리가 더 이상 존재하지 않는 새로운 시공간의 존재를 입증해 주는 사례들이라는 것이다.

융에게 이러한 시공간은 무의식에게만 자신을 드러낸다. 따라서 무의식과 소통하지 못하는 사람에게는 이러한 시공간이 열려지지 않는다. 물론 꿈이나 예감 같은 것은 특별한 사람들에게 주어지는 것이다. 그러나 성서적으로 말하자면, 이러한 것들은 인간의 노력과 상관없이 주어지는 은사와 같은 것이다. 따라서 꿈이나 예감보다 더 중요한 것은 이러한 꿈이나 예감의 근원인 무의식의 포괄적인 신호를 받아들여 의식적으로 무의식과 의식을 통합시킴으로써 새로운 시공간의 세계를 발견하는 것이다. 이때 비로소 인격 통합 및 치유가 이루어진다고 융은 말한다.

(3) 하나님의 인격성
① 하나님의 자유

성서는 하나님을 스스로 존재하는 분으로 제시함으로써 하나님을 그 무엇에도 속박되지 않는 자유로운 분으로 선포한다. 그리스도교 전통은 하나님만이 진정으로 자유로우신 분이라고 말한다. 하나님만이 그 어떤 것에도 얽매이지 않는 분이라는 것이다.

그렇다면 자유란 무엇인가? 철학자들에게 자유란 외부의 억압이나 강제로부터 자유로운 상태를 뜻한다. 사실 자유란 말의 기원은 노예에 반해 자유인이 누리는 상태를 의미했다. 그러나 서양 철학은 이러한 외적 자유 외에도 이성이나 의지가 충동이나 편견에 휘둘리지 않고 본성을 실현하는 것을 자유로 제시한다. 다시 말해 자유란 자기 마음대로 사는 방종과는 다르다는 것이다.

사실 외부의 억압으로부터 해방된 사람이 내적인 불안을 감당하지 못하고 다시 물질이나 쾌락의 노예가 되는 경우가 얼마나 많은가? 프롬(E. Fromm)은 『자유로부터의 도피』란 책에서 외적인 간섭과 억압으로부터 자유를 얻은 인간이 고독 속에서 다시 자유를 포기하며 세계에 굴복하고 세계의 일부가 되려는 성향을 지적한다.

이러한 맥락에서 스피노자(Benedict de Spinoza)는 하나님만이 자유로울 수 있다고 주장한다. 하나님만이 피조물에 매여 있지 않으며, 하나님만이 본성의 필연성에 따라 존재하고 행동한다는 것이다. 그러나 이성의 능력을 확신하는 계몽주의 철학자들은 인간의 이성도 편견 없이 본성의 요청에 순종할 수 있다고 주장한다.

자유에는 외적 차원뿐 아니라 내적 차원도 있다고 말하는 철학의 자유론에 성서는 동의한다. 그러나 성서와 그리스도교 전통은 철학과는 달리 본성의 필연성에 따라 행동하는 것이 아니라, 본성을 넘어서는 것을 자유로 제시한다. 달리 말하자면, 자유의 본질은 그 어떤 것에 얽매이지 않는 데 있는 것이 아니라, 자신의 본성을 넘어서 자신이 아닌 타자와 사랑의 친교를 나누는 데 있다는 것이다.

따라서 그리스도교 전통에서 말하는 하나님의 자유란 당신의 거룩한 본성에도 매이지 않는 자유를 뜻한다. 다르게 표현하자면, 하나님에게 자유란 당신으로 하여금 당신의 거룩한 본성을 뛰어넘어 속된 세상과 친교를 나누는 것을 뜻한다. 따라서 하나님에게 자유와 친교 혹은 자유와 사랑이란 결코 분리될 수 있는 개념들이 아니다. 하나님에게 사랑이란 자유의 결과요, 자유는 사랑의 전제기 때문이다.

이러한 맥락에서 성서는 하나님을 살아 계신 하나님으로 고백한다. 성서는 이를 통해 자신의 하나님을 - 입이 있어도 말하지 못하며 귀가 있어도 듣지 못하는[19] - 이방인의 신과 구분한다. 살아 계신 하나님은 항상 당신이 창조한 이 세계에 오셔서 당신의 백성과 친교를 나누시는 분이며, 이를 통해 당신의 창조를 새롭게 변화시키는 분이라는 것이다. 성서는 또한 하나님의 다스림(malkhuta)을 하나님의 도래하심으로 제시한다. 하나님은 역사 밖에서 역사를 조정하는 분이 아니라 친히 역사 속에 오셔서 당신을 내어 주시는 분이라는 것이다. 바로 이러한 점에서 궁극적 존재를 - 다른 존재는 움직이면서도 자신은 움직이지 않으며, 다른 존재는 변화시키지만 자신은 변하지 않는 - 제1원인(第一原因)과 순수형상(純粹形相)으로 제시하는 그리스 철학과의 차이가 여실히 드러난다.

---

[19] 참조. 시 115:5~6.

본회퍼(D. Bonhoeffer)는 이러한 맥락에서 "하나님의 자유는 우리를 위한 자유(Gott ist frei für uns)"라는 말을 남긴다.[20] 하나님의 자유는 당신의 본성으로부터의 자유기 때문에 결국 우리를 위한 자유라는 것이다. 종교 개혁자 루터도 "그리스도인의 자유"에서 은총에 의해 하나님의 삶에 참여하게 된 그리스도인의 변화에 대해 다음과 같이 말한다. "그리스도인은 아무에게도 예속되지 않지만, 모든 사람에게 예속되어 있다."[21]

성서는 또한 하나님만이 인간에게 자유를 선사하실 수 있다고 선언한다. "진리를 알지니 진리가 너희를 자유롭게 하리라 그들이 대답하되 우리가 아브라함의 자손이라 남의 종이 된 적이 없거늘 어찌하여 우리가 자유롭게 되리라 하느냐 예수께서 대답하시되 진실로 진실로 너희에게 이르노니 죄를 범하는 자마다 죄의 종이라 종은 영원히 집에 거하지 못하되 아들은 영원히 거하나니 그러므로 아들이 너희를 자유롭게 하면 너희가 참으로 자유로우리라(요 8:32~36)."

위의 성서 구절이 암시하듯이, 하나님이 인간을 자유롭게 하신다는 선포는 하나님만이 인간으로 하여금 자신의 본성을 넘어서게 하실 수 있다는 메시지를 전해 준다. 물론 이러한 메시지는 인간이 자신의 힘으로는 자신의 본성으로부터 해방될 수 없다는 사실을 전제하는 것이기도 하다.

그러나 교부들은 인간으로 하여금 본성을 넘어서게 만드는 하나님의 부르심은 창조 때 이미 주어졌다고 말한다. 즉 인간은 본래 하나님의 은총에 의해 하나님과 교제하도록, 즉 자신의 본성을 넘어서서 하나님과 사랑의 친교를 나누도록 부름 받은 존재라는 것이다. 이러한 맥락에서 이레나이우스(Irenaeus) 교부는 태초의 인간에게 영과 혼뿐만 아니라 성령도 주어졌다고 말한다.

---

20 디트리히 본회퍼/김재진·정지련 옮김, 『행위와 존재』, (서울: 대한기독교서회, 2010), 105.
21 존 딜렌버거 편/이형기 옮김, 『루터 저작선』, (서울: 크리스천다이제스트, 1996), 95.

성서와 교부들은 이러한 부르심에 순종하는 인간에게 영원한 생명이 주어진다고 고백한다. 정교회 신학자 지지울러스는 다음과 같이 말한다. "하나님의 생명이 영원한 것은 그것이 인격으로 실현되기 때문이다. 다시 말해서 그것이 자유로운 친교의 표현으로, 사랑으로 실현되기 때문이다. 생명과 사랑은 인격을 통해 동일해진다. 오직 사랑받고 사랑할 때 인격은 죽지 않는다. 사랑의 친교 밖에서 인격은 유일성을 잃고 다른 존재들과 다를 바 없는 하나의 사물이 된다. …… 구원의 목적은 하나님 안에서 실현된 인격적 삶을 인간 실존에서도 실현하는 것이다. 따라서 구원이란 곧 인간 안에서 실현된 인격성이다."[22]

자신의 본성을 넘어서는 자유와 이러한 자유에 의해 실현되는 사랑 속에서만 영원한 생명이 존재한다는 것이다. 은총에 의해 실현되는 사랑의 친교는 하나님의 자유에 참여하는 삶이기 때문이다. 성서는 이러한 맥락에서 하나님의 자유를 사랑(Agape)이라고 부른다.

"사랑하는 자들아 우리가 서로 사랑하자 사랑은 하나님께 속한 것이니 사랑하는 자마다 하나님으로부터 나서 하나님을 알고 사랑하지 아니하는 자는 하나님을 알지 못하나니 이는 하나님은 사랑이심이라(요일 4:7~8)."

② 하나님의 인격성

그리스도교 전통은 이러한 맥락에서 하나님을 인격(Persona)으로 부른다. 하나님은 인간은 아니지만 인간을 부르시고 인간의 부름에 응답하신다는 것이다. 달리 말하면, 하나님은 인간을 당신과의 친교(koinonia)로 부르시고 이 친교 속에서 자신을 드러내시는 분이라는 것이다. 이러한 맥락에서 브루너는 다음과 같이 말한다. "성서의 진리 개념은 인격적인 상호관계라는 근본

---

[22] 존 지지울러스/이세형·정애성 옮김, 『친교로서의 존재』 (서울: 삼원서원, 2012), 51~52.

범주에 의해 규정되며, 이러한 범주 때문에 다른 진리관과 구별된다."[23]

인격(人格)으로 번역된 라틴어 페르소나는 고대 이탈리아어 가운데 하나인 에트루리아어의 'phersu(얼굴)'에서 유래한 것으로서 고대 로마에서는 연극 용어로 사용되었다. 즉 배우의 극중 성격과 역할을 상징적으로 지시해 주는 가면을 뜻했다. 그러나 페르소나라는 개념은 역사 속에서 숱한 변화의 과정을 겪는다. 그래서 오늘날 가장 다의적으로 사용되는 개념들 가운데 하나가 되었다. 사실 심리학에서 말하는 페르소나는 철학자들이 말하는 페르소나와 다른 의미를 갖는다. 그리고 철학자들이 말하는 페르소나는 신학자들이 말하는 페르소나와도 다른 의미를 갖는다. 철학자들은 이 개념을 한 개체에 주어진 정신적 개인성 혹은 인간에 주어진 이성과 의지로 해석한다. 그러나 교부들은 인격이란 개념에서 사회적인 관계성을 부각시킨다. 예를 들면, 인간을 인격으로 말하는 것은 인간이 타자와의 관계 속에서 자신을 실현하는 존재라고 선언하는 것이다.

페르소나는 이와 같이 다양한 의미들을 내포하고 있다. 그럼에도 불구하고 이 개념이 본래 인간의 특성을 지시하는 개념이었다는 점에서는 철학자들과 신학자들 그리고 심리학자들이 일치한다. 유물론 철학자들을 제외한다면, 인간의 특성을 인격으로 부르는 것에 이의를 제기할 사람은 없을 것이다. 그러나 하나님을 인격으로 부르는 것에 대해서는 비판의 목소리가 없지 않다. 인간과 절대적으로 다른 하나님에게 인간의 특성을 적용하는 것이 과연 정당하냐는 것이다. 간략하게 말하자면, 신인동형론(神人同形論)이 아니냐는 것이다.

이러한 정황은 다음과 같은 물음을 제기하도록 만든다. 절대 타자이신 하나님에 관해 도대체 말할 수 있는 가능성이 있는가? 하나님의 계시에 대한 체험이 선행된다 할지라도, 이러한 체험을 인간의 언어로 옮겨 놓을 수 있는가?

---

23 Emil Brunner, *Wahrheit als Begegnung* (Zürich, 1938), 109~110.

이러한 물음 앞에서 가톨릭 신학은 유비(類比, analogia)의 방법, 보다 더 정확하게 말하자면 존재 유비(analogia entis)의 방법에서 하나님에 대해 말할 수 있는 가능성을 찾는다. 하나님이 창조주시라면 하나님의 흔적이 피조 세계 속에 나타났을 것이라는 추론은 정당하다는 것이다. 물론 존재 유비도 성서적 근거를 가지고 있다. "창세로부터 그의 보이지 아니하는 것들 곧 그의 영원하신 능력과 신성이 그가 만드신 만물에 분명히 보여 알려졌나니(롬 1:20)."

이러한 존재 유비의 방법은 토마스 아퀴나스로 하여금 이성으로 하나님의 존재를 증명하도록 만들었다. 창조주 하나님이 모든 피조물의 원인이기에 창조 질서 속에는 근본적으로 하나님 인식을 전달해 주는 '하나님과의 유사성(similitudo)'이 존재한다는 것이다.

그러나 바르트는 종교 개혁 전통을 따라 존재 유비를 거부한다. 이성은 자연에서 결코 하나님과의 유사성을 찾아낼 수 없다는 것이다. 바르트는 이러한 맥락에서 존재 유비 대신 신앙 유비(analogia fidei)를 하나님 인식의 길로 제시한다. 오직 믿음 속에서만 하나님과 인간의 유비가 그리고 이러한 유비를 통해 하나님이 인식된다는 것이다.

그런데 바르트 이후의 신학은 존재 유비가 신앙 유비를, 신앙 유비가 존재 유비를 거부하는 것이 아니라는 사실을 밝혀 주었다. 가톨릭 신학은 자연에서 하나님의 흔적을 찾으려는 시도가 완전할 수 없으며, 명확한 하나님 인식은 오직 신앙 유비에 의해서만 주어진다는 사실을 인정한다. 그럼에도 불구하고 존재의 유비 방법은 신앙의 유비와 대립되는 것이 아니라, 신앙의 유비를 위해 반드시 필요한 예비적인 작업이라고 말한다.

바르트 이후의 개신교 신학도 신앙 유비가 존재 유비를 거부하는 것이 아님을 인정한다. 신앙 유비가 부정하는 것은 존재 유비 그 자체가 아니라 믿음 없이 이러한 유비를 찾으려는 시도라는 것이다. 그리고 현대 신학은 존재 유비도 믿음을 전제한다는 사실을 밝혀냈다. 하나님이 창조주라는 믿음 없이는 존재 유비가 성립될 수 없기 때문이다. 사실 종교 개혁자들이 의지하는 아우구스티누스는 펠라기우스에 맞서 은총을 강조하면서도 동시에 피조 세계 속에서 하나님의 흔적을 찾아 나선 교부였다.

개신교와 가톨릭 신학은 하나님과 인간 사이에 존재하는 유비가 오직 믿음에 의해서만 발견될 수 있다는 데 이의를 제기하지 않는다. 믿음이 체험 속에서 파악한 것, 즉 하나님과 인간이 구분은 되지만 결코 분리될 수 없는 존재라는 인식이 없이는 하나님과 인간 사이에 유비가 존재하더라도 이러한 유비를 인식할 수 없다는 것이다. 달리 말하면, 믿음은 계시 체험 속에서만 하나님과 인간 사이에 유비가 존재한다는 사실을 인식할 수 있으며, 또한 이러한 유비를 통해서 하나님에 관해 말한다는 것이다. 사실 유비는 말로 다할 수 없는 하나님에 관해 말할 수 있는 가능성을 선사해 준다. 하나님에 대한 인식은 하나님과 인간 사이에 존재하는 유사성에 대한 인식을 통해서만 전달되기 때문이다.

그렇다면 신앙의 체험 속에서 드러나는 하나님과 인간의 유사성은 무엇인가? 본성이나 본질은 분명 아닐 것이다. 계시 체험 속에서 인간은 하나님의 본성을 - 결코 인식될 수 없는 - 신비 그 자체로 체험하기 때문이다. 그럼에도 불구하고 신앙인이 체험 속에서 하나님을 인식했다는 것은 양자의 유사성이 존재한다는 사실을 시사해 준다. 유사성이 없으면 인식은 이루어지지 않기 때문이다. 그렇다면 계시 체험 속에서 인식된 유사성은 무엇인가?

교부들은 이러한 유사성을 인간을 부르시는 하나님의 행위와 부름 받은 인간에게 나타나는 친교라는 인격적 특성에서 찾는다. 인간을 친교라는 인격적 삶으로 부르시는 하나님은 - 인간 인격과는 질적으로 다른 존재지만 - 인격의 근원이기에 인격적 특성을 가질 수밖에 없다는 것이다. 달리 말하면, 하나님은 인간 인격과는 달리 당신 자신을 내어 주시며 당신과의 교제로 부르시는 분, 즉 인격의 원형이라는 것이다. 사실 교부들은 그들의 문화권에서 통용되었던 인격이란 개념을 받아들였지만, 하나님 체험을 통해 내용적으로 수정했다. 즉 인격이란 개념에 타자와의 교제를 통해 자신을 실현하는 존재라는 의미를 부여했던 것이다.

이러한 맥락에서 우리는 다음과 같이 말할 수 있다. 하나님을 인격으로 부르는 것은 하나님에게 인간적인 범주를 적용하려는 것이 아니라, 오히려 인간을 당신과의 교제로 부르시는 하나님에 대한 체험에서 비롯된 유비, 즉 - 추리에 의존하는 연역논리나 경험에 의존하는 귀납논리와는 달리[24] - 듣는 사람에게 형상적인 이해를 던져 주며, 그 형상적인 이해 속에서 결단을 촉구하는 유비라 할 수 있다.

그러나 신앙 유비 속에서도 하나님의 인격성은 그 어떤 인격적 존재가 아니라 인격의 근원과 원형으로 체험된다는 사실을 감안한다면, 하나님을 인격 그 자체로 부르는 것이 적절할 것이다.

3. 창조주 하나님

1) 창조론

그리스도교 신앙은 유대교 및 이슬람과 함께 구약성서의 창조론을 공유한다. "태초에 하나님이 천지를 창조하시니라(창 1:1)." 세상은 하나님의 창조라는 것이다. 이러한 신앙은 종종 창조론에 위배되는 것처럼 보이는 과학적 견해를 이단으로 정죄하곤 했다. 17세기에는 코페르니쿠스(N. Copernicus)의 지동설(地動說)을 지지하는 갈릴레이(Galileo Galilei)가 교황청 종교 재판에서 유죄 선고를 받았고, 19세기에는 다윈(Charles Darwin)의 진화설이 가톨릭

---

[24] 논리는 일반적으로 연역논리(演繹論理, deduction)와 비(非) 연역논리로 구분된다. 그리고 비 연역논리는 다시 귀납논리(歸納論理), 유비논리(類比論理), 변증법(辨證法) 등으로 세분화된다. 본문에서 언급한 비유(比喩)는 - 한 무리(類)에 속하는 개체들 사이에는 유사성이 존재할 수도 있다는 전제로부터 출발하는 - 유비논리에 속한다.

에서 이단 판결을 받았다.

  그러나 대부분의 현대 신학자들은 성서의 창조론이 진화론 등의 과학적 이론과 반드시 대립할 필요가 없다는 사실을 강조한다. 즉 양자는 세상을 바라보는 방법이나 추구하는 목적이 다르다는 것이다. 성서의 창조 이야기는 지성의 추론이나 관찰의 방식을 통해 우주의 기원을 설명하려는 철학적 혹은 과학적 우주론과는 달리 세상의 깊이에 대한 통찰력을 전해 주려 한다는 것이다. 이러한 인식은 정당하다. 갈릴레이가 말했듯이 "성경은 우리를 천국으로 인도하려는 책이지 결코 하늘에 있는 천체의 운행을 말하려는 책이 아니기 때문이다." 그러면 성서가 말하는 창조론의 토대와 목적은 무엇인가?

  성서의 첫 번째 책인 창세기에는 창조 이야기가 두 번 나온다. 성서학자들에 의하면, 첫째 이야기인 창세기 1장 1절부터 2장 3절은 기원전 6세기경 바벨론에 포로로 잡혀갔던 제사장들이 그동안 보전되어 왔던 전승들을 문서화한 이른바 제사장(P) 문서에 속하며, 둘째 이야기인 창세기 2장 4~25절은 기원전 10세기경에 서사시적 형태로 형성된 이야기다.

  이 두 가지 창조 이야기들의 관점과 표현 방식은 서로 다르다. 전자는 그 시대의 사람들에게 잘 알려져 있었던 창조 신화의 순서대로 전개되지만, 후자는 창조의 순서보다는 하나님과 인간, 인간과 자연, 인간과 인간의 관계에 초점을 맞추고 있다.

  그러나 양자는 관점과 서술 방식의 차이에도 불구하고 창조주 하나님에 대한 신앙고백이라는 점에서는 일치한다. 사실 성서의 창조 이야기는 창조의 과정을 독자들에게 전해 주려는 의도를 가진 것이 아니다. 성서는 오히려 태초의 신비를 지성의 차원에서 해소시키는 것에 반대하며 독자들에게 단지 하나님을 창조주로 받아들이는 신앙을 요청한다. 여기서 중요한 물음이 제기된다. 그 어떤 체험이 창조 이야기의 저자들로 하여금 세상을 하나님의 피조물로 고백하도록 만들었는가?

  유대교가 하나님의 자기 계시에 의존하는 종교라는 사실을 감안하면, 하나님을 창조주로 고백하도록 만들었던 체험은 바로 하나님께서 당신을 드러내시는 이른바 계시 사건이었을 것이다. 무엇보다도 이스라엘을 이집트의 억압뿐 아니라 자신들의 죄악에서도 해방시키는 하나님께서 당신을 계시하신 사건 말이다. 이러한 사건 속에서 하나님의 신비를 체험한 사람들은 인간의 행위와는 전적으로 다른 하나님의 행위를 인식하게 된다. 즉 인간에게 다름 아닌 당신 자신을 주시는 사랑을 바라보게 된다. 즉 당신의 영을 부어 주셔서 생명을 창조하는 사랑 말이다.

이러한 사랑은 세상에서는 볼 수 없는 새로운 행위를 드러낸다. 피조물과는 전적으로 다른 하나님은 행위에 있어서도 인간과는 전적으로 다르기 때문이다. 사실 창세기에 나타난 창조란 말은 히브리어 바라(bara)를 번역한 말로서 항상 하나님을 주어로 취하며, 세상의 행위와는 전적으로 다른 전대미문의 새로움을 가리킨다. 그러나 bara는 창세기에만 나오는 것이 아니다. 출애굽기에 나오는 "아무 국민에게도 행하지 아니한 이적(출 34:10)"이란 말이나 민수기와 이사야에 나오는 "새 일(민 1:30; 사 48:6~7)"도 bara를 풀어 쓴 말이다. 성서에서 bara는 이와 같이 태초의 창조만을 지시하지 않는다. 하나님은 세상을 창조하신 후 세상을 떠나가신 분이 아니라는 것이다. 이러한 맥락에서 하나님의 창조는 궁극적인 완성에 이를 때까지 계속된다고 말할 수 있다.

창세기 저자는 생명을 선사하는 하나님의 사랑을 통해 세상에 대한 통찰력을 선사받는다. 모든 생명과 존재는 하나님의 사랑에 의해 유지된다는 인식 말이다. 창세기 저자의 이러한 통찰력은 계속해서 하나님의 사랑이 없었다면 피조물은 출현조차 하지 못했을 것이라는 확신을 가져다주었다.

이와 같은 통찰력을 전하기 위해 창세기의 저자는 그 시대의 세계관과 표상 방식을 빌려 온다. 그러나 창세기의 저자는 이러한 표현 방식을 통해 자신의 통찰력을 전하는 데 그치지 않고, 그 시대의 주도적인 세계관에 하나님의 백성이 동요되지 않도록 당대의 세계관을 암묵적으로 비판한다. 따라서 성서의 창조 이야기가 전해 주려는 메시지를 포착하기 위해서는 창조 이야기의 토대인 창세기 저자의 통찰력뿐 아니라 그들이 극복하려 했던 당시의 주도적인 세계관을 살펴보아야 할 것이다.

당시의 주도적인 세계관은 바벨론 제국의 창조 신화에 반영되어 있다. 바벨론의 대표적인 창조 신화 에누마 엘리쉬(Enuma Elish)는 창조 이전의 혼돈과 무질서를 마르두크(Marduk)라는 신이 폭력으로 제압하고 신들의 왕으로 등극하는 것을 찬양하는 대서사시다. 이 신화에 의하면, 마르두크는 혼돈을 상징하는 여신 티아마트(Tiamat)를 죽여 바람으로 그녀의 몸을 팽창시킨 후 배를 찢어 펼쳐진 몸으로 세상을 만든다. 그리고 반역자 티아마트를 추종하는 부하를 죽이고 그의 몸에서 흐르는 피에 흙을 섞어 인간을 만든다.

이 신화가 말하려는 바는 분명하다. 혼돈의 신에서 나온 세상은 무질서하고 악하다는 것이다. 그리고 반역자의 피가 흐르는 인간은 더욱 악하다는 것이다. 이 신화는 또한 마르두크의 위임을 받은 제국의 폭력만이 악한 세상과 인간을 통치할 수 있음을 시사하고 있다.

이로써 하나님이 태초에 세상을 창조하셨다는 창세기의 선포가 무엇을 말하려는지가 분명해진다. 첫째, 세상은 하나님으로부터 흘러나온 존재가 아니라, 하나님의 사랑에 의해 시작을 갖게 된 피조물이다. 따라서 하나님의 사랑을 거부하는 피조물은 생명과 존재를 상실할 수밖에 없다. 둘째, 세상은 선하신 하나님에 의해 창조된 피조물이다. 따라서 세상은 본래 선하며, 세상에는 하나님의 사랑에 의해 세워진 질서가 존재한다. 이러한 맥락에서 창세기 1장은 "하나님의 보시기에 좋았더라."는 표현을 일곱 번씩이나 사용하고 있다.

신약성서도 창조 신앙을 받아들인다. "만물이 주에게서 나오고 주로 말미암고 주에게로 돌아감이라(롬 11:36)." 그러나 창조 신앙을 그리스도인의 신앙고백으로 정립시킨 초기 교부들은 강조점을 바꾸어 놓는다. 즉 세상이 본래 선하다는 사실보다는 세상이 하나님에게 절대적으로 의존되어 있다는 사실을 부각시킨다. 이러한 맥락에서 교부들은 무로부터의 창조(creatio ex nihilo) 사상을 교회의 교리로 선포한다. 이렇게 강조점이 바뀐 것은 당시의 주도적인 사상이었던 그리스의 세계관, 즉 세상을 신적이며 영원한 존재로 바라보는 그리스 사상을 경계했기 때문이다.

2) 악의 문제

그러나 성서가 세상에 악이 존재한다는 사실을 부정하는 것은 아니다. 사실 악은 인간의 원초적인 종교적 체험이다. 무죄한 자의 고난에 항변하는 욥, 선을 행하기 원하는 자신에게 악이 함께 존재한다고 고백했던 바울은 이러한 사실을 입증해 주는 고전적인 사례들이다. 이러한 고전적인 예들은 오늘날에도 설득력을 갖고 있다. 특히 무의식으로부터 나오는 어둠의 충동이 이성을 삼켜 버리는 것을 경험한 현대의 심리학적 인간과 사회의 구조적 모순이 개인에게 가하는 폭력을 직접 경험한 현대의 사회학적 인간은 이러한 고전적 예를 통해 악이 인간의 원초적인 상황임을 새삼 확인하고 있다.

악에 대한 체험은 고대 근동의 종교들로 하여금 선과 악의 이원론을 주장하도록 만들었다. 악은 선과 마찬가지로 신적인 기원을 갖는다는 것이다. 교부들은 이러한 주변 세계의 이원론에 맞서 "악은 선의 결핍(Privatio Boni)"이라는 사상을 내세운다. 이러한 사상은 오리게네스(Origenes)와 암브로시우스(Ambrosius)를 거쳐 아우구스티누스에 의해 체계화되었다.

아우구스티누스의 Privatio Boni 사상은 다음과 같다. 하나님의 창조는 선하다. 그렇다면 현실의 악은 무엇인가? 그것은 그 자체로서 존재하는 실재가 아니라, 선의 결핍(privatio), 손실(amissio), 부패(corruptio)다. 그렇다면 이러한 악의 원인은 무엇인가? 악은 인간의 자유 의지가 전도(顚倒)됨으로써 나타나는 현상이다. 하나님에 의해 창조된 이 세계에 악은 존재하지 않고 다만 존재의 계층만이 존재하는데, 인간의 의지가 위에 있는 존재를 향하지 않고 아래 있는 것을 향할 때, 다시 말하면 인간이 하나님으로부터 돌아서서 물질세계를 동경할 때 인간의 의지가 전도되고 이러한 전도된 의지에 의해 악한 행위가 발생한다는 것이다.

하나님의 창조로서의 세계나 자유 의지 그 자체가 악한 것이 아니라, 하나님으로부터 돌아서서 피조물 세계로 향하는 의지의 왜곡이 악의 원인이라는 것이다. 그렇다면 자연적 악 또는 인간의 고난과 고통은 어떻게 설명될 수 있는가? 그것은 인간의 죄에 대한 하나님의 형벌로 이해된다. 결국 도덕적 악과 자연적 악 모두의 원인은 인간의 타락, 즉 인간 의지의 전도에 있다는 것이다.

이와 같이 아우구스티누스는 악을 인간의 죄와 죄에 대한 하나님의 형벌로 제시한다. 이러한 사고의 의미는 마니교(Manichaeism)와 비교해 볼 때 보다 명백해진다. 마니교 및 영지주의(靈知主義, Gnosis)에 의하면, 악은 의지의 행위라기보다는 악한 원리(어둠의 신)의 실현이다. 따라서 인간은 운명의 희생자로 이해된다. 이에 반해 아우구스티누스의 Privatio Boni 사상은 악이 필연적이 아니라 본성의 전도 혹은 왜곡이기 때문에 극복될 수 있다는 사실을 강조하면서도 다른 한편으로는 악에 대한 책임을 전적으로 인간에게 돌린다. 즉 악은 창조 이후에 인간을 통해 이 세계에 들어왔기 때문에 전적으로 인간의 책임이라는 것이다.

아우구스티누스 전문가 길케(L. Gilkey)는 바로 이러한 점을 아우구스티누스의 공헌으로 생각한다. "창조가 선하다는 성서적 확신은 악의 원인이 오직 인간에게 있다는 통찰력을 던져 준다. 모든 것의 창조주이신 하나님을 모르는 사람들은 악에 직면해서 그들 자신보다는 물질과 유한한 운명을 비난한다. 고대 세계는 인간의 자유나 책임성 같은 개념을 알지 못했다. 인간은 창조의 파괴자가 아니라 희생자로 이해되었다. 따라서 고대 세계는 역사적 구원의 가능성을 알지 못했다. …… 그들은 단지 유한으로부터 영원으로 비약할 때에만 악에서 벗어날 수 있다고 생각했다. 그러나 선한 창조에서는 악의 원인이 오직 인간의 자유에 있다. 따라서 그리스도인들은 악에 대한 무제약적 책임과 실제적인 신생(新生)의 가능성을 의식하게 되었다."[25]

아우구스티누스의 사상은 악의 문제에 직면해 하나님의 무죄(無罪)를 선포하고 인간의 책임과 회개를 촉구하는 구약의 예언자 사상을 대변한다. 세상에 존재하는 악의 문제에 대해 하나님의 의로우심과 선하심을 변호하려는 시도를 신정론(神正論, theodicy)이라고 한다면, 아우구스티누스의 사상은 분명 그리스도교 신정론으로 부를 수 있을 것이다.

그러나 성서에는 또 다른 하나의 사상이 등장한다. 타락 이야기에 등장하는 뱀, 즉 인간을 유혹하는 뱀의 상징이 바로 그것이다. 뱀의 상징은 어떠한 경우에도 인간이 악의 기원이 아님을 말한다.

프랑스의 성서학자 리쾨르(Paul Ricoeur)는 뱀의 상징에 관해 다음과 같이 말한다. "그 지하 동물은 악의 한 측면, 곧 인간의 책임으로 돌릴 수 없는 부분을 상징한다. …… 유대인들 역시 …… 현실 체험을 인정하지 않을 수 없었다. 다시 말해서 유일신론의 바탕을 흔들지 않는 한에서, 유배 이후 생긴 이원론을 일정 부분 수용하지 않을 수 없었다. 그렇게 볼 때, 뱀 이야기는 거의 이원론에 가까운 페르시아의 사탄론이 이스라엘 신앙에 들어왔음을 보여 준다. …… 여하튼 최소한 뱀의 상징은 악의 기원을 인간 이전에 둠으로써, 인간에게서 악의 기원을 찾으려는 시도를 견제할 수 있었다."[26]

물론 타락 이야기에 등장하는 뱀은 고대 페르시아의 신화에 나타나는 뱀과는 달리 신적인 존재가 아니다. 그러나 분명 인간도 아니다. 따라서 뱀의 상징은 다음과 같은 사상을 제시해 준다고 할 수 있다. 악은 인간에 의해 세상에 처음 등장하지만 인간이 악의 기원은 아니다. 악은 인간의 책임이지만, 거기에는 인간이 감당할 수 없는 부분이 있다. 악을 인간 탓으로 돌리는 고

---

25 Landon Gilkey, *Maker of Heaven and Earth, A Study of the Christian Doctrine of Creation* (1959), 185.
26 폴 리쾨르/양명수 옮김, 『악의 상징』 (서울: 문학과지성사, 1999), 243.

백에는 악이 인간의 탓만이 아니라는 고백이 뒤따른다. 따라서 타락 신화는 악에 대한 인간의 책임을 강조하는 예언자 신앙을 훼손하지 않는 한도 내에서 인간에 대한 동정심, 죄인에 대한 동정심을 받아들인 것이라 할 수 있다.

이러한 사상은 분명 지성에 모순으로 비쳐질 수밖에 없다. 그러나 성서는 이러한 모순을 합리적으로 설명하지 않는다. 이는 악의 문제가 궁극적으로는 인간의 인식 가능성을 넘어선다는 사실을 인정하기 때문일 것이다. 그렇다면 성서는 악의 문제 혹은 신정론 물음을 포기하는 것인가?

성서는 신정론에 합리적인 답변을 주는 대신에 하나님의 섭리(攝理, providence)에 관해 말한다. 섭리란 문자적으로 다스림의 이치를 뜻한다. 예를 들자면, 자연의 섭리란 자연 속에 자연을 다스리는 이치가 있다는 뜻이며, 하나님의 섭리란 창조 속에 창조를 향하신 하나님의 뜻이 있으며 이 뜻은 반드시 관철된다는 확신을 내포하고 있다.

하나님의 섭리에 대한 믿음은 성서 전반을 관통하고 있는 사상이다. 이사야는 다음과 같이 선포한다. "비와 눈이 하늘로부터 내려서 그리로 되돌아가지 아니하고 땅을 적셔서 소출이 나게 하며 싹이 나게 하여 파종하는 자에게는 종자를 주며 먹는 자에게는 양식을 줌과 같이 내 입에서 나가는 말도 이와 같이 헛되이 내게로 되돌아오지 아니하고 나의 기뻐하는 뜻을 이루며 내가 보낸 일에 형통함이니라(사 55:10~11)."

물론 성서는 인간이 자신에게 주어진 자유를 남용함으로써 악을 행할 수 있는 가능성을 부정하지 않는다. 성서는 또한 악의 근원이 하나님이라고 말하지 않는다. 그러나 성서는 하나님께서 이 악을 방관하지 않고 선으로 바꾸신다고 선포한다. 요셉은 다음과 같이 말한다. "당신들은 나를 해하려 하였으나 하나님은 그것을 선으로 바꾸사 오늘과 같이 많은 백성의 생명을 구원하게 하시려 하셨나니(창 50:20)." 요셉이 형제들에게 한 이 말은 초대교회에서 예수의 십자가를 이해하는 하나의 방식이었다. 초대교회는 예수의 십자가에서 - 사람들이 예수에게 저지른 악을 많은 사람을 위한 속죄의 죽음으로 바꾸어 놓으신 - 하나님의 섭리를 보았다.

예수는 한 걸음 더 나아가 이 세상에는 우연히 일어나는 사건이 하나도 없다는 사실을 분명하게 선포하신다. "참새 두 마리가 한 앗사리온에 팔리지 않느냐 그러나 너희 아버지께서 허락하지 아니하시면 그 하나도 땅에 떨어지지 아니하리라(마 10:29)." 모든 사건에는 인과 관계나 우연성이 아니라 악을 선으로 바꾸시는 하나님의 섭리가 작용하고 있다는 것이다.

그리스도교 전통은 성서의 섭리 사상을 받아들이며, 보존(conservatio)과 협력(concursus) 그리고 통치(guberbatio)로 세분화시킨다. 즉 하나님은 당신의 피조물을 보존하시며, 인간의 의지와 협력하여 당신의 뜻을 이루고, 때로는 악도 허락하셔서 선을 이루기 위한 도구로 사용하신다는 것이다.

그러나 하나님의 섭리 또한 악의 신비와 마찬가지로 지성의 차원에서 인식되는 것은 결코 아니다. 오직 요셉과 같은 순종의 사람에게만, 그리고 욥과 같이 깊은 기도 속에서 계시를 체험한 사람만이 깨달을 수 있는 진리인 것이다. "내가 주께 대하여 귀로 듣기만 하였사오나 이제는 눈으로 주를 뵈옵나이다 그러므로 내가 스스로 거두어들이고 티끌과 재 가운데에서 회개하나이다(욥 42:5~6)."

제3장
인간과 죄

1. 인간론

1) 성서의 인간론

성서의 창조 이야기는 피조물 가운데서 인간을 가장 존귀한 존재로 제시한다. 구약성서의 첫 번째 인간 창조 이야기(창 1:26)는 인간을 하나님의 형상으로 묘사한다. "하나님이 이르시되 우리의 형상을 따라 우리의 모양대로 우리가 사람을 만들고 그들로 바다의 물고기와 하늘의 새와 가축과 온 땅과 땅에 기는 모든 것을 다스리게 하자."

그러나 이러한 인간 창조 이야기의 본래 메시지를 구체적으로 파악하기 위해선 당시 고대 근동의 신화들과 비교해 보아야 한다. 성서가 말하는 하나님의 형상이란 개념은 고대 근동의 창조 신화에서 빌려온 개념이기 때문이다.

고대 근동의 신화들은 왕에게 신의 형상을 부여한다. 이집트의 파라오는 자신이 신의 형상임을 선포하면서, 그가 통치하는 지방마다 자신의 초상을 세워 자신이 이 땅의 지배자임을 알린다. 바벨론 신화도 왕을 신의 형상으로 소개하면서 신이 자신을 섬기도록 사람들을 창조했다고 말한다. 따라서 백성들은 신들을 섬기기 위해 창조되었으며, 신의 형상인 왕에게 절대 복종해야 한다는 것이다. 이와 같이 고대 근동의 인간 창조 신화에서는 신의 형상이란 개념이 다분히 통치 이데올로기적인 요소를 내포하고 있다.

그러나 구약성서는 모든 인간에게 하나님의 형상 개념을 적용한다. 즉 왕만이 아니라 모든 사람이, 남자만이 아니라 남녀 모두가 하나님의 형상이란 선포는 무엇보다도 만민 평등을 선포하는 메시지라 할 수 있다. 그 누구도 노예로 태어나지 않았으며, 모든 인간은 이 땅에서 자신의 삶을 실현할 권리를 갖고 있다는 것이다. 이러한 메시지는 당시의 정치 사회적 상황을 감안하면, 가히 혁명적인 발상이 아닐 수 없다.

그러나 히브리어 성서뿐 아니라 고대 근동의 신화들이 신의 형상을 상징적으로만 사용한 것은 결코 아니다. 그들에게 신의 존재는 명백하게 전제되어 있으며, 하나님의 형상이란 신과 연합한 자에게 주어지는 이름이었다.

그러면 하나님의 형상이란 개념은 하나님과 관련해 무엇을 말하는가? '형상'은 히브리어 '첼렘(צלם)'에서 번역된 말로 '조각된 상'이라는 뜻에 가깝고, '모양'은 히브리어 '데무트(דמות)'에서 번역된 말로 유사함을 뜻한다. 그러나 고대인들에게 신의 '첼렘'은 단지 조각물에 불과한 것이 아니었다. 그들에게 신상은 신의 현존, 즉 신 자체를 의미했다. 그들은 신상을 만든 후 의례 행위를 거행하면 신상에 신이 내주하게 된다고 믿었다. 따라서 그들에게 신의 첼렘은 곧 신이다. 따라서 고대의 왕들이 자신을 신의 형상으로 자처하는 것은 자신을 신으로 선포하는 것이라 할 수 있다.

그러면 성서가 하나님의 형상과 관련해 말하려는 것도 결국 인간이 신이라는 말인가? 그러나 이방인의 신상 숭배를 거부하는 히브리인들은 하나님에 대한 형상 제작도 금지한다. 하나님은 그 어떤 피조물과도 일치될 수 없다는 것이다.

히브리인들은 그 어떠한 경우에도 하나님과 피조물의 일치를 거부한다. 피조물은 하나님이 아니라는 것이다. 그럼에도 불구하고 히브리 사상은 하나님의 자유에 의해 하나님과 당신의 백성 사이에 인격적 관계가 실현된다고 주장한다. 이러한 히브리 사상을 감안하면, 인간이 하나님의 형상으로 창조되었다는 선포는 하나님과 인간의 일치를 지시하는 사상이 아니라, 인간을 하나님이 자신을 드러내는 장소요, 하나님의 친교의 상대로 선포하는 메시지라 할 수 있다.[1]

두 번째 인간 창조 이야기는 인간이 하나님의 생기를 받아 존재하게 되었다고 말한다. "여호와 하나님이 땅의 흙으로 사람을 지으시고 생기를 그 코

---

1 참조. G. Ebeling, *Dogamtik des christlichen Glaubens I* (1979), 383.

에 불어넣으시니 사람이 생령이 되니라(창 2:7)."

　이 이야기는 인간이 흙에서 나온 존재라는 사실을 전제한다. 인간도 자연의 한 부분이라는 것이다. 사실 히브리어에서 인간과 흙이란 말의 어원은 같다. 그러나 이 기사는 이러한 전제하에서 인간을 하나님의 영에 의해 생명을 부여받은 존재로 묘사한다. 그러나 인간이 하나님의 영을 소유한 존재라고 말하는 것은 아니다. 하나님이 숨을 거두어 가시면 인간은 다시 흙으로 돌아갈 수밖에 없는 존재로 묘사되기 때문이다. 따라서 두 번째 인간 창조 이야기도 인간을 하나님의 영이 도래하는 장소로 선포하는 메시지라고 말할 수 있다.

　그러나 구약성서는 인간을 수동적인 존재로 묘사하지는 않는다. 인간은 하나님의 도래를 받아들이거나 거부할 수도 있다는 것이다. 이러한 맥락에서 초기 교부들은 인간이 완전하게 창조된 것이 아니라, 완전을 향해 나아가도록 창조되었다고 말한다. 성서적인 관점에서는 하나님과의 교제만이 인간으로 하여금 자신을 실현하게 만들기 때문이다. 그러나 하나님은 그 어떤 하나의 존재가 아니라 존재의 근원이기에 하나님과의 교제는 타자와 교제할 수 있는 조건인 인간의 개방성을 실현시킨다. 간략하게 말하자면, 하나님과의 교제는 인간의 마음을 열어 다른 피조물과 교제하도록 만든다. 성서는 이와 같이 인간의 정체성을 열린 존재요, 친교의 존재로 제시한다.

　성서는 또한 인간을 영혼과 육체의 통일체로 제시한다. 창세기 2장 7절에서 생령(生靈)으로 번역된 히브리어 네페쉬(נפש)는 생명이나 영혼을 가리키는 말로서 신약성서에서는 프쉬케(ψυχη)로 번역되었다. 네페쉬는 몸을 가리키는 바사르(בשר)와 함께 인간을 구성하는 요소로 간주된다. 바사르는 신약성서에서 사륵스(σαρξ)로 번역된다.

　그러나 히브리 사상에서 네페쉬와 바사르는 서로 분리되는 두 가지 실체들이 아니다. 도식적으로 말하자면, 네페쉬는 바사르의 내적 동인이요, 바사르는 네페쉬의 외적 형태라 할 수 있다. 신약성서도 이러한 사상을 계승하며, 몸과 영혼을 분리하는 그리스 철학과는 달리 인간의 구원을 영혼 구원이 아닌 몸의 부활로 이해한다.

가톨릭 신학자 카스퍼(W. Kasper)는 이러한 사상의 특징을 다음과 같이 설명한다. "히브리 사람에게 육체란 그리스 사람에게서처럼 영혼의 무덤도 아니요 더구나 영지주의자에게서처럼 악의 원리가 아니다. 그러기에 인간의 본연적 자아가 이 육체로부터 해방되어야 할 것도 없는 것이다. 육체는 하나님의 피조물이다. 그리고 그것은 언제나 인간의 전부를 표시한다. 육체는 인간의 한 부분이 아니다."[2]

사실 히브리 사상에서 바사르는 네페쉬가 구체적으로 나타난 것을 가리킨다. 그러나 히브리 사상이 강조하는 것은 - 하나의 존재의 두 가지 측면이라 할 수 있는 - 네페쉬와 바사르 모두가 하나님에 의해 생명력을 얻는다는 사실이다. 창세기 2장 7절에서 네페쉬의 동인으로 제시되는 하나님의 생기는 바사르의 동인이기도 하다.

하나님의 생기 혹은 하나님의 영을 신약성서는 프뉴마($\pi\nu\varepsilon\upsilon\mu\alpha$)로 번역한다. 이를 통해 신약성서는 '영 혼 육'의 인간론을 제시한다. 그러나 프뉴마를 인간의 소유로 간주하는 것은 결코 아니다. 프뉴마는 인간의 밖에서 인간에게 선사되는 하나님인 것이다. 이러한 맥락에서 2세기의 교부 이레나이우스(Irenaeus)는 인간이 몸과 영혼 그리고 성령이라는 세 요소로 구성되어 있다고 말한다. 영(성령)은 육과 영혼을 실현하고 정화하는 원리라는 것이다.

성서는 이와 같이 인간을 닫힌 존재가 아니라 열린 존재, 즉 타자와의 교제를 통해 비로소 자신을 실현해 나가는 존재로 제시한다. 앞에서 언급했듯이, 이러한 인간을 그리스도교 전통은 인격(Person)으로 부른다.[3]

---

2 발터 카스퍼/박상래 옮김, 『예수 그리스도』 (왜관: 분도출판사, 1996), 267.
3 참조. Heinrich Ott, *Wirklichkeit und Glaube, Zweiter Band: Der persönliche Gott* (Göttingen und Zürcih: Vandenhoeck & Ruprecht, 1969), 67~102.

2) 교부들의 인간론

(1) 인격 존재로서의 인간

교부들도 하나님의 형상 개념을 받아들인다. 그러나 그들은 그들에게 전해진 70인 역(LXX) 성서에 따라 형상(imago)과 모양(similitudo)을 구분한다. 이레나이우스는 양자를 구분한 최초의 교부로서 후자는 타락 이후 상실되었지만, 전자는 타락 후에도 남아 있다고 말한다. 오리게네스도 이레나이우스의 입장을 따른다.

물론 아타나시우스와 카파도키아의 교부들은 양자를 구분하지 않는다. 그러나 그들도 형상과 모양을 동일한 현실의 두 가지 측면으로 구분한다. 즉 형상과 모양은 - 그리스 철학이 말하는 형상과 질료의 관계와 마찬가지로 - 두 가지 실체는 아니지만 구분은 된다는 것이다. 간략하게 말하면, 형상은 형식이며, 모양은 내용이라는 것이다.

물론 형상과 모양을 접속사 없이 사용하고 있는 히브리어 성서에 비추어 보면, 형상과 모양을 구분한 교부들은 양자가 - 단지 수사학적 표현에 있어서만 다를 뿐 - 사실은 동의어라는 사실을 간과하는 것처럼 보인다. 그러나 교부들이 양자를 구분한 데에는 나름대로 이유가 있다. 그들도 오직 하나님의 은총에 의해서만 하나님의 형상이 회복될 수 있음을 고백한다. 그러나 그들은 동시에 하나님의 은총을 감지하고 부르심에 순종하는 인간의 도움 없이는 은총이 실현될 수 없다는 사실도 강조한다. 물론 이러한 진술들은 모순이다. 그러나 교부들은 타락 이후 하나님의 형상이 상실되었으면서도 남아 있다는 모순 속에 진리가 존재한다고 믿었다.

달리 말하면, 인간의 의지와 하나님의 은총은 서로 대립되지 않으며 오히려 동시적으로 작용하면서 인간을 구원의 길로 인도한다는 것이다. 이것을 교부들은 '은총과 의지의 협력(synergie)'이라고 부른다. 모순 속의 일치를 가리키는 이 교리는 교부들에게 지성적 추론의 대상이 아니다. 정교회 신학자

로스키(N. Lossky)는 이에 대해 다음과 같이 말한다. "동방의 부정신학 전통에 충실한 이 교리는 긍정적이고 합리적인 용어들을 피함으로써 선한 행위들 안에서 은총과 우리의 자유가 조화를 이루는 신비를 표현해 준다."[4]

교부들은 그리스 사상의 영향을 받아 인간의 영혼을 하나님의 형상, 즉 하나님의 은총을 지각하고 받아들일 수 있는 기관으로 제시한다. 교부들은 또한 영혼을 지성과 의지로 세분화시키며 인간에게 주어져 있는 지성과 의지는 타락에도 불구하고 은총의 도움으로 하나님의 도래를 받아들일 수 있다고 주장한다.

교부들의 이러한 견해는 중세를 거쳐 오늘날까지도 이어지고 있다. 가톨릭 신학자들은 물론이고 개신교 신학자들 가운데서도 교부들의 견해를 수용하는 신학자들이 적지 않다. 브루너(E. Brunner)가 한 예다. 그는 말씀을 들을 수 있는 능력과 인간의 책임의식을 내용적으로는 상실되었지만 형식적으로는 남아 있는 하나님의 형상으로 제시한다.

동방교회의 교부들은 이러한 맥락에서 인간을 성화(聖化) 혹은 신화(神化, theosis)로 부름 받은 피조물로 규정한다. 성서적으로 표현하자면, 인간은 피조물의 본성을 가졌지만 동시에 하나님과 친교를 나누도록 부름 받은 존재라는 것이다. 이러한 맥락에서 교부들은 인간의 특성을 인간의 본성(nature)보다는 인격(person)에서 찾는다. 로스키는 교부들의 사상을 정리하면서 다음과 같이 말한다. "하나님의 형상대로 창조된 존재인 인간은 그러므로 하나의 인격적 존재요, 본성(nature)에 의해 결정되지 않고, 오히려 본성을 자신의 신적 원형이신 하나님과 동화시킴으로써 그것을 지배할 수 있는 인격이다."[5]

교부들은 또한 인격의 특징을 자유에서 찾는다. 인간의 인격은 본성의 자기실현 욕구를 거부하거나 받아들일 자유를 갖는다는 것이다. 그러나 교부

---

4   블라드미르 로스끼/박노양 옮김, 『동방교회의 신비신학에 대하여』 (서울: 한국장로교출판사, 2003), 237~238.
5   앞의 책, 148. 이 책의 번역자는 nature를 '본질'로 번역했다.

들은 본성의 욕구를 받아들이는 것을 진정한 자유로 간주하지 않는다. 본성의 욕구에 순응하다 보면 결국 본성에 예속되는 부자유한 존재가 될 수밖에 없다는 것이다. 교부들에게 인격의 특징인 자유는 궁극적으로 이기적일 수밖에 없는 인간 본성으로부터의 자유를 뜻한다. 진정한 인격 존재가 되기 위해선 자신의 본성으로부터 해방되어야 한다는 것이다.

그러나 교부들이 말하는 자유는 본성으로부터의 자유뿐 아니라 하나님을 위한 자유, 하나님의 부르심을 받아들이는 자유를 뜻한다. 물론 논리적으로는 하나님의 부르심에 대한 순종도 인간을 속박하는 것이 아니냐고 반문할 수 있다. 그러나 교부들은 하나님을 위한 자유로운 선택만이 인간을 실질적으로 자유롭게 만든다고 주장한다. 하나님만이 자유로우시며, 따라서 참 자유이신 하나님의 은총을 입은 자만이 자신의 본성으로부터 자유롭게 될 수 있다는 것이다. 정교회 신학자 지지울러스는 다음과 같이 말한다. "창조물인 인간은 실존적 필연성에서 벗어날 수 없다. …… 완전한 존재론적 자유인 참된 인격은 창조되지 않은 것, 즉 자기 실존을 포함한 어떤 필연성에도 속박되지 않은 것이어야 하기 때문이다. 만일 그러한 인격이 실제로 존재하지 않는다면, 인격 개념은 주제넘은 백일몽이다. 하나님이 존재하지 않는다면, 인격도 존재하지 않는다."[6]

인간은 오직 하나님의 은총에 의해서만 인격이 될 수 있다는 것이다. 이러한 사실은 교부들의 인간론이 그리스 철학이 아니라 - 인간은 타자와의 관계를 통해서만 자신을 실현할 수 있다는 - 성서의 인격 사상에서 비롯된 것임을 입증해 준다.

(2) 영혼과 육체의 통일체
이레나이우스와 오리게네스는 영혼, 즉 지성과 의지를 하나님의 형상으

---

6 존 지지울러스/이세형·정애성 옮김, 『친교로서의 존재』 (2012), 45.

로 간주한다. 그러나 동방교회의 교부들은 4세기부터 초기 교부들의 인격 사상은 받아들이지만, 지성을 인간의 중심으로 간주하는 초기 교부들의 견해에 이의를 제기한다. 지성을 - 하나님과 인격적 관계를 갖는 - 인간의 중심으로 바라보는 초기 교부들의 견해는 성서보다는 플라톤주의에 더 가깝지 않느냐는 것이다.

이러한 항의는 결국 제5차 콘스탄티노플 공의회(553)로 하여금 - 지성을 본질상 신적인 것으로 간주하는 - 오리게네스와 에바그리우스(Evagrius Ponticus)의 플라톤적 영성을 이단 사상으로 정죄하도록 만든다. 물론 - 지성이 지속적인 정화의 과정을 거쳐 하나님을 관상하는 경지에 이를 때 기도가 완성된다고 가르쳤던 - 에바그리우스의 '지성의 기도'까지 정죄된 것은 아니다.

메이엔도르프(J. Meyendorf)는 에바그리우스를 정죄한 동방교회의 시각을 다음과 같이 정리한다. "에바그리우스의 저작 전체를 통해서 동방 그리스도교의 수도승들은 신플라톤주의적 언어로 표현하는 법을 배웠다. 물론 신플라톤주의는 그 시대의 유행 사조였고 그래서 불가피한 것이기도 했지만 그것은 사막의 영성을 복음에는 낯선 방향으로 탈선시킬 위험을 가지고 있었다."[7]

동방교회로 하여금 위대한 교부였던 오리게네스와 존경받는 수도자였던 에바그리우스를 정죄하도록 만든 것은 결국 성서에 대한 신실함이었다는 것이다. 교부들의 신학이 복음의 그리스화가 아니라 그리스 사상을 복음으로 돌이키기 위한 분투라는 주장이 여기서 다시 한 번 입증된다.

비록 그리스 철학의 개념을 빌려 쓰지만 히브리 사상의 메시지를 잊지 않는 동방교회의 교부들은 그리스 철학과는 달리 영혼과 몸을 분리시키지 않는다. 구체적으로 말하자면, 지성과 의지 그리고 - 몸의 본성인 - 감정의 통합을 통해 인간이 실현된다는 것이다. 이로써 동방의 교부들은 지성적 영성

---

[7] 존 메이엔도르프/박노양 옮김, 『동방교회의 신비신학자: 그레고리우스 팔라마스』(서울: 누멘, 2009), 20.

전통에서 간과되었던 몸과 몸의 본성인 감정을 복권시킨다. 몸의 욕망에서 나오는 감정은 억제의 대상이 아니라 통합의 대상이 되어야 한다는 것이다.

이러한 사상은 현대 신학에서도 받아들여지고 있다. 카스퍼는 다음과 같이 말한다. "그러나 이 인간의 전부를 고전적 그리스에서처럼 제 안에 폐쇄된 모습으로 파악하지도 않으며 유물주의에서처럼 하나의 육괴(肉塊)로 생각하지도 않으며, 관념론에서처럼 하나의 개성으로 이해하지도 않는다. 육체는 하느님과, 함께 사는 이웃 사람과 더불어 관계를 맺고 있는 전인간(全人間)이다. 육체는 인간이 하느님과 자기의 이웃 사람을 만나는 장소이다. 육체는 사귐의 가능성이요 그 현실이다."[8]

달리 말하자면, 은총에 의해 변화되는 것은 인간 전체이지 인간의 어느 한 부분이 아니라는 것이다. 물론 몸은 죽음과 부활을 통해 비로소 변형되고 완성되지만, 죽음 이전에도 영혼과 함께 은총에 의해 변화되어야 한다는 것이다.

물론 교부들은 실존적인 인간에게 지성과 의지, 지성과 감정 그리고 감정과 의지가 분열된 상태로 나타나는 것을 부정하지는 않는다. 그러나 교부들은 이러한 분열을 죄와 타락의 증거로 제시하며, 수행(praxis)과 관상(theoria)을 통해 하나님의 은혜가 부어지면 영혼과 몸의 통합이 실현되기 시작한다고 말한다. 그리고 인간은 이러한 통합의 과정 속에서 비로소 자신을 하나님 앞에 서 있는 존재로 자각하기 시작한다고 덧붙인다.

동방의 교부들은 이러한 인간의 전체성을 표현하기 위해 성서로부터 마음(καρδια)이란 개념을 받아들인다. 신약성서에서 '카르디아'로 번역된 히브리어 레브(לב)는 인간의 심장을 가리키기도 하지만, 전체적인 의미 맥락에서는 사람의 내적 본성을 총체적으로 포괄하는 단어다.

이러한 맥락에서 동방교회의 교부들과 수도자들은 – 지성이 아니라 마음에

---

8 발터 카스퍼/박상래 옮김, 『예수 그리스도』 (왜관: 분도출판사, 1996), 267.

비쳐지는 빛을 바라보려는 – 마카리우스(Pseudo-Macarius)[9]의 '마음의 기도' 전통을 받아들이기 시작한다. 물론 에바그리우스의 기도론은 후에도 동방교회 수도자들에게 영향을 끼쳤지만, 동방의 교부들은 『천국의 사다리』의 저자 요한 클리마쿠스(J. Climacus) 이후 마음의 기도를 수행과 관상의 중심에 위치시킨다.

2. 죄론

1) 성서의 죄론

성서는 죄가 하나님이 창조하신 세상에 불행을 가져왔다고 선언한다. 그러나 죄란 인간을 통해 세상에 들어온 것이기 때문에 세상의 불행에 대한 책임은 인간에게 있음을 강조한다. 그렇다고 성서가 인간을 정죄하는 것만은 아니다. 성서는 인간을 정죄함과 동시에 인간에게 동정심의 여지를 남겨 둔다. 성서가 바라보는 인간은 하나님의 도움이 없으면 유혹에 넘어갈 수밖에 없는 연약한 존재기 때문이다.

그러면 성서에서 죄란 구체적으로 무엇을 가리키는가? 창세기 3장에 의하면, 죄란 하나님의 계명을 위반하는 것이다. 하나님의 계명을 침해하는 것은 계명 속에 내포되어 있는 하나님의 뜻을 저버림으로써 결국 하나님이 세우신 창조의 질서를 파괴하는 것이다.

그러나 성서에서 계명을 지키는 것은 궁극적으로는 계명을 주신 분과 인격적으로 교제하는 것을 목적으로 삼는다. 후자가 간과된다면, 계명 준수는 예수께서 그토록 비판하셨던 바리새인들의 율법주의에 빠지게 될 것이다.

---

[9] 마카리우스는 수도원 전통에 지대한 영향을 끼쳤던 4세기 이집트의 수도사다. 마카리우스의 이름을 빌린 『신령한 설교』의 저자는 5세기 초 시리아에서 살았을 것으로 추정되는 영성 저술가다.

본회퍼에 의하면, 바리새인의 잘못은 계명을 하나님과 동일시한 것이다.

따라서 죄의 본질은 계명을 주시는 하나님에 대한 불순종에 있다. 죄의 본질은 결국 하나님과의 관계를 단절시키는 데 있다는 것이다. 이러한 맥락에서 스웨덴의 루터교회 신학자 아울렌(G. Aulen)은 죄의 본질을 "하나님과의 교제를 방해하고, 하나님과 인간의 분리를 야기시키는 것"으로 규정한다.[10]

그러나 하나님에 대한 불순종은 - 인간이 하나님 대신에 스스로 만유의 중심이 되려는 - 교만(hybris)에서 비롯된다. 따라서 죄의 근원은 자기 폐쇄적이며 자기중심적 삶에 있다고 말할 수 있다. 루터는 죄의 이러한 성격을 강조하기 위해 죄인을 "자기 안으로 굽어져 있는 사람(homo incurvatus in se)"으로 묘사한다.

자기중심적인 삶은 만족할 줄 모르는 욕망으로 나타난다. 이러한 자기중심적 욕망을 그리스도교 전통에서는 '정욕(情慾, concupiscentia)'이라고 부른다. 자기중심적 삶은 타자와의 모든 관계를 자기중심적으로 변질시킴으로써 진정한 교제를 단절시킨다. 그러나 이러한 관계 단절은 결국 자기로부터의 소외를 불러일으킨다. 인간은 오직 타자와의 교제를 통해서만 자신을 실현할 수 있기 때문이다.

결국 죄란 타자뿐 아니라 자신을 파괴하는 행위다. 그리고 이러한 파괴 행위를 통해 선하게 창조된 세상을 악으로 오염시킨다. 이러한 성서의 죄 인식은 무엇보다도 먼저 인간에게 책임과 회개를 요청한다. 사실 고대 사회에서 책임의식과 회개의 영성은 성서를 관통하는 것으로서 유대교 외에서는 찾아보기 힘든 것이었다.

---

10 Gustaf Aulen, *The Faith of the christian church*, Translated from the fifth Swedish edition of 1956 by Eric H. Wahlstrom (Philadelphia: Fortress, 1973), 232.

(1) 죄의 보편성

창세기가 전하는 인간의 타락 이야기는 인류의 원조인 한 사람만의 이야기가 아니다. 가톨릭 신학자 조규만 박사가 밝혀 주듯이 "히브리 사고에서 시초에 관한 이야기는 본질에 관한 이야기"기 때문이다.[11] 창세기의 타락 이야기는 역사적 사실 보도가 아니라, 인간의 실존적인 죄의 문제를 당시의 표상으로 그려낸 이야기라는 것이다.

조규만 박사는 성서의 타락 이야기를 인간의 진실을 비유적으로 전해 주는 이른바 설화(說話)로 규정하며 그 의미에 대해 다음과 같이 말한다. "그리스 사고에서는 현상에서 본질로 돌아가는 것을, 또는 시간 내에 있는 것을 시간 밖에 있는 것과 연결시키는 것을 설명이라고 한다. 그러나 히브리인들은 이런 유형의 설명을 알지 못하고 있다. 그들의 사고에서는 시간 내에 있는 무엇은 오직 시간 내에 있는 무엇으로 귀납시킬 수 있다. 그렇기 때문에 히브리인들은 변화 속에서 불변하는 것을 설명할 때 시작 내지 태초로 돌아간다. 지금 상태는 그때도 그러했다는 것이다."[12]

성서의 타락 이야기는 독자로 하여금 아담의 상황을 자신의 상황으로 받아들일 것을 요청한다는 것이다. 사실 아담이란 고유명사가 아니라 인간을 뜻하는 단어. 성서는 이와 같이 모든 인간이 죄 가운데 있음을 강조한다. 구약성서는 여러 곳에서 죄가 모든 인간에게 주어진 보편적인 상황임을 전제한다. 솔로몬은 이렇게 고백한다. "범죄하지 아니하는 사람이 없사오니(왕상 8:46)." 시편 기자도 다음과 같이 탄식한다. "주의 눈 앞에는 의로운 인생이 하나도 없나이다(시 143:2)."

이러한 사상은 신약성서에도 계승된다. 바울은 시편 14편 2~3절에 전적으로 동의한다. "기록된 바 의인은 없나니 하나도 없으며 깨닫는 자도 없고 하

---

11 조규만, 「원죄론」, (서울: 가톨릭출판사, 2016), 17.
12 조규만, 「원죄론」, (서울: 가톨릭출판사, 2016), 17.

나님을 찾는 자도 없고 다 치우쳐 함께 무익하게 되고 선을 행하는 자는 없나니 하나도 없도다(롬 3:10~12)." 요한도 죄의 보편성을 하나님의 진리로 선포한다. "만일 우리가 죄가 없다고 말하면 스스로 속이고 또 진리가 우리 속에 있지 아니할 것이요 …… 만일 우리가 범죄하지 아니하였다 하면 하나님을 거짓말하는 이로 만드는 것이니 또한 그의 말씀이 우리 속에 있지 아니하니라(요일 1:9~10)."

여기서 현대인들은 당연히 이의를 제기할 것이다. "왜 모든 사람이 죄인인가? 이제 막 태어난 아기도 죄인인가? 아기뿐 아니라 성인 가운데도 의인이 있지 않은가? 창세기 6장 9절도 노아를 당대의 의인이라고 말하지 않는가?" 물론 성서가 그 어떤 하나의 원리에 의해 모든 사람을 일괄적으로 죄인으로 규정하는 것은 아니다.

그렇다면 성서는 왜 모든 자를 죄인으로 보는가? 창세기의 타락 이야기는 이에 대한 실마리를 제공해 주는 것처럼 보인다. 이 이야기는 인간이 죄를 짓는 과정에서 아담뿐 아니라 하와를 등장시킴으로써 아담의 죄에 하와가 관련되어 있음을 분명하게 보여 준다. 즉 하나의 죄 속에 인간들이 서로 깊이 연관되어 있다는 것이다. 이러한 상호연관성 때문에 한 사람의 죄는 그 한 사람에 그치지 않고 그가 속한 공동체에 영향을 끼치며, 공동체는 다시 개인에게 죄를 권유하는 악순환의 구조가 생겨난다는 사실을 히브리인들은 분명하게 인식하고 있었다.

이러한 사상은 신약성서에도 나타난다. 요한은 예수의 사역을 가로막는 세력을 세상으로 보면서 예수가 짊어지신 죄가 개인들의 죄가 아니라 세상 죄라고 말한다. "보라 세상 죄를 지고 가는 하나님의 어린 양이로다(요 1:29)."

'세상 죄'란 쇼넨베르크(P. Schoonenberg)가 명쾌하게 해석했듯이, 개인들이 지은 죄의 총량이 아니라, 하나의 죄가 인간들의 상호관련성 때문에 또

다른 죄를 유발시키는 사회적 상황을 일컫는 말이다.[13] 달리 말하자면, 인간
들이 죄 가운데서 서로 영향을 주고받는 세상은 개인들에게 죄를 중재해줄
수밖에 없다는 것이다. 따라서 태어나면서부터 세상 죄의 영향을 받지 않는
사람은 없다.

(2) 죄와 유혹

그러나 성서는 창세기 3장의 타락 이야기를 통해 세상에 관영한 죄에는
인간의 책임뿐 아니라 인간이 전적으로 감당할 수 없는 부분도 있음을 시사
해 준다. 죄의 근원은 하나님은 아니지만 인간도 아니라는 것이다. 구체적으
로 말하자면, 성서는 죄를 유혹에 넘어가는 것으로 규정함으로써 죄의 우선
적 원인은 사람이 아니라 유혹에 있으며, 따라서 죄인에게 동정의 여지가 남
아 있다는 사실을 시사한다. "죄는 미워하되 죄 지은 사람은 미워하지 말라."
는 탈무드의 격언도 이러한 사상에서 비롯된 것이다.

사실 유혹이 없다면 인간은 죄를 지을 수조차 없는 무력한 존재다. 성서에
의하면, 인간은 누군가의 요청에 반응함으로써 자신을 실현하는 대화적 존
재이기 때문이다. 사탄의 유혹을 받아들이면 자신을 사탄의 심성으로 채우
고, 하나님의 말씀을 받아들이면 하나님의 성품으로 충만해진다. 그 사람이
누구인지를 알려면 그 사람이 사귀는 친구를 보라는 유대인의 격언도 이러
한 사실을 지시한다. 그러나 유혹이 다가오더라도 유혹을 분별하고 거부한
다면 죄를 짓지 않게 된다. 따라서 유혹에 넘어가는 인간의 의지가 죄의 두
번째 원인이라 할 수 있다.

인간에게 다가오는 유혹은 부인할 수 없는 현실이다. 그러면 이러한 유
혹은 어디서 나오는가? 유혹은 타락한 세상을 통해 내게 다가오는가? 세상
사람과 사귀다 보면 부지불식간에 나도 그와 비슷하게 되는 것을 바라보며

---

13 참조. 앞의 책, 113.

유혹이 세상을 통해 다가온다고 생각할 수 있을 것이다. 그러나 세상을 떠나 홀로 있을 때에도 유혹은 다가온다. 아니 더 분명하게 유혹과 마주할 수 있다.

그러면 유혹의 실체는 무엇인가? 성서는 유혹하는 자를 뱀으로 부르며 다음과 같이 말한다. "뱀은 여호와 하나님이 지으신 들짐승 중에 가장 간교하니라(창 3:1)." 구약성서의 다른 곳에서는 뱀 대신 사탄이 등장하며, 신약성서에서는 마귀라는 말이 더 많이 사용된다.

그러나 창세기의 타락 이야기는 악의 실체를 상세하게 규명하는 대신에 유혹이 어떻게 인간을 타락시키는지에 집중한다. 타락 이야기에 의하면, 유혹은 인간을 간교하고 집요하게 공격함으로써 결국 인간으로 하여금 하나님의 말씀에 의심을 품게 만들고 교만을 부추겨 계명을 경시하게 만든다. 달리 말하면, 유혹에 휘둘린 마음으로 금지된 선악과를 바라보니 그 전에는 없었던 마음, 즉 금지된 것을 맛보고 싶은 마음이 생겨나 결국 계명을 어기게 된다는 것이다.

이와 같이 창세기의 타락 이야기에는 집요한 유혹의 공격과 스스로의 힘으로는 이러한 유혹을 물리칠 수 없는 인간의 불완전성이 어울리면서 하나님의 계명을 어기는 광경이 대두된다. 바울도 이러한 사상을 계승하며 다음과 같이 고백한다. "내가 원하는 바 선은 행하지 아니하고 도리어 원하지 아니하는 바 악을 행하는도다 만일 내가 원하지 아니하는 그것을 하면 이를 행하는 자는 내가 아니요 내 속에 거하는 죄니라 그러므로 내가 한 법을 깨달았노니 곧 선을 행하기 원하는 나에게 악이 함께 있는 것이로다 내 속사람으로는 하나님의 법을 즐거워하되 내 지체 속에서 한 다른 법이 내 마음의 법과 싸워 내 지체 속에 있는 죄의 법으로 나를 사로잡는 것을 보는도다(롬 7:19~23)."

결국 죄에 대한 책임은 죄를 행하는 인간에게 있지만, 인간이 자신만의 힘으로는 유혹의 힘 혹은 죄의 권세에 맞설 수 없다는 것이다.

2) 교부들의 죄론

바울은 죄가 행위 그 자체로 끝나는 것이 아니라 인간의 본성을 왜곡시킨다고 말한다. "하나님을 알되 하나님을 영화롭게도 아니하며 감사하지도 아니하고 오히려 그 생각이 허망하여지며 미련한 마음이 어두워졌나니(롬 1:21)." 바울은 또한 죄가 본성을 왜곡시켜 결국 인간을 죄의 노예로 만든다는 사실을 강조한다. "내 지체 속에서 한 다른 법이 내 마음의 법과 싸워 내 지체 속에 있는 죄의 법으로 나를 사로잡는 것을 보는도다(롬 7:23)." 죄의 결과는 본성의 왜곡이라는 것이다.

성서는 본성의 왜곡뿐 아니라 죽음도 죄의 결과로 제시한다. "욕심이 잉태한즉 죄를 낳고 죄가 장성한즉 사망을 낳느니라(약 1:15)." 누구나 겪게 되는 죽음은 죄의 결과라는 것이다.

초기 교부들은 죄가 본성의 왜곡과 죽음을 가져왔다는 성서의 가르침을 받아들인다. 그러나 초기 교부들에게는 공통의 전제가 있다. 즉 인간은 완전하게 창조된 것이 아니라 완전을 향해 나아가도록 창조되었다는 것이다. 달리 말하자면, 인간에게는 자유가 주어졌으며, 이 자유를 통해 자신의 미래를 결정할 수 있다는 것이다.

그러나 교부들은 인간이 자신에게 주어진 자유를 남용함으로써 자신을 모든 것의 중심으로 세우는 교만과 자신의 유익을 위해선 어떤 일도 마다하지 않는 탐욕스러운 존재가 되었다고 말한다. 즉 사탄의 진지(陣地, 참조. 고후 10:5)가 되었다는 것이다. 로스키는 초기 교부들의 사상을 다음과 같이 요약한다. "은총에 의해 자신의 본질을 하나님의 본질과 완전하게 동화시키도록 부름 받은 인격은 죄에 의해 손상, 왜곡되고 또한 거슬리는 욕구들에 의해 찢겨진 본질에 매이게 된다."[14]

---

14 블라드미르 로스끼/박노양 옮김, 「동방교회의 신비신학에 대하여」 (2003), 154.

인간은 자유를 남용한 결과 본성의 타락을 가져왔고, 이러한 본성의 타락은 악한 영의 생각을 자신 안에 불러들여 결국 인간의 인격을 본성의 노예뿐 아니라 악한 영의 노예로 만들었다는 것이다.

교부들은 죽음도 죄의 결과로 제시한다. 이러한 견해에서는 동방과 서방의 교부들이 일치한다. 그러나 동방교회의 교부들은 죽음보다 본성의 부패를 강조한다. 4세기의 교부 테오도르(Theodore of Mopsuestia)는 죽을 수밖에 없는 인간의 운명이 본성의 부패를 가져와 죄를 불가피한 것으로 만들었다고 주장한다. 메이엔도르프는 동방 교부들의 사상을 요약하면서 다음과 같이 말한다. "죽음의 사멸성은 죄의 대가로 간주되지 않고 오히려 악마가 원죄 이후의 인류에게 불의한 압제를 행할 수 있는 좋은 수단으로 이해된다."[15]

반면에 서방교회의 교부들은 죄의 결과를 반성하면서 본성의 부패보다는 죽음을 더 부각시킨다. 서방교회는 - 죽음을 죄와 무관한 자연적인 현상으로 보는 - 펠라기우스와의 논쟁을 통해 카르타고 공의회(418)에서 죽음이 죄의 결과요 하나님의 심판이라는 가르침을 교리로 제정한다. 이러한 사상은 1546년의 트리엔트 공의회에서 승인되었다.

그러나 현대 신학자들은 성서가 말하는 죽음과 생물학적 죽음을 일치시키지 않는다. 즉 생물학적 죽음 그 자체가 아니라 그 죽음에 부가된 그 어떤 특성이 죄의 결과라는 것이다. 다시 말하자면, 죽음은 원래 자연적인 현상이었으나 죄로 인해 형벌적인 성격을 가지게 되었다는 것이다. 가톨릭 신학자 녹케(Franz-Josef Nocke)는 다음과 같이 말한다. "분명히 죽음에 대한 승리는 죽음의 제거를 뜻하지 않는다. 오히려 죽음의 변형, 죽음의 초월이다. ······ 죽음을 완성으로서 받아들이지 못하는 상태라면 이러한 죽음은 죄의 결과이다. 더 정확하게 말해서 이러한 방식으로 죽음을 체험한다는 것이 바로 죽음이 죄의 결과라는 것을 말해 준다."[16] 개신교의 틸리히(P. Tillich)도 이러한 견

---

15 존 메이엔도르프/박노양 옮김, 『비잔틴 신학: 역사적 변천과 주요 교리』 (서울: 정교회출판사, 2013), 290.
16 프란츠 요셉 녹케/조규만 옮김, 『종말론』 (서울: 성바오로, 1998), 15.

해에 동조한다. "그리스도교는 자연적인 불멸성의 교리를 거부하여야 한다. …… 아담의 타락이 인간을 생리적인 측면에서 그 세포를 변화시켰다고 하거나 정신적인 구조를 변화시켰다고 하는 것은 부조리하고 비성서적인 말이다."[17]

3) 원죄론

동방과 서방교회의 교부들은 모두 본성의 부패와 죽음을 죄의 결과로 받아들인다. 그러나 서방교회에서는 아담의 죄가 인류에 전가되었다는 사상이 등장하기 시작한다. 아담의 죄가 후손들에게 전가되는 것을 죄의 결과로 본 것이다. 이러한 사상은 테르툴리아누스(Tertullianus)에서 시작되어 아우구스티누스에게서 완성된다.

아우구스티누스는 남녀 간의 성적 관계를 통해 후손들에게 전가되는 아담의 죄를 원죄(原罪, Peccatum originale)라고 부른다. 가톨릭 신학자 조규만 박사는 원죄를 다음과 같이 규명한다. "원조의 편에서 본다면 인류 사회에 맨 첫 번으로 생겨나서 인류를 더럽힌 죄라는 뜻이요, 그 후손의 편에서 본다면 사람이 이 세상에 태어날 때 타고나는 죄라는 뜻이다. …… 아담이 지은 첫 번째 죄(Peccatum originale originans)를 능동적 원죄 또는 기원죄라고 한다. 이 기원죄는 아담과 하와가 자유 의지를 지닌 채, 결단을 내려 저지른 범죄다. 그러나 후손이 세상에 태어날 때 타고나는 죄(Peccatum originale orignatum)를 수동적 원죄 또는 유죄라고 부른다."[18]

그러나 모두가 원죄론에 동의한 것은 아니다. 원죄론은 서방교회 내에서도 저항을 불러일으켰다. 저항 세력을 대변하는 펠라기우스(Pelagius)는 아담

---

17 Paul Tillich, *Systematic Theology*, vol. 2. (Chicago: The University of Chicago press, 1957), 67~68.
18 조규만, 『원죄론』 (서울: 가톨릭출판사, 2016), 4~6.

의 죄가 출생을 통해 후손들에게 전해지는 것이 아니라고 항변한다. 즉 인간에게는 타락에도 불구하고 죄를 짓거나 거부할 수 있는 자유 의지가 엄연히 남아 있으며, 따라서 죄에 대한 책임은 자유 의지를 가진 개인에게 있다는 것이다.

원죄론을 거부하는 펠라기우스의 사상은 카르타고 공의회(418)에서 단죄된다. "첫 번째 인간 아담은 죽도록 조성되었기 때문에 그가 죄를 지었든 짓지 않았든 상관없이 육체적으로 죽을 수밖에 없다고 말하는 사람, 즉 죄의 업보가 아니라 본성으로 말미암아 필연적으로 육체에서 떠나가게 되었다고 말하는 사람은 파문된다."

오랑제 공의회(529)는 카르타고 공의회의 결정을 확인해 준다. "아담의 위법은 단지 그 자신만을 손상시켰지 그의 후손들을 손상시키지 않았다고 말하거나, 영혼의 죽음인 죄가 아니라 죄의 벌인 육체의 죽음만이 한 사람으로 말미암아 모든 사람에게 전해진다고 주장하는 사람은 …… 바울 사도의 말씀을 부정함으로써 하나님께 불의를 범하는 것이다."

그 후 가톨릭교회는 종교 개혁의 파고 속에서 개최된 트리엔트 공의회(1546)에서 - 유전을 통해 아담의 죄가 후손들에게 전가된다는 - 원죄론의 틀을 완성시킨다. "사목자들은 그 죄와 그 형벌이 단순히 아담에게만 남겨진 것이 아니라, …… 그로부터 자연적으로 모든 후손들에게 전파되었다는 것을 상기해야 한다."

그러나 공의회는 - 개인의 동의 없이 지워진 - 원죄와 - 개인의 동의 아래 지은 - 본죄(本罪, actual sin)를 구분한다.[19] 이를 통해 원죄가 실제적인 죄가 아님을 암시하기도 한다. 그러나 현대 신학자들은 트리엔트 공의회가 말하는 원죄와 본죄의 구분이 애매하다고 말한다. 즉 죄의 결과가 아담이나 후손에게 동일하게 나타난다면 원죄와 본죄의 구별은 없는 것이나 다름없다는 것

---

19 한국 개신교는 본죄를 자범죄(自犯罪)로 부른다.

이다.

원죄와 본죄의 구별은 토마스 아퀴나스(Thomas Aquinas)에 의해 구체화된다. 토마스 아퀴나스는 원죄를 하나의 상태, 즉 초자연적 은총이 상실된 상태로 제시함으로써 원죄와 본죄의 구분을 합리적으로 설명한다. 즉 원죄는 하나의 상태요, 본죄는 이러한 상태가 실현된 실체라는 것이다.

루터도 그의 『로마서 주석』에서 원죄가 육체적 출생을 통해 전해진다는 아우구스티누스의 원죄론을 받아들인다. 그리고 토마스 아퀴나스와 마찬가지로 원죄와 본죄(자범죄)를 구분하면서 원죄를 일종의 상실 상태로 규정한다. 다만 원죄를 초자연적 은총이 아니라 믿음이 상실된 상태로 묘사한다. "성경은 우리의 마음을 꿰뚫어 보며 모든 죄의 뿌리이자 근원, 즉 우리 마음 속 깊은 곳의 불신앙을 바라본다. …… 불신앙은 죄의 유일한 원인이다. 그것은 육을 높이며 창세기 3장(:8f)에서 에덴동산에서의 아담과 하와의 경우에 일어났던 것처럼 명백하게 잘못된 행위들을 행하고자 하는 소원을 준다. 그러므로 그리스도는 불신앙을 따로 지적하여 그것을 죄라고 불렀다."[20]

루터교회 신학자들은 루터를 따라 원죄를 자범죄(actual sin)의 원인으로 제시한다. 원죄와 자범죄는 죄의 두 가지 형태가 아니라는 것이다. 즉 원죄는 자범죄 밖에 있는 것이 아니며, 오직 자범죄 안에서만 현실화된다는 것이다.

개혁교회의 하이델베르크 신앙고백도 원죄를 본성이 부패된 상태로 제시한다. "제7문: 그러면 인간의 타락한 본성은 어디서 왔습니까? 답: 우리의 첫 조상 아담과 하와가 에덴동산에서 불순종하여 타락함으로 비롯되었습니다. 그 타락으로 말미암아 우리의 본성이 부패되어 잉태되는 그 순간부터 우리는 죄인으로 태어나는 것입니다. …… 제8문: 그렇다면 우리는 너무 부패하여 선이란 전혀 행할 수도 없고 모든 악을 향해 기울 뿐입니까? 답: 그렇습니다. 우리가 하나님의 영으로 거듭나지 않는 한 그렇습니다."

---

20 존 딜렌버거 편/이형기 옮김, 『루터 저작선』 (서울: 크리스천다이제스트, 1996), 61.

서방교회는 이와 같이 원죄론을 교회의 가르침으로 규정한다. 그러나 오늘날 서방교회는 - 원죄론을 부정하지는 않지만 - 전통적인 원죄론에 수정의 여지가 있다는 사실을 강조한다. 무엇보다도 죄가 유전된다는 가르침은 현대인뿐 아니라 성서에도 낯선 사상이라는 것이다. 이러한 맥락에서 현대 가톨릭과 개신교의 신학자들은 전통적인 원죄론이 자신의 해석학적 토대로 삼고 있는 창세기 3장의 타락 이야기와 로마서 5장 12절(이러므로 한 사람으로 말미암아 죄가 세상에 들어오고 죄로 말미암아 사망이 왔나니 이와 같이 모든 사람이 죄를 지었으므로 사망이 모든 사람에게 이르렀느니라)을 숙고하면서 전통적인 원죄론의 성서 해석에 오류가 있다는 사실을 지적한다.

즉 창세기의 타락 이야기는 죄의 역사적 기원과 영향력을 설명하려는 보도가 아니라, 모든 인간들이 공유하는 실존적 상황을 설화의 형식을 빌려 설명하는 이야기라는 것이다. 따라서 창세기 3장은 전통적인 원죄론의 성서적 토대가 될 수 없다는 것이다.

현대 신학자들은 또한 아우구스티누스의 원죄론이 - 그리스어 성서를 라틴어로 번역했던 - 불가타 번역본의 오역에 기초하고 있다고 말한다. 즉 아우구스티누스는 - 아담의 죄가 아니라 모든 사람의 죄를 모든 사람의 죽음의 원인으로 간주하는 - 그리스어 성서를 오역한 불가타 번역본에 의지했기에 아담의 죄가 모든 사람에게 죽음을 가져왔다고 주석하게 되었다는 것이다.

그럼에도 불구하고 서방교회 신학자들은 원죄론이 성서적 토대를 갖고 있다고 말한다. 죄 없는 사람이 없다는 성서의 선포나 오직 은총에 의해서만 구원을 받을 수 있다는 성서의 메시지는 원죄론에 성서적 토대를 제공해 준다는 것이다. 즉 인간은 태어나면서부터 죄를 지을 수밖에 없는 상황에 처해 있다는 주장에서 성서와 원죄론은 일치한다는 것이다.

현대 신학자들은 한 걸음 더 나아가 죄의 심층 차원을 해명해 주는 원죄론의 의미를 높이 평가한다. 즉 인류가 죄 속에서 깊이 연관되어 있다는 사실을 드러내 주는 원죄론의 메시지는 결코 폐기되어서는 안 된다는 것이다.

가톨릭 신학자 라너(K. Rahner)는 다음과 같이 말한다. "태어나면서부터 다른 사람의 죄에 의해서 각인 받지 않는 절대 고립된 외딴 섬과 같은 것은 존재하지 않으며 직접적으로든 간접적으로든, 그리고 가까이서든 멀리서든 영향을 받고 있다. …… 특정한 인간의 죄과는 다른 인간이 지닌 자유로운 상황에 영향을 미친다. 왜냐하면 그와 같은 영향은 인류가 하나이고, 인간이 역사적이고 세계적인 존재이고, 한 사람의 원초적인 자유로운 상황이 필연적으로 세계를 통해서 중재되는 한 좋든 싫든 간에 존재하는 것이기 때문이다."[21]

죄 속에서 인간은 서로 연대되어 있기에 그 누구도 죄로부터 자유로울 수 없다는 원죄론의 메시지는 죄의 심층 차원을 바라볼 수 있는 기회를 마련해 준다는 것이다. 달리 말하자면, 전통적인 원죄론은 죄의 유전이 아니라 구체적인 인간의 죄 속에 나타나는 인류의 연대성과 상호연관성을 지시해 주는 방향으로 해석되어야 한다는 것이다.

4) 죄론에 나타나는 모순: 본성의 부패와 인간의 의지

동방교회는 원죄론에 비판적인 자세를 취한다. 죄는 유전되지 않는다는 것이다. 그럼에도 불구하고 동방교회는 죄가 죽음과 본성의 부패를 가져왔다는 성서의 사상을 받아들이며 부패한 인간의 본성이 인간의 의지를 타락시켜 죄를 짓게 만든다고 주장한다. 메이엔도르프는 다음과 같이 말한다. "아담과 이브의 반역은 그 인격들의 죄일 뿐이다. 이 인간론은 유전되는 잘못이나 본성으로서의 죄라는 개념을 허용할 수 없지만, 그럼에도 불구하고 인간의 본성은 아담의 죄의 결과들을 물려받았다는 것을 인정한다."[22]

---

21 칼 라너/이봉우 역, 「그리스도교 신앙입문」 (왜관: 분도출판사, 1994), 153~157.
22 존 메이엔도르프/박노양 옮김, 「비잔틴 신학: 역사적 변천과 주요 교리」 (서울: 정교회출판사, 2013), 284.

그러나 동방교회는 동시에 의지가 동의하지 않으면 죄가 실현되지 않음을 강조한다. 메이엔도르프는 다음과 같이 말한다. "교부들의 인간 이해는 인간성(인류)의 통일성을 부정하지도 않고 또 그것을 극단적인 개인주의로 대체하지도 않는다. …… 그러므로 그리스도를 통해 오는 구원이 인간성(인류) 전체의 구원이듯이, 아담의 죄 또한 모든 사람들과 관련된다. 하지만 원죄도 구원도 한 인간의 인격적이고 자유로운 책임이 개입되지 않는 한 한 사람의 인격적 삶 속에서 현실화되지 않는다."[23]

본성의 부패 그 자체는 죄가 아니라는 것이다. 죄는 오직 의지만이 지을 수 있다는 것이다. 아우구스티누스와 같은 시대를 살았던 동방교회의 교부 테오도레트(Theodoret)는 동방교회의 입장을 대변하면서 다음과 같이 말한다. "죄 사함은 단지 성인들에게만 적용될 수 있다. 아직 있지도 않은 죄를 사해 주기 위해서가 아니라 새로운 불사의 생명을 주기 위해서 유아들에게 세례를 준다."[24]

물론 서방교회도 원죄와 본죄를 구별함으로써 본성과 의지를 구분한다. 그러나 아우구스티누스와 루터에게 의지는 단지 노예 의지일 뿐이다. 본성뿐 아니라 의지도 전적으로 타락했다는 것이다. 따라서 죄는 불가피하다는 것이다. 이러한 서방교회의 입장에서 보면, 동방교회의 입장은 반(半) 펠라기우스주의처럼 보일 것이다. 사실 동방교회는 펠라기우스처럼 자유 의지를 인정하는 것은 아니지만, 아우구스티누스처럼 의지의 전적인 타락을 주장하지도 않는다.

물론 의지가 부패한 본성에 매여 있다는 사실을 인정하면서도, 의지의 동의가 없으면 죄가 현실화되지 않는다는 동방교회의 주장은 모순이다. 그러나 동방교회의 이러한 입장이 다름 아닌 성서를 해석한 결과라는 사실을 기

---

[23] 앞의 책, 284.
[24] 앞의 책, 289~290에서 재인용.

억해야 한다. 동방교회는 단지 – 죄를 인간의 숙명으로 보면서도 인간에게 죄에 대한 책임을 묻는 – 성서의 모순적 입장을 있는 그대로 보존하며, 어느 한 편에 치우쳐 이러한 모순을 해소하려는 시도를 거부할 뿐이다.

동방교회의 이러한 입장을 로스키는 다음과 같이 말한다. "펠라기우스의 근본적인 오류는 은총의 신비를 합리적 차원으로 옮겨 놓으려 한 데 있다. …… 아우구스티누스는 펠라기우스주의에 맞선 그의 논쟁에서, 결코 이 문제를 해결할 수 없었던 합리적인 태도에 똑같이 서 있고자 함으로써 그의 적대자의 모범을 따라갔다."[25]

성서의 죄론에 나타나는 모순, 즉 죄는 숙명이면서 인간의 책임이라는 모순은 지성의 차원에서 해결될 수 있는 것이 아니라, 오직 은총의 현재 속에서만 인지될 수 있는 진리라는 것이다. 이와 같이 성서에 나타나는 모순을 해소하지 않고 오히려 관상의 계기로 삼는 동방교회의 해석학적 입장은 – 은총과 의지의 동시성을 말하는 – 신인협력설뿐 아니라 삼위일체론에도 나타난다.

죄는 숙명이면서 책임이라는 모순이 오직 은총 속에서만 인지될 수 있다는 사실은 죄의 실상을 인식하도록 만드는 것이 은총의 현실임을 지시해 준다. 죄는 자연적으로도 인식되지만 완전하게 인식되지 않으며, 때로는 오해되는 경우도 많다. 죄는 궁극적으로는 은총에 의해 인식된다. 이러한 맥락에서 모든 수도자들의 아버지로 불리는 안토니우스는 다음과 같이 말한다. "유혹을 경험하지 못하면 아무도 하늘나라에 들어갈 수 없다. 유혹을 피하면 아무도 구원받지 못한다."[26]

---

25 블라드미르 로스끼/박노양 옮김, 『동방교회의 신비신학에 대하여』 (2003), 237~238.
26 알렉산드리아의 아타나시우스·안토니우스/허성석 옮김, 『사막의 안토니우스』 (왜관: 분도출판사, 2015), 183.

제4장
그리스도

1. 성서의 그리스도론

"이르시되 너희는 나를 누구라 하느냐 시몬 베드로가 대답하여 이르되 주는 그리스도시요 살아 계신 하나님의 아들이시니이다(마 16:15~16)."

그리스도인이라면 자주 접하게 되는 '예수 그리스도'란 말은 예수가 그리스도라는 신앙고백이다. 그리스도(Χριστός)가 기름부음 받은 자를 뜻하는 히브리어 메시아(messiah)를 헬라어로 번역한 말임을 감안하면, 예수가 그리스도라는 고백은 유대계 그리스도인들의 신앙고백이라 할 수 있다.

유대인의 입장에서 볼 때, 예수를 메시아로 고백하는 것은 예수를 - 인격적으로는 - 하나님의 영으로 충만한 존재로 고백하는 것이요, - 사역과 관련해서는 - 궁극적인 하나님 나라를 가져오시는 분으로 고백하는 것이다. 그러나 그리스도교의 이러한 주장은 유대교의 반발을 불러일으켰다. 하나님 나라가 도래하지 않았기 때문에 예수가 메시아라는 주장은 어불성설(語不成說)이라는 것이다.

사실 예수를 따르는 제자들도 처음부터 예수를 메시아로 고백했던 것은 아니다. 그들에게 비쳐진 예수의 첫인상은 랍비와 예언자였을 것이다. 토라(Tora)의 뜻을 풀어 주며 비유로 하나님 나라를 풀어 주셨던 예수의 모습은 동시대인들에게 랍비로 비쳐졌을 것이며, 독특한 권위를 갖고 하나님의 뜻을 선포하며 병든 자를 치유하시는 모습은 예언자를 연상시켰을 것이다.

베드로는 제자들 가운데 가장 먼저 예수를 그리스도로 고백한다. 예수는 베드로의 신앙고백을 하나님이 주신 깨달음으로 간주하며, 이러한 신앙고백 위에 당신의 교회를 세우겠다고 선언하신다. "내가 네게 이르노니 너는 베드로라 내가 이 반석 위에 내 교회를 세우리니 음부의 권세가 이기지 못하리라(마 16:18)."

물론 베드로가 마음속에 그리고 있었던 그리스도는 십자가에서 못 박히는 그리스도는 아니었다. 오히려 베드로는 예수를 바라보며 세상을 의롭게 통치하실 왕의 모습을 상상했을 것이다. 이러한 베드로의 이해는 부활하신 분을 만난 후 수정된다. "그런즉 이스라엘 온 집은 확실히 알지니 너희가 십자가에 못 박은 이 예수를 하나님이 주와 그리스도가 되게 하셨느니라(행 2:36)."

그러면 그리스도란 개념과 밀접하게 연관되어 있는 하나님 나라란 무엇을 가리키는 개념인가? 당시 대다수의 유대인들에게 하나님 나라란 이스라엘이 다시 하나님의 백성으로 회복되어 세상을 정의롭게 다스리게 되는 역사적 사건으로 이해되었다. 전후의 맥락을 살펴보면 베드로도 하나님 나라를 이러한 역사적 변혁을 가져올 하나님의 권능으로 이해했던 것 같다. 그래서 그는 하나님 나라를 자신과 다르게 이해하는 예수와 갈등을 빚었으며, 예수가 고난당할 때 번민 속에서 예수를 세 번씩이나 부인했다.

이러한 하나님 나라 이해는 주로 성서에 기록을 남긴 이른바 문서 예언자들에게 나타나기에 예언자들의 하나님 나라 사상이라고도 부른다. 그러나 바벨론 포로기 이후의 절망적인 상황은 - 머지않아 기존의 세상은 사라지고 새 하늘과 새 땅이 도래하리라는 - 묵시 사상(黙示思想)을 전면에 부각시킨다. 하나님께서 당신이 창조한 세상에 도래하시면, 하나님의 정의를 감당하지 못하는 이 세상은 소멸될 수밖에 없으며 새로운 세상이 도래하리라는 것이다.

예수 시대의 유대인들에게는 이러한 두 가지 사상이 공존하고 있었다. 그러나 복음서에 나타난 예수의 하나님 나라 사상은 역사적인 변혁이 아니라 새 하늘과 새 땅을 말하는 묵시 사상에 가깝다. 바울도 하나님의 새 창조가 창조의 반복이나 변혁이 아니라, 처음 창조와는 질적으로 다른 창조라는 사실을 강조한다. 즉 하나님의 새로운 창조는 태초의 창조와는 달리 하나님이 모든 것 안에서 모든 것이 되리라는 것이다.[1]

그러나 하나님이 모든 것 안에서 모든 것이 되는 새 창조는 하나님과 피조

---

1 참조. 엡 1:20~23; 골 1:15~20.

물 중 어느 하나가 소멸되는 것을 뜻하지 않는다. 양자에게 공간적인 거리는 사라지지만, 양자는 오히려 새 창조를 통해 자신을 실현한다. 하나님은 새 창조를 통해 당신의 빛을 만민에게 비추게 되며, 피조물은 자신의 본성을 온전하게 실현하게 된다. 실존적으로 표현하자면, 하나님이 인간이 되실 때 인간은 하나님을 드러내 주는 새로운 피조물이 된다고 말할 수 있다.

이러한 사상의 뿌리는 그리스 철학이 아니라, 히브리 사상이다. 유대교 철학자 부버(M. Buber)가 해명했듯이, 하나님과 인간을 인격적 존재, 즉 타자를 온전히 받아들임으로써 자신을 실현하는 인격적 존재로 보는 사상 말이다.

그러나 예수는 비유를 통해 하나님의 새로운 창조가 아직 온 우주에 실현되지는 않았지만 이미 시작되고 있음을 강조한다. 즉 하나님 나라는 보이지는 않지만, 이미 현존한다는 것이다. "바리새인들이 하나님의 나라가 어느 때에 임하나이까 묻거늘 예수께서 대답하여 이르시되 하나님의 나라는 볼 수 있게 임하는 것이 아니요 또 여기 있다 저기 있다고도 못하리니 하나님의 나라는 너희 안에 있느니라(눅 17:20~21)." 예수는 또한 치유나 - 귀신을 물리쳐 내쫓는 - 축사(逐邪)의 현실도 하나님 나라의 도래로 선포한다. "내가 하나님의 성령을 힘입어 귀신을 쫓아내는 것이면 하나님의 나라가 이미 너희에게 임하였느니라(마 12:28)."

그러나 사도들은 전대미문의 새로움으로 나타나셨던 부활하신 분을 만나면서 예수가 바로 - 당신의 인격과 삶 속에서 하나님 나라를 드러내는 - 하나님의 새로운 창조임을 깨닫는다. 아직 세상에는 하나님 나라가 이루어지지 않았지만, 예수 안에서 하나님의 새로운 창조가 앞당겨 실현되었다는 것이다.

사도들은 이러한 체험에 근거해 예수의 부활을 선포한다. "그리스도께서 죽은 자 가운데서 다시 살아나셨다(고전 15:12)." 그러나 예수가 부활하셨다는 메시지는 예수가 그리스도라는 신앙고백 외에 다른 것이 아니다. 예수께서 부활하셨다는 메시지는 하나님 나라를 선포하셨던 예수가 하나님의 새로운 창조로 현존하신다는 소식, 즉 예수가 바로 자신의 삶 속에서 하나님 나라를 구현하신 메시아라고 고백하는 것이기 때문이다. 사도들의 체험에서는 이와 같이 예수와 그리스도 그리고 하나님 나라가 하나로 통합된다. 논리적으로 말하자면, 사도들은 부활하신 분과의 만남 속에서 하나님의 새로운 창조를 체험한 후 예수가 하나님을 드러내시는 하나님의 새로운 창조임을 깨달았다고 말할 수 있을 것이다.

예수의 부활을 확신한 사도들은 그들의 신앙에 걸림돌로 작용했던 예수의 죽음을 묵상하면서 예수의 십자가 죽음이 우리를 위한 죽음, 즉 하나님 나라를 실현하기 위한 죽음이라고 고백한다. 즉 예수의 죽음은 하나님으로 하여금 세상 죄를 심판하고 소멸하시도록 몸소 세상 죄를 짊어진 사건이라는 것이다.

요한복음은 예수를 성육신(聖肉身, Incarnation)의 신비로 묘사한다. "말씀이 육신이 되어 우리 가운데 거하시매 우리가 그의 영광을 보니 아버지의 독생자의 영광이요 은혜와 진리가 충만하더라(요 1:14)."

그러나 예수의 정체성을 성육신으로 선포하는 사상 역시 종말론적 메시지다. 예수를 메시아라고 말하는 것이나, 예수의 정체성을 성육신의 빛에서 바라보는 것은 - 상황의 변화 속에서 메시아라는 히브리 개념 대신에 로고스라는 그리스 개념을 사용하지만 - 성서의 관점에서 바라보면 동일한 사실을 지시한다. 말씀이 육신이 되었다는 선포는 하나님께서 당신의 창조 가운데서 한 부분을 당신의 현존으로 충만케 하셨다는 것이요, 이로써 하나님의 새 창조가 선취되었음을 공포하는 것이기 때문이다.

사실 로고스 그리스도론은 본래 예수의 죽음과 부활, 아니 예수의 전 생애의 우주적 의미를 표현하려는 우주적 그리스도론이다. 교회사가 펠리칸(J. Pelican)은 다음과 같이 말한다. "예수의 사후 첫 세대가 채택했던 여러 가지 '그리스도의 위업을 나타내는 칭호' 중에서 4세기 무렵까지 가장 중요한 칭호는 바로 로고스였다. …… 한마디로 말해 이 칭호에 의해서 예수를 우주적 그리스도라고 해석할 수 있었던 것이다."[2]

성육신 사상은 하나님의 새 창조를 - 역사의 범주를 뛰어넘어 - 우주로 확산시켰던 사상이라는 것이다. 사도들은 또한 예수의 몸이 우리에게 선사된 우리 모두의 생명임을 강조한다. 하나님이 당신의 아들을 우리의 구원을 위해 내어 주셨다는 것이다. "하나님이 세상을 이처럼 사랑하사 독생자를 주셨으니 이는 그를 믿는 자마다 멸망하지 않고 영생을 얻게 하려 하심이라(요 3:16)."

따라서 그리스도인의 과제는 우리에게 선사된 은총을 받아들여 하나님 나라로 현존하시는 예수의 삶에 참여하는 것이다. 이를 위해 사도들은 먼저 예수께서 부활하셨다는 메시지 혹은 예수가 그리스도라는 메시지를 전한다. 이러한 기쁜 소식을 받아들이라는 것이다. 이러한 수용의 행위는 예수를 그리스도로 고백하는 행위로 이어진다. 물론 사도들의 신앙고백과 신자들의 신앙고백은 질적으로 다르다. 전자는 하나님 나라로 현존하시는 예수에 대한 체험에서 나온 것이지만, 신자들의 신앙고백은 아직은 지적인 동의에 머무르기 때문이다. 그럼에도 불구하고 신앙고백은 필수적이다. 믿음을 향한 첫걸음을 떼지 않고는 그리스도와 교제할 수 없기 때문이다. 그러나 신앙고백은 점점 깊어져야 한다. 복음서는 지적인 신앙고백에 만족하는 사람들에게 귀신도 예수의 정체성을 알고 있다고 경고한다. "지극히 높으신 하나님의 아들 예수여 나와 당신이 무슨 상관이 있나이까 원하건대 하나님 앞에 맹세하고 나를 괴롭히지 마옵소서(막 5:7. 참조. 마 9:29; 눅 8:28)."

---

2 야로슬라프 펠리칸/김승철 옮김, 「예수 그리스도 2000」 (서울: 동연, 1999), 112~113.

2. 그리스도론의 역사

1) 니케아 공의회 이후의 그리스도론 논쟁

니케아 공의회 이후 예수의 신성이 신학적 사고의 전제가 된 후에는 예수의 인성(人性)이 논쟁의 대상이 되었다. 성서의 성육신 사상을 하나님이 인간이 되셨다는 명제로 받아들인 교부들은 성육신을 하나님이 인간으로 변형되거나 - 하나님이나 인간이 아닌 - 제삼의 존재로 변화된 사건이 아니라 하나님이 인간을 받아들인 사건으로 이해한다. 그들에게 하나님의 불변성과 동일성은 신학적 전제였기 때문이다. 따라서 그리스도 안에서 신성과 인성의 관계가 신학의 중심주제로 부각되었다.

그러나 한 인격 안에서 신성과 인성의 관계에 대해 묻는 존재론적 물음의 배후에는 철학적 관심만 있었던 것은 아니다. 물음의 배후에는 그리스도의 고난의 문제가 있었다. 고대 교회는 영지주의의 망령 때문에 그리스도의 고난을 신학적 전제로 받아들이지 않을 수 없었다. 사실 그리스도의 십자가는 성육신 신학의 중심문제였다. 그러나 그리스도의 고난을 신성에 귀속시키는 성부수난설도 신학적 불가능성으로 간주되었지만, 그리스도의 고난을 인성에만 귀속시키려는 시도도 설득력을 가질 수 없었다. 그럴 경우 그리스도의 인격적 통일성이 문제시되기 때문이다. 따라서 "신성과 인성 모두를, 그리고 기적들과 십자가 처형 모두를 동일한 한 주체에 귀속시키는 문제"[3]와 씨름하지 않을 수 없었다.

이러한 신학적 상황 속에서 예수의 신성을 강조하는 알렉산드리아 학파와 예수의 고난 속에 담겨진 속죄론을 강조하는 안디옥 학파가 그리스도론 논쟁을 주도한다. 양자 간의 논쟁은 칼케돈 공의회까지 계속된다.

---

3 자로슬라브 펠리칸/박종숙 옮김, 『고대교회 교리사』 (서울: 크리스천다이제스트, 1995), 319.

전자가 로고스-몸(Logos Sarx) 그리스도론을 주장하면서 그리스도의 인격적 통일성을 강조한다면, 후자는 로고스-인간(Logos Anthropos) 그리스도론을 대변하면서 그리스도의 참된 인성을 강조한다. 그러나 양자는 성육신의 목적이 인간의 신화(神化)에 있다는 주장에서는 의견의 일치를 보인다.[4]

4세기의 그리스도론 논쟁은 안디옥 학파의 유스타티우스(Eustathius)와 알렉산드리아 학파의 아폴리나리우스(Apollinarius)가 주도했다. 유스타티우스는 알렉산드리아 학파의 로고스-몸 그리스도론이 이단으로 정죄된 아리우스에게 의존하고 있다는 주장을 펼친다. 사실 아리우스의 신학에서 예수의 인성이 위협받고 있다는 사실을 처음으로 인식한 신학자는 아타나시우스가 아니라 유스타티우스였다.[5] 그는 아리우스와 알렉산드리아 학파의 로고스-몸 그리스도론에 맞서 로고스가 예수의 온전한 인성을 받아들였다고 주장하며, 양자의 결합을 내주(內住)의 모델로 설명한다.[6]

그러나 알렉산드리아 학파의 아폴리나리우스는 유스타티우스의 사상에서 신성과 인성이 분리되는 위험성을 인식하고, 로고스-몸 그리스도론을 강력하게 주장한다. 그는 요한복음 1장 14절을 문자적으로 해석하면서 로고스가 인간 전체가 아니라 몸만을 받아들였으며, 인간 예수의 영혼은 로고스에 흡수되었다고 설명한다.

로고스-몸 그리스도론의 신학적 동기는 분명하다. 하나님만이 구원자가 될 수 있기에 구원자 예수는 하나님일 수밖에 없다는 것이다. 이러한 전제하에서 아폴리나리우스는 그리스도의 인격적 통일성을 몸이 로고스에 의존되어 있는 형태로 설명하며, 그리스도에게는 오직 로고스의 본성만이 존재한

---

[4] 참조. 앞의 책, 302.
[5] 아리우스에 대한 아타나시우스의 비판은 로고스의 몸이 아닌 로고스의 피조성에 집중되어 있었다. 아타나시우스는 성육신을 신학적 문제로 인식하지 못했다. 참조. B. Lohse, *Epochen der Dogmengeschichte*, 7. Aufl. (Stuttgart: Kreuz Verlag, 1988), 86.
[6] 참조. B. Lohse, *Epochen der Dogmengeschichte*, 7. Aufl. (Stuttgart: Kreuz Verlag, 1988), 87.

다는 단성론(Monophysitism)을 주장한다. 그러나 아폴리나리우스의 그리스도론은 하나님과 인간을 혼합시켜 결국은 실제적인 인성뿐 아니라 온전한 인성도 충분히 표현할 수 없다는 비판을 받고 381년 콘스탄티노플 공의회에서 정죄되고 만다.

2) 5세기의 그리스도론 논쟁

아폴리나리우스의 단성론에 안디옥 학파는 지속적으로 이의를 제기한다. 예수가 우리와 같은 실제적인 인간임을 로고스-몸 그리스도론은 충분히 표현할 수 없다는 것이다. 테오도르(Theodor von Mopsuestia)는 단성론을 비판하며 다음과 같이 주장한다. "로고스는 몸만이 아니라, 인간 전체를 받아들였다. 그러나 로고스와 인간은 수용의 과정 속에서 서로의 자립성을 침해하지 않는다. 그리스도 안에는 두 본성이 구분된 채 존재한다. 그리스도의 행위와 말씀들은 신성에 의한 것과 인성에 의한 것으로 구분되고, 고난당할 수 있는 몸과 고난당할 수 없는 로고스가 구분된다."[7] 그리고 이러한 양성론에 제기되는 "로고스와 인간이 분리되는 것이 아니냐?"는 비판에 대해선 로고스의 내주로 양자의 연합을 설명한다.

네스토리우스(Nestorius)도 테오도르를 따르며 알렉산드리아 학파의 그리스도론이 고통 받을 수 없는 로고스의 신성을 위협할 뿐 아니라, 인간 예수의 고난을 무의미하게 만든다고 주장한다.[8] 그는 십자가상의 절규가 성육신하신 로고스의 음성이 아니라 로고스가 취한 인간의 외침이라고 말하며 '테오토코스(theotokos)'에 의문을 제기하지만, 결국 431년 에베소 공의회에서 정죄된다.[9]

---

7 앞의 책, 91.
8 참조. 자로슬라브 펠리칸/박종숙 옮김, 『고대교회 교리사』 (1995), 301.
9 참조. 앞의 책, 319.

네스토리우스를 기습적으로 정죄한 알렉산드리아 학파의 중심인물 키릴로스(Kyrillos)는 신성과 인성의 통일을 강조하면서 인성 그 자체는 존재하지 않는다고 말한다. 인성은 처음부터 로고스에 속해 있다는 것이다.[10] 키릴로스는 알렉산드리아 학파의 전통을 따라 예수의 몸을 로고스의 몸으로 이해한다. 두 본성은 이론적으로만 구분될 뿐, 그리스도는 로고스에 의해 인도되는 한 인격이라는 것이다.

이와 같이 키릴로스에게는 인격의 통일에 대한 관심이 압도적이다. 그러나 그에게는 예수의 인성을 희생시킬 수 있는 위험성이 상존한다. 그에게는 신성과 인성이 동등한 구성 요소로 간주되지 않는다.[11] 키릴로스에 의하면, 로고스는 고통 받으실 수 없는 분이지만 고통당할 수 있는 인간의 몸을 취하였고 그 결과 몸이 당하는 고통을 자신의 고통으로 간주한다.[12] 이러한 맥락에서 키릴로스는 예수의 고난 속에서 실제 고난당하신 분은 다름 아닌 하나님이라고 말한다.

안디옥 학파를 압박하던 알렉산드리아 학파는 449년의 에베소에서 교회 회의를 소집했다. 회의의 주도권을 갖고 있었던 키릴로스의 후계자 디오스코루스(Dioscorus)는 절차를 무시하고 회의를 파행적으로 이끌며 당시 안디옥 학파의 상징적 인물이었던 테오도르를 정죄한다. 이에 반발한 테오도르는 교황에게 상소문을 올렸고, 상소를 받은 교황 레오 1세(Leo I)는 에베소 회의의 결정에 이의를 제기했다.

이러한 상황 속에서 마르키아누스 황제는 타협을 통해 문제를 매듭지으려고 황후로 하여금 칼케돈에서 공의회를 소집하도록 만들었다. 이와 같이 451년에 개최된 공의회의 선언에는 다분히 교회의 정치적 결정이 반영되어 있다고 할 수 있다. 그럼에도 불구하고 타협의 과정에서 주도적인 역할을 수

---

10 참조. B. Lohse, *Epochen der Dogmengeschichte* (1988), 95.
11 참조. 자로슬라브 펠리칸/박종숙 옮김, 「고대교회 교리사」 (1995), 322.
12 참조. 앞의 책, 300.

행했던 교황 레오 1세는 자신의 신학적 입장뿐 아니라 두 학파의 신학적 관심사를 반영시키려고 노력했다.[13]

따라서 레오 1세가 대변했던 - '두 본성과 한 인격'이라는 교리를 '케노시스(kenosis)'와 '속성의 교류(communicatio idiomatum)'로 해명하려 했던 - 서방교회의 그리스도론이 동방교회의 그리스도론 논쟁을 중재했다고도 말할 수 있다. 동방교회의 물음에 서방교회가 답변을 준 셈이다. 그러나 자세히 살펴보면 순종을 통해 참된 인간이 되신 예수를 강조하는 안디옥 학파의 입장과 말씀이 인간에게 오신 것이 아니라 인간이 되셨음을 강조하는 알렉산드리아 학파의 입장이 동시에 받아들여졌음을 알 수 있다. 따라서 칼케돈 공의회의 신조에는 동방교회의 두 학파와 서방교회의 주장들이 모두 수용되었다고 말할 수 있다.

칼케돈 공의회는 결국 레오 1세의 제안을 받아들여 안디옥 학파에서는 네스토리우스를, 알렉산드리아 학파에서는 유티케스(Eutyches)만을 정죄하면서 다음과 같이 고백한다.

"거룩한 교부들을 따라 우리는 한 분이시요 동일하신 우리 주 예수 그리스도를 고백하며 모두가 일치하여 가르치는 바는 그 동일하신 분은 신성에 있어서 완전하시며 동일하신 분이 인성에 있어서 완전하시며, 참으로 하나님이시며 참으로 사람이시며, 동일하신 분이 이성 있는 영혼과 육신으로 되시느니라. 신성에 있어서 아버지와 동일본질이시며 동일하신 분이 인성에 있어서 우리와 동일본질이시니 죄 이외에는 모든 점에 있어서 우리와 같으시니라. 신성에 있어서 만세 전에 아버지에게 나시었으며 그 동일하신 분이 이 마지막 날에 우리를 위하고 우리의 구원을 위하사

---

13 참조. Basil Studer, *Gott und unsere Erlösung im Glauben der alten Kirche* (Düsseldorf: Patmos Verlag, 1985), 258.

인성에 있어서 하나님의 어머니(theotokos)이신 동정녀 마리아에게서 나시었느니라.

　한 분이시요 동일하신 그리스도, 아들, 주, 독생자는 두 성품에 있어서 인식되되 혼합됨이 없으시며 변화됨이 없으시며 분리됨이 없으시며, 분할됨이 없으시며 - 이 연합으로 인하여 양성의 차이가 결코 제거되지 아니하며, 오히려 각 본성의 특성이 그대로 보존되어 있어 한 품격 한 개체에 있어서 결합되어 있다. - 그리하여 두 품격으로 분할되거나 분리되거나 하지 않으며 한 분이시요, 동일하신 아들, 독생하신 하나님, 말씀, 주 예수 그리스도시니라. 이는 옛적에 선지자들이 가르친 바요, 주 예수 그리스도께서는 친히 자신에 대하여 가르치신 바이며 교부들이 신조로서 우리에게 전하여 내려오는 바와 같으니라."

　공의회는 이로써 키릴로스의 실체적 결합이나 안디옥의 내주 모델을 받아들이지 않고, 그 대신 양자의 관계를 혼합되지도 않지만 분리되지도 않는 관계로 제시한다. 본성들의 결합에도 불구하고 양자의 구분은 사라지지 않는다는 것이며, 구분에도 불구하고 두 본성이 한 인격으로 존재한다는 것이다. 달리 말하자면, 예수 안에서 신성과 인성은 둘도 아니요 하나도 아니라는 것이다.

　서방교회에서는 칼케돈 신조가 오늘날까지도 커다란 영향력을 행사한다. 그러나 동방교회에서는 적지 않은 교회들이 칼케돈 신조와 거리를 두었다. 오히려 6세기에는 키릴로스의 그리스도론을 받아들여 그리스도의 실체적 통일성을 강조하고 하나님의 고난을 말하는 신(新) 칼케돈주의를 탄생시켰다.

3. 예수 그리스도의 신비

　전통적인 교의학은 신자들의 이해를 돕기 위해 그리스도론을 그리스도의 인격과 사역으로 나누어 설명하곤 한다. 그리스도의 인격에 관해서는 칼케돈 공의회의 양성론이나 동정녀 탄생 교리를, 사역에 대해서는 십자가와 부활의 의미를 해명한다. 그러나 엄밀하게 말하자면, 그리스도에게 인격과 사역은 분리될 수 있는 것이 아니다. 그리스도에게는 현존 자체가 사역이요, 사역 속에 존재의 신비가 드러나기 때문이다.

이러한 맥락에서 우리는 다음과 같이 말할 수 있다. "예수의 죽음과 부활은 하나님이 예수 안에서 당신을 궁극적으로 계시하시는 사건이요, 하나님의 자기 계시는 예수의 죽음과 부활 속에 결정적으로 나타났다."

예수의 죽음과 부활은 예수의 생애의 어느 한 단면만을 지시하지 않는다. 십자가와 부활은 오히려 예수의 전 생애를 포괄한다. 달리 말하자면, 십자가는 무죄한 예수께서 죄인들의 죄를 대신 짊어지고 하나님의 심판을 받기 위해 요단강에 몸을 담글 때 이미 시작되었다. 부활도 마찬가지다. 성령에 의해 전대미문의 몸으로 변형되는 부활 사건은 이미 성령에 의해 수태되는 순간부터 시작되었기 때문이다. 따라서 그리스도교 공동체는 처음부터 십자가와 부활을 그리스도교 선포의 중심에 위치시켰다.

1) 예수의 죽음

예수께서 십자가에 달려 죽으신 것은 명백한 역사적 사실이다. 그러나 예수가 죽은 지 얼마 되지 않아 다시 살아나셨다는 소식이 선포된다. 그리고 사도들은 부활절 신앙의 빛에서 예수의 죽음을 속죄(atonement, 贖罪)의 죽음으로 해석한다.[14] 예수께서 우리가 지은 죄의 대가를 치름으로써 우리를 죄악의 속박에서 건져주셨다는 것이다.

성서의 속죄론은 그리스도교 신학의 중심 주제다. 그러나 그리스도교 전

---

14 참조. 막 10:45; 롬 3:25; 고전 15:3; 갈 3:13.

통 속에서 전개된 속죄론에 대한 이해 없이는 성서의 속죄론을 온전하게 이해할 수 없다. 해석자는 부지불식간에 전통의 중재를 통해 성서에 다가서기 때문이다. 사실 우리에게 주어진 전이해 혹은 선입견이 무엇인지를 알고 성서에 접근하는 것이야말로 성서의 본래적 메시지에 한 걸음 더 가깝게 나아갈 수 있는 길을 열어 준다.

(1) 속죄론의 역사

초기 교부들도 예수의 죽음을 속죄의 죽음으로 이해한다. 그러나 속죄의 죽음을 해석하는 방식은 동방과 서방교회에서 사뭇 다른 양상으로 나타났다. 동방교회는 예수의 죽음을 속전(ransom, 贖錢)으로 해석하곤 했다. 오리게네스(Origenes)에 의해 완성된 형태를 갖추기 시작한 속전 사상은 - 신화적인 세계관의 틀 속에서 - 예수의 죽음을 하나님이 사탄에 사로잡혀 있는 인류를 해방시키기 위해 당신의 아들을 사탄에게 속전으로 내어 준 사건으로 묘사한다.

속전이 사탄에게 주어졌다는 것은 하나님이 속전이나 희생을 요구하는 분이 아님을 지시해 준다. 하나님은 오히려 당신의 아들을 희생시키면서까지 인간을 해방하려는 사랑의 하나님이라는 것이다. 다시 말하면, 고대 동방교회의 속전 사상이 신화적인 언어와 표상을 통해 말하려는 것은 하나님의 사랑과 승리라 할 수 있다. 사랑의 하나님이 예수의 죽음 안에서 악에게 승리하고 인간들을 해방시켰다는 것이다. 동방교회가 이와 같이 속전사상을 선호한 데에는 - 인간을 죄에 사로잡혀 있는 가련한 존재로 바라보는 - 동방교회의 인간론이 원인으로 작용했을 것이다.

그러나 서방교회는 예수의 속죄를 만족설(satisfaction theory)[15]로 설명한다. 안셀무스(Anselmus)에 의해 구체적인 틀을 갖추게 된 만족설은 예수의 대속

---

15 Satisfaction은 만족설이나 보속설(補贖設)로 번역되기도 한다.

을 강조한다.[16] 안셀무스는 하나님이 인간이 되신 성육신의 목적을 - 손상을 당한 하나님의 정의가 배상을 통해 회복되는 것을 속죄의 본질로 제시하는 - 속죄론에서 찾으며 다음과 같이 말한다. "이는 한편으로 하나님만이 치르실 수 있으며 다른 한편으로는 인간만이 치러야만 하는 것입니다. 따라서 하나님이며 동시에 인간이신 분이 이 대가를 치러야 하는 것이 필연적인 것입니다."[17]

하나님의 공의를 훼손한 책임은 인간에게 있지만 인간에게는 속죄할 능력이 없기 때문에 하나님이 인간이 되어 인간 대신 배상했다는 것이다. 이러한 만족설의 동기에 대해 펠리칸(J. Pelican)은 다음과 같이 말한다. "십자가에 달리신 그리스도가 인내의 모범이라는 것에 대해서는 그 누구도 이견을 갖지 않을 것이다. 그리고 그리스도의 십자가가 하나님의 사랑, 아니 하나님의 사랑이건 인간의 사랑이건 관계없이 사랑 그 자체에 대한 최고의 계시라는 점에 대해서도 누구도 부정하지 않을 것이다. 문제는 이러한 표현 방식이 과연 십자가의 지혜를 남김 없이 말할 수 있는가에 있다. 즉 십자가에 대한 다른 사고방식, 다른 표현 방식도 있는 것이 아닌가 하는 것이다."[18] 동일한 맥락에서 틸리히(P. Tillich)도 하나님의 사랑뿐 아니라 하나님의 공의와 인간의 책임성 문제를 진지하게 고려했다는 점을 안셀무스의 공헌으로 간주한다.[19]

영미의 복음주의 신학에서는 하지(Charles Hodge)와 모리스(Leon Morris)가 만족설을 형벌대속론(Penal Substitutionary Theory)으로 발전시킨다. 이 이론은 예수의 죽음을 죄에 대한 하나님의 진노를 유화시키는 대리적 희생으로

---

16 계몽주의 시대에는 안셀무스와 논쟁을 벌였던 아벨라르(P. Abelard)가 각광을 받았다. 이른바 감화론(感化論)으로 불리는 아벨라르의 견해는 다음과 같다. 그리스도가 십자가에서 죽었던 것은 하나님의 마음을 변화시키기 위함이 아니다. 그리스도가 고난당하고 죽음을 당하셨던 것은 우리에게 하나님의 사랑을 계시하고 우리를 감화시키기 위함이다. 따라서 십자가의 영향도 객관적인 것이 아니라, 사람의 마음에 하나님의 사랑에 상응하는 사랑을 불러일으키는 주관적인 것으로 이해된다.
17 안셀름/이은재 옮김, 『인간이 되신 하나님』 (서울: 한들출판사, 2001), 197.
18 야로슬로프 펠리칸/김승철 옮김, 『예수 그리스도 2000』 (1999), 182.
19 Paul Tillich, *Systematic Theology*, vol. 2, (Chicago: The University of Chicago press, 1957), 172.

제시한다. 예수가 우리 대신 형벌을 받음으로써 우리를 향한 하나님의 진노가 유화되었다는 것이다.

이로써 서방교회는 사탄에게 속전을 준다는 비성서적인 표현을 극복할 수 있었다. 그러나 계몽주의 시대 이후에는 교회 안팎에서 속죄론에 다양한 이의가 제기되었다. 특히 예수의 수난에서 하나님의 사랑을 읽어내는 신학자들이 격렬하게 비판하고 나섰다. 이러한 비판들은 크게 두 가지 유형, 즉 신약성서의 속죄론 자체를 거부하는 유형과 비판의 초점을 만족설에 맞추는 유형으로 분류할 수 있다.

바울의 속죄론에 대한 비판은 19세기와 20세기에 하르낙(Adolf Von Harnack)과 슈바이처(A. Schweizer)에 의해 주도되었다. 그들은 특히 역사적 예수의 메시지에 근거해 바울의 속죄론을 비판한다. 예수는 하나님의 무조건적인 용서를 말했는데, 바울은 속죄의 필연성을 주장했다는 것이다. 슈바이처는 다음과 같이 말한다. "예수의 죽음이 하나님에게 드려진 속죄, 즉 모든 인간에게 죄 용서를 가져온 속죄임을 믿는 신앙은 그리스도교에서 생성되었으며, 종종 그리스도교의 본질로 간주되었다. 그러나 예수가 이러한 신앙을 가르치지 않았으며, 예수는 오히려 하나님의 자비로부터 흘러나오는 죄 용서를 선포하셨다는 사실을 잊어서는 안 된다. 성서의 말씀이 타당하다면, 예수께서 가르쳐 주신 단순한 신앙을 포기하라고 강요해서는 안 된다."[20]

속죄론은 복음서의 왜곡이거나 사도의 새로운 사상이라는 것이다. 오늘날에는 미국의 신학자 핀란(S. Finlan)이 비슷한 논지를 펼친다. 바울은 예수의 죽음에서 하나님의 사랑을 끄집어내려 했지만, 하나님의 사랑과 결합될 수 없는 속죄론 은유들을 사용함으로써 하나님의 사랑을 온전하게 표명할 수 없었다는 것이다.[21]

---

20 Albert Schweizer, *Reich Gottes und Christentum*, hrsg. von Urlich Luz, Johann Zürcher (München: Beck, 1995), 462.
21 참조. Stephen Finlan, *Problems with Atonement* (Minnesota: Liturgical Press, 2005), 59.

속죄론에 대한 두 번째 유형의 비판은 - 속죄론 가운데 가장 많은 지지를 받아온 - 만족설에 초점을 맞추고 있다. 아울렌(G. Aulen)은 만족설이 역사적으로나 내용적으로 그리스도교의 속죄론을 대변할 수 없음을 강조하면서 다음과 같이 말한다. "그리스도가 하나님 앞에서 인간의 대표로 나타났다는 사실에 만족설의 문제가 있는 것이 아니다. 이것은 그리스도인의 합법적 관점이다. …… 만족설의 문제는 그리스도가 하나님으로서 하신 것과 인간으로서 하신 것을 구분한 데 있다. 그러나 이러한 구분은 그리스도교 신앙에 대립되는 것이다."[22]

그리스도의 삶에서 신성과 인성을 분리시키는 것은 칼케돈 교리에 위배된다는 것이다. 칼케돈 전통이 바라보는 그리스도의 수난은 인간 예수의 수난인 동시에 하나님의 수난이라는 것이다.

복음주의 신학 내에서도 형벌대속론에 대해 비판이 제기되었다. 초크(Steve Chalke)는 형벌대속론의 문제점을 다음과 같이 요약한다. "성서는 하나님의 분노를 하나님의 사랑과 분리시켜 말하지 않는다. 하나님의 분노는 사랑의 한 측면이다. 하나님의 분노를 분리시켜 생각하는 것은 그것을 오해하는 것이다."[23] 마샬(I. H. Marshall)도 성서적 의미의 속죄가 하나님의 진노를 진정시키는 것이 아님을 강조하면서 다음과 같이 단언한다. "십자가에서 고난을 당하고 세상 죄를 지신 분은 하나님이다."[24] 달리 표현하면, 형벌대속론은 속죄를 받고서야 당신의 진노를 누그러뜨리는 신인동형론적 하나님 표상을 전면에 부각시킨다는 것이다.

속죄론에 대한 이러한 비판들은 성서의 속죄론을 돌아보도록 만든다. 속

---

22 Gustaf Aulen, *The Faith of the christian church*, Translated from the fifth Swedish edition of 1956 by Eric H. Wahlstrom (Philadelphia: Fortress, 1973), 211~212.
23 Steve Chalke, "The redemption of the cross", *The Atonement debate: papers from the London Symposium on the Theology of Atonement*, edited by Derek Tidball, David Hilborn, and Justin Thacker (Michigan: Zondervan, 2008), 40.
24 I. H. Marshall, "The Theology of the atonement", *The Atonement debate*, 62.

죄론에 대한 비판들은 성서가 아니라 성서 해석에 대한 비판이기 때문이다.

(2) 성서의 속죄론

신약성서의 속죄론에서 부각되는 첫 번째 이미지는 세상 죄를 지고 가는 하나님의 어린양 형상이다. "보라 세상 죄를 지고 가는 어린 양이로다(요 1:29~36)." 그러나 하나님에 대한 순종 속에서 타자를 위해 자신을 희생하는 삶은 예수의 삶에서 낯선 것이 아니었다. 그의 삶 전체는 하나님에 대한 순종과 타자를 위한 존재였다. 그는 이러한 삶을 가르쳤고 몸소 실천에 옮겼다. 카스퍼(W. Kasper)는 이러한 사실에 대해 다음과 같이 말한다. "사실을 놓고 보더라도 후대에 형성된 'ὑπέρ-정식(예수의 죽음이 다른 사람들을 위한 죽음이라는 것을 의미하는 일련의 표현들)'은 예수의 지상 생애 자체에 뿌리를 깊이 내리고 있다."[25]

속죄는 예수의 인격적 정체성을 가장 잘 드러내 주는 행위라는 것이다. 그러나 예수의 속죄는 성서에서 하나님의 아들의 속죄로 제시된다. 물론 예수를 하나님의 아들로 인정하도록 만들었던 부활절 신앙의 빛에서 바라보면 십자가에 달리신 예수는 하나님의 아들일 수밖에 없다. 그러나 마가복음은 예수의 부활이 아니라 죽음을 바라보며 예수를 하나님의 아들로 고백하는 장면을 소개해 준다. "예수를 향하여 섰던 백부장이 그렇게 숨지심을 보고 이르되 이 사람은 진실로 하나님의 아들이었도다 하더라(막 15:39)."

바울도 기적이나 지혜가 아니라 십자가에 못 박힌 그리스도에게서 하나님의 궁극적인 계시를 본다. "유대인은 표적을 구하고 헬라인은 지혜를 찾으나 우리는 십자가에 못 박힌 그리스도를 전하니 유대인에게는 거리끼는 것이요 이방인에게는 미련한 것이로되(고전 1:22~23. 참조. 갈 3:13; 5:11; 6:12~14; 빌 2:8; 3:18; 엡 2:16; 골 1:10; 2:14)."

---

25 발터 카스퍼/박상래 옮김, 『예수 그리스도』 (왜관: 분도출판사, 1996), 213.

예수의 죽음 안에 세상의 상식을 뛰어넘는 하나님의 자기희생적 사랑이 나타났다는 것이다. 그러면 성서는 왜 예수의 속죄를 하나님의 속죄로 바라보는가? 죄인들을 위해 자신의 생명을 바치는 것은 - 자신의 본성으로부터 자유로울 수 없는 - 인간이 할 수 없는 일이기 때문이다. 오직 자신의 본성마저도 넘어설 수 있는 참된 자유를 소유한 존재, 즉 하나님만이 그리고 하나님과 하나가 된 존재만이 할 수 있는 일이기 때문이다. 사실 바울은 자기 비움을 하나님의 인격적 정체성으로 제시하는 케노시스(kenosis) 사상의 맥락 속에서 예수에 대해 다음과 같이 고백한다. "그는 근본 하나님의 본체시나 하나님과 동등됨을 취할 것으로 여기지 아니하시고 오히려 자기를 비워 종의 형체를 가지사 사람들과 같이 되셨고 사람의 모양으로 나타나사 자기를 낮추시고 죽기까지 복종하셨으니 곧 십자가에 죽으심이라(빌 2:6~8)."

사실 5세기의 칼케돈 공의회로 하여금 예수를 참 하나님이요 참 인간으로 고백하도록 만들었던 것은 신학적 사색이 아니라, 십자가에 못 박힌 그리스도에 대한 묵상이었다. 그러나 십자가는 하나님의 사랑뿐 아니라 죄를 소멸하시는 하나님의 심판과 진노도 드러낸다. 사실 신약과 구약 모두는 하나님의 사랑뿐 아니라 진노하시는 하나님을 거듭 말하고 있다(출 20:5; 신 4:24; 호 2:21~22; 암 5:18~20; 요 3:36; 롬 2:5~8; 계 15:1~8)."

그러나 하나님의 사랑과 동시에 진노를 말하는 성서의 메시지가 속죄론 해석에 혼란을 가져온 것도 사실이다. 현대인의 시각에서는 사랑과 진노가 양립할 수 없는 개념으로 비쳐지기 때문이다. 그러나 여기서 물음이 제기된다. 성서가 말하는 하나님의 진노는 하나님의 사랑과 양립할 수 없는 개념인가?

성서에서 하나님의 진노란 무엇보다도 먼저 하나님의 거룩하심을 지시해 주는 개념이다. 즉 죄를 용납할 수 없는 하나님께서 죄를 소멸하는 거룩한 행위를 가리킨다(참조. 신 4:24). 그러나 하나님의 진노는 시기나 욕망에서 비롯된 인간적인 분노와는 다르다. 양자를 구분하지 못하면, 하나님의 분노를 인간의 척도로 사고하게 되고, 결국에는 속죄론 자체를 오해하게 된다. 다시 말하면, 하나님의 진노는 죄에 초점을 맞추는 것이며, 따라서 본래적으로는 죄인에게 보복하는 하나님이 아니라 죄를 소멸하는 하나님을 지시해 준다.

그러나 죄를 소멸하는 하나님의 진노는 당신의 피조물에게 참된 삶을 선사하려는 하나님의 사랑에서 비롯된다. 즉 하나님의 진노는 - 인간을 파괴하는 - 죄악으로부터 인간을 해방시키는 행위기 때문이다. 역설적으로 말하자면, 하나님의 진노에서 배제되는 것이야말로 엄밀한 의미의 저주라 할 수 있다. 바울도 하나님이 인간을 죄 가운데 내버려 두실 때 인간이 가장 비참한 상태에 처하게 된다는 사실을 강조하고 있다(참조. 롬 1:24).

따라서 하나님의 진노는 - 인간을 구원하는 - 하나님의 사랑과 모순되지 않는다. 하나님의 사랑과 진노 모두는 인간을 죄로부터 해방시키려는 하나님의 구원 행위에 속하기 때문이다. 다시 말하면, 십자가에서 일어난 구원 사건은 - 세상 죄를 지고 가는 - 하나님의 아들과 - 아들 안에 집약된 죄에 진노하시는 - 성부 하나님이 함께 이룬 사건이다.

교부들은 또한 성자가 성부에게 순종하거나 성부가 성자의 고난에 참여하는 것도 성령의 중재 속에서 일어난다는 사실을 강조한다. 즉 십자가 사건은 삼위일체 하나님의 공동 사역이라는 것이다. 달리 말하면, 예수의 죽음에서 당신의 피조물을 새롭게 창조하시려는 성부 하나님이 성령의 중재 속에서 세상 죄를 짊어지신 성자의 희생적 사랑을 받아들여 - 하나님의 새 창조에 가장 큰 장애물이었던 - 죄를 소멸하셨다는 것이다.

그러나 죄를 소멸시키는 하나님의 진노가 구약의 예언자들이 기다려 왔던 종말론적 사건임을 감안하면, 신약성서의 속죄론은 예수의 죽음 안에 하나님의 종말론적 행위가 나타났다고 선포하는 메시지로 받아들여져야 한다. 사실 성서의 속죄론은 본래 개개인의 죄 용서와 관련된 교리가 아니다. 이러한 맥락에서 성공회 신학자 라이트(N. T. Wright)는 다음과 같이 말한다. "메시아가 성서의 예언을 성취한 것으로서 죄를 위해 죽었다고 말하는 것은 개인들이 자신들의 죄의식을 얼버무릴 수 있는 추상적인 속죄신학에 관해 주장하는 것이라기보다는 지금 이스라엘과 이 세상이 하나님의 종말론적 시간표 속에서 어디에 있는가에 관해 주장하는 것이다."[26]

사실 성서의 속죄론은 하나님 나라를 선포한 예수의 메시지를 - 예수의 죽음과 관련시켜 - 심화시킨 것이지 또 다른 하나의 새로운 사상을 피력하는 것은 아니다.

2) 예수의 부활

예수는 유대교 지도자들에게 배척당하고 로마 제국의 법정에서 사형 판결을 받았다. 그러나 하늘로부터 그 어떤 도움도 받지 못한 채 십자가에서 삶을 마감했다. 이러한 사실은 예수에게 적대적이었던 유대인들로 하여금 예수의 죽음을 조소하도록 만들었을 것이다. 그러나 얼마 지나지 않아 흩어졌던 제자들이 다시 모여 복음(福音)을 선포했으며, 이 복음을 위해 자신의 모든 것을 바치기 시작했다. 이 복음이 바로 예수께서 죽은 자들 가운데서 부활하셨다는 메시지다. "그리스도께서 죽은 자 가운데서 다시 살아나셨다(고전 15:12)."

예수의 부활은 그리스도교 신앙의 토대다. 그러나 부활절 신앙은 그리스도교 안팎에서 끊임없는 도전을 받아 왔다. 시신도난(屍身盜難)설, 환상(幻想)설, 신화(神話)설 등이 부활 신앙에 대한 고전적인 비판들이다. 이처럼 다양한 비판에는 하나의 공통점이 있다. 즉 예수의 부활은 실제로 일어난 사건이 아니라는 것이다. 부활이 실제 일어난 사건이냐 아니냐는 논란은 무엇보다도 성서가 증언하는 부활 사건의 독특한 성격에 기인하는 것으로 보인다.

---

26 마커스 보그·톰 라이트/김준우 옮김, 『예수의 의미』 (서울: 한국기독교연구소, 2001), 169.

신약성서가 증언하고 있는 부활 사건은 세상에서 유비를 찾아볼 수 없는 전대미문(前代未聞)의 사건이기 때문이다. 사실 예수의 부활을 전해 주는 성서 이야기들은 부활의 과정을 묘사하지 않는다. 물론 베드로 복음서처럼 부활의 과정을 상세하게 묘사하는 외경(外經, the apocrypha)이 존재하지만, 정경(正經) 가운데는 이러한 과정을 묘사하는 성서가 한 권도 없다. 이러한 정황은 부활의 과정을 목격한 사람이 없다는 사실뿐 아니라 부활 사건이 인간의 언어와 사고의 한계를 뛰어넘는 사건임을 시사해 준다. 사실 신약성서가 선포하는 부활은 성서의 다른 사례들, 예를 들자면 예수께서 살리신 나사로처럼 이전의 삶으로 되돌아오는 소생(蘇生, resuscitation)이 아니라 죽은 자가 지금까지 전혀 경험하지 못했던 새로운 존재로 변화되는 것을 의미한다. 이러한 맥락에서 바울은 부활의 실체에 대해 다음과 같이 말한다. "죽은 자의 부활도 그와 같으니 썩을 것으로 심고 썩지 아니할 것으로 다시 살아나며 욕된 것으로 심고 영광스러운 것으로 다시 살며 약한 것으로 심고 강한 것으로 다시 살아나며 육의 몸으로 심고 신령한 몸으로 다시 살아나나니 육의 몸이 있은즉 또 영의 몸도 있느니라(고전 15:42~44)."

(1) 부활 신앙의 형성 과정

그러면 사도들은 어떻게 예수의 부활을 확신하게 되었는가? 그들로 하여금 지성으로는 긍정도 부정도 할 수 없는 부활의 신비가 예수에게 일어났음을 확신하도록 만든 사건은 무엇인가? 무덤이 비어 있음을 발견한 사건인가? 무덤이 비어 있었다는 것은 유대인들도 인정하는 사실이다. 그러나 유대인들은 제자들이 예수의 시신을 다른 곳으로 빼돌렸다고 주장한다. 사도들도 빈 무덤의 발견만으로는 부활을 확신할 수 없었다. "사도들은 그들의 말이 허탄한 듯이 들려 믿지 아니하나 베드로는 일어나 무덤에 달려가서 구부려 들여다 보니 세마포만 보이는지라 그 된 일을 놀랍게 여기며 집으로 돌아가니라(눅 24:11~13)."

빈 무덤은 사도들에게 부활의 증거가 되지 못했다. 빈 무덤은 다르게 해석될 수도 있기 때문이다. 그러면 무엇이 사도들로 하여금 예수의 부활을 확신하도록 만들었는가? 현대 신학자들은 부활절 신앙이 빈 무덤이 아니라, 부활하신 분의 현현(顯現)에서 비롯되었다고 주장한다.[27]

사실 가장 오래된 부활 전승인 고린도전서 15장 4절은 빈 무덤에 대해 아무런 말도 하지 않는다. 물론 바울이 빈 무덤 이야기를 몰랐다고 단정할 수는 없다. 그러나 바울이 빈 무덤 없이도 부활을 선포할 수 있었다는 것은 분명하다.

부활하신 분이 자신을 나타내신 사건이 부활절 신앙의 토대임은 분명하다. 그러나 이 사건만으로는 제자들이 예수의 부활을 확신할 수는 없었을 것이다. 부활하신 분의 나타나심에 대한 체험은 예수의 부활을 몸의 부활이 아닌 영적 현존으로 믿도록 할 수도 있기 때문이다. "그들이 놀라고 무서워하여 그 보는 것을 영으로 생각하는지라(눅 24:37)."

이러한 맥락에서 성공회 신학자 라이트(N. T. Wright)는 다음과 같이 말한다. "빈 무덤 자체나 예수의 현현 사건들 자체는 초기 그리스도인들의 신앙을 발생시킬 수 없었을 것이다. 빈 무덤 자체는 수수께끼이고 하나의 비극일 뿐이다. 예수가 살아나서 사람들을 만난 사건들도 그 자체로만 보면 고대 세계에서 아주 잘 알려져 있었던 환상들 또는 환각으로 분류될 수 있었을 것이다. …… 하지만 빈 무덤과 부활한 예수의 현현들을 함께 고려하게 되면 그것은 이러한 신앙의 출현에 대한 강력한 근거를 제공해 준다."[28]

빈 무덤과 현현 사건이 - 개개의 사건으로 보자면 불완전한 증거밖에 될 수 없지만 양자를 전체적인 맥락에서 보면 - 서로의 역사성을 지지해 주면서 부활절 신앙을 탄생시켰다는 것이다. 이러한 견해는 설득력을 가진다. 부활절 신앙

---

27 카스퍼와 몰트만은 물론 빈 무덤의 역사적 개연성을 주장하는 판넨베르크(W. Pannenberg)도 이러한 입장을 취한다. 참조. W. Pannenberg, *Systematic Theology* Vol. 2 (Michigan, 1994), 353.
28 톰 라이트/박문재 옮김, 『하나님의 아들의 부활』 (서울: 크리스천다이제스트, 2005), 1059.

은 분명 현현 사건에서 비롯되었지만, 빈 무덤 없이는 몸의 부활을 온전하게 선포할 수 없기 때문이다. 몰트만(J. Moltmann)도 이러한 취지로 다음과 같이 말한다. "역사적으로 우리는 다음과 같이 추측할 수 있다. 갈릴리에서 돌아온 제자들은 예루살렘에서 여자들이 예수의 무덤에서 경험한 것을 들었으며, 이리하여 두 그룹의 경험들이 서로 만나게 되었으며 서로를 증명하였다."[29]

그러나 믿음이 없이는 현현 사건과 빈 무덤을 결합시킬 수 없다는 사실도 고려되어야 한다. 논리적인 관점에서는 현현 사건과 빈 무덤을 결합시키는 것이 필연적이지만은 않기 때문이다. 이러한 사실은 우선 빈 무덤을 현현 사건과 결합시킨 것이 현현 사건을 통해 제자들에게 주어진 믿음이라는 사실을 시사해 준다. 따라서 현현 사건과 빈 무덤이라는 두 종류의 체험이 만나 부활절 신앙을 형성했다고 말하기보다는 현현 사건이 부활절 신앙의 근거며, 이 사건을 통해 갖게 된 믿음의 눈으로 빈 무덤을 바라보면서 부활절 신앙에 이르게 되었다고 말하는 것이 적절할 것이다. 빈 무덤은 오직 믿음에 의해 현현 사건과 결합될 때에만 몸의 부활을 해명해 주는 역할을 감당할 수 있기 때문이다.

달리 말하면, 제자들은 부활하신 주께서 주신 믿음에 의해 빈 무덤을 바라보면서 빈 무덤과 현현 사이에서 일어났던 일을 유추하며, 이러한 유추 속에서 예수의 몸에 변형이 일어났다는 통찰력에 이르렀을 것이다.

(2) 현현 체험

부활절 신앙의 토대는 부활하신 분이 제자들에게 나타나신 체험, 이른바 현현 체험이다. 이 체험은 바울에게는 사람을 압도하는 신비로 나타났다. 그러나 대부분의 경우에는 평강을 주는 체험으로 묘사되고 있다. "평안을 너희

---

[29] 위르겐 몰트만/김균진·김명용 옮김, 『예수 그리스도의 길』 (서울: 대한기독교서회, 1990), 312.

에게 끼치노니 곧 나의 평안을 너희에게 주노라(요 14:27. 참조. 눅 24:36; 요 20:19)." 그러나 제자들에게는 평강 체험뿐 아니라 - 세상에 나아가 복음을 전하라는 - 부르심의 체험도 주어진다(참조. 마 28:19~20; 막 16:15; 요 2:15~17).

현현 체험의 특징을 올바르게 이해하기 위해선 무엇보다도 제자들에게 나타나신 분이 이전의 모습으로 소생(蘇生)하신 분이 아니라는 사실이 강조되어야 한다. 몰트만은 다음과 같이 말한다. "모든 사람들이 죽은 예수를 살아 계신 분으로 보았다는 보도에 있어서 일치한다. 그들은 예수가 이 삶으로 돌아왔다고 말하지 않는다. 오히려 그가 그들의 삶 속에서 '나타난' 하나님의 영광 속에서 살아 계시다고 말한다."[30]

바울의 표현을 빌리자면, 제자들에게 나타나신 분은 신령한 몸을 가진 분이지 누구라도 보고 만질 수 있는 존재가 아니다. 카스퍼도 이러한 체험에 대해 다음과 같이 말한다. "이 체험은 객관적으로 물증을 찾아 추적할 수 있는 사건이 아니다. 우리는 이 발현을 대할 때 중립적인 관찰자나 참관인처럼 거리를 취하면서 대할 수는 없다. 발현을 체험했다는 것은 예수한테 꼼짝 없이 당했다는 것이요 그분한테 엄습당하고 압류당했다는 것이고 신앙에 눈을 뜨게 되었다는 것이다."[31]

종교학자 오토(R. Otto)의 개념으로 말하자면, 이 체험은 압도적인 두려움(tremendum)과 더불어 매혹의 감정(fascinosum)을 동시에 가져다주는 거룩하신 분에 대한 체험이라고 할 수 있다.[32]

현대 신학자들은 이러한 체험을 하나님 체험 혹은 하나님 나라 체험으로 부른다. 가톨릭 신학자 카스퍼는 다음과 같이 말한다. "부활하신 주님과의 만남은 언제나 하나님과의 만남, 신체험(神體驗)이라는 특징을 띠고 나타난다. 제자들에게 떠오른 것, 그들이 체험하고 깨달은 것은 예수 그리스도 안

---

30 위르겐 몰트만/김균진·김명용 옮김, 『예수 그리스도의 길』 (1990), 310.
31 발터 카스퍼/박상래 옮김, 『예수 그리스도』 (1996), 250.
32 참조. 루돌프 오토/길희성 옮김, 『성스러움의 의미』 (왜관: 분도출판사, 1991), 47~74.

에서 죽음을 거쳐 궁극적으로 도래한 하나님 나라라는 현실이요 십자가에 처형되신 분의 얼굴에 하나님의 다스림이 비쳤다는 사실이다."[33]

제자들에게 주어졌던 현현 체험은 예수께서 선포하셨던 하나님 나라 체험이라는 것이다. 사실 성서가 현현 체험의 특징으로 제시하는 평강은 현현 체험이 하나님 나라 체험임을 시사해 준다. 그러나 이러한 현현 체험은 제자들에게 한낱 신비한 사건에 그치지 않고 제자들로 하여금 예수의 정체성을 인식하고 예수를 그리스도로 고백하게 만드는 계기가 되었다.

그러나 복음서는 부활하신 분이 - 부활 이전의 몸과는 전적으로 다른 신비의 몸, 곧 하나님 나라로 현존하지만, - 부활 이전과 마찬가지로 오늘도 우리에게 당신을 내어 주시며 우리를 당신께로 부르시는 인격 존재로 현존한다는 사실을 강조한다. 이러한 맥락에서 몰트만은 부활을 통해 밝혀진 예수의 정체성을 "인격으로 오신 하나님 나라"[34]로 정의한다.

복음서의 현현 전승들은 부활하신 분의 신체성(身體性)을 강조한다. 누가는 엠마오로 가는 두 제자의 눈을 열어 당신을 알아보도록 하신 후 당신의 몸을 드러내 보이면서 제자들과 함께 식사하시는 예수의 모습(눅 24:13~43)을 보여 주며, 요한복음의 예수는 제자들에게 십자가의 상처를 보여 주시고 당신의 몸을 만져보게 하신다(요 20:19~29). 그러나 하나님의 영광 속에 계신 분이 동시에 과거의 신체성을 갖고 나타나셨다는 진술은 모순일 수밖에 없다. 부활이 소생이 아니라면 부활하신 분은 지상에 사셨던 분과는 질적으로 다른 형태를 가진 분이어야 하기 때문이다. 그렇다면 우리는 부활하신 분의 신체성에 대해 말하는 전승을 어떻게 이해해야 하는가?

이 전승을 역사적 보도로 이해하는 것은 우리의 지성뿐 아니라 부활 전승 전체의 의도에도 어긋난다. 복음서를 포함한 신약성서 전체가 전해 주는 예

---

33 발터 카스퍼/박상래 옮김, 『예수 그리스도』 (1996), 250.
34 위르겐 몰트만/이신건 옮김, 『오늘 우리에게 예수는 누구인가?』 (서울: 대한기독교서회, 1997), 15~16.

수의 부활은 분명 소생이 아니기 때문이다. 대부분의 현대 신학자들이 인정하듯이 이 전승들은 신학적 의도를 가진 후대의 전승에 속한다.[35]

이 전승의 의도는 분명하다. 부활절 사건을 제자들의 환상으로 간주하려는 교회 안팎의 모든 시도들을 근원적으로 차단하려는 의도 말이다. 예수의 부활은 제자들에게 실제로 일어난 사건이라는 것이다. 그러나 이 전승에는 또한 부활하신 분이 십자가에 달리셨던 분이어야만 하는 신학적 필연성을 관철시키려는 의도가 엿보인다.

그러나 신학적 의도를 가진 전승이라고 무조건 후대의 창작으로 간주해도 좋다는 말은 아니다. 후대 전승이 제시하는 신학적 통찰력이 근원적인 것을 해명해 주는 경우도 많기 때문이다. 사실 후대의 전승들에서 부활하신 분이 십자가에 달리셨던 분임을 강조하는 것은 초기 전승에 새로운 사실을 덧붙이려는 것이 아니다. 초기 전승에서도 제자들에게 나타나 그들을 압도하며 사로잡으신 분은 다름 아닌 십자가에 달리셨던 예수였다. 단지 이러한 사실을 강조하지 않았을 뿐이다. 그러나 신학적 상황이 변하고 부활절 선포에 의문이 제기되면서 초기 전승에서는 설명할 필요가 없었던 것이 후에는 해명의 대상이 되었을 것이다. 다시 말하면, 후기 전승은 초기 전승에서 당연시되었던 것을 달라진 신학적 상황 속에서 적극적으로 해명하고 구체화시킨 것이다. 그렇다면 후기 전승의 근원도 결국은 현현 체험이요, 이러한 현현 체험 내에 존재했던 예수의 자기 계시라 할 수 있다.

물론 종교학자들은 제자들의 마음속에 있었던 예수의 이미지가 그들을 사로잡은 신적인 힘에 투사되었다고 말할 것이다. 달리 말하자면, 신적인 권능에 사로잡힌 사람이 예수를 알지 못했던 사람이라면 자신에게 나타나셨던 분을 다른 분으로 고백했을 수도 있다는 것이다. 그러나 이러한 추정은 - 예

---

35 예를 들자면, 그룬트만은 다음과 같이 말한다. "이 전승은 후대의 전승들이다. …… 고린도전서 15장이 기준이라면 예수의 신체성 묘사는 변증적인 목적을 가진 것으로 판명될 수 있다." 참조. W. Grundmann, *Die Geschichte Jesu Christi* (1959), 377.

수와 전혀 교제 관계가 없었던 - 바울에게는 들어맞지 않는다. 예수를 존경하기는커녕 잘 알지도 못했던 바울은 자신을 사로잡은 분을 예수로 고백하지 않았는가?

(3) 부활의 의미

사도들은 이러한 체험 속에서 예수가 십자가를 거쳐 하나님의 영광 속으로 들어갔을 뿐 아니라 - 예언자들이 고대했던 - 하나님의 새로운 창조가 예수 안에서 실현되었다는 통찰력에 도달한다. 그리고 이러한 통찰력은 사도들로 하여금 묵시 예언자들의 언어, 즉 부활이란 개념을 예수에게 적용하도록 만든다. "그리스도께서 죽은 자 가운데서 다시 살아나셨다(고전 15:12)."

다시 말하면, 십자가에 달리셨던 예수께서 다시 살아나셨다는 것은 예수라는 한 인간에게 일어난 개인적인 사건이 아니라 우주 전체에 새로운 변화를 가져온 우주적인 사건이라는 것이다. 이로써 바울의 부활절 선포가 말하려는 바가 해명된다. 예언자들이 고대했던 하나님의 새 창조의 도래가 바로 그것이다.[36] 그러나 하나님의 새 창조는 아직 성취된 것이 아니라 예수에게만 일어났기 때문에 '죽은 자의 부활'에서 '죽은 자 가운데서의 부활'로 개념의 변화가 이루어질 수밖에 없었다.

사도들은 분명 현현 체험을 묵시 사상의 빛에서 해석한다. 그러나 사도들이 임의적으로 예수의 현현을 묵시 사상과 연결시킨 것은 아니다. 현현 체험과 묵시 사상 사이에 공통점이 없었다면, 양자의 결합은 곧 해체되었을 것이다. 양자 사이에는 분명한 공통점이 존재한다. 그것도 본질적인 공통점이 존재한다. 이 세상에 속하지 않는 새로움에 대한 체험이 바로 그것이다. 사실

---

36 현대 개신교 신학의 거장들도 부활의 우선적인 의미를 하나님의 새 창조에서 찾는다. 신약성서의 종말론적 성격을 부각시켰던 판넨베르크(W. Pannenberg)와 몰트만뿐 아니라 브루너(E. Brunner)도 원시 그리스도교의 부활절 신앙을 새 창조의 도래와 연관시킨다. "부활절로 인해 새로운 에온(Aeon)이 시작되었다." 참조. E. Brunner, *Das Ewige als Zukunft und Gegenwart* (Zürich: Zwingli Verlag, 1955), 159.

예수의 현현 체험이 이 땅에서 유비를 찾아볼 수 있는 체험이었다면, 제자들은 – 소생이 아니라 변형을 지시하는 – 부활이란 말을 쓰지 않았을 것이다.

따라서 예수의 현존을 간과하고 부활의 종말론적 의미만을 추구하는 신학은 그리스도교 신앙을 유대교 신앙의 한 분파로 편입시킬 수도 있다. 예수의 부활을 인정하면서도 예수를 메시아로 고백하지 않는 유대교 신학자 라피데(P. Lapide)의 예가 암시하듯이, 예수의 인격적 현존을 간과하는 사상에서는 예수의 부활이 단지 새 창조가 가까이 왔다는 징표로밖에 해석될 수 없기 때문이다.[37]

요약하자면, 부활 신앙은 하나님의 새 창조가 예수 안에서 실현되었다는 선포인 동시에 예수께서 오늘도 우리 가운데 살아 계셔서 현존하신다는 메시지다. 사실 사도들을 새로운 존재로 변화시킨 것은 부활하신 분과의 만남이었다. 이러한 만남을 통해 제자들은 예언자들이 기다려 왔던 하나님의 새로운 창조가 부활하신 주님에 의해 중재된다는 사실을 확신하게 되었다.

성서는 계속해서 부활하신 분이 40일 후 하늘로 올라가셨다고 고백한다. 그러나 예수의 승천은 예수께서 우리를 떠나셨음을 지시하는 개념이 아니다. 종교 개혁자 루터가 이미 지적했듯이, 예수의 승천은 예수가 이제 하나님의 영광 속으로 들어가셨음을 뜻하는 개념이다. 따라서 예수가 승천하셨다는 말은 예수가 이제는 전과는 달리 자신을 감추시는 분으로서 현존하신다는 사실을 지시한다. 달리 말하자면, 오늘도 현존하시면서 우리를 당신의 신령한 몸, 곧 하나님의 새로운 창조로 부르시는 그리스도는 오직 성령에 의해 마음의 눈과 귀가 열린 자에게만 인식된다는 것이다.

---

[37] Pinchas Lapide, *The Resurrection of Jesus, A Jewish Perspective*, translated by Linss, Wilhelm C, (1982), 55.

4. 그리스도 사건의 의미

그러면 예수 그리스도 안에 나타난 하나님의 구원 사건은 그때와는 다른 시간 속에 살아가는 우리에게 무슨 의미가 있을까? 현대의 개인주의적 시각에서는 예수가 단지 스승과 모범자로 비추어질 수밖에 없을 것이다. 그렇다면 예수를 구원자로 선포하는 신약성서의 메시지는 우리에게 어떤 의미가 있을까?

고대 교회의 보편적인 구원론을 대변하는 바르트는 여기서 우리에게 도움을 준다. 바르트는 예수 안에서 일어난 구원 사건을 "모든 인간의 실존을 규정하는 사건"으로 정의한다.[38] 예수 그리스도 사건은 "인간의 대표에 의해 이루어진 역사" 또는 "예수 그리스도로 말미암아 이루어진 것이 이 세상 모든 사람에게 해당되는 것임을 알리는 존재론적 주장"이라는 것이다.[39]

바르트는 이러한 맥락에서 성탄절 사상을 새롭게 해석한다. 즉 성탄 이야기는 예수라는 한 인간의 탄생을 경배할 뿐 아니라 오히려 예수의 탄생 안에서 모든 인간이 새롭게 탄생하고 있음을 깨닫고 하나님을 경배하는 메시지라는 것이다. 그는 구체적으로 다음과 같이 말한다. "그때 일어난 사건은 오늘날 우리에게 다시 반복하여 발생할 수 있는 사건이다. 우리 안에서 아니 우리의 영혼 속에서 다시금 하나님의 탄생이 이루어지는 것이다. …… 우리는 우리의 공로나 우리의 행위를 통해서가 아니라 이미 하나님과의 연관 관계 속에 우리가 받아들여져 있음을 나타냈다는 것이다. …… 성탄절의 소식은 이 한 분 안에 우리 인류 전부, 한 사람 한 사람을 위한 실질적인 것에 대해 말하고 있는 것이다."[40]

중세의 수도자 에크하르트(M. Eckhart)를 연상시키는 이 말은 신비주의적

---
38 칼 바르트/최종호 옮김, 『교회 교의학 4/2 – 화해에 관한 교의 제2권』 (서울: 대한기독교서회, 2012), 378.
39 앞의 책, 381, 388.
40 앞의 책, 382.

진술이 아니다. 단지 예수 그리스도의 삶과 사역 속에 나타난 구원 사건의 우주적이며 보편적인 성격을 말하려는 것이다. 달리 말하자면, 인간은 자신이 누구인지를 알려면 자신이 아니라 예수를 바라보아야 한다는 것이다.

바르트의 이러한 사상을 객관적 화해론 또는 보편적 구원론이라고 부른다. 하나님의 구원은 이미 2천여 년 전에 예수 그리스도 안에서 신자들의 믿음과 상관없이 보편적으로 이루어졌다는 것이다.

그러나 여기서 물음이 제기된다. 어떻게 예수 안에서 이루어진 구원 사건이 나의 존재를 규정할 수 있는가? 이러한 물음에 긍정적으로 대답하기 위해선 예수의 삶에 종말론적 사건이 나타났다고밖에 말할 수 없다. 시공간의 제약을 넘어서는 하나님의 시간 속에서 이루어지는 종말론적 사건 말이다. 따라서 예수 안에서 일어난 사건이 종말론적 사건이라고 말하는 것은 이 사건이 흘러가 버리는 시간 속에서 일어난 사건이 아니라 모든 시간에 동시적인 사건이며, 따라서 오늘의 나의 존재를 규정하는 사건이라고 선포하는 것이다.[41]

그러나 이러한 사상은 바르트의 독창적인 사상이 아니라 고대 교회 교부들의 사상이며, 루터와 칼뱅에게도 나타난다. 고대 교회의 로고스 신학이 성육신을 종말의 선취요, 따라서 전 우주를 포괄하는 우주적 사건으로 선포했다는 것은 주지의 사실이다. 정교회 신학자 메이엔도르프는 고대 교회의 신학을 요약하며 다음과 같이 말한다. "로고스가 육화하실 때, 신적인 직인은

---

[41] 바르트는 그의 교회교의학 제3권 2부에서 아우구스티누스의 영원 사상을 계승하면서도 결정적인 점에서 아우구스티누스와 다른 길을 걷는다. 아우구스티누스가 플라톤주의의 영향을 받아 하나님의 영원성을 피조물의 시간성과 구별하면서 거의 무시간적 영원성으로서 파악하는 데 반해, 바르트는 하나님의 영원성을 '본래적 의미의 시간성'으로 제시한다. 즉 성서가 말하는 하나님의 영원성은 시간의 무한 연장으로서의 영원이나 시간성을 부정하는 영원이 아니라 모든 시간성의 원천이라는 것이다. 구체적으로 말하자면, 하나님은 피조물이 경험하는 과거, 현재, 미래라는 시간의 세 차원을 계기적으로 경험하면서 생존하시는 하나님이 아니라, 시간의 세 가지 경험 양태를 동시적으로 경험하신다는 것이다. 따라서 하나님의 영원성은 시간의 부정이 아니라, 시간성의 성취요 완성이다. 즉 하나님에게는 과거와 현재 그리고 미래가 분리되지 않고 동시적으로 통전되어 있다. 이러한 맥락에서 바르트는 하나님의 영원성을 근원적 시간, 본래적 시간, 창조적 시간으로 부른다.

로고스의 흔적을 가진 모든 존재들에게 각인되었다. 하나님은 어떤 인간도 배제하지 않고 반대로 그분 안에서 인간의 통일성이 회복될 가능성을 모두에게 열어 놓은 방식으로 인간성을 수용하셨다. 그는 참으로 새 아담이 되셨고, 각 사람들은 이 새 아담 안에서 만일 예수께서 그저 하나의 인간에 불과했다면 불가피했을 모든 제한성들을 뛰어넘어 충만하고도 완벽하게 실현된 자신의 고유한 본성을 되찾는다."[42]

바르트는 이러한 사상을 게르하르트의 입을 빌려 다음과 같이 표현한다. "내가 아직 태어나기도 전 / 그때 당신은 이미 나에게 오셔서 / 나를 당신의 것으로 삼으시고 / 내가 미처 알기도 전 / 내가 당신의 손으로 지음을 받기 전 / 당신은 벌써 나를 당신의 옆에 두시고 생각하시며 / 나를 기뻐하셨습니다."[43]

물론 고대 교회는 553년 오리게네스의 만유회복 사상(apokatastasis)을 정죄한다. 자유는 각 사람에게서 지워질 수 없는 요소로 남아 있고, 누구도 개인의 자유로운 선택을 무시하고 하나님 나라에 들어가도록 강요할 수 없다는 것이다. 교부들은 이와 같은 구원의 양면성을 설명하기 위해 인간을 본성과 인격으로 구분한다. 성육신에 의해 인간에게는 이미 새로운 본성이 주어졌지만, 이러한 본성은 오직 인격에 의해 수용될 때에만 실현된다는 것이다.

바르트도 구원의 보편성만을 주장하지 않는다. 바르트는 예수 안에서 이미 이루어진 구원이 성령에 의해 인간에게 인식될 때에만 구원이 실현됨을 강조한다. 구원은 법적으로(de jure) 예수 그리스도 안에서, 그래서 우리 안에서도 일어났지만, 실제적으로는(de facto) 성령에 의해서만 우리 안에서 실현된다는 것이다. 달리 말하자면, 구원은 예수 그리스도 안에서 이미 선취되었지만, 오직 성령에 의해서만 개인에게 실현된다는 것이다.

---

42 존 메이엔도르프/박노양 옮김, 『비잔틴 신학: 역사적 변천과 주요 교리』 (서울: 정교회출판사, 2013), 315.
43 칼 바르트/최종호 옮김, 『교회 교의학 4/2 – 화해에 관한 교의 제2권』 (서울: 대한기독교서회, 2012), 386.

물론 그리스도교 전통은 예수 그리스도가 현존하시는 분임을 강조한다. 구원은 살아 계신 그리스도와 교제하는 가운데 이루어진다는 것이다. 그러나 이러한 사상이 보편적 구원론과 모순되는 것은 결코 아니다. 사실 교부들의 보편적 구원론은 현존하는 그리스도를 인격과 동시에 사건으로 제시한다. 성령에 의해 예수 안에서 일어났던 구원 사건을 체험하게 될 때 예수를 살아 계신 주로 고백하기도 하지만, 성령의 인도를 받아 현존하시는 그리스도에 눈을 뜨게 될 때 예수 안에 일어났던 구원 사건이 자신에게 이루어지는 것을 체험하게도 된다는 것이다.

사실 부활하신 분이 현존하시는 분이라는 고백과 예수 그리스도 안에서 일어났던 구원 사건이 하나님의 시간 속에서 일어난 종말론적 사건이라는 고백은 서로 다른 체험에서 나온 것이 아니다. 양자는 동일한 체험을 다른 관점에서 바라본 것뿐이다.

제5장
성령

1. 성서의 성령 이해

유대인들이 성령의 활동으로 가장 먼저 인식했던 것은 사무엘 등의 초기 예언자들에게 나타났던 신비한 현상이었다. 황홀한 경지 속에서 자신도 모르게 예언하게 되는 현상을 성령의 활동으로 보았던 것이다. 사무엘상 19장 20~24절은 이러한 현상에 대해 다음과 같이 말한다. "사울이 다윗을 잡으러 전령들을 보냈더니 그들이 선지자 무리가 예언하는 것과 사무엘이 그들의 수령으로 선 것을 볼 때에 하나님의 영이 사울의 전령들에게 임하매 그들도 예언을 한지라 어떤 사람이 그것을 사울에게 알리매 사울이 다른 전령들을 보냈더니 그들도 예언을 했으므로 사울이 세 번째 다시 전령들을 보냈더니 그들도 예언을 한지라 …… 사울이 라마 나욧으로 가니라 하나님의 영이 그에게도 임하시니 그가 라마 나욧에 이르기까지 걸어가며 예언을 하였으며 그가 또 그의 옷을 벗고 사무엘 앞에서 예언을 하며 하루 밤낮을 벗은 몸으로 누웠더라 그러므로 속담에 이르기를 사울도 선지자 중에 있느냐 하니라 (참조. 삼상 10:5~12)."

여기서 나타나는 현상을 일반적으로 엑스터시(Ecstasy)라고 부른다. 엑스터시의 어원은 '자신의 바깥에 서다' 혹은 '자기를 초월하다'란 뜻을 가지고 있는 그리스어 ekstasis다. 그러나 내용적으로는 인간의 영이 갑자기 나타나는 그 어떤 힘에 사로잡혀 자신을 넘어서게 되는 상태를 뜻한다.

사무엘과 사울에게 나타난 엑스터시는 이성적 사고와 의지를 차단하고 그들로 하여금 자신을 사로잡은 힘이 이끄는 대로 행동하도록 만들었다. 그때 엑스터시 속에 있는 인간은 자신이 무엇을 하는지조차 모른다. 이러한 의미로 엑스터시를 망아(忘我) 혹은 신인합일(神人合一)의 상태로 부르기도 한다. 사무엘상 19장 20~24절은 또한 한 개인이나 집단의 엑스터시 현상이 다른 사람들에게 동일한 엑스터시 현상을 불러일으키는 전파력을 가지고 있음을 시사해 준다. 신약성서도 예언자들에게 나타났던 엑스터시 현상들, 특히 기적과 치유 그리고 예언과 방언을 성령이 주시는 은사로 간주한다.

사무엘상의 저자는 이러한 엑스터시를 성령 임재의 결과로 간주한다. 그러나 동일한 성서는 모든 엑스터시 현상이 성령에 의한 것이 아님을 말하기도 한다(참조. 삼상 18:10). 영 분별의 문제가 이미 제기되고 있는 것이다. 신약성서도 신비한 현상 그 자체가 아니라 그 현상이 어떠한 열매를 맺는지를 보아 분별할 것을 요청한다.

구약성서 전체를 살펴보면, 엑스터시가 반드시 인간의 지성을 배제하는 것이 아니라는 사실을 알게 된다. 이러한 사상은 엘리야 이후의 이른바 문서 예언자들에게 명백하게 나타난다. 그들은 자기 자신을 '말씀을 받은 사람'으로 소개한다. 그러나 예언자들이 영 대신에 말씀을 받았다는 말은 아니다. 그들도 초기의 예언자들처럼 자신을 성령에 사로잡힌 사람들로 이해한다. 그들은 단지 그들에게 임한 성령 임재의 결과가 말씀임을 강조하는 것뿐이다.

그렇다면 말씀이 임했다는 것은 무엇을 말하는가? 하나님께서 직접 말씀하시는 것을 들었다는 말인가? 이러한 체험의 진위 여부를 분별하기란 매우 어렵지만 성서가 말하는 하나님의 말씀이 일종의 은유라는 사실을 인정한다면, 하나님의 말씀은 인간의 언어로 들려지는 말씀은 아닐 것이다. 그럼에도 불구하고 성령 임재의 결과를 말씀으로 표현하려는 의미는 존중해야 한다. 성령이 임하시면 하나님과 인간 사이에도 - 인간 언어의 목적인 - 인격적 관계와 소통이 실현될 수 있다는 사실 말이다. 달리 말하면, 성령 임재의 확실한 증거는 무아지경 상태 자체가 아니라 하나님의 계시를 깨닫게 되는 삶이라는 것이다.

예언자들에게 하나님은 당신을 거룩하신 분으로 계시하신다. 그러나 예언자들은 이러한 체험 속에서 하나님의 거룩하심과 세상 죄 사이에 존재하는 괴리를 바라보면서 세상을 향한 하나님의 뜻을 깨닫는다. 달리 말하면, 이 세상에 하나님의 뜻을 전하라는 부름을 받는다. 사실 예언자로 번역된 히브리어 나비(nabi)는 '부름 받은 자'를 뜻한다. 그러나 구약성서는 말씀을 받았다고 주장하는 모든 예언자를 참된 예언자로 보지는 않았다. "지금 이 나라에서는, 놀랍고도 끔찍스러운 일들이 일어나고 있다. 예언자들은 거짓으로 예언을 하며, 제사장들은 거짓 예언자들이 시키는 대로 다스리며, 나의 백성은 이것을 좋아하니, 마지막 때에 너희가 어떻게 하려느냐?(새번역. 렘 5:30~31)"

이와 같이 성서는 성령의 실제적인 현존을 확신하는 만큼이나 영 분별의 문제를 중시한다. 그러나 바벨론 포로기의 예언자들은 한 걸음 더 나아가 자신의 성령 체험을 반성하면서 자신에게 선사된 성령이 세상을 존재케 한 창조의 영이라는 확신에 이르게 된다. 이러한 확신은 예언자들로 하여금 하나님의 때가 이르면 - 인간의 거듭된 죄로 말미암아 인간들을 떠났던 - 성령이 돌아와 창조 세계를 새롭게 창조하리라는 소망을 갖게 만들었다. 즉 마지막 때에는 하나님의 영이 먼저 사람들의 마음을 새롭게 창조하고 이를 통해 결국 만유를 새롭게 창조하시리라는 것이다. "내가 그들에게 한 마음을 주고 그 속에 새 영을 주며 그 몸에서 돌 같은 마음을 제거하고 살처럼 부드러운 마음을 주어 내 율례를 따르며 내 규례를 지켜 행하게 하리니 그들은 내 백성이 되고 나는 그들의 하나님이 되리라(겔 11:19~20. 참조. 겔 36:25~27)."

신약성서는 전반적으로 구약성서의 성령 이해를 받아들인다. 그러나 동시에 예수의 삶에서 구약성서의 약속이 성취되었다고 확신한다. 즉 예수 안에서 약속된 성령이 도래하셨다는 것이다. 특히 복음서는 예수를 - 성령으로 수태되고 성령을 받으며 자신을 비워 항상 성령으로 하여금 일하도록 하시는 - 영의 사람으로 고백한다.

신약성서는 또한 예수의 정체성을 인식하도록 만드는 분이 성령임을 고백한다. 오직 성령에 의해서만 예수의 정체성을 온전하게 인식할 수 있다는 것이다. 이에 대해 바울은 다음과 같이 말한다. "하나님의 영으로 말하는 자는 누구든지 예수를 저주할 자라 하지 아니하고 또 성령으로 아니하고는 누구든지 예수를 주시라 할 수 없느니라(고전 12:3)." 요한도 다음과 같이 말한다. "예수께서 그리스도이심을 믿는 자마다 하나님께로부터 난 자니(요일 5:1)."

요한복음은 신자들을 하나님 나라로 인도하는 것을 성령의 가장 중요한 사역으로 간주한다. 요한은 다음과 같이 선언한다. "사람이 거듭나지 아니하면 하나님의 나라를 볼 수 없느니라 …… 물과 성령으로 나지 아니하면 하나님의 나라에 들어갈 수 없느니라(요 3:3~5)." 성령이 아니고는 하나님 나라로 현존하시는 예수의 정체성을 인식할 수도, 그분께 인도될 수도 없다는 것이다.

성서학자 슈바이처(E. Schweizer)는 신약성서의 성령 이해를 다음과 같이 요약한다. "영은 우리로 하여금 예수를 새로운 눈으로 보고 발견하게 하며, 하나님은 바로 이 방법으로 우리에게 오고자 하신다는 것이다. 바울도 성령의 근본적인 활동은 우리의 눈과 마음이 예수에게로 열리게 하는 것이라고 보았다."[1]

그러나 신약성서는 한편으로는 성령이 예수의 삶을 인도하신 영이요, 신자들을 그리스도께 인도하시는 영임을 강조하면서도, 다른 한편으로는 예수를 성령 파송자로 제시한다. 누가는 우리의 눈을 열어 살아 계신 예수를 바라보도록 만드는 성령이 예수의 승천으로 말미암아 선사된 영임을 강조한다. "사도와 함께 모이사 그들에게 분부하여 이르시되 예루살렘을 떠나지 말고 내게서 들은 바 아버지께서 약속하신 것을 기다리라 요한은 물로 세례를 베풀었으나 너희는 몇 날이 못되어 성령으로 세례를 받으리라 하셨느니라(행 1:4~5)." 요한은 좀 더 분명하게 말한다. "지금 내가 나를 보내신 이에게로 가는데 너희 중에서 나더러 어디로 가는지 묻는 자가 없고 도리어 내가 이 말을 하므로 너희 마음에 근심이 가득하였도다 그러나 내가 너희에게 실

---

[1] 에두아르트 슈바이처/김균진 옮김, 『성령』 (서울: 대한기독교서회, 1982), 212~213.

상을 말하노니 내가 떠나가는 것이 너희에게 유익이라 내가 떠나가지 아니하면 보혜사가 너희에게로 오시지 아니할 것이요 가면 내가 그를 너희에게로 보내리니(요 16:5~7)."

그리스도의 현존을 깨닫도록 새로운 눈을 열어 주는 성령은 다름 아닌 그리스도께서 보내신 영이라는 것이다. 여기서 물음이 제기된다. 성령을 받아들이셨던 분이 승천 이후 영을 파송하는 분이 되셨고, 하나님의 영이 그리스도의 영으로 전환된 것인가? 이러한 물음은 교부들에게 성령과 성자의 관계를 숙고하도록 만들었지만, 결국 필리오케 논쟁을 촉발시켜 교회 분열의 한 계기로 작용했다.

2. 동방교회와 서방교회의 성령 이해

1) 동방 교부들의 성령 이해

고대 교회에서 성령에 대한 신학적 논쟁은 니케아 공의회에서 성부와 성자의 동일본질이 교리로 확정된 후 본격적으로 진행되었다. 니케아 공의회는 아리우스를 정죄했지만, 아리우스의 영향력이 완전히 사라진 것은 아니었다. 아리우스 추종자들은 이제 성자 대신에 성령의 신성에 문제를 제기한다. 그들의 주장은 다음과 같다. "성령은 피조물은 아니지만 하나님도 아니다." 즉 성령은 성부에 의해 성자를 통해 창조된 존재라는 것이다. 달리 말하자면, 성령은 성부의 신적 본질을 공유하지 않는다는 것이다. 그렇다고 그들이 성령의 사역을 부정하는 것은 결코 아니다. 그들에게도 성령은 인간의 지성에 빛을 비춰 주며 지성을 정화시켜 주는 영이다.

유일신론(唯一神論, monotheism)의 토대 위에서 성부 성자 성령의 관계를 논리적으로 해명하려 했던 아리우스의 추종자들은 그리스 지성인들의 호응을 받았다. 그러나 교부들은 이러한 지성적인 성령 이해가 교회의 예전 전통과 니케아 공의회의 선포를 왜곡시킬 수 있다고 생각했다.

아타나시우스는 『세라피온에게 보내는 편지』에서 성령을 - 성부와 본질을 공유하는 - 하나님으로 제시한다. 카파도키아의 교부 나지안주스의 그레고리우스도 『다섯 번째 신학적 연설들: 성령에 대해서』에서 성령의 동일본질을 강력하게 주장한다. 그러나 양자에게는 아직 성령이 성부나 성자와 같은 위격 존재라는 사실이 언급되지 않았다. 아타나시우스는 본질과 위격을 동일한 말로 생각했으며, 그레고리우스는 성령의 신성만을 강조하였다. 성령이 성부와 동일한 본질을 공유하면서도 성부나 성자와 구별되는 위격 존재라는 주장은 바실리우스에게 나타난다.

이미 364년에 『유노미우스 비판』(*Against Eunomius*)에서 성령이 하나님임을 강조했던 바실리우스는 제자들과 목회자들의 요청에 따라 375년 『성령에 대해서』를 출간한다. 이 책은 고대 교회의 삼위일체론 및 성령론 형성에 결정적인 기여를 하게 된다. 바실리우스는 이 책에서 성령을 위격으로 부르면서도 동일본질이란 말은 사용하지 않는다. 따라서 바실리우스의 성령론은 겉으로 보기에는 - 성령의 신성은 부정하지만 성령을 위격으로 간주했던 - 유세비우스(Eusebius of Caesarea)의 성령론과 유사하다. 그러나 내용적으로는 성령의 위격이 성부나 성자의 위격과 동등한 위격임을 강조함으로써 유세비우스의 성령론과 다른 길을 걷는다.

이와 같이 상대를 도발하지 않으면서도 상대와의 차이를 드러내는 논쟁 형식에서 우리는 가급적 불필요한 논쟁을 피하려는 교회 지도자의 자세를 엿볼 수 있다. 콘스탄티노플 공의회도 바실리우스의 이러한 자세를 받아들여 성령에 대한 신앙고백에서 동일본질이란 말을 사용하지 않는다.

바실리우스에게 성령은 이중적인 운동 속에서 포착된다. 즉 성령은 한편으로는 피조물을 성자와 성부에게 인도하는 역할을 수행하며, 다른 한편으로는 성자뿐 아니라 성부와도 친교를 나누는 위격으로 표상된다.

성령은 우선 우리의 지성에 빛을 비추어 줌으로써 성자와의 친교를 선사해 준다는 것이다. 그러나 바실리우스에게 성령의 사역은 여기서 그치지 않는다. 사실 성령이 그리스도에 대한 눈을 열어 준다는 것은 바실리우스의 논쟁 상대자들도 인정하는 사실이다. 바실리우스를 위시한 카파도키아의 교부들은 성령의 본래적 사역을 성자와 연합된 신자들에게 주어지는 성부와의 친교에서 찾는다.

그러나 바실리우스는 성령의 위격이 성부나 성자의 위격과 동등함을 강조한다. 이렇듯 성령의 위격을 전면에 내세우는 것은 성령이 성자뿐 아니라 성부와도 상호 내재적인 친교를 나눈다는 사실을 강조하기 위해서다. 바실리우스는 삼위의 친교를 강조한다. 삼위의 친교야말로 하나님의 현존 방식이라는 것이다. 그러나 바실리우스에게 삼위의 친교란 성서의 하나님에 대한 지성적 추론이나 사색의 결과가 아니다. 바실리우스에게 삼위의 친교란 오히려 정화의 과정을 거쳐 관상에 이른 자에게 주어지는 하나님의 자기 계시로 간주된다.

수행과 관상 속에서 드러난 삼위의 친교가 사색의 결과가 아니라는 것은 수행과 관상 속에 맺혀진 성령의 열매가 공감과 교제라는 사실에서 다시 한번 입증된다. 바실리우스는 성령이 인간을 삼위 하나님의 친교로 인도할 때 교회의 지체들 사이에서 공감과 친교라는 열매를 맺는다는 사실을 강조한다.[2]

성령의 사역이 신자를 그리스도께 인도하는 데서 완성된다는 주장을 교부들은 받아들일 수 없었다. 성령은 성자와 친교를 나누는 신자들을 삼위 하나님의 친교로 인도하면서 통회와 공감의 열매를 맺도록 한다는 것이다. 바실리우스는 또한 성령이 창조의 영임을 강조하며, 다양한 방식으로 세상에 현존하신다고 말한다. 즉 그리스도인은 사회의 전 영역에서 성령의 인도함을 받아야 한다는 것이다. 이러한 맥락에서 교부들은 부의 나눔을 성령의 인

---

2 Basil the Great, *De Spiritu Sancto* (New York: Scriptura Press, 2015), 26, 61.

도하심에 순종하는 삶으로 보았다. 가난한 자에게 공감을 느끼지 못하는 사람은 아직 성령의 사람이 아니라는 것이다.

2) 서방교회의 성령론

동방교회의 영성 사상에서 바실리우스가 차지하는 위상은 서방교회에서는 아우구스티누스에게 주어진다. 그는 성령의 사역을 성부와 성자를 연합시켜 주는 사랑의 띠로 제시한다. 그리고 이러한 이해에 근거해 성부뿐 아니라 성자도 성령의 기원이라고 주장한다.

이와 같이 성령의 정체성을 성부와 성자 간의 사랑에서 찾는 아우구스티누스의 사상은 스페인에서 개최된 톨레도 공의회(589)에서 성령이 성부와 성자로부터 발원한다는 이른바 '필리오케(filioque)' 신학을 관철시켰다. 필리오케 교리는 안셀무스(Anselmus)와 토마스 아퀴나스(Thomas Aquinas)를 거쳐 종교 개혁자들에게까지 이어진다. 칼뱅(J. Calvin)도 성령을 성부와 성자를 이어주는 사랑의 끈으로 묘사한다. 이러한 사상에서는 당연히 성부와 동일본질이신 성자가 성령을 파송하는 분으로 고백될 수밖에 없다.

이러한 흐름은 현재까지 이어진다. 네덜란드의 개혁교회 신학자 베르코프(H. Berkhof)는 다음과 같이 말한다. "종종 신약성경은 성령을 그리스도와 구분되는 능력으로, 우리를 그리스도에게로 인도하고 우리 안에서 그리스도의 오심을 위하여 기도하시는 또 다른 보혜사, 그리스도의 영으로 언급한다. 그러나 성령의 사역은 또한 종종 승귀되신 그리스도 자신의 사역으로 제시된다. …… 금후로는 성령과 그리스도가 일치되신다."[3]

승천을 기점으로 성령과 그리스도가 하나되었으며, 따라서 성령은 위격 존재가 아니라 그리스도의 행위가 되었다는 것이다. 달리 말하면, 승천 이후

---

3 헨드리쿠스 베르코프/신경수 옮김, 『교의학 개론』 (서울: 크리스천다이제스트, 2008), 535~536.

그리스도는 성령으로 현존하신다는 것이다.

바르트(K. Barth)도 필리오케 신학의 대변자로 자처한다. 이러한 맥락에서 바르트는 성령의 인도를 성자의 인도란 항목에서 다룬다.[4] 바르트는 필리오케에 맞서 경륜적 삼위일체와 내재적 삼위일체를 구분하는 동방교회의 견해를 예수 그리스도의 계시 외에 또 다른 계시를 인정하는 사변신학이라고 비판한다. 바르트는 심지어 필리오케 논쟁 속에서 동방과 서방을 화해시키기 위한 대안으로 제시되었던 '아들을 통해' – "성령은 아들로부터가 아니라 성부로부터 성자를 통해 발현하신다." – 란 표현도 거부한다. 바르트는 오직 필리오케만이 예수를 거치지 않고 성부께 나아가려는 모든 시도를 차단할 수 있다고 확신한다.[5]

물론 서방교회 내에서도 필리오케 신학을 비판하는 목소리가 없지는 않았다. 라너(K. Rahner)와 몰트만(J. Moltmann)은 필리오케 교리를 강력하게 비판한다.[6] 그러나 대부분의 서방 신학자들은 필리오케 교리를 따르며, 성령론을 구원론이나 은총론에 종속된 소주제로 간주한다. 이러한 사실은 서방교회가 오늘날까지 성령을 삼위의 한 위격으로 선포하는 데 주저하고 있음을 시사해 주고 있다.

전통적인 서방교회 신학에서 성령은 성자로부터 나와 인간을 성자와 연합시키는 영으로 제시된다. 성령은 인간을 그리스도와 연합시키는 영, 즉 칭의(稱義)와 성화의 영이라는 것이다. 달리 말하면, 성화는 성령이 우리를 그리스도와 연합시킬 때 나타나는 새로운 창조라는 것이다. 이러한 그리스도 중심적 성령 이해는 당연히 성령의 사역을 그리스도의 몸인 교회에 한정시

---

4 칼 바르트/최종호 옮김, 『교회 교의학 4/2 – 화해에 관한 교의 제2권』(서울: 대한기독교서회, 2012), 376~518.
5 참조. Karl Barth, *Church Dogmatics*, I.1 (1969), 370.
6 참조. K. Rahner, *Grundkurs des Glaubens, Einfürung in den Begriff des Christentums* (Freiburg im Breisgau: Verlag Herder, 1984), 141~142. 위르겐 몰트만/김균진 옮김, 『생명의 영』(서울: 대한기독교서회, 1992), 29~30.

킨다. 이러한 맥락에서 서방교회는 교회 밖에서 성령의 현존을 찾으려는 시도를 이단으로 규정하기도 한다.

칼뱅은 이러한 그리스도 중심적 성령 이해로부터 성령의 내적 증거란 교리를 이끌어 낸다. 성령은 무엇보다도 인간으로 하여금 성서를 하나님의 말씀으로 확증하도록 만드는 영이라는 것이다. 바르트도 인간의 역사적인 증언인 성서를 하나님의 말씀으로 인식하도록 만드는 것이 성령의 내적 증거라고 말한다.

서방교회는 이와 같이 성령의 사역을 그리스도의 몸인 교회와 하나님의 말씀인 성서에 한정시킴으로써 성령의 우주적 현존과 사역을 제한하고, 다양한 은사와 체험들을 억압하는 결과를 초래했다. 물론 바르트가 지적했듯이, 성자의 사역과 무관한 성령의 사역을 인정하는 것은 또 다른 형식의 자연신학에 빌미를 제공해 줄 수도 있다. 그러나 성령의 위격을 간과함으로써 성령과 그리스도 사건을 상호적이 아닌, 일방적인 관점에서 바라보는 것, 즉 성령의 사역을 그리스도의 사역에 종속시키는 것은 성서와 교부들의 사상에 비추어 볼 때 일방적인 처사가 아닐 수 없다.

3. 성령의 사역

동방교회 교부들은 성령의 위격을 강조한다. 성령의 위격은 형태에 있어서는 성부가 낳은 성자의 위격과는 구분되지만, 다른 위격들과의 친교 속에서 실존한다는 점에서는 성부나 성자의 위격과 다르지 않다는 것이다. 서방교회 신학자들도 명시적으로는 성령의 위격을 부정하지 않는다. 그러나 그들은 성령의 위격이 성부나 성자의 위격과는 다른 위격임을 강조함으로써 성령의 위격에 모호한 태도를 취한다.

동방교회는 성령의 위격을 강조함으로써 성령의 사역이 신자들을 성자에게 인도하는 데 그치는 것이 아님을 분명하게 밝힌다. 성령은 위격이기에 신자들을 성자에게 인도할 뿐만 아니라 성자와 연합한 신자들을 성부에게, 보다 정확하게 말하자면 삼위일체와의 친교 속으로 인도한다는 것이다.

그러나 동방교회와 서방교회는 성령의 사역이 성화를 지향한다는 점에서는 일치한다. 그리고 성화를 하나님과의 연합(koinonia, communio)으로 간주한다는 점에서도 일치한다. 물론 성화에 대한 양자의 시각 차이는 분명 존재한다. 이러한 차이에 대해서는 삼위일체를 다루는 장에서 언급하고, 여기서는 양자의 공통적인 관점을 중심으로 서술하겠다.

1) 성령과 말씀

예언자 전통에서 성령의 사역은 말씀과 깊은 관련이 있다. 그러나 예언자에게 주어졌다는 말씀의 실체에 접근하기 위해서는 성서에서 말씀으로 번역된 히브리어 다바르(dabar)를 고찰해 보아야 한다. 히브리 사상에서 말씀이란 그리스 사상이나 현대 사상에서 말하는 그것과는 사뭇 다르기 때문이다.

고대 히브리인들에게 다바르(dabar)는 말이면서 동시에 사건 그리고 사물을 뜻한다. 다바르는 어느 구절에서는 말씀으로, 다른 구절에서는 사건이나 사물로 번역되지만, 본래는 이 세 가지 의미들을 모두 가지고 있다.

예를 들자면, 고대 히브리인들에게 말로 그치는 말은 말이 아니다. 그들에게 말이란 성취될 때 비로소 말이 된다. 달리 말하면, 참된 말이란 성취를 내포하고 있는 말, 즉 성취될 사건에 대한 예언(豫言)을 뜻한다.

그러나 히브리 사상에서 말이란 - 사물로 번역되는 예에서 알 수 있듯이 - 사물의 깊이를 드러내 사물을 활성화시키는 행위를 뜻하기도 한다. 이탈리아의 영성 신학자 비양키(Enzo Bianchi)는 히브리 사상의 관점에서 '말씀'을 다음과 같이 풀어 준다. "'말씀' - 히브리어로 dabar - 이란 단어의 어원은 사물의 밑바닥, 즉 사물 속에 숨어 있는 핵심을 뜻한다. 말한다 함은 사물 안에 있는 것을 표현함이며, 사물의 배후에 숨어 있는 것을 드러내 보이고 활성화시킴이다. 사물 속에 숨은 그것이야말로 그 사물의 가장 깊고 역동적인 실재요 소명과 같은 것이다. 하나님께서 말씀하실 때에는 존재를 창조하시고 무로부터 솟아나게 하신다. 하나님의 말씀은 효력 없이 되돌아가는 법이 없기 때문이다. 말씀은 모든 것 안에 새겨진 하나님의 뜻이요, 살아 있는 모든 것들의 유일한 원천이다."[7]

말이란 존재의 깊이에서 나와 존재를 실현하는 행위라는 것이다. 달리 말하자면, 존재의 깊이인 마음에서 나오는 말만이 열매를 맺는 참된 말이라는 것이다. 물론 히브리인들도 성취되지 않는 말이 있다는 사실을 인정한다. 그러나 성취되지 않는 말은 존재의 깊이에서 나오지 않는 말, 즉 거짓말로 간주된다. 여기서 히브리 사상과 그리스 사상의 결정적인 차이가 드러난다. 전자는 말의 근원을 마음에서 찾지만, 후자는 지성에서 찾기 때문이다.

비양키는 이와 같이 사물의 근원을 드러내 주는 행위를 말씀으로 간주한다. 그러나 성서에는 하나님이 당신 자신을 드러내시는 것도 말씀이라고 말한다. 사실 하나님이 모든 존재의 근원으로서 모든 존재 가운데 거하시는 분임을 전제한다면, 양자의 차이는 내용적인 차이가 아니라 강조점의 차이에 불과하다고 할 수 있다.

이러한 맥락에서 하나님의 말씀이란 하나님의 자기 계시 외에 다른 것이 아님이 밝혀진다. 사실 하나님이 당신을 드러내시는 장소인 광야와 지성소는 히브리어로 미드바르(midbaar)와 드바르(dbaaar)로서 양자 모두 다바르에서 파생된 단어들이다. 따라서 예언자들이 말씀을 받았다고 선포하는 것은 장차 이루어질 하나님의 계시가 자신에게 주어졌음을 선포하는 것이요, 이를 통해 자기를 영의 사람으로 소개하는 것이다.

예언자 전통은 이와 같이 하나님의 자기 계시에 눈을 열어 주는 것을 성령의 사역으로 이해한다. 신약성서도 이러한 성령 이해를 받아들인다. 그러나

---

[7] 엔조 비앙키/이연학 옮김, 『말씀에서 샘솟는 기도』 (왜관: 분도출판사, 2011), 36.

성육신을 예수의 정체성으로 고백하는 신약성서는 성령의 가장 중요한 사역을 - 하나님의 말씀이 육신이 되신 - 그리스도에 눈을 뜨게 해주는 것으로 제시한다. "진리의 성령이 오시면 그가 너희를 모든 진리 가운데로 인도하시리니 그가 스스로 말하지 않고 오직 들은 것을 말하며 장래 일을 너희에게 알리시리라 그가 내 영광을 나타내리니 내 것을 가지고 너희에게 알리시겠음이라(요 16:13~14)."

물론 교부들은 당신의 몸을 주시는 그리스도의 사역이 없다면, 성령의 사역도 무의미하다고 말한다. 그러나 교부들은 동시에 성령의 사역이 없으면, 우리에게 주어진 성자의 몸을 인간이 받아들일 수 없다고 말한다. 정교회 신학자 로스키(V. Lossky)는 이러한 사실을 다음과 같이 표현한다. "그리스도에 의해 성취된 사역은 …… 우리의 본질과 관련된다. 그것은 하나의 새로운 본질이요 세상에 나타날 하나의 갱신된 피조물이요, 새로운 몸이다. …… 우리의 본질로 볼 때 우리가 그리스도의 인간성의 지체들이요, 부분들이라 해도 우리들 각각의 인격은 아직 신성과의 연합에 이른 것은 아니다. …… 그리스도의 사역은 완수되었다. 그러나 이 시점부터 성령의 사역은 성취되어 갈 것이다."[8]

당신의 몸이자 새로운 본성을 우리에게 주시는 것은 성자의 사역과 관련되지만, 인간의 인격을 죄로부터 해방시키면서 인격으로 하여금 우리의 새로운 본성이신 성자의 몸을 받아들이도록 하는 것은 성령의 사역과 관계된다는 것이다. 다시 말하면, 성령은 우리의 인격을 정화시켜 우리로 하여금 성자의 부르심을 듣고 그분의 본성을 받아들이도록 만드신다는 것이다. 이를 통해 그리스도에 대해 열린 마음을 갖게 된 인간은 형제에게도 마음을 열게 된다. 즉 그리스도와의 친교로 인도하는 성령은 동시에 형제와의 교제로도 인도한다고 말할 수 있다. 이것이 바로 그리스도의 몸으로서의 교회다.

---

8   블라드미르 로스끼/박노양 옮김, 『동방교회의 신비신학에 대하여』 (2003), 187~188.

인간을 친교의 삶으로 부르는 성령을 교부들은 친교의 영으로 부르며, 종교 개혁 전통은 칭의의 영이라고 부른다. 그러나 교부들에게 성령은 궁극적으로 성화의 영이다. 성령은 신자들이 온전하게 그리스도의 몸과 연합되도록 그들 안에 남아 있는 죄악과 싸우게 만든다는 것이다.

2) 성령과 성화

(1) 성령과 율법

그리스도께 인도된 인간에게 성화가 필요한 것은 그에게 죄가 아직 소멸되지 않았기 때문이다. 성령이 인간을 그리스도께 인도할 때 믿음은 선사되지만, 인간이 죄로부터 해방된 것은 아니다. 따라서 친교로 부르심을 받은 성도들에게 필요한 것은 죄악과의 투쟁이다. 정확하게 말하자면, 부패된 본성을 통해 나오는 악한 생각과의 싸움이다. 그러나 신자들은 이러한 싸움에서 홀로 남겨지지 않았다. 선한 싸움을 싸우려는 성도들을 성령이 도우신다.

교부들은 인간을 성화의 삶으로 인도하려는 성령의 첫 번째 사역을 성령의 조명(照明, illumination)이라고 부른다. 즉 성령은 인간의 내면에 빛을 비추어 줌으로써 인간으로 하여금 자신의 실상을 깨닫고 통회하게 만든다는 것이다. 교부들은 - 자신의 실상을 바라보도록 만드는 분이 성령임을 깨닫고 감사를 드린 - 바울을 자신의 증인으로 삼는다(참조. 롬 7:21~25).

그러나 교부들은 성령의 사역이 조명에서 그치는 것이 아니라 인도하심으로 이어진다고 말한다. 교부들이 자주 인용하는 요한복음은 다음과 같이 말한다. "보혜사 곧 아버지께서 내 이름으로 보내실 성령 그가 너희에게 모든 것을 가르치고 내가 너희에게 말한 모든 것을 생각나게 하리라(요 14:26)."

권면하고 위로하는 보혜사(保惠師, parakletos) 성령이 죄악과 싸우는 신자들을 도우리라는 것이다. 그러나 "너희가 나를 사랑하면 나의 계명을 지키게 될 것"이라는 전체 맥락(요 14:15~24)을 감안하면, 이 구절은 결국 성령이 신자들로 하여금 유혹에 맞서 싸우도록 주님의 계명들을 일깨워 주신다는 사실을 말하고자 하는 것이다. 교부들도 죄악과 싸우도록 도우시는 성령의 사역을 개인적이고 신비적인 방식으로 전개하는 대신에 계명과의 연관성 속에서 이해한다.

여기서 먼저 예비적인 물음이 제기된다. 주의 계명과 이른바 십계명으로 축약된 율법은 어떤 관계에 있는가? 그리스도교 전통은 양자의 관계를 대립이 아니라 상호 보완적인 관계로 제시한다. 주님은 제자들에게 또 하나의 새로운 계명을 주신 것이 아니라, 하나님의 계명인 율법을 성령의 빛에서 풀어 주셨다는 것이다. 사실 '십계명'으로 번역된 히브리어 '아세레트 하더바림 (עֲשֶׂרֶת הַדְּבָרִים)'은 열 가지 말씀들을 뜻한다. 교부들은 말씀이 육신이 되신 예수만이 '말씀들'을 풀어 주실 수 있다고 믿었다. 사실 산상설교도 하나님의 계명들에 더해진 또 하나의 새로운 가르침이 아니라 하나님의 계명을 성령의 빛 가운데서 풀어 주신 것이다. 예수는 결코 율법을 부정하지 않았다. 오히려 하나님의 계시인 토라를 바리새인들이 인간의 법으로 격하시키는 것을 비판하셨을 뿐이다.

종교 개혁자들도 교부들의 사상을 받아들이면서 한편으로는 성령의 인도하심에 의해서만 율법이 본연의 기능을 수행한다는 사실을 강조한다. 그러나 다른 한편으로는 성령이 결코 율법을 폐지하지 않는다는 사실도 강조한다. 이러한 맥락에서 종교 개혁자들은 성령 안에서 실현되는 율법의 기능 혹은 율법을 통해 실현되는 성령의 사역을 세 가지로 구분한다. 죄를 깨닫게 해주는 신학적 용법(usus theologicus)과 악을 억제하는 시민적 용법(usus civilis) 그리고 율법을 삶의 규범으로 받아들이도록 만드는 규범적 용법(usus tertius legis, usus normativus)이 바로 그것이다.

종교 개혁자들은 특히 세례 받은 신자들에게 계명 준수를 강조한다. 루터는 『대교리문답』에서 십계명과 신조 그리고 주기도를 신자들이 반드시 알고 익혀야 할 그리스도교 전통의 유산으로 명시한다. 칼뱅은 한 걸음 더 나아가 신자들에게 가장 중요한 율법의 용법을 규범적 용법으로 간주한다. 그들에게 율법이 없다면, 자신의 방법대로 죄와 싸우다 좌절하거나 자신이 아직 죄로부터 온전하게 해방되지 않았다는 사실을 간과하면서 교만에 빠질 수밖에 없다는 것이다.

루터는 율법의 신학적 용법을 강조한다. 즉 계명에 순종하는 인간에게 - 타락한 본성에 매여 있다는 - 비통한 자기 인식을 가져다주는 것을 율법의 중요한 기능으로 이해한다. 그러나 루터가 율법이 그리스도인에게 규범으로 적용되어야 한다는 사실을 부정하는 것은 결코 아니다.

루터교회의 신학자 본회퍼(D. Bonhoeffer)는 다음과 같이 말한다. "율법은 오직 율법의 성취가 불가능하다는 사실을 깨닫게 해주기 위해 존재한다고 생각함으로써 율법을 행할 필요가 없다고 오해할 수도 있다. 우리는 이런 이론이 예수에게 근거해 있다고 말할 수 없다. 예수가 친히 율법을 성취하였듯이, 율법은 성취되어야 한다."[9]

본회퍼는 율법과 성령의 관계를 다음과 같이 요약한다. "예수는 율법을 하나님의 율법으로 새롭게 주장한다. 하나님은 율법의 수여자와 율법의 주인이시다. 오직 하나님과 인격적으로 사귐을 나누는 가운데서만 율법은 성취된다. 하나님과의 사귐 없이는 율법이 성취되지 않으며, 율법의 성취가 없이는 하나님과 사귐을 나눌 수도 없다. 전자가 유대인의 위험한 오해라면, 후자는 (루터의) 제자들의 위험한 오해다."[10]

이러한 진술은 교부 전통에 상응하는 통찰력을 보여 준다. 계명에 순종하는 행위 그 자체가 아니라, 계명에 순종하는 그리스도인에게 주어지는 성령에 의해서만 그리스도와의 연합이 이루어지고 이를 통해 그리스도의 인간적

---

9 디트리히 본회퍼/손규태·이신건 옮김, 『나를 따르라』(서울: 대한기독교서회, 2010), 140.
10 앞의 책, 138~139.

인 본성이 그리스도인에게 전이된다는 통찰력 말이다. 이때 신자들은 사랑으로 충만한 상태에 이르게 된다. 이것이 바로 본래적인 의미의 성화다. 바울은 성화의 상태에 대해 다음과 같이 고백한다. "내가 그리스도와 함께 십자가에 못박혔나니 그런즉 이제는 내가 사는 것이 아니요 오직 내 안에 그리스도께서 사시는 것이라 이제 내가 육체 가운데 사는 것은 나를 사랑하사 나를 위하여 자기 자신을 버리신 하나님의 아들을 믿는 믿음 안에서 사는 것이라(갈 2:20)."

(2) 성령과 기도

계명에 대한 순종은 계명을 주신 분과의 교제 속에서 완성된다는 본회퍼의 통찰력은 성령이 신자들을 계명뿐 아니라 궁극적으로는 기도로 부르신다는 사실을 시사해 준다. 사실 바울은 성령의 사역이 기도와 밀접하게 연관되어 있음을 강조한다. "이와 같이 성령도 우리의 연약함을 도우시나니 우리는 마땅히 기도할 바를 알지 못하나 오직 성령이 말할 수 없는 탄식으로 우리를 위하여 친히 간구하시느니라 마음을 살피시는 이가 성령의 생각을 아시나니 이는 성령이 하나님의 뜻대로 성도를 위하여 간구하심이니라(롬 8:26~27)."

교부들은 이러한 맥락에서 계명과 더불어 기도를 성령의 매개로 제시한다. 그러나 동방교회 교부들에게 기도란 성령의 인도하심 속에서 하나님을 바라보는 관상(觀想, θεωρία)을 지향한다. 관상이란 문자적으로는 - 모든 선입견을 배제한 순수한 상태 속에서 - 대상을 있는 그대로 바라보는 것을 뜻하지만, 실질적으로는 마음을 바라보는 것, 즉 거짓된 자아를 돌파해 하나님을 만나게 되는 자기의 가장 깊은 근원, 즉 마음의 깊이에 의식적으로 들어가는 행위를 뜻한다. 교부들은 이러한 관상에 가장 큰 방해가 되는 것을 끊임없이 마음속에서 솟아오르는 정념(情念, passion)으로 간주한다. 그리고 이러한 정념이 사라진 상태인 헤시키아(ἡσχία, 고요)를 성령에 의해 마음이 하나님을 바라보게 된 상태요 하나님과 연합한 상태로 간주한다.

동방교회 수도사의 대명사라 할 수 있는 아르세니우스(Arsenius)는 동방교회 영성의 길을 다음과 같이 선언한다. "떠나라, 침묵하라, 고요하라!" 동방교회 수도원 전통은 영성 수련의 시작을 떠나는 것으로 제시한다. 인간은 홀로 있을 때에만, 즉 광야나 골방의 고독과 침묵 속에서만 - 죄에 오염되고 상처받은 - 옛 본성으로부터 나오는 생각이나 악한 영으로부터 나오는 생각들을 바라볼 수 있기 때문이다. 그리고 악한 생각과의 투쟁 속에서 이러한 악한 생각들이 사라지는 고요함의 경지가 선사되면, 하나님의 무언(無言)의 음성이나 하나님의 '빛 아닌 빛'을 바라보게 된다는 것이다.

이러한 맥락에서 동방교회는 성화의 길을 수행(프락시스, πρᾶξις)과 관상(테오리아, θεωρία)으로 구분한다. 수도 생활은 마음의 정화(淨化, κάταρσις)를 위한 수행이 이루어진 후 하나님을 바라보는 관상의 단계로 나아간다는 것이다. 물론 관상의 단계에서도 수행이 요구된다. 사실 수행은 수도사들의 삶 전체를 동반한다. 수도원 전통은 수행 없는 관상은 어불성설이며 자칫 수도자를 위험에 빠뜨릴 수 있다고 생각한다.

이러한 전제하에서 동방교회는 예수 기도를 수행과 관상 사이에 위치시킨다. 즉 예수 기도를 수행과 관상을 이어주는 영성 생활의 중심으로 자리매김한다. 영성 사상가 말로니(G. A. Maloney)는 다음과 같이 말한다. "예수 기도의 궁극적 완전은 마음의 기도다. 기도는 더 이상 행위가 아니라 바울이 말하는 쉬지 않고 드리는 기도(살전 5:17)를 성취한 상태가 된다. 이러한 기도는 기도하는 사람이 무엇을 하든 그의 인격 안에서 계속된다."[11]

그러나 예수 기도는 동방교회 수도자들이 고안해 낸 기도 방식이 아니다. 예수 기도의 역사는 예언자와 예수의 광야 수행을 본받아 고요함 속에서 하나님의 음성을 듣기 위해 사막으로 떠났던 3~4세기의 은둔 수도자들에게까

---

11 George A. Maloney, *The Prayer of the Heart, The contemplative Tradition of the christian East* (Notre Dame, Ind.: Ave Maria Press, 1981), 136.

지 거슬러 올라간다. 묵상 중에 떠오르는 정념(情念)들을 잠재우기 위해 주님의 이름을 불렀던 기도가 5~6세기경 오늘날의 예수 기도("주 예수 그리스도 하나님의 아들이시여 이 죄인을 불쌍히 여기소서!")로 정착되었으며, 13세기에는 아토스 산의 수도자들에 의해 이 기도에 몸의 자세와 호흡법이 도입되었다.

이러한 외적 형태 때문에 예수 기도는 다른 종교의 만트라(mantra)를 도입한 것이 아니냐는 의혹을 받아 왔다. 그러나 팔라마스 이후 수도자들과 신학자들은 예수 기도의 본래적 정신만 망각하지 않는다면 아토스 산의 수도자들이 받아들인 몸의 자세와 호흡법은 그리 중요한 것이 아니라고 주장한다.

현대의 대표적 영성 저술가 중 한 사람인 나우엔(H. Nouwen)은 예수 기도를 해명하면서 다음과 같이 말한다. "한 마디 말의 조용한 반복은 우리로 하여금 지성을 가지고 마음으로 내려가도록 돕는다. 이 반복은 주술과는 아무런 관계도 없다. …… 반복되는 한 마디 말이나 문장은 그때마다 점차로 우리를 집중시켜 그 중심으로 향하게 하고 내적인 정적을 조성해서 하나님의 음성을 듣도록 도울 수 있다."[12]

예수 기도는 수도원의 역사보다 오래된 성서 묵상(lectio divina)[13]이기도 하다. 예수 기도는 성서의 기도문(눅 18:13 "하나님이여 불쌍히 여기소서 나는 죄인이로소이다")을 묵상함으로써 지성으로 하여금 마음속으로 들어가 마음과 하나 되어 마음속에 나타나는 신비를 바라보도록 만드는 기도기 때문이다.[14]

---

[12] 우리나라에서는 나우엔(Nouwen)을 나웬으로 부르기도 한다. 헨리 J. M. 나웬/이봉우 옮김, 『마음의 길: 사막의 영성과 현대의 사목직』 (왜관: 분도출판사, 2011), 86.

[13] 수도원 전통은 동방과 서방을 막론하고 마음에서 기도가 나올 때까지 성서를 읽고 묵상하며, 기도 속에서 하나님의 음성을 들을 때까지 기도 속에 머물라고 가르쳐 왔다.

[14] 로스키는 다음과 같이 말한다. "'영과 마음'의 일치, '마음을 향해 영이 내려감', '영을 통한 마음의 경성(警省)'과 같은 표현들은 동방교회의 금욕 문학에 끊임없이 등장한다. 모든 활동의 중심인 마음이 없는 영은 무력하고, 영이 없는 마음 또한 맹목적이고 방향을 상실한 것이 된다. 그러므로 은총 안에서 인격을 조직하고 건설해 나가기 위해서는 영과 마음의 조화로운 관계를 찾아야 한다. 왜냐하면 연합의 길은 무의식적으로 이루어지는 과정이 아니라 영의 끊임없는 경성(깨어 살핌)과 의지의 지속적인 노력을 전제하기 때문이다." 참조. 블라드미르 로스끼/박노양 옮김, 『동방교회의 신비신학에 대하여』 (2003), 241.

이러한 의미에서 예수 기도를 기도이자 성서 묵상이라고 말할 수 있다.

그러나 예수 기도는 기도 문구가 지시하듯이 궁극적으로 내적인 겸손의 상태를 추구한다는 점에서 신플라톤주의의 관상과 다른 길을 걷는다. 이에 대해 정교회의 대주교 이에로니우스는 다음과 같이 말한다. "예수 기도로 우리는 그리스도의 능력과 우리 자신의 무능을 승인합니다. 이렇게 해서 우리는 복된 겸손의 상태를 얻습니다. 겸손이 있는 곳에 또한 그리스도의 은총이 있으며, 이 은총이야말로 하나님 나라입니다."[15] 그리고 겸손의 의미를 다음과 같이 해명한다. "우리는 스토아 철학의 평정심이 아니라, 역동적인 평정심, 다시 말해 정욕들을 죽이는 것이 아니라 그것들의 변화를 열망합니다."[16]

예수 기도는 은총의 빛에 의해 자신의 실상을 깨닫고 겸손히 주님의 이름을 부르는 기도인 동시에 모든 피조물을 긍휼히 여기시는 주님의 눈을 가지고 자신과 이웃을 바라보는 관상이라는 것이다.

이와 같이 수행과 관상 그리고 마음의 기도를 중시하는 동방교회의 영성은 서방교회에는 낯설지도 모른다. 그러나 동방교회가 강조하는 - 마음에 떠오르는 정념들을 사라질 때까지 바라봄으로써 지성을 정화시키려는 경성(警省)과 욕구를 정화시키려는 절제 그리고 감성을 정화시키려는 자비를 실천에 옮기려는[17] - 수행이 다름 아닌 성령의 조명과 인도함 속에서 성서의 계명에 담긴 뜻을 이해하고 실천하려는 것임을 간과해서는 안 된다.

수행과 기도에 매진하는 자에게 주어지는 관상도 - 비록 플라톤 철학의 개

---

15 이에로테오스 대주교/박노양 옮김, 『예수기도: 아토스 성산의 한 은둔 수도승과 나눈 대화』(서울: 정교회출판사, 2013), 60.
16 앞의 책, 65.
17 성 그레고리오스 수도원의 원장 게오르기오스 수사 대사제는 수도자들의 수행에 대해 다음과 같이 말한다. "지적인 부분, 감정적인 부분, 욕구하는 부분, 영혼의 이 세 가지 부분이 깨끗해지지 않는다면, 사람은 그 자신 안에 하느님의 은총을 받아들일 수 없고 신화될 수 없습니다. 지적인 부분은 악한 생각은 거부하고 선한 생각은 유지함으로써, 생각으로부터 지성을 지속적으로 지키는 경성(깨어 살핌)을 통해 깨끗해질 수 있습니다. 감정의 부분은 사랑으로 깨끗해집니다. 마지막으로 욕구의 부분은 자제력으로 깨끗해집니다. 그리고 이 모든 부분은 기도를 통하여 깨끗해지고 거룩하게 됩니다." 참조, 게오르기우스/토마스 하정훈 옮김, 『신화』(서울: 정교회출판사, 2015), 56.

념을 빌린 것이지만 - 내용적으로는 마태복음 5장 8절 - 마음이 청결한 자는 복이 있나니 그들이 하나님을 볼 것임이요 - 에 근거한 것이다. 그리고 마음의 기도 또한 "쉬지 말고 기도하라(살전 5:17)."는 성서의 가르침을 실천하기 위해 성령의 인도하심을 따라 존재의 중심인 마음이 기도하는 상태에 이르도록 돕는 기도일 뿐이다.

물론 동방교회 교부들도 위기의 순간에 하나님을 찾는 것을 기도의 본질로 간주한다. "환난 날에 나를 부르라 내가 너를 건지리니 네가 나를 영화롭게 하리로다(시 50:15)."는 말씀이나 "너희 중에 고난당하는 자가 있느냐 그는 기도할 것이요(약 5:13)라는 말씀은 수도자들의 기도 이해를 규정한다. 그러나 수도자들은 - 죄로 인해 왜곡되고 상처받은 옛 자아로부터 나오는 - 악한 생각들이 인간을 휘두르는 것만큼 인간의 삶에 위협적인 것이 없다고 생각할 뿐이다.

동방교회가 지향하는 마음의 기도는 성서에 토대를 둔 기도다. 사실 동방교회는 플라톤 철학의 영성을 수용한 에바그리우스(Evagrius Ponticus)의 지성적 관상 대신에 시리아의 수도자 마카리우스(Macarius)의 성서적 영성을 수도 생활의 중심축으로 받아들였다. 따라서 동방교회의 영성을 비성서적으로 간주하는 것은 역사적으로나 신학적으로 옳지 않다. 오히려 대화 속에서 받아들일 것은 받아들여야 한다. 특히 기도의 궁극적인 주체가 머리가 아니라 마음이요, 인간이 아니라 성령이라는 동방교회의 통찰력은 지성주의에 치우친 서방교회로 하여금 성령이 기도 속에서 인간을 어떻게 인도하는지를 반성하는 데 도움이 될 것이다. 그리고 성령이 기도를 통해 신자들을 그들 존재의 깊이인 마음으로, 이를 통해 인격을 통합시키려 한다는 통찰력은 서방교회에 신선한 자극이 될 것이다.

4. 성령과 은사

신약성서와 교부들은 신자들의 삶에 나타나는 성령의 능력을 은사(恩賜, charisma)라고 부른다. 바울은 엑스터시 상태 속에서 나타나는 방언과 예언 그리고 신유뿐 아니라 가르치는 능력이나 다스리는 능력도 은사라고 부른다 (참조. 고전 12:8~11; 12:28~30).

엑스터시적인 은사들은 오늘날에도 교회 안팎에서 나타난다. 물론 이러한 은사들을 부정적으로 바라보는 시각은 여전히 존재한다. 그러나 이러한 부정적인 시각은 성서에 상응하지 않는다. 구약성서에 나오는 초기 예언자들은 분명 엑스터시 속에서 예언하며, 자신을 '하나님의 영을 받은 사람'으로 이해했기 때문이다. 신약성서도 은사들을 부정하지 않는다. 오히려 바울은 예언의 은사를 사모하라고 말하며, 야고보는 치유를 위해 기도할 것을 요청하기도 한다.

이러한 은사에 대해 현대 신학은 상반된 입장들을 보여 주고 있다. 사도시대 이후 은사가 중지되었다는 은사중지론과 성령이 역사하시는 한 은사는 계속된다는 은사지속론이 바로 그것이다. 하지(C. Hodge)와 워필드(B. Warfield) 등이 주장하는 은사중지론은 은사들이 사도 시대 이후 사라졌다고 주장한다. 은사들은 사도들의 선포를 돕기 위해 주어졌는데, 성서의 등장으로 이러한 목적이 실현되었기 때문에 더 이상 나타날 이유가 없다는 것이다. 이러한 입장을 대변하는 신학자들은 대체로 성서를 하나님의 말씀으로 확증하도록 만드는 것을 성령의 명백한 증거로 간주한다.

반면에 에드워즈(J. Edwards)와 피니(C. Finney) 등이 주장하는 은사지속론은 성서 어디에도 은사가 중단되었다는 기록이 없으며, 순수한 선포에는 기적과 은사가 동반된다는 사실을 강조한다. 물론 은사지속론을 주장하는 신학자들도 존 윔버(J. Wimber)나 와그너(P. Wagner) 등의 은사주의 운동에 대해서는 비판적인 태도를 취한다. 은사주의 운동은 결국 공동체를 무너뜨리는 광신으로 변질될 수 있다는 것이다.

　은사를 사도 시대에 한정시키는 것은 성서를 일방적으로 해석하는 처사가 아닐 수 없다. 사실 은사중지론에는 스콜라 신학 이후 서방교회에 드리운 지성주의가 암암리에 작용하고 있다. 그럼에도 불구하고 은사중지론이 우려하는 은사주의 운동의 위험성은 결코 간과되어서는 안 된다. 영성 사상가들이 지적했듯이 악한 영도 환상이나 엑스터시와 같은 신비한 현상들을 가져올 수 있기 때문이다.

　이러한 고찰은 결국 영 분별의 중요성을 부각시킨다. 사실 성서도 영 분별의 문제를 중시한다. "영을 다 믿지 말고 오직 영들이 하나님께 속하였나 분별하라(요일 4:1)." 구약성서는 참된 예언자와 거짓 예언자를 구분하는 문제와 씨름하면서 참된 예언자에게는 기적이 나타난다는 사실을 강조한다. 바울도 신비한 현상들이 그리스도인에게만 나타나는 현상이 아님을 지적하면서 영 분별의 기준을 믿음과 사랑에서 찾는다(참조. 고전 12:1~13:13). 바울은 또한 은사가 섬김을 위해 주어진 것임을 상기시키면서 사귐의 공동체를 위협하는 것은 은사가 아님을 시사한다.

　전통적인 영성신학은 하나님의 영과 악한 영 그리고 인간적 영을 구분하면서 각각의 특징들을 제시한다. 하나님의 영은 겸손과 순종 그리고 사랑의 열매를 맺게 하지만, 악한 영은 생각이나 정서에 병적인 호기심이나 교만 등의 부정적인 영향을 준다는 것이다. 다시 말하면, 하나님이 주시는 은사는 신비한 현상 그 자체가 아니라 열매를 보고 분별해야 한다는 것이다.

　이러한 맥락에서 틸리히는 성서에 근거해 영 분별의 기준을 영적인 창조성(spiritual creativity)에서 찾는다. 진정한 엑스터시가 아닌 자기도취에는 영적인 창조성이 나타나지 않는다는 것이다. 그러나 틸리히도 영 분별의 궁극적인 기준을 믿음과 사랑으로 이해한다. 믿음과 사랑이야말로 창조적인 기적 가운데 가장 창조적인 기적이기 때문이다.

　성서와 그리스도교 전통이 말하는 영 분별의 기준은 '믿음과 사랑'이다.

그러나 이러한 기준을 구체적인 사례에 적용시킬 수 있는 권위가 존재해야 한다. 이러한 권위가 없다면, 믿음과 사랑이라는 기준도 구체적인 경우에 실효를 거두기가 쉽지 않기 때문이다.

가톨릭에서는 주교에게 이러한 권위가 주어지며, 개신교에서도 교단의 지도자나 목회자에게 이러한 권위가 부분적으로 주어져 있다. 그러나 이러한 권위를 가진 사람이 영 분별의 체험과 은사를 받은 사람이 아닐 수도 있다는 사실은 영 분별의 문제가 온전하게 해결될 수 없음을 시사해 주기도 한다. 이러한 맥락에서 영성 신학자들은 수도원 전통에 눈을 돌려 수도자들의 체험들을 분별해 주는 사부(師父)의 존재를 대안으로 제시하기도 한다. 그러나 영을 분별하는 일은 신중에 신중을 기해야 하는 일이다. 은사 앞에서 가장 중요한 것은 교만에 빠지지 않는 태도며, 이러한 태도는 은사 받은 자뿐 아니라 은사를 분별하는 자에게도 요청되기 때문이다. 따라서 영 분별의 위임을 받은 자는 - 명백하게 이단으로 판정되는 경우가 아니라면 - 언제라도 자신의 판단을 수정할 수 있는 여지를 남겨 놓아야 한다. 사실 이러한 개방성에 대한 통찰력이야말로 가장 중요하고 근본적인 영 분별의 은사라 할 수 있다.

제6장
삼위일체

삼위일체(三位一體, Τριάδος, Trinitas)는 니케아(325)와 콘스탄티노플 공의회(381)에서 제정된 그리스도교 최초의 교리다. 그러나 삼위일체 교리를 구성하는 삼위(三位)와 일체(一體)는 하나님의 신비를 적극적으로 규명하기보다는 서로를 견제하는 역할을 수행하는 개념들이다. 달리 말하면, 삼위는 - 성부 성자 성령을 한 분 하나님께서 자신을 드러내는 세 가지 형태로 이해하는 - 양태론(樣態論, modalism)을, 일체는 삼신론(三神論, tritheism)을 거부하는 개념이라 할 수 있다.

성부 성자 성령은 서로 구분되는 세 위격(位格, ὑπόστασις)으로 존재하지만 하나의 본질(本質, ουσια)을 공유한다는 삼위일체론은 교리로 제정되기 전에도 그리스도인의 영성에 지대한 영향을 끼쳤다. 교회의 예전과 구원론에는 성부와 성자 그리고 성령이 상호 협력하여 하나의 구원 사건을 이루는 신비가 전제되어 있다.

이 장(章)에서는 삼위일체론을 해명하기 위해 먼저 삼위일체론의 성서적 토대와 역사를 개관해 본 후 삼위일체론의 본래적 의미를 보존하려 했던 동방교회 교부들의 삼위일체론을 살펴보겠다.

1. 성서와 삼위일체론

초기 교부들은 구약성서의 본문들이 삼위일체의 신비를 암시해 준다고 생각했다. 창세기의 '우리'라는 표현 형식(창 1:26; 3:22; 11:7. 참조. 사 6:8), 아브라함을 방문한 세 사람들(창 18:1~16), 하나님의 삼중 축복(민 6:24~26) 등은 삼위일체의 그림자라는 것이다.

그러나 성서학자들은 이러한 주장에 비판적이다. 삼위일체론의 틀에 성서 본문들을 억지로 끼워 맞추는 모양새라는 것이다. 물론 구약성서도 초월적인 하나님의 세계 내재(內在)를 표현하기 위해 - '야훼의 천사(malakh Jahwe)', '지혜(chokma)', '야훼의 말씀(dabar Jahwe)', '성령(ruah)' 등의 - 특정한 중개 형식(仲介形式)을 사용하고 있다. 그러나 이러한 중개 형식을 삼위일체의 위격과 동일시하는 것은 성서신학의 역사적 검증을 통과하기 어렵다. 양자의 신학적 배경은 완연히 다르기 때문이다.

신약성서는 구약성서의 하나님을 받아들이며 하나님을 창조주와 이스라엘의 하나님으로 고백한다. 그러나 예수의 생애를 전해 주는 복음서 이야기들은 예수도 하나님임을 시사한다. 구약성서의 관점에서 바라보면, 마태복음 2장 1~12절이 전하는 동방박사 이야기나 마태복음 14장 22~33절이 전하는 바다 위를 걸으시는 예수 이야기는 분명 예수의 정체성이 하나님이심을 지시해 주는 대목들이다.

예수의 수난 이야기뿐 아니라 - 세상 죄를 짊어지고 하나님의 심판에 자신을 맡기는 - 세례 이야기 또한 예수가 하나님이심을 가리키는 본문들이다. 자신을 비우고 피조물을 위해 자신의 생명을 내어 주는 행위는 - 당신의 거룩한 본성마저도 넘어서는 - 하나님만이 하실 수 있는 행위기 때문이다.

바울도 십자가에서 고난당하신 분을 하나님으로 바라볼 수 있는 관점의 변화를 요청한다. "유대인은 표적을 구하고 헬라인은 지혜를 찾으나 우리는 십자가에 못 박힌 그리스도를 전하니 유대인에게는 거리끼는 것이요 이방인에게는 미련한 것이로되 오직 부르심을 받은 자들에게는 유대인이나 헬라인이나 그리스도는 하나님의 능력이요 하나님의 지혜니라 하나님의 어리석은 것이 사람보다 지혜롭고 하나님의 약하심이 사람보다 강하니라(고전 1:22~25)."

그러나 신약성서는 하나님과 예수의 동일성뿐 아니라 차이도 강조한다. 마태복음은 예수를 거룩하신 하나님이 아니라 우리와 함께하시는 하나님(Immanuel)이라고 부른다(마 1:23). 이러한 맥락에서 공관복음서는 예수를 하나님이 아니라 하나님의 아들로 소개한다. "예수께서 세례를 받으시고 곧 물에서 올라오실새 하늘이 열리고 하나님의 성령이 비둘기 같이 내려 자기 위에 임하심을 보시더니 하늘로부터 소리가 있어 말씀하시되 이는 내 사랑하는 아들이요 내 기뻐하는 자라 하시니라(마 3:16~17; 막 1:10~11; 눅 3:21~22)."

물론 구약성서도 이스라엘을 하나님의 자녀로 부른다. 그러나 공관복음서는 예수께서 – 하나님의 자녀로 불리는 다른 존재들과는 달리 – 아버지의 신성을 공유한다는 사실을 강조한다. 요한복음 1장 1절도 하나님과 예수의 관계를 신비적인 연합의 관계로 제시한다. "말씀이 하나님과 함께 계셨으니 이 말씀은 곧 하나님이시니라." 말씀은 하나님과 구별되면서도 동일한 본성을 공유한다는 것이다. 이러한 연합의 관계는 요한복음 17장 21절에서 상호내재적인 관계로 묘사된다. "아버지께서 내 안에, 내가 아버지 안에 있는 것 같이."

요한복음은 이와 같이 성부와 성자의 상호 내재적인 관계를 제시함으로써 성자가 위격 존재임을 시사해 준다. 그러나 성령의 위격성에 대해서는 모호한 태도를 취한다. 영국의 성서학자 보컴(R. Bauckham)이 지적했듯이, "아버지와 아들 사이에 존재하는 인격적 상호 내재가 아버지와 성령 혹은 아들과 성령 사이에는 존재하지 않는다. 아버지와 아들은 상호 내재하는 교제 안에서 서로를 포용하지만 성령은 세상을 정면으로 마주하고 뒤돌아보지 않는다."[1]

그렇다고 요한이 성령을 성부와 성자로부터 나오는 신적인 능력만으로 간주하는 것은 아니다. 보혜사(保惠師)란 말이 가리키듯이, 성령은 위격적인 모습으로 표상되기도 한다. "보혜사 곧 아버지께서 내 이름으로 보내실 성령 그가 너희에게 모든 것을 가르치고 내가 너희에게 말한 모든 것을 생각나게 하리라(요 14:26)." 이러한 사정은 공관복음서에서도 크게 다르지 않다. 복음서에는 성령을 신적인 능력으로 묘사하는 구절들도 있지만, 위격 존재로 제시하는 구절들도 분명 존재한다.

---

[1] 리처드 보컴, "삼위일체와 요한복음", 리처드 보컴·마이클 리브스 외/신호섭 옮김, 『삼위일체 신약신학 실천신학적 연구』(경기: 도서출판 이레서원, 2018), 136.

그러나 신약성서 전체는 세상의 구원을 이루기 위해 성령이 성자와 협력하고 있음을, 다시 말해 삼위의 공동 사역이 구원의 전제임을 분명하게 밝히고 있다. 예전에서 축도의 형식이 된 고린도후서 13장 13절("주 예수 그리스도의 은혜와 하나님의 사랑과 성령의 교통하심이 너희 무리와 함께 있을지어다.")과 세례 제정 문구가 된 마태복음 28장 19절("아버지와 아들과 성령의 이름으로 그들에게 세례를 베풀고")이 이에 대한 증거들이다.

교부들은 세상에 대한 삼위의 구원 행위를 경륜적(economic) 삼위일체로, 하나님의 본질에 나타나는 삼위일체를 내재적(immanent) 삼위일체로 부르지만, 양자가 처음부터 구분되었던 것은 아니다. 신약성서는 주로 경륜적 삼위일체에 관해 말하지만, 내재적 삼위일체의 흔적들을 보여 주기도 한다. 요한은 내재적 삼위일체와 경륜적 삼위일체의 신비스러운 결합을 시사해 주기도 한다. "나를 사랑하신 사랑이 그들 안에 있고 나도 그들 안에 있게 하려 함이니라(요 17:26)."

물론 신약성서는 삼위일체 교리를 명시적으로 제시하지 않는다. 그러나 초기 교부들은 성서가 증언하는 - 예수 그리스도 안에 나타난 - 하나님의 신비를 그리스 문화권에 해명할 필요를 느꼈고 이러한 과정에서 삼위일체의 신비에 눈을 뜨게 되었을 것이다. 삼위에 대한 고백이 이미 초기 교회의 예전 의식에 반영되어 있다는 사실이 이를 입증해 주는 하나의 예다.

2. 삼위일체론의 역사

성서로부터 유일신 사상을 받아들였던 교부들은 성서와 체험에 근거해 성부와 성자 그리고 성령의 관계를 해명하려는 시도를 감행한다. 이러한 과정 속에서 교부들은 세 위격들을 동일한 신성을 공유하면서도 서로 구분되는 존재로 고백한다. 교부들의 이러한 사상은 - 성부 성자 성령을 세 위격이 아니라, 한 분 하나님의 세 가지 양태들로 간주하는 - 사벨리우스(Sabellius)와 - 세 위격의 동일본질을 부정하는 - 아리우스(Arius)를 정죄하도록 만들었다.

아리우스를 정죄한 니케아 공의회는 성부와 성자의 동일본질(同一本質)을 선포한다. 그러나 성령에 대해서는 별다른 언급을 남기지 않는다. 사실 350년대까지는 성부와 성자의 관계가 논쟁의 중심 주제였다. 그러나 350년대 말 성령이 피조물이라는 주장이 대두되면서 성령의 위격 문제가 논의되기 시작하였고 이를 통해 삼위의 관계를 다루는 본격적인 의미의 삼위일체 교리가 등장한다.

이러한 과정 속에서 아타나시우스(Athanasius)와 카파도키아의 교부들인 카이사리아의 바실리우스(Basilius), 니사의 그레고리우스(Gregorius Nyssenus), 나지안주스의 그레고리우스(Gregorius Nazianzus) 등이 삼위일체론 형성에 결정적인 영향을 끼친다.

아타나시우스는 삼위의 상호 내재와 삼위의 일체적 행위를 해명한다. 이로써 그는 이른바 내재적 삼위일체와 경륜적 삼위일체의 토대를 마련해 주었다. 그러나 그는 위격이란 말은 사용하지 않았으며, 위격과 본질을 동의어로 이해했다. 아타나시우스의 사상을 계승하면서도 위격과 본질을 각각 다른 의미로 사용함으로써 삼위일체 신학을 더욱 뚜렷하게 개념화시킨 것은 카파도키아의 교부들이었다.

이러한 사실은 위격과 본질이 내용적으로 다르기 때문에 구분된 것이 아님을 시사해 준다. 달리 말하면, 교부들의 삼위일체 신학은 단지 성부 성자 성령이 셋이면서 동시에 하나가 되는 신비에 초점을 맞추고 있다고 말할 수 있다.

교부들은 또한 성령을 성화(聖化)의 영으로 제시하면서 성령의 신성을 강조한다. 성령은 성부 성자와 함께 경배를 받으실 분이라는 것이다. 그러나 교부들은 성부만이 성령의 기원임을 강조함으로써 성령의 고유한 위격을 주장한다. 콘스탄티노플 공의회(381)는 카파도키아 교부들의 사상을 받아들여 성부 성자 성령을 다음과 같이 규정한다.

"우리는 한 분이신 성부 하나님을 믿습니다. 그분은 전능하셔서, 하늘과 땅 그리고 세상의 보이고 보이지 않는 모든 것을 지으셨습니다. 우리는 한 분이신 주 예수 그리스도를 믿습니다. 그분은 모든 시간 이전에 성부에게서 나신 하나님의 외아들이십니다. 그분은 빛에서 나신 빛이시오, 참 하나님에게서 나신 참 하나님으로서 지음 받지 않고 나셨으며, 성부와 본질이 같으십니다. 그분을 통해서 만물이 지음 받았습니다. …… 우리는 주님이시며, 생명을 주시는 성령을 믿습니다. 성령은 성부로부터 나오시어, 성부와 성자와 더불어 예배와 영광을 받으시고, 예언자들을 통하여 말씀하신 분이십니다."

그러나 콘스탄티노플 공의회에서 채택된 삼위일체론이 모든 교회를 만족시킨 것은 아니었다. 동방교회에서 제정된 삼위일체론에 그리스도 중심적 영성을 지닌 서방교회는 만족할 수 없었다. 이러한 불만은 결국 스페인에서 개최된 톨레도 공의회(589)에서 성령이 성부와 성자로부터 발원한다는 이른바 '필리오케(filioque)' 신학을 관철시켰다. 톨레도 공의회 이후 서방교회는 아우구스티누스(Augustinus)를 따라 이 교리를 지지한 반면, 동방교회는 아타나시우스와 카파도키아 교부들에 근거해 필리오케 교리를 거부해 왔다. 그러다 9세기에 콘스탄티노플의 대주교 포티오스(Phōtios)가 – 동방교회 삼위일체론에서 해석의 원리로 작용해 온 – 성부의 독재(獨裁, monarchia) 교리에 근거해 필리오케 교리를 맹렬하게 비판했고, 로마는 이에 맞서 콘스탄티노플의 대주교를 파문하면서 양자 간의 갈등은 고조되었다. 결국 1054년 로마는 동방교회가 신조에서 필리오케를 제거했다고 주장하면서 동방교회를 이단으로 정죄한다.

물론 동방교회 내에서도 양자의 대립을 중재하는 신학자들이 없지 않았다. 그들은 성부만이 성령의 기원임을 인정하면서도 성령이 '성자를 통해(δια 'υιου) 발원한다는 중재안을 제시했다. 그들은 카파도키아 교부들이 성자의 중재라는 표현을 사용했다고 주장한다.[2] '성자를 통해'는 오늘날 동방교회와 서방교회의 신학적 소통을 위한 중재안으로 제시되고 있다.[3]

필리오케 신학의 주장은 명백하다. 성자의 중재를 배제하는 신학은 자연신학이 될 수밖에 없다는 것이다. 달리 말하면, 오직 그리스도 안에 계시된 하나님만이 신학의 준거가 되어야 한다는 것이다. 이에 맞서 동방교회는 성부의 독재 교리를 내세우면서 필리오케 교리가 삼위일체 교리를 위협한다고 주장한다. 즉 경륜적 삼위일체에서는 필리오케를 수용할 여지가 있지만, 내재적 삼위일체에서는 결코 용납될 수 없다고 주장한다. 내재적 삼위일체에서 필리오케를 받아들이면, 동방교회 삼위일체론의 핵심 사상인 성부의 독재 교리가 훼손될 수 있다는 것이다.[4]

그러나 오늘날에는 서방교회 내에서 동방교회의 주장을 받아들이는 신학자들이 나타났다. 그 대표적인 예가 라너와 몰트만이다. 가톨릭 신학자 라너는 양태론을 경계하기 위해 필리오케(filioque)[5] 신학을 비판한다. 성령은 '성부와 성자로부터가' 아니라, 성부로부터 성자를 통해 나온다는 것이다. 그러고는 삼위일체를 하나님의 삼중적 자기 전달(dreifache Selbstmitteilung)로 제시한다. 그리고 바로 이와 같이 자신을 전달하는 하나님의 행위가 하나님의 본질임을 강조하기 위해 경륜적 삼위일체가 곧 내재적 삼위일체라는 명제를 제시한다.[6]

몰트만은 한 걸음 더 나아가 하나님은 본질에서도 삼위일체라고 주장한

---

[2] 그러나 전통적인 정교회 신학자들은 이러한 표현이 나타나는 교부들의 글을 살펴보면서, 이 표현이 교부들에게는 내재적 삼위일체가 아니라 경륜적 삼위일체의 맥락에서 등장한다고 주장한다.
[3] 가톨릭의 라너(K. Rahner)와 정교회의 지지올러스(J. Zizioulas)가 이 중재안을 지지하고 있다.
[4] 이에 맞서 필리오케 신학을 지지하는 신학자들은 내재적 삼위일체와 경륜적 삼위일체의 구분 자체가 사변적이라고 맞선다.
[5] '필리오케(filioque)'란 단어는 '또한 아들로부터'라는 뜻을 가진 라틴어로서 성령의 근원이 성부뿐 아니라 성자에게도 있음을 주장하는 교리적 표현이다. 서방교회는 필리오케를 전통적인 신조에 삽입시킴으로써 동방교회의 반발을 불러일으켰다. 이러한 갈등은 결국 1054년 동방교회와 서방교회를 분리시키는 한 요인으로 작용했다.
[6] 참조. K. Rahner, *Grundkurs des Glaubens, Einfürung in den Begriff des Christentums* (Freiburg im Breisgau: Verlag Herder, 1984), 141~142.

다. 몰트만은 필리오케 교리를 비판하는 라너의 삼위일체론에 동의하는 한편 라너가 유일신론의 전제를 갖고 출발하기 때문에 양태론의 흔적을 지울 수 없다고 비판하면서 사회적 삼위일체론(social trinity)을 제시한다.[7] 즉 유일신론(monotheism)이 아니라, 삼위의 교제(koinonia) 안에 존재하는 공동체가 하나님의 본질이라는 것이다.

물론 필리오케 교리는 서방교회에서 여전히 영향력을 행사하고 있다. 필리오케 교리의 대변자를 자처하는 바르트가 대표적인 예다. 바르트는 성령이 하나님의 영인 동시에 그리스도의 영이라고 말한다. 성령을 그리스도의 영으로 받아들이지 않는 것은 자연신학의 잔재라는 것이다.

3. 삼위일체론의 초점

그러나 서방교회의 신학자들도 인정하듯이, 서방교회의 필리오케 교리는 삼위일체론의 본래적인 메시지를 왜곡시킬 위험성을 내포하고 있다. 사실 역사적으로 보더라도 필리오케 교리는 본래적인 삼위일체 교리를 수정한 것이다. 따라서 동방교회로 하여금 필리오케 신학을 비판하도록 만들었던 동방교회 교부들의 신학적 주장들을 살펴보는 것은 삼위일체 이해에 커다란 도움이 될 것이다.

1) 성부의 독재(Monarchia)

동방교회는 서방교회의 필리오케 신학에 맞서 일관되게 성부의 독재 교리를 주장한다. 니케아 콘스탄티노플 공의회가 선언하듯이, 성부의 독재란 성부만이 성자와 성령의 기원임을 강조하는 사상이다.

---

7 참조. 위르겐 몰트만/김균진 옮김, 『삼위일체와 하나님의 나라』 (서울: 대한기독교서회, 1982), 171~185.

이 교리는 문자적으로는 모든 것의 기원이 하나라는 단일신론(Monarchianism)을 연상시켜 준다. 그러나 교부들이 말하는 성부의 독재란 – 아리우스와 사벨리우스가 대변했던 – 하나의 '아르케(근원)'만 인정하는 단일신론과는 확연하게 다른 사실을 지시해 주는 개념이다. 아리우스는 성자와 성령의 신성을, 사벨리우스는 성자와 성령의 위격을 부정하지만 성부의 독재 교리는 성자와 성령의 신성과 위격을 전제하기 때문이다.

성자와 성령의 신성을 전제하는 이 교리의 실체에 접근하기 위해선 무엇보다도 성부의 독재 교리가 비판하는 것이 무엇인지를 먼저 살펴보아야 한다. 교부들의 교리에는 항상 부정신학이 반영되고 있기 때문이다. 이 교리가 비판하는 것은 성자를 또 하나의 기원으로 제시하는 필리오케 신학이다. 동방교회의 교부들은 필리오케 교리에서 성부와 성자를 두 개의 기원으로 제시하는, 즉 성부와 성자를 대립시키는 구도가 내재되어 있음을 인식하면서 이러한 구상에서는 성령이 위격이 아니라 단지 양자를 이어주는 연결교리 역할밖에 수행할 수 없다는 사실을 강조한다.

동방교회는 성부와 성자가 실체로서 먼저 존재한 후에 양자의 친교가 발생한다는 필리오케 교리의 사유 전제를 거부하면서 친교와 위격을 동시적인 것으로 제시한다. 위격들은 친교 이전에 이미 존재하는 것이 아니라, 친교를 통해서 비로소 실존한다는 것이다. 정교회 신학자 지지울러스는 이러한 사상에 대해 다음과 같이 말한다. "친교 없이는 아무것도, 하나님조차 실존하지 않는다. …… 그러나 실체와 마찬가지로, 친교는 스스로 존재하지 않는다. 성부가 친교의 원인이다."[8]

이와 같이 위격과 친교의 동시성을 말하는 사유 방식은 그 어떤 철학적 존재론이 아니라, – 부버(M. buber)가 『나와 너』에서 해명했듯이 – 성서의 인격주의 사상에 토대를 둔 것이다. 하나의 존재는 오직 타자와의 관계를 통해서만

---

8 존 지지울러스/이세형·정애성 옮김, 『친교로서의 존재』 (서울: 삼원서원, 2012), 15.

자신을 실현한다는 인격주의 사상은 그리스 철학에는 모순으로 비쳐질 수밖에 없다. 그러나 동방교회 교부들은 바로 이러한 모순 속에 진리가 존재한다고 확신하며, 이러한 모순을 지적으로 해소하려는 모든 시도를 거부한다. 사실 동방교회의 교부들은 아리우스와 사벨리우스뿐 아니라 서방교회의 필리오케 신학에도 - 자기 자신의 존재 기반이 자기밖에 있지 않는 존재를 실체(實體, ousia, substance)로 간주하는 - 그리스 철학의 잔재가 남아 있다고 생각한다.

성부의 독재 교리는 이러한 사상적 전제하에서 성부와 성자의 친교가 성부의 자유에서 비롯되었다고 말한다. 즉 피조물에 얽매이지 않을 뿐 아니라 자신의 본질로부터도 자유로운 성부의 자유가 성부와 성자 사이에 존재하는 친교의 원인이라는 것이다. 그러나 교부들은 성부가 자유 속에서 성자를 낳고 성자와의 친교 속에서 실존하신다는 것은 시간 속에서 이루어진 일이 아니라, 시간 이전에 이루어진 사건, 즉 하나님의 본래적인 실존 방식임을 거듭 강조한다.

이러한 전제하에서 동방교회는 성령의 기원 또한 성자가 아니라 성부라고 말한다. 이는 성부가 성자와의 친교뿐 아니라 성령과의 친교 속에서도 실존하신다는 사실을 지시한다. 물론 성부와 성령의 친교는 성부와 성자 사이에 존재하는 친교와는 다른 형태를 취한다. 그럼에도 불구하고 성부와 성령 사이에도 위격 간의 친교가 이루어진다는 것이다. 달리 말하면, 성령도 성부 성자와 마찬가지로 위격 존재라는 것이다.

성령과 성자의 기원이 성부라는 말은 또한 성령이 성부와의 친교 속에서 성자와 친교를 나눈다는 사실을 지시한다. 물론 성령과 성자의 친교는 성령과 성부 사이에 존재하는 친교와는 다른 형태를 취한다. 그럼에도 불구하고 성령과 성자 사이에도 친교가 이루어진다는 것이다.

이와 같이 성부의 독재 교리는 하나님이 삼위의 친교로서 실존하신다는 사실을 지시해 준다. 그러나 성부의 독재 교리가 삼위의 친교에만 초점을 맞추는 것은 아니다. 동방교회 신학은 성부의 독재 교리를 삼위의 친교와 삼위의 통일성을 통시적으로 바라볼 수 있는 원리로 이해한다. 즉 성부만이 성자와 성령의 기원이라는 교리야말로 삼위를 서로 구분되는 세 위격으로 사유하도록 도우면서도, 삼위를 하나의 본질에 참여하는 통일체로 바라보도록 한다는 것이다. 정교회 신학자 로스키는 이에 대해 다음과 같이 말한다. "성부의 독재는 우리로 하여금 나머지 두 위격을 성부로부터 구분할 수 있게 해 주면서도 삼위일체의 통일성의 확고한 원리인 성부에게 그들을 연결시켜 주는 역행할 수 없는 관계를 세운다."[9]

앞에서 살펴본 바와 같이 성부의 독재 교리는 삼위일체를 지적으로 해명하려는 시도가 아니다. 오히려 이 교리는 단지 세 위격과 하나의 본질이란 삼위일체의 정식, 좀 더 정확하게 말하면, 세 위격과 하나의 본질 사이에 존재하는 모순을 해소시키려는 모든 시도를 거부할 뿐이다. 진리가 바로 이러한 모순 속에 숨겨 있다고 확신하기 때문이다. 교부들의 삼위일체 인식에는 이와 같이 – 교리 속에 내재된 모순을 해소하려는 시도들을 거부하는 – 부정신학의 관점이 반영되어 있다.

2) 성령의 위격

앞 장(章)에서 언급했듯이, 교부들이 삼위일체를 고수하려는 또 다른 이유는 성령의 위격 문제에 있다. 사실 성령의 위격과 삼위일체는 밀접하게 관련되어 있다. 성령이 위격이 아니라면, 성령은 단지 성부나 성자의 행위 혹은 성부나 성자를 이어 주는 신적인 능력에 국한될 수밖에 없으며 따라서 삼위일체론이 와해될 수밖에 없다. 삼위일체는 이와 같이 성령의 위격에 근거한다.

그러나 성령의 위격을 주장하는 것은 신학적 사색의 결과가 아니다. 오히

---

[9] 블라드미르 로스끼, "정교회의 삼위일체 신학에서 성령의 발현", 데니얼 B. 클린데닌(편)/주승민 옮김, 『동방정교회 신학』 (서울: 은성, 2012), 261.

려 성령에 대한 실존적 체험에 토대를 두고 있다. 교부들은 수행과 전례 체험에 근거해 성령이 신자들을 그리스도께 인도할 뿐 아니라 그리스도와 교제하는 성도들을 성부 하나님께 인도한다고 고백한다. 교부들은 이러한 체험에 근거해 신자들을 성자뿐 아니라 성부께 인도하는 성령은 - 다른 위격들과 친교를 나누는 - 위격일 수밖에 없다고 주장한다.

동방교회에서 성령이 위격이라는 주장은 성령이 성화의 영이라는 주장으로 이어진다. 동방교회에서 성화는 성자와의 연합을 넘어서 성부 하나님과의 연합을 뜻하기 때문이다. 이러한 맥락에서 바실리우스(Basilius)는 성령의 본래적인 사역을 성화에서 찾는다.[10] 이러한 바실리우스의 성령론은 오늘날까지 동방교회의 성령론을 규정하고 있다.[11]

그러나 성자와 연합하는 사건과 성부와 연합하는 사건이 시간적인 선후의 관계를 갖는 것은 아니다. 오히려 양자는 동시적인 사건이다. 다시 말하면, 성령에 의해 성자와 연합한 자는 동시에 성부 하나님을 바라보게 된다는 것이다. 이와 관련해 바실리우스는 다음과 같이 말한다. "사슬의 한 쪽 끝을 잡고 있는 사람은 다른 쪽도 자신에게 끌어당기는 것처럼, 성령을 끌어당기는 사람은 또한 성부와 성자를 끌어당긴다."[12]

그러나 교부들은 삼위 하나님을 바라보는 삶 또한 성령의 인도하심에 의해 이루어지는 것으로 간주한다. 동방교회는 성령을 - 성자와의 연합 속에서 성부를 바라보도록 만드는 - 성화의 영으로 제시할 수 있는 근거로 신약성서가 보도하는 오순절 성령 강림 사건을 든다. 동방교회 신학자들은 성령강림절 이전과 이후의 성령을 구분하면서 후자를 성령의 본래적 사역으로 이해

---

10 St. Basil the Great, *De Spiritu Sancto* (New York: Scriptura Press, 2015), 16, 38.
11 정교회 신학자 메이엔도르프(J. Meyendorff)도 다음과 같이 말한다. "성령은 자신의 창조되지 않은 은총을 각각의 인간 인격들, 그리스도의 몸의 각 지체들에게 나누어주신다." 참조. 존 메이엔도르프/박노양 옮김, 『비잔틴 신학: 역사적 변천과 주요 교리』(2013), 341.
12 St. Basil the Great, Letters 38, 4; PG 32:332C: trans. R. J. Deferrari (London: Heinemann, 1961), 211. 존 메이엔도르프/박노양 옮김, 『비잔틴 신학: 역사적 변천과 주요 교리』(2013), 331에서 재인용.

한다. 전자가 그리스도로부터 나와 그리스도께 인도하는 성령의 기능적 사역이라면, 후자는 성자와 연합되어 있는 신자들을 성부 하나님께 인도하는 성령의 본래적 사역이라는 것이다.

물론 서방교회도 성령을 성화의 영으로 부르는 것에 이의를 제기하지 않을 것이다. 서방교회도 칭의뿐 아니라 성화를 성령의 사역으로 간주하기 때문이다. 그러나 서방교회 전통에서 성화란 그리스도와의 연합을 의미하지만, 동방교회는 성화가 그리스도와의 연합을 넘어서서 삼위 하나님과의 연합에서 완성되는 것으로 간주된다.

여기서 물음이 제기된다. 즉 성자와의 연합과 성부와의 연합은 개념적으로만 다를 뿐 실제로는 동일한 체험을 지시하는 것이 아닌가? 물론 동방교회도 양자가 동일한 체험임을 인정한다. 양자는 시간적인 선후 관계 속에 있는 두 가지 사건들이 아니기 때문이다. 그러나 동방교회는 이 체험 속에서 성자와의 연합만을 인식하는 서방교회가 체험의 깊이를 온전히 바라보지 못하고 있다고 지적한다. 다시 말하면 서방교회는 이러한 체험에 숨겨져 있는 또 다른 하나의 차원을 간과함으로써 지성이 마음에 통합되는 이른바 인격 통합의 경지에 이르지 못한다는 것이다.

로스키(V. Lossky)는 이에 대해 다음과 같이 말한다. "만약 하나의 신적 위격으로 성령이 성자에 의존하는 것으로 간주되었으면, 그분은 자신의 위격적 출현에 있어서조차 우리들을 성자와 밀착하게 해주는 하나의 끈으로 나타났을 것이다. 신비적 삶은 따라서 성령을 통해 영혼이 그리스도와 연합해 나가는 길로 발전되었을 것이다. 이것은 연합 안에서의 인간 인격들의 정체성 문제로 우리를 인도한다. 그것은 그리스도의 위격에 연합됨으로써 인간 인격들은 사라져 버리고 말게 되든지, 아니면 그리스도의 위격이 외부로부터 우리들에게 강제되든지 할 것이다."[13]

---

[13] 블라드미르 로스끼/박노양 옮김, 『동방교회의 신비신학에 대하여』 (2003), 205.

3) 내재적 삼위일체와 경륜적 삼위일체의 구분

동방교회는 또한 내재적 삼위일체와 경륜적 삼위일체를 구분한다. 간략하게 말하면, 삼위일체 하나님의 본질과 은총을 구분한다. 물론 동방교회도 양자를 서로 다른 두 가지 실재로 바라보지는 않는다. 동방교회로 하여금 양자를 구분하도록 만드는 것은 다름 아닌 삼위 하나님의 구원 행위에 대한 실존적인 체험이기 때문이다. 메이엔도르프는 다음과 같이 말한다. "세상 속에서의 하나님의 행위에 의해 계시되는 '경륜적 삼위일체'는 하나님이 참으로, 역설적이며 이해할 수 없는 방식으로 초월적이면서도 동시에 내재적인 삼위일체임을 주장할 수 있도록 해주는 유일한 토대이다."[14]

삼위 하나님의 본질과 은총의 구분은 팔라마스(Gregorius Palamas)에 의해 동방교회의 교리로 확정되었다. 그러나 팔라마스가 양자를 구분한 최초의 교부라는 말은 아니다. 동방교회는 교부 시대부터 양자를 구분해 왔다. 단지 팔라마스 시대에 교리로 확정되었을 뿐이다.

팔라마스 당시의 서방교회는 토마스 아퀴나스의 영향으로 하나님의 은총을 창조되지 않은 은총과 창조된 은총으로 구분하였다. 팔라마스는 이러한 구분에 맞서 하나님의 은총은 창조된 것이 아니라, 하나님의 본질로부터 흘러나온 것, 즉 하나님 자신이라는 주장을 견지한다. 이로써 그는 하나님과의 연합이 죽음 이전에도 실현 가능하다는 사실을 강조한다.

그의 저술 가운데 동방교회 신학자 발람(Barlaam)과의 논쟁을 담아낸 『Triads』[15]는 동방교회의 관상 전통을 변증하면서 부정신학을 심화시키는 데 기여한다. 발람은 - 인간을 하나님과 연합시키는 - 하나님의 빛을 본다고 주장하는 아토스 산의 수도사들을 이단으로 매도한다. 동방교회 부정신학의 관

---

14 존 메이엔도르프/박노양 옮김, 『비잔틴 신학: 역사적 변천과 주요 교리』 (2013), 365.
15 이 책의 원제는 『헤시카즘을 수행하는 수도사들을 변호하는 9편의 논문들』이다. 9편의 논문을 Triads로 부르는 것은 세 가지 주제들에 각각 3편의 논문을 할당했기 때문이다.

점에서는 하나님을 볼 수 없다는 것이다.

팔라마스는 발람의 비판에 맞서 동방교회 수도사들이 보았다고 주장하는 하나님의 빛은 육안으로 볼 수 있는 빛은 아니지만, 정화의 정도에 따라 마음에 비쳐지는 실제적인 하나님의 자기 계시임을 주장한다. 팔라마스는 다음과 같이 말한다. "하나님의 본질을 보는 것은 아니지만, 계시에 의해 하나님을 볼 수 있다. 부정적인 방법으로 보는 것이 아니라 - 무엇을 보는 것이기 때문에 - 부정의 방식을 넘어서는 방식으로 본다. 하나님은 지식뿐 아니라 무지도 넘어서기 때문이다."[16]

팔라마스는 이 빛 혹은 찬란한 어둠이 지성의 대상이 아님을 분명하게 밝힌다. 오히려 지성의 행위가 중단될 때 비쳐지는 빛임을 강조한다. 그러나 팔라마스는 지성의 행위가 중단되었음에도 불구하고 이 빛을 볼 수 있다고 말하는 것이 아니다. 오히려 지성적 행위가 중단되었기 때문에 빛을 볼 수 있다고 주장한다.

발람은 아마 다음과 같이 반문했을 것이다. "육안이나 지성이 아니라면 무엇으로 본다는 말인가?" 팔라마스는 여기서 정화된 마음 혹은 영적 감각(Spiritual sensation)을 지시한다. "모든 지적 행위의 중지 및 이와 결부된 빛과의 연합은 경험이며 신화의 목적이다. 이 빛은 오직 마음을 깨끗이 하고 은혜를 받아들인 자에게만 주어진다. …… 모든 감각의 지각이나 지성으로부터 자유롭게 된 자에게만 빛에 대한 비전이 주어진다. 왜냐하면 그들은 보는 것을 중지했고, 무지에 복종함으로써 초자연적 감각이 허용되었기 때문이다."[17]

그러나 팔라마스는 이 빛에 의해 하나님과 연합된 상태 속에서 비로소 하나님이 자신을 계시하면서도 숨기시는 분임을 깨닫게 된다고 말한다. "(우리

---

16 Gregory Palamas, *The Triads*, edited by John Meyendorff, translated by Nicholas Gendle (New Jersey: Paulist Press, 1983), 32.
17 앞의 책, 37. 참조 팔라마스는 '영적 감각'을 교부 전통과 디오니시우스에 근거한 것이라고 말한다.

는) 빛을 보지만 빛 그 자체, 즉 충만한 상태의 빛을 보지는 못한다. 이 빛을 받을 수 있는 만큼만 보게 된다. …… 관상과 연합에 의해서도 그는 빛의 본성이 무엇인지를 알지는 못한다. 그러나 그것이 실제로 존재하며 다른 모든 것과는 다른 초자연적인 것임은 알게 된다."[18]

하나님의 계시 속에서도 그의 본질은 여전히 숨겨져 있다는 것이다. 이를 위해 팔라마스는 창조되지 않은 하나님의 에네르기아(Energia)란 교리를 발전시킨다. 하나님의 본질은 결코 인간에게 알려질 수 없는 것이지만, 이러한 알 수 없는 하나님과 사람을 연합시키는 하나님의 빛이 존재한다는 것이다. 이 빛을 팔라마스는 하나님의 본질과 구분되는 하나님의 에네르기아라고 부른다.

동방교회는 이러한 맥락 속에서 하나님과의 연합이 하나님의 본질과의 연합이 아님을 거듭 강조한다. 이러한 사실은 하나님과 연합된 인간이 – 성부의 본질을 공유하는 – 성자와 같은 신적인 위격이 아니라는 사실을 지시해 준다. 이러한 맥락에서 로스키는 다음과 같이 말한다. "우리는 은총에 의해 온전히 신이 되는 동시에 피조물로 남아 있게 된다. 그것은 마치 그리스도께서 성육신을 통해 인간이 되셨지만 동시에 온전히 하나님으로 남아 있었던 것과 같다."[19]

하나님과 연합된 인간은 하나님의 친자(親子)가 아니라 양자(養子)며, 하나님과의 연합을 통해 인간에게 선사되는 것은 신적인 위격이 아니라 그리스도의 인간적 본성이라는 것이다. 현대 가톨릭 신학자 라너(K. Rahner) 또한 – 비록 다른 신학적 동기하에서 내재적 삼위일체와 경륜적 삼위일체의 일치성을 강조했지만 – 이러한 견해에 기꺼이 동의할 것이다.

서방교회도 계시된 하나님뿐 아니라 자신을 숨기시는 하나님(Deus

---

18 앞의 책, 38~39.
19 블라드미르 로스끼/박노양 옮김, 「동방교회의 신비신학에 대하여」 (2003), 111~112.

Absconditus)을 인정한다. 그러나 동방교회에서 하나님의 본질은 알 수 없다는 인식은 하나님 체험의 단절이 아니라 하나님 체험이 심화된 상태로 이해된다. 즉 하나님 체험이 심화되면 될수록, 하나님의 신비에 대한 무지(無知)의 지(知)를 깨닫게 되고, 그분을 알려고 하는 대신 다만 그분의 현존을 느끼며 순종하게 된다는 것이다. 달리 말하면, 삼위 하나님에 대한 체험은 인격을 통합시킴으로써 하나님의 본질을 파악하려는 지성이 아니라 하나님의 현존을 느끼고 순종하는 마음을 삶의 주체로 만든다는 것이다. 동방교회의 영성이 지성적 인식뿐 아니라 지성적 관상도 넘어서기 위해 마음의 기도를 강조하는 이유가 바로 여기 있다.

성서적으로 말하자면, 인간은 하나님과의 연합 속에서 궁극적으로는 자신을 예수처럼 하나님에게 순종하는 자로 인식하게 된다는 것이다. 사실 동방교회는 성서가 증언하는 예수를 관상 체험의 기준으로 삼는다는 점에서 서방교회와 크게 다르지 않다. 단지 예수의 정체성을 성부 하나님에 대한 순종으로 본다는 점이 다르다면 다를 뿐이다.

4. 삼위일체론의 근본 체험

교부들에게 삼위일체론이란 무엇보다도 먼저 하나님의 계시에 나타나는 모순을 해소하려는 모든 지성적 시도를 거부하는 것이다. 지성으로는 예수 안에 나타난 하나님의 자기 계시에 도달할 수 없다는 것이다. 그러나 삼위일체론은 불가지론으로 끝나지 않는다. 교부들은 오히려 지성에 모순으로 나타나는 삼위일체의 신비를 전례와 수행을 통해 체험하려 한다. 그러나 이러한 시도는 임의적인 것이 아니다. 전례와 수행이란 성서가 증언하는 하나님의 계시를 지성이 아닌 다른 방식으로 만나려는 시도기 때문이다. 사실 교부들에게 삼위일체는 교리가 아니라 전례 속에서 공경(恭敬)의 상징으로 신자들에게 전달된다.

사실 성례전의 라틴어 sacrament의 그리스어 어원은 mysteria이다. 정교회 교부학자 라우스(A. Louth)는 다음과 같이 말한다. "그리스도인은 성사를 통하여 이 숨겨진 실체를 만나고 나누어 받는다. …… 교부들의 신비주의는 그리스도교 테두리 안에서 어떤 엘리트 그룹이라든가 엘리트 인사들이 실천하고 있는 특별한 생활방식에 해당하는 말이 아니다."[20]

교부들에게 신비란 성서가 증언하고 전례에서 확증되는 신앙의 실재를 의미한다는 것이다.[21] 따라서 교부들에게 전례란 삼위일체 하나님에 대한 관상이 구체적으로 이루어지는 장소로 간주된다. 좀 더 정확하게 말하자면, 전례와 수행에 침잠(沈潛)하는 자에게는 창조되지 않은 빛을 바라보는 체험이 선사될 수 있다는 것이다.

디오니시우스(Pseudo-Dionysius)는 이 빛을 바라보는 순간 그 빛이 관상가를 어둠으로 인도한다고 말한 후 이러한 어둠의 의미를 다음과 같이 해명한다. "우리는 지성의 활동을 정지함으로써 완전히 알려지지 않은 것과 연합하며, 아무것도 알지 않음으로써 정신을 초월하는 것을 압니다."[22]

그러나 팔라마스는 동방교회 수도사들이 보았다고 주장하는 빛이 육안으로 볼 수 있는 빛은 분명 아니지만, 정화의 정도에 따라 마음에 비쳐지는 실제적인 하나님의 자기 계시임을 주장하면서 다음과 같이 말한다. "(이 빛은) 모든 지적 행위가 중단될 때 나타나는 것이다."[23]

물론 디오니시우스와 팔라마스가 서로 대립각을 세우는 것은 아니다. 양자 모두는 이러한 빛 체험에 의해 지성의 활동이 중지된다는 사실을 강조한다. 팔라마스는 다만 빛을 바라보는 주체가 지성이 아니라 마음임을 강조하

---

20 앤드루 라우스/배성옥 옮김, 『서양신비사상의 기원』 (2011), 303.
21 정교회의 모든 전례는 영광송(doxology)으로 시작하고 삼위일체 하나님을 거듭 찬양한다. 성경과 공의회의 교리는 개념이 아니라 공동체의 전례 안에서 공경의 상징으로 전달된다.
22 위 디오니시우스/엄성옥 옮김, 『위 디오니시우스 전집』 (서울: 은성, 2007), 212.
23 Gregory Palamas, *The Triads*, edited by John Meyendorff, translated by Nicholas Gendle (New Jersey: Paulist Press, 1983), 34.

는 것이며, 디오니시우스는 하나님과 연합되는 순간 지성의 활동이 중단된다는 사실을 강조할 뿐이다.

양자의 차이는 강조점의 차이다. 양자는 지성이 마음에 통합되는 순간 하나님의 신비에 대한 무지의 지를 깨닫게 된다고 말하는 점에서는 일치한다. 사실 교부들에게 자신을 드러내면서도 동시에 숨기시는 하나님에 대한 체험이야말로 진정한 하나님 체험으로 간주된다.

이러한 체험은 마음에 변화를 가져온다. 순종이 바로 그것이다. 물론 동방교회의 전통적인 영성은 고요(Hesychia)를 영성의 목표로 간주한다. 악한 생각들이 사라지고 지성이 마음에 통합되어 마음에서 일어나는 일을 있는 그대로 바라보는 상태 말이다. 그러나 동방교회의 영성은 이러한 고요함이 신인합일의 경지나 무아지경의 상태가 아님을 강조한다. 아토스 산의 수도사 이에로니우스는 고요에 대해 다음과 같이 말한다. "우리는 스토아 철학의 평정심이 아니라, 역동적인 평정심, 다시 말해 정욕들을 죽이는 것이 아니라 그것들의 변화를 열망합니다."[24]

진정한 고요에는 정욕의 소멸이 아니라 정욕의 변화, 즉 통회와 순종이 동반된다는 것이다. 사실 동방교회 영성 신학자들은 – 지성이 마음에 통합될 때 나타나는 – 고요함이 통회를 전제하며 순종이라는 열매를 맺는다는 사실을 강조한다. 고요함은 은총에 의해 악한 생각이 사라진 상태이기에 악한 생각을 바라보며 주님의 이름을 부르는 통회를 전제할 수밖에 없으며, 지성의 활동이 중지되기에 하나님을 파악하려고 하는 대신 마음으로 하나님을 느끼며 따르려는 순종의 열매를 맺을 수밖에 없기 때문이다. 니사의 그레고리우스는 이러한 맥락에서 다음과 같이 말한다. "하나님 보기를 갈구했던 모세는 이제 하나님을 어떻게 볼 수 있는지 깨닫게 되었다. 즉 하나님이 어디로 인

---

[24] 이에로테오스 대주교/박노양 옮김, 『예수기도: 아토스 성산의 한 은둔 수도승과 나눈 대화』 (서울: 정교회출판사, 2013), 65.

도하든지 그를 따르는 것이 곧 하나님을 보는 것이다."[25]

물론 통회는 고요함의 열매이기도 하다. 통회할 수 있다는 것은 하나님의 은총 속에서 자신을 바라보도록 만드는 고요함을 전제하기 때문이다. 동방교회의 교부들은 통회를 은총의 현실로 간주하며 눈물의 은사를 구하라고 말한다. 수도자로서 교황이 된 그레고리우스 1세도 "눈물 없는 회개와 순종 없는 눈물을 경계하라."고 가르쳤다.[26]

그리고 고요함도 순종의 열매라고 말할 수 있다. 고요함이란 하나님의 부르심을 온전하게 받아들일 때 비로소 완성되기 때문이다. 사실 통회와 고요함 그리고 순종은 구분되면서도 분리되지 않고 하나의 체험으로 통합되는 신비를 보여 준다.

동방교회가 진정한 하나님 체험을 분별할 수 있는 기준으로 통회와 고요함 그리고 순종을 제시하는 것은 그리스도교 영성에 낯선 사상을 도입하는 것이 아니다. 사실 통회와 고요함 그리고 순종이란 바울이 말하는 믿음 사랑 소망의 삼중적 체험과 다르지 않다. 통회란 - 루터가 말했듯이 - 하나님의 은총과 하나님을 신뢰하는 믿음을 전제하며, 사랑이란 - 고린도전서 13장 1~7절이 시사해 주듯이 - 악한 생각이 사라지는 순간 자신을 드러내는 하나님의 현재고, 소망 또한 순종 속에서 자신의 참됨을 입증하기 때문이다.

교부들은 한 걸음 더 나아가 이러한 체험 속에서 삼위 하나님의 인도하심을 바라본다. 성령이 신자를 성자에게로, 성자는 그를 다시 성령에게로, 그리고 성령은 신자를 성부 하나님께로 인도하심을 바라보게 된다는 것이다. 그리고 바로 이러한 친교 속에서 인간의 사유 범주를 넘어서는 하나님의 신비를 고백한다. 이러한 맥락에서 우리는 다음과 같이 말할 수 있다. 교부들에게 삼위일체 교리란 성서가 증언하는 진리를 예전과 수행을 통해 확신하

---

25 닛사의 그레고리/고진옥 옮김, 『모세의 생애』 (서울: 은성, 2003), 163.
26 Gregor d. Gr, *Regula Pastoralis*, hrsg. v. G. Kubis, Graz (Wien, Köln, 1986), 150.

도록 만든 체험에 기초한 교리로서 신자들을 다시 이러한 체험으로 부르려는 목적을 가진다.

5. 삼위일체론의 의미

앞에서 살펴본 것을 요약해 보면, 삼위일체론의 형성 과정은 다음과 같았을 것이다. 그리스 문화권 속에서 지성인들을 하나님께 돌이키기 위해 그리스 철학의 개념들로 성서의 하나님을 해명하려 했던 교부들은 성서가 증언하는 구원 사건을 묵상하기 시작한다. 그러나 이러한 묵상을 통해 교부들의 지성은 결국 모순에 직면하게 된다. 이러한 상황 속에서 교부들은 지성으로 모순을 해소시키려는 모든 시도를 거부하며 - 성서의 계명을 마음의 정화로 요약해 실천하는 - 수행과 - 성서의 구원 사건을 형상화한 - 예전을 통해 계시 사건을 바라보려 한다. 교부들은 이러한 과정 속에서 체험하게 된 구원의 신비에 근거해 성서가 증언하는 구원 사건을 삼위일체로 요약한다.

그러나 삼위일체론을 정립한 교부들은 삼위일체론에 내재된 모순을 해소시키려는 시도들을 지속적으로 거부함으로써 구원의 신비가 오직 예전과 수행에 주어지는 관상 체험을 통해서만 전해질 수 있음을 주지시킨다. 그렇다고 교부들이 반(反) 지성주의를 주장하는 것은 아니다. 그들은 성서나 교리에 내포된 모순을 억지로 받아들이는 것도 지적인 불성실로 간주한다. 그들은 지성이 자신의 절대성 주장을 내려놓을 수 있다면, 관상 체험을 주관적으로 해석하는 것을 방지하는 순기능을 가질 수 있다는 사실도 인정한다.

그러나 동방교회의 교부들은 관상 체험 속에서도 하나님의 본질은 인식될 수 없음을 주지시키면서 - 관상 체험 속에 나타날 수도 있는 - 교만을 경계한다. 하나님과 연합된 인간은 여전히 피조물이며, 관상 속에서도 단지 인간을 순종으로 부르시는 하나님의 무언(無言)의 음성만을 들을 수 있다는 것이다. 이와 같이 인간의 지적이고 영적인 교만을 경계하는 동방교회의 영성 전통은 통회와 순종의 열매를 맺는 고요함을 동방교회 영성과 교리의 해석 원리로 제시한다.

　동방교회 삼위일체론에 내포된 이러한 영성 전통은 지성주의에 물든 서방교회로 하여금 자신의 영성을 돌아볼 기회를 선사할 수 있을 것이다. 물론 개신교는 동방교회 신학의 도구였던 그리스 철학의 개념들을 분별없이 받아들일 필요는 없다. 그러나 그리스도교 영성을 삼위일체적으로 규명하고, 예전의 상징적 성격을 강조하며, 계명을 준수하는 목적이 계명을 주신 분과 교제하는 데 있다는 교부들의 통찰력은 충분히 수용할 만한 것이다.

제7장
구원론

성서는 구원을 선포하는 책이다. 신자들의 소망도 궁극적으로는 구원에 있다. 그러나 구원이란 무엇인가? 많은 신자들이 구원을 죽음 후에 낙원에 들어가는 것으로 이해하지만, 이러한 이해는 성서가 말하는 구원의 전체성을 포괄하지는 못한다. 그러면 성서가 약속한 구원이란 무엇인가? 구원의 어원인 그리스어 소테리아(soteria)는 건져낸다는 뜻을 가지고 있다. 삶을 위협하는 환란이나 질병 등의 고난으로부터 건져내는 행위 말이다. 그러나 성서는 삶을 파괴하는 근본 원인을 죄로 간주하면서 죄와 - 죄의 결과인 - 죽음으로부터 건져내는 구원을 강조한다.

신약성서는 인간이 타락의 결과 스스로 죄에서 벗어날 수 없음을 강조한다. 이러한 맥락에서 성서와 그리스도교 전통은 오직 예수 그리스도의 십자가와 부활을 통해 현실이 된 삼위일체 하나님의 은총에 의해서만 구원을 받을 수 있다는 사실을 강조한다.

그러나 그리스도교 전통은 죄에서 건져냄을 받는 동시에 하나님과의 친교가 시작됨을 강조한다. 물론 양자는 시간적인 선후의 관계가 아니라 동시적으로 이해된다. 죄에서 건져냄을 받는 과정은 동시에 하나님과의 친교가 실현되는 과정이라는 것이다.

1. 성서의 은총론

한글성서에서 은혜 혹은 은총으로 번역된 신약성서 헬라어는 'Χαρις(카리스)'다. 그리고 카리스에 상응하는 구약성서의 히브리어로는 대략 다음의 세 가지 단어들이 있다. 첫째는 'חסד(헤세드)'란 단어로 하나님의 인자하심을 뜻할 때 사용되는 단어다. "나를 사랑하고 내 계명을 지키는 자에게는 천 대까지 은혜를 베푸느니라(출 20:6)." 둘째는 'חן(헨)'이라는 단어다. 이 단어는 경건한 자에게 베풀어 주시는 하나님의 호의(好意)를 의미한다. 예를 들면 의인인 노아가 하나님의 은혜를 입었다고 말할 때 사용된 단어가 'חן(헨)'이다.

그러나 'רחמים(라하밈)'이라는 단어는 조금 다르다. 이것은 용서받을 수 없는 죄인을 용서해 주시는 하나님의 은혜를 뜻할 때 사용되었다.

카리스(χάρις)는 기본적으로 기쁨을 뜻하는 카라(χαρά)와 어근이 같다. 따라서 카리스는 기쁨을 불러일으키는 호의 혹은 인자함을 뜻한다. 은혜란 말을 가장 많이 사용한 사도는 바울이다. 그는 카리스를 예수를 믿는 자에게 값없이 주어지는 하나님의 선물로 이해했다. "너희는 그 은혜에 의하여 믿음으로 말미암아 구원을 받았으니 이것은 너희에게서 난 것이 아니요 하나님의 선물이라(엡 2:8. 참조. 롬 6:14)." 구원은 공적이 있어서가 아니라 조건 없이 주시는 하나님의 선물이라는 것이다.

사실 하나님의 인자하심과 하나님의 선물이란 단어들은 서로 다른 실체들을 지시하는 개념들이 아니라 하나의 실체의 두 가지 측면들을 가리키는 말들이다. 즉 하나님의 인자하심이 하나님의 선물의 원인이라면, 하나님의 선물은 하나님의 인자하심의 결과라 할 수 있다. 도식적으로 규정하자면 은총이란 하나님의 자비로움에서 비롯되는 하나님의 선물이라고 요약할 수 있다.

신약성서는 구약성서와 마찬가지로 창조와 섭리도 하나님의 은총으로 간주한다. 주어진 모든 것은 하나님으로부터 받은 선물이라는 것이다. 그러나 그리스도교 전통의 은총론은 "그리스도를 통해 나타난 하나님의 사랑"에 집중한다.

성서가 말하는 하나님의 사랑이 당신 자신을 주시는 행위임을 감안한다면, 본래적인 의미의 하나님의 선물은 하나님 자신이다. 사실 신약성서는 그리스도뿐 아니라 성령도 하나님의 선물로 선포한다. "회개하여 각각 예수 그리스도의 이름으로 세례를 받고 죄 사함을 받으라 그리하면 성령의 선물을 받으리니(행 2:38)."

신약성서에는 이와 같이 성령을 은총과 동일시하는 구절들이 많이 나타난다. 이러한 구절들은 성서가 은총을 성령에 한정시키는 것처럼 보이게 만든다. 사실 적지 않은 신학자들이 성령과 은총을 구분 없이 사용하고 있다. 한 예로서 가톨릭 신학자 그레사케(Gisbert Greshake)는 다음과 같이 말한다. "은총은 예수 그리스도를 통해서 우리에게 선사된 하나님의 사랑인 성령과 동일하게 이해된다."[1] 개신교 신학자 묄만도 동일한 맥락에서 성령은 현존하시는 그리스도라고 단언한다.

그러나 성서 전체를 살펴보면, 성령만이 아니라 성자와 성부, 즉 삼위의 현존과 사역이 은총의 내용을 구성한다는 사실을 그리 어렵지 않게 알 수 있다. 성서가 증언하는 삼위의 사역은 동시적이며 협력적이다. 성령과의 만남이 있는 곳에 성자와의 만남이 있으며, 성자와의 만남이 있는 곳에 성부와의 만남도 존재한다. 그러나 삼위의 사역이 동시적이라도 인간이 자신의 구원체험 속에서 가장 먼저 인지하는 것이 성령의 사역이기 때문에 성령을 은총과 동일시하게 되었을 것이다. 그러나 성서가 증언하는 하나님이 삼위일체라면, 은총도 삼위일체여야 한다는 사실은 늘 기억되어야 한다.

2. 교부들의 은총론

하나님은 다름 아닌 당신 자신을 우리에게 선물로 주신다는 사상은 아타나시우스와 카파도키아의 교부들에게 계승되었다. 그들은 은총을 삼위일체의 본질로부터 영원히 흘러나오는 하나님으로 묘사하면서 은총의 목적을 다름 아닌 하나님의 삶에 참여하는 신화(神化, theosis)로 제시한다. 아타나시우스는 이러한 사상을 다음과 같이 표현한다. "하나님이 인간이 되신 것은 인간으로 하여금 하나님이 되도록 하기 위함이다."

그러나 교부들은 인간이 신화에 이를 수는 있지만, 신화를 통해 하나님이 되는 것은 아니라고 말한다. 이러한 맥락에서 교부들은 신화를 신비적 합일

---

[1] 기스펠트 그레사케/심상태 역, 『은총—선사된 자유』 (서울: 성바오로출판사, 1981), 74.

(unio)이 아니라 연합(koinonia, communio)으로 제시하며, 이러한 연합도 하나님의 본질과의 연합이 아니라 하나님의 본질로부터 흘러나오는 하나님의 에네르기아(은총)와의 연합임을 강조한다. 즉 인간은 은총에 의해 하나님이 되는 것이 아니라 - 하나님과 끊임없이 교제하는 - 참된 인간이 된다는 것이다.

서방교회의 아우구스티누스도 이러한 은총 이해를 받아들인다. 아우구스티누스는 신화라는 그리스어를 라틴어인 성화로 대체하며, 은총을 "선을 행하기 위해 본성에 더해진 도움"으로 제시한다. 그러나 그는 - 은총을 인간의 자유의지 속에서 용해시켜 버린 - 펠라기우스를 반박하기 위해 하나님의 은총과 인간의 의지를 구별하면서, 또한 자유의지의 전적인 타락을 강조한다. 이러한 그의 사상은 '오직 은총으로 구원받는다'는 사상의 합리적 귀결인 예정론을 전면에 부각시켰다.

아우구스티누스의 은총론은 종교 개혁자들에게 계승된다. 루터와 칼뱅은 타락한 인간 본성이 구원을 위해 할 수 있는 것은 아무것도 없다고 주장한다. 루터는 『그리스도인의 자유』(*De Libertate Christiana*)와 『노예의지론』(*De Servo Arbitrio*)에서 인간의 의지를 노예의지로 부른다.

그러나 아우구스티누스의 사상은 가톨릭 내에서는 토마스 아퀴나스에 의해 수정된다. 스콜라 신학을 대변하는 토마스 아퀴나스는 은총과 인간의 본성을 반성하면서 "은총은 본성을 파괴하지 않고 오히려 완성시킨다(『신학대전』제1부, 제1문, 8, 2)."는 명제를 내세우며, 은총과 본성이 상호 대립이 아니라 상호 협력의 관계 속에 있음을 주장한다.

토마스 아퀴나스는 또한 하나님의 은총이 인간 안에서 창조한 변화들을 세분화시켜 창조된 은총들이라고 부른다. 이를 통해 의화은총, 성화은총, 조력은총, 선행은총, 후행은총 등의 개념들이 나타나고 이러한 은총들에 상응하는 성례전들이 등장하게 된다. 물론 토마스는 창조된 은총들이 동일한 은총, 즉 창조되지 않은 은총의 여러 가지 작용임을 인정하지만, 아리스토텔레스의 사고에 의지하면서 은혜를 하나의 실체로 간주했던 토마스의 제자들은 창조되지 않은 은총보다 은총이 인간 안에 가져온 변화들인 창조된 은총에 더 많은 관심을 갖게 되었다.

은총을 하나의 창조된 실체로 보는 스콜라 신학은 동방교회와 종교 개혁자들에게 비판을 받는다. 루터는 은혜라는 말이 본래 실체적이 아니라 관계적인 개념임을 강조한다. 창조된 은총이란 사실 은총이 아니라 은총이 가져온 변화라는 것이다.

현대 가톨릭 신학자들도 루터의 의견에 동의한다. 가톨릭 신학자 박준양 신부는 은총을 하나님의 자기 전달 행위로 규정한 라너(K. Rahner)를 따르며 다음과 같이 말한다. "은총은 하나의 객체적 실재가 아니라 원천적으로 하나님과 인간의 통교 안에서 이루어지는 관계적 실재이다. 우리 안에 당신 자신을 전해 주시고 우리를 용서하심으로써 우리를 거룩하게 변화시켜 성장하게끔 인도하시는 분이 바로 사랑과 은총 자체이신 하나님이시다. 그러므로 인간은 하나님의 자기전달, 그 무한한 사랑과 자비에 의해 관통된 존재이다."[2]

은총은 다름 아닌 삼위 하나님의 공동사역, 즉 우리의 구원을 위해 당신을 내어 주시며 당신의 삶을 받아들이라고 부르시는 하나님의 행위라는 것이다.

3. 하나님의 본질과 은총

은총은 하나님 외에 그 어떤 다른 것이 아니라 하나님 자신이다. 동방교회는 은총을 하나님으로부터 영원히 흘러나오는 하나님으로 제시하며, 라너도 경륜적 삼위일체는 내재적 삼위일체라고 말함으로써 은총을 하나님의 자기전달로 정의한다.

은총이 하나님이라는 것은 이 땅에서 하나님과의 연합이 가능하다는 사

---

2 박준양, 「은총론, 그 고귀한 선물에 관하여」 (서울: 생활성서사, 2008), 26.

실을 지시해 준다. 달리 말하자면, 은총의 목적은 하나님과의 연합에 있다는 것이다. 그러나 동방교회의 교부들은 하나님의 본질과 은총을 구분한다. 바실리우스는 다음과 같이 말한다. "우리는 하나님의 에네르기아(은총) 안에서 하나님을 안다고 분명히 확언하지만, 그분의 본질 그 자체까지 그것을 접근시킬 수 있다고 장담하지 않는다. 왜냐하면 그분의 에네르기아들이 우리에게까지 하강함에도 불구하고 그분의 본질은 여전히 접근 불가능하기 때문이다."[3]

그러나 교부들에게 하나님의 본질과 은총은 - 인간의 본성과 의지처럼 - 내용적인 차이 때문에 구분되는 것은 아니다. 하나님의 본질이란 인간에게 결코 접근을 허용하지 않는 신비 그 자체를 지시해 주는 신학적 개념이기 때문이다. 달리 말하자면, 하나님의 본질과 은총의 구분은 - 본질(우시아)과 위격(휘포스타시아)의 구분과 마찬가지로 - 내용적인 구분이 아니라 특정한 메시지를 전하기 위한 형식적인 구분이라 할 수 있다.

그러면 하나님의 본질과 은총을 구분하는 신학적 메시지는 무엇인가? 그것은 하나님과의 연합 속에서도 하나님의 신비는 여전히 접근 불가능하며 인식 불가능하다는 메시지다. 교부들은 한 걸음 더 나아가 하나님과의 연합이 깊어지면 질수록 하나님에 대한 무지(無知)의 지(知)를 더 깊이 깨닫게 된다고 말한다. 달리 말하자면, 하나님의 자기 계시 속으로 들어가면 갈수록, 당신을 숨기시는 하나님(Deus Absconditus)의 신비를 더 뚜렷하게 인식하게 된다는 것이다.

로스키는 지성에 모순으로 비쳐질 수밖에 없는 이러한 신비에 대해 다음과 같이 말한다. "하나님은 전적으로 다가갈 수 없는 분이신 동시에 피조물들과 실제적으로 교제하실 수 있는 분이시다. 이때 우리는 이 모순된 두 가

---

3 Amphilochium에게 보내는 바실리우스의 서신. Epistola 234. P. G. t 32, col. 869 AB. 블라드미르 로스끼/박노양 옮김, 『동방교회의 신비신학에 대하여』 (2003), 94~95에서 재인용.

지 중 어느 하나를 제거하거나 약화시켜서는 안 된다."⁴

지성에 모순으로 다가오는 이러한 신비를 결코 지성의 차원에서 해소시켜서는 안 된다는 것이다. 왜냐하면 이러한 신비는 지성이 아니라 오직 은총 속에서만 인지될 수 있는 진리기 때문이다.

하나님의 본질과 은총의 구분은 또한 하나님과의 연합이 인간을 - 성부의 본질을 공유하는 성자와 같은 - 신적인 위격으로 만드는 것이 아니라는 사실을 지시해 준다. 교부들은 하나님과의 연합이 오히려 인간으로 하여금 자신이 무로부터 창조된 피조물이라는 사실을 더욱 깊이 자각하게 만든다고 주장한다.

동방교회의 영성에 토대를 마련해 준 마카리우스(Macarius)는 하나님과 연합한 인간에 대해 다음과 같이 말한다. "그분은 하나님이시고 인간은 하나님이 아니다. 그분은 주님이시고 인간은 그 종이다. 그분은 창조주이지만 인간은 피조물이다. 두 본질 사이에는 한 치의 공통점도 존재하지 않는다."⁵

성서적으로 말하자면, 하나님과 연합된 인간도 하나님의 친자(親子)가 아니라 양자(養子)며, 하나님과 연합한 인간에게 부여되는 것은 신적인 위격이 아니라 참된 인간성이라는 것이다. 이러한 사실은 참된 은총의 열매를 분별할 수 있는 기준이 무엇인지를 지시해 준다. 즉 은총에 의해 하나님과 연합한 사람에게 궁극적으로 나타나는 것은 - 하나님의 신비 앞에서 자신의 무지를 솔직하게 고백하는 - 겸손이라는 것이다.

사실 세례 요한 앞에서 자신을 낮추는 예수를 메시아로 선포하는 성서는 권능과 지식이 아니라 낮아지고 비우는 겸손이 메시아의 자격이라는 사실을 시사해 준다. 겸손을 메시아의 능력으로 보라는 것이다. 사실 죄의 뿌리를 교만으로 보는 성서적 관점을 감안하면, 겸손을 무죄성의 열매요 은총의 성

---

4 블라드미르 로스끼/박노양 옮김, 『동방교회의 신비신학에 대하여』 (2003), 91.
5 Hom. 49, 4. P. G., t. 34, col. 816 B. 블라드미르 로스끼/박노양 옮김, 『동방교회의 신비신학에 대하여』 (2003), 91에서 재인용.

취로 이해하는 것은 그리 어렵지 않을 것이다.

은총의 참된 기준은 또한 순종의 삶이다. 진정한 은총 속에 거하는 사람은 하나님에 대한 지식을 추구하기보다 오히려 하나님을 겸손히 따르려 한다. 왜냐하면 은총에 의해 인간의 전 존재, 즉 지성과 의지 그리고 감성이 통합되면 될수록 하나님을 파악하려는 지성이 아니라 하나님의 현존을 느끼며 따르려 하기 때문이다.

4. 은총과 인간의 의지

그리스도교 전통은 은총에 의해 인간이 구원에 이르게 된다고 가르친다. 그러나 은총과 의지의 관계에 대해선 일관된 답변을 주지 않는다. 한편에서는 '오직 은혜'를 강조하지만, 다른 한편에서는 신인협력설을 주장한다. 전자의 극단적인 형태는 예정론이며, 후자의 극단적인 형태는 자유의지론이다.

동방교회는 초기의 교부들로부터 현재에 이르기까지 신인협력설을 대변해 왔다. 그러나 서방교회에는 상반된 입장들이 공존해 왔다. 서방교회는 아우구스티누스의 은총론을 거부한 펠라기우스를 정죄했지만, 신인협력설은 아우구스티누스 이후에도 자취를 감추지 않았다. 가톨릭의 토마스 아퀴나스뿐 아니라 루터교회 내에서도 멜란히톤 등이 은혜가 주도하고 인간의 자유의지가 협력한다는 신인협력론을 주장하고 있다.

물론 칼뱅주의는 신인협력설을 강력하게 반대한다. 특히 – 전적인 타락, 무제약적 선택, 제한적 속죄, 불가항력적 은혜, 성도의 견인을 주장하는 – 칼뱅주의 5개 강령(1595)에는 신인협력설이 들어설 여지가 없다.

그러나 교부사상의 빛에서 가톨릭과 개신교 전통을 통합하려 했던 감리회의 창시자 웨슬리(J. Wesley)는 신인협력설을 주장하며 칼뱅주의의 예정론을 비판한다. 그는 신인협력설을 은총과 의지가 동시적으로 작용하면서 구원을 이루는 신비를 전해 주는 교리로 이해한다.

현대 신학을 살펴보면, 동방교회는 신인협력설을 주장하며, 가톨릭 신학도 아우구스티누스보다는 토마스를 따르면서 신인협력설을 대변하는 것처럼 보인다. 그러나 개신교 진영에서는 아우구스티누스의 영향력이 사라지지 않고 있다.

여기서 물음이 제기된다. 신인협력설과 '오직 은총만으로'는 결코 조화를 이룰 수 없는 것인가? 아니면 양자의 차이는 강조점의 차이에 불과한 것인가?

전통적인 신인협력설은 – 펠라기우스의 극단적인 형태를 제외한다면 – 동등한 지위에 있는 두 인격들이 협력하는 것이라고 말하지 않는다. 타락 이후뿐 아니라 이전에도 인간의 의지는 은총을 받아들일 뿐이라고 말한다. 물론 논리적인 관점에서 보자면, 인간의 의지가 은총을 받아들이기 위해선 의지가 은총을 감지하고 받아들일 수 있는 능력이 있어야 한다. 의지가 절대적으로 타락해 있는 상황에서 구원이 이루어지기 위해선 은총이 자신을 거부하는 의지의 저항을 무력화시키는 수밖에 없기 때문이다.

그러나 초기의 교부들은 성서의 가르침을 따라 인간의 지성과 의지는 부패한 본성에 매여 있기에 은혜를 받아들일 수 없다는 사실을 강조한다. 로스키는 이러한 사상을 다음과 같이 요약한다. "인격은 죄에 의해 손상, 왜곡되고 또한 거슬리는 욕구들에 의해 찢겨진 본질에 매이게 된다. 인격은 불완전한 본질을 통해 깨닫고 원하기 때문에 실천적으로 맹목적이고 무능력하며 바르게 선택할 수 없어서 죄의 노예가 되어 버린 본질이 충동에 너무나 자주 양보하게 된다."[6]

그러나 교부들은 다른 한편으로는 의지의 협력이 없으면 구원을 이룰 수 없다고 말한다. 『신령한 설교』의 저자 마카리우스는 다음과 같이 말한다. "인간의 의지는 근본적인 조건이다. 만약 이 의지가 존재하지 않는다면, 하나님

---

6 블라드미르 로스끼/박노양 옮김, 『동방교회의 신비신학에 대하여』 (2003), 154.

도 혼자서는 아무것도 하지 않으신다."⁷

이러한 교부들의 진술은 모순적이다. 상반되는 것을 동시에 말하기 때문이다. 이것이 모순이라면, 교부들의 진술은 모순적이라고 말할 수 있다. 그러나 교부들에게 모순은 거짓을 뜻하는 것이 아니라, 오히려 긍정적인 의미를 갖는다.

로스키는 다음과 같이 말한다. "교회의 교리들은 종종 모순의 형식을 입고 인간의 이성에 나타나는데, 이 모순이 표현하는 신비가 지고하면 할수록 그것은 더더욱 해결 불가능한 것이 된다. 문제는 교리를 우리의 오성에 적용시킴으로써 모순을 제거하는 것이 아니다. 오히려 …… 우리에게 계시된 실재를 관상하는 데 이를 수 있도록 우리의 영을 변화시키는 데 있다."⁸

교리란 신자들의 지성에 특정한 지식을 전달하려는 것이 아니라, 지성으로 하여금 교리 속에 나타나는 모순을 받아들일 수 있도록 회개하라는, 자세하게 말하면 지성과 의지 그리고 감정을 통합시키라는 요청이라 할 수 있다.

사실 교부들의 신인협력설은 - 니케아와 콘스탄티노플의 삼위일체론이나 칼케돈의 그리스도론과 마찬가지로 - 은총이 - 은총을 거부하는 - 의지와 협력관계를 이루는 신비를 전하려는 것이지, 은총과 의지의 관계를 합리적인 차원에서 해명하려는 시도는 아니다.

따라서 신인협력설이 말하는 은혜가 아우구스티누스와 칼뱅이 말하는 불가항력적 은혜와 대립되는 것이 아니라는 사실이 밝혀진다. 오히려 전자는 후자를 포함한다. 왜냐하면 은총이 의지를 통해 자신의 뜻을 실현하는 과정에는 순간적으로 의지를 압도하며 무력화시키는 순간이 내포되기 때문이다.

사실 초기 교부들의 은총 체험에는 인간을 부르고 응답을 기다리는 인격적인 은총의 시간뿐 아니라 한순간에 인간의 모든 것을 압도하는 불가항력

---

7 Hom. 37, 10. P.G. t. 34. col. 528 D–529 A. 블라드미르 로스끼/박노양 옮김, 『동방교회의 신비신학에 대하여』 (2003), 238에서 재인용.
8 블라드미르 로스끼/박노양 옮김, 『동방교회의 신비신학에 대하여』 (2003), 58.

적인 은총의 시간도 존재한다. 성서와 함께 동방 교부들의 영성을 그리스도교 신앙의 토대로 삼는 웨슬리는 동방 교부들이 말하는 신화를 완전으로 번역하며 다음과 같이 말한다. "이 완전이 언제나 단순한 믿음의 행위로 영혼 속에서 이루어지며, 결과적으로 순간적인 것이라고 믿는다. 그러나 그 순간 이전과 이후에는 점진적인 역사가 있다고 믿는다."[9]

물론 순간적 변화 이전과 이후에 점진적 변화가 있다고 말하는 교부들에게 순간적인 변화와 점진적인 변화는 도식적으로 구분할 수 있는 것이 아니다. 교부들에게 점진적인 변화와 순간적인 변화는 하나의 전체적인 사건이다. 교부들은 아마도 온전한 성화의 순간에도 통회의 씨앗이, 회개의 과정에도 성화의 씨앗이 배태되어 있다고 말할 것이다.

5. 구원의 순서(ordo salutis)

1) 칭의

교부들에 의하면 구원의 길은 죄의 심연을 인식하는 데서부터 시작된다. 즉 죄의 실상을 바라볼 수 있는 것이야말로 은총이라는 것이다. 성서는 예수께서 광야에서 마귀의 시험을 받은 것이 성령의 인도하심이라고 말한다. 마음에 다가오는 악한 생각들을 바라보는 것은 성령의 인도하심이라는 것이다. 초기 교부들도 통회의 눈물을 성령에 의해 그리스도와의 친교가 시작되었다는 증거로 간주한다. 그러나 여기서 물음이 제기된다. 죄를 인식하고 통회하는 것은 죄 용서를 받기 위한 준비 단계가 아닌가?

그러면 성서가 말하는 죄 용서란 무엇인가? 죄에 대한 심판을 면제해 준다는 뜻인가? 교회의 역사 속에서 죄 용서를 이렇게 이해한 적도 없지는 않

---

9 존 웨슬리/이후정 옮김, 『그리스도인의 완전』, (서울: 감신대출판부, 2006), 138.

지만, 이러한 사유 속에는 죄 용서에 대한 법적인 이해가 전제되어 있다. 그러나 성서가 말하는 죄 용서는 인격적인 사건이다. 즉 단절되었던 하나님과의 친교가 회복되는 사건을 의미한다.

하나님과의 교제가 시작되면서 인간에게는 하나님에 대한 믿음이 선사된다. 그러나 이 믿음은 무엇보다도 먼저 통회를 불러일으킨다. 왜냐하면 인간은 하나님과의 교제를 통해 하나님을 신뢰하게 될 뿐 아니라 - 성령의 조명 속에서 - 자신의 비참함을 바라보게 되기 때문이다. 사실 통회는 하나님에 대한 신뢰를 전제하며 이러한 신뢰는 하나님과의 친교를 전제하기에 통회야말로 죄 용서의 증거라고 말할 수 있다.

종교 개혁 전통은 죄 용서를 칭의(稱義, justification)로 부른다. 칭의란 개념은 루터가 논쟁적 상황 속에서 명확하게 규명하지 않고 사용한 용어로서 여러 가지 오해를 불러일으켜 왔다. 트리엔트 공의회 이후 가톨릭 신학자들은 개신교 신학이 말하는 칭의를 단순한 법정적 칭의(justificatio forensis)로 간주한다. 개신교 신학에서 칭의란 하나님이 죄인을 단지 의인으로 인정해 주시는 선언에 불과하다는 것이다. 즉 칭의에도 불구하고 인간은 옛 모습 그대로 남아 있다는 것이다.

가톨릭의 이러한 이해가 전혀 근거가 없는 것은 아니다. 하이델베르크 교리문답은 이렇게 말한다. "당신은 어떻게 하나님 앞에서 의롭게 됩니까? 오직 예수 그리스도에 대한 참된 믿음으로만 됩니다. 비록 내가 하나님의 모든 계명을 크게 어겼고 단 하나도 지키지 않았으며 여전히 모든 악으로 향하는 성향이 있다고 나의 양심이 고소하지만, 하나님께서는 나의 공로가 전혀 없이 순전히 은혜로 그리스도의 온전히 만족케 하심과 의로움과 거룩함을 선물로 주십니다. 하나님께서는 마치 나에게 죄가 전혀 없고 또한 내가 죄를 짓지 않은 것처럼, 실로 그리스도께서 나를 위해 이루신 모든 순종을 내가 직접 이룬 것처럼 여겨 주십니다. 오직 믿음으로만 나는 이 선물을 받습니다."

그러나 본회퍼를 위시한 현대 루터교회 신학자들은 루터가 말하는 칭의가 자체 내에 삶을 변화시키는 사건을 내포하고 있음을, 즉 칭의가 성화의 시작임을 강조한다. 가톨릭 신학자 큉도 이러한 루터 해석에 동의한다. 인간을 의롭다고 인정하는 하나님의 말씀은 – 단지 말뿐인 인간의 말과는 달리 – 인간을 새롭게 변화시키는 능력을 갖는다는 것이다. 인간을 의롭다고 인정하는 순간 인간은 변화될 수밖에 없다는 것이다.

웨슬리도 칭의를 죄의 용서로 제시하면서 칭의와 성화의 관계를 다음과 같이 제시한다. "내적 성화는 언제 시작되는가? 사람이 의롭다 하심을 받는 순간에 시작된다. (하지만 그 사람 안에는 죄가 아직도 머물러 있다. 그가 전적으로 성화되기까지는 모든 죄의 씨가 남아 있다.) 그 시간부터 신자는 점진적으로 죄에 대하여 죽고 은혜 안에서 성장한다."[10]

이러한 흐름 속에서 가톨릭교회와 루터교회는 1999년 10월 31일 독일 아우구스부르크에서 의화(칭의) 교리에 관한 공동 선언문에 서명했다. 양자는 칭의와 성화 교리에서 서로 다르지 않다는 것이다. 그리고 2006년 7월 23일 세계감리교협의회가 가담하면서 세 교파가 '가톨릭교회와 루터교회 그리고 감리교회의 의화 교리에 관한 공동 선언문'에 서명하였다.

칭의와 죄의 용서란 하나님과 인간의 관계 회복이 실제로 일어났음을 표현하는 개념들이라는 것이다. 믿음과 칭의, 믿음과 통회는 시간적으로 선후의 관계 속에 있는 두 가지 사건들이 아니다. 오히려 양자는 동시적이다. 즉 믿음은 칭의(죄 용서)의 열매며, 통회의 내적 동인이라 할 수 있다.

그러나 그리스도인의 삶에서 통회와 회개는 끊임없이 지속되어야 한다. 죄 용서를 받은 후에도 죄는 사라지지 않기 때문이다. 이러한 맥락에서 루터는 하나님의 은총을 받은 인간을 '의인이며 동시에 죄인(simul iustus et peccator)'이라고 부른다. 하나님의 사랑이 그를 지배하는 힘이 되었기에, 지속적으로 죄와 싸우게 된다는 것이다.

---

10 존 웨슬리/이후정 옮김, 『그리스도인의 완전』 (서울: 감신대출판부, 2006), 41.

2) 성화

따라서 칭의는 성화의 시작이라 할 수 있으며, 이러한 사실은 성화가 하나의 과정임을 시사한다. 우리를 그리스도께 인도한 성령의 도우심으로 남아 있는 죄와 싸우는 과정 말이다. 이러한 사실은 믿음을 통해 선사되는 칭의의 사건이 구원의 시작이지 완성이 아니라는 사실을 시사해 준다. 구원이란 죄가 소멸된 상태 혹은 죄에서 해방된 상태를 뜻하기 때문이다. 따라서 자신 안에서 믿음을 발견한 사람도 자신 안에 아직 죄가 남아 있음을 깨닫고, 죄에서 온전히 해방될 때까지 성령의 인도하심을 따라야 한다.

물론 통회가 지속되면 사랑의 마음이 주어진다. 성령의 인도하심에 의해 그리스도와의 교제가 깊어지면서 그리스도의 마음이 부어지기 시작한 것이다. 이러한 상태는 얼마간 지속될 수 있다. 그러나 죄가 소멸된 것은 아니다. 따라서 시간이 지나면서 이기적인 본성에 매여 있는 자신을 바라보게 된다. 아니 은혜 체험 이후 자신 안에 숨겨진 가증스러운 악의 실체들을 더욱 적나라하게 보게 된다. 자신이 통제할 수 없는 악한 생각들이 마음에 떠오르는 것을 바라보며 자신이 – 이러한 생각들의 근원지인 – 이기적인 본성에 사로잡혀 있음을 깨닫게 되는 것이다. 그리고 자신의 의지만으로는 죄의 뿌리를 뽑아낼 수 없다는 인식에 이른다. 그러나 자신의 비참함을 깨닫는 순간에 집중하면 이러한 인식도 은총에 의한 것임을 새삼 깨닫게 된다. 은총의 빛이 없다면 자신의 비참함을 바라볼 수조차 없었다는 것이다.

이러한 사상은 파스칼을 연상시켜 준다. "인간은 신을 알지만 자기의 비참함을 모르거나, 자기의 비참함을 알지만 신을 모르고 있다. 그런데 예수 그리스도를 알려고 하면 반드시 신과 자기의 비참함을 동시에 알아야 한다."[11]

---

[11] B. 파스칼/최현·이정림 옮김, 『팡세』 (서울: 범우사, 1992), 213.

자신의 비참함과 동시에 하나님의 은혜를 아는 사람만이 예수 그리스도를 만나게 되리라는 것이다. 이제 그는 회개(metanoia)의 중요성을 인식하게 된다. 인간이 은총에 의해 자신의 실상을 발견하고 죄로부터 돌아서려는 과정 말이다. 이러한 과정을 교부들은 수행(praxis)이라고 부른다.

이러한 영적 투쟁의 과정이 깊어지면 순간적으로 갑자기 마음에 평강 혹은 고요함이 찾아온다. 악한 생각들이 소멸되는 순간을 체험할 수도 있다. 영적 투쟁의 과정 속에서 압도적인 은총에 의해 한순간에 죄가 완전히 소멸되는 경지, 구체적으로 말하자면 악한 생각이 사라지는 상태에 도달한 것이다. 이러한 현실을 교부들은 인간이 그리스도와 연합함으로써 그리스도의 본성을 받아들인 사건, 혹은 그리스도와 우리의 본성 사이에 거룩한 교환이 이루어진 사건으로 바라본다. 성서도 이러한 현실을 인정한다. "내가 그리스도와 함께 십자가에 못 박혔나니 그런즉 이제는 내가 사는 것이 아니요 오직 내 안에 그리스도께서 사시는 것이라(갈 2:20)."

이러한 현실을 서방교회는 '성화'라고 부른다. 그러나 동방교회의 교부들은 한 걸음 더 나아간다. 성령은 우리를 그리스도와의 교제 안에서 성부 하나님과의 교제로 인도한다는 것이다. 달리 말하면, 그리스도와의 교제가 아니라 성부 하나님을 바라보는 삶이 온전한 성화라는 것이다. 이러한 맥락에서 동방교회의 교부들은 성화를 신화(神化, theosis)라고 부르며, 수행(praxis)의 목적을 관상(theoria)으로 제시한다.

동방교회의 교부들과 수도자들은 성부 하나님, 아니 삼위일체 하나님으로부터 나오는 빛을 바라보는 순간 이 빛이 관상하는 인간의 전 존재를 관통하며 변화시킨다고 주장한다. 그리고 이러한 신비한 현상을 예수께서 다볼 산에서 영광스러운 모습으로 변형된 사건(마 17:1~8; 막 8:2~13; 눅 9:28~36)의 재현이요, 우리의 몸이 성령에 의해 새롭게 변형될 부활 사건을 미리 맛보는 사건으로 이해한다.

교부들은 인간이 은총에 의해 정화되면 될수록 빛을 더 뚜렷하게 보는 것이 아니라 오히려 어둠, 그러나 찬란한 어둠 속으로 인도된다고 말한다. 교부들이 말하는 어둠이란 하나님의 부재(不在) 상태가 아니라 오히려 하나님께서 온전히 자신을 드러내시는 상태요, 하나님께서 인간과 온전하게 연합하는 장소를 뜻한다. 그러면 하나님과 연합하는 순간 어둠을 체험한다는 것은 무엇을 말하는가? 어둠이란 무엇보다도 지성의 활동이 중단되는 것을 뜻한다. 지성이 이제 아무것도 보지 못한다는 것이다. 더 자세하게 말하자면, 하나님과 연합한 상태에서는 인간의 한 부분인 지성이 인격 안에 통합되면서 지성의 활동은 중단되고 - 인간의 중심으로 간주되는 - 마음이 깨어 지각한다는 것이다. 그리고 지성의 활동이 중지되기 때문에 하나님을 바라보고 알려는 대신 몸 전체로 지각하는 하나님께 기꺼이 순종하려는 마음을 갖게 된다는 것이다.

이러한 맥락에서 동방교회 교부들은 관상의 목적을 마음의 기도와 순종의 삶으로 제시한다. 사실 동방교회 교부들은 하나님의 빛을 바라보는 사건보다 이 사건 이후의 변화에 더 주목한다. 달리 말하자면, 마음의 기도와 순종이라는 열매가 관상의 참됨을 입증해 주는 증거라는 것이다. 하나님 보기를 갈망했던 모세에게 하나님은 다음과 같이 말씀하신다. "내 영광이 지나갈 때에 내가 너를 반석 틈에 두고 내가 지나도록 내 손으로 너를 덮었다가 손을 거두리니 네가 내 등을 볼 것이요 얼굴을 보지 못하리라(출 33:22~23)." 모세뿐 아니라 - 하나님을 아바 아버지로 부르시는 - 예수의 삶도 순종으로 시작해서 순종으로 완성되지 않았는가? "나의 원대로 마시옵고 아버지의 원대로 하옵소서(막 14:36; 마 26:42; 눅 22:42)."

성서에 의하면, 겸손과 순종이야말로 인간이 삼위일체 하나님과 연합되어 있다는 증거다. 물론 영성 생활에서 나타나는 신비한 사건은 중요한 역할을 한다. 압도적인 은총에 의해 갑자기 악한 생각이 사라지고 평강으로 충만해지는 체험이나 신비한 체험들은 영성 생활에 활력을 불어넣는다. 그러나 이러한 체험들은 사람들의 영적 감각의 정도에 따라 다르게 느껴지는 것들이다. 영적 감각이 선천적으로 무딘 사람은 은총에 의해 변화가 일어났음에도 불구하고 이를 전혀 알아차리지 못한다.

나무는 열매를 보아 알듯이 통회와 순종의 열매를 맺었다는 것은 우리가 이미 은총에 의해 인격적 통합을 이루었으며, 삼위일체 하나님과의 교제 속으로 들어갔다는 증거라 할 수 있다. 한결같이 통회와 순종의 삶을 사는 사람은 자신은 느끼지 못하더라도 하나님이 보시기에는, 그리고 하나님의 은총을 깊이 깨달은 사람이 보기에는 이미 하나님의 빛을 발하는 성자가 아닐 수 없다.

6. 은총의 수단

믿음과 사랑 혹은 통회와 순종을 낳는 삼위일체 하나님과의 교제는 성서가 우리에게 약속한 하나님의 선물이다. 그러나 믿음과 사랑이란 우리의 힘으로 이루어 낼 수 있는 것이 아니라 오직 하나님의 은총에 순간적으로 압도당하는 상태요 이러한 상태 속에서 나타나는 마음의 변화다. 이러한 인식은 은총을 기다리는 것이 그리스도인의 자세임을 새삼 확인시켜 준다. 우리는 은총을 기다리는 자가 되어야 한다. 예수는 말한다. "회개하라 천국이 가까이 왔느니라(마 4:17)." 회개하며 기다리라는 것이다. 그러나 회개마저도 자신의 힘으로 행하는 것이 아니라 성령의 인도하심을 따르는 것이다. 달리 말하면, 성령의 인도함을 따르는 회개 없이는 순간적으로 인간을 압도하는 은총이 선사되지 않는다는 것이다. 그리스도교 전통은 성령의 인도함을 받는 회개도 자의적으로 하는 것이 아니라 그리스도교 전통이 제정한 이른바 '은총의 수단(The means of grace)'을 통해 실천할 것을 요청한다.

믿음과 사랑은 물론 '은총의 수단' 밖에서도 주어질 수 있다. 교부들은 은총의 수단을 경시하는 것을 교만으로 간주한다. 혹자는 다음과 같이 이의를 제기할지도 모른다. 은총의 수단이라는 것도 결국 교회가 제정한 것이 아닌가? 물론 맞는 말이다. 그러나 은총의 수단이란 교회가 임의적으로 정한 것이 아니라, 성서를 묵상하는 가운데 성서에 나타나는 하나님의 계명을 요약한 것이다. 달리 말하면, 계명의 실천 없이는 하나님의 약속이 이루어질 수 없다는 성서의 근본적인 관점을 받아들이면서 계명을 요약한 것이 바로 은총의 수단이다.

초기의 그리스도교 전통에서 은총의 수단은 교회와 동일시되었다. 교회 밖에는 구원이 없다는 키프리아누스(T. C. Cyprianus)의 명제는 교회야말로 신뢰할 만한 은총의 수단이라는 말이다. 그러나 교부들은 점차 교회의 본질적인 행위들을 숙고하는 가운데 주일예전과 성례전(sacrament, μυστριον)을 은총의 수단으로 제시한다.[12]

교부들에게 전례란 삼위일체 하나님에 대한 관상이 구체적으로 이루어지는 장소로 인식된다. 구체적으로 말하자면, 성령의 임재 속에서 그리스도께서 우리가 되셔서 우리를 하나님 아버지께 봉헌하는 종말론적 사건의 선취(先取)를 바라보는 것이다. 동방교회 전례의 핵심적인 요소인 말씀예전과 성만찬은 이러한 종말론적 새 창조를 상징한다. 그러나 전례를 종말론적 새 창조 사건의 상징이라고 말하는 것은 전례가 단지 마지막 때 일어날 새 창조 사건을 기다리기만 한다는 뜻이 아니다. 동방교회에서 상징은 - 다르게는 나타날 수 없는 - 실재를 드러내 주는 역할을 수행한다.

고대 교회의 예전신학은 예전을 상징(象徵, symbol)으로 이해하며 다음과 같이 주장한다. 첫째, 말씀이 육신이 되신 분인 예수는 - 자신의 실존을 통해 하나님의 신비를 보여 주며 또한 믿는 자들을 이러한 신비로 인도하는 - 상징 또는 계시(啓示)의 원형이다. 둘째, 이러한 성육신 사건은 하나님의 신비가 오직 상징을 통해서만, 그러나 예수가 제정한 상징을 통해서만 전달될 수 있음

---

12 가톨릭에서는 세례(洗禮聖事) 견진(堅振聖事) 성체(聖體聖事) 고해(告解聖事) 병자성사(病者聖事) 성품성사(聖品聖事) 혼인성사(婚姻聖事)의 일곱 가지를 성례전으로 인정한다. 개신교는 세례와 성만찬만을 성례전으로 인정한다.

을 지시해 준다.[13]

정교회 신학자 지지울러스가 지적했듯이, 그리스도교가 예전의 구성요소로 받아들이는 상징의 출처는 자연이 아니라 - 하나님과 인간 사이에서 일어났던 - 인격적이며 역사적인 사건이다.[14] 즉 그리스도교 예전에서는 하나님의 뜻이 나타났던 역사적인 사건만이 상징으로 간주된다는 것이다. 이러한 사실은 그리스도교 예전을 이해하는 데 중요한 의미를 갖는다. 예를 들면, 이러한 상징 이해는 그리스도교 세례를 정화라는 물의 자연적 속성이 아니라 - 구약의 대홍수 사건과 출애굽의 홍해 이야기에 나타난 - 심판 사건의 맥락 속에서 이해하도록 만들며, 성만찬에서 빵과 포도주 그 자체의 변화에 초점을 맞추는 것을 이교적인 것으로 간주한다.

예전의 구성요소로 받아들여진 역사적 구원 사건이 실제로는 성서가 증언하는 사건임을 감안하면, 예전 상징으로 받아들일 수 있는 것은 성서에 언급된 구원 사건이라고 말할 수 있다. 그러나 성서가 증언하는 모든 구원 사건이 예전으로 받아들여지는 것은 아니다. 성서에 언급된 구원 사건들 가운데 원 상징인 예수가 제정했거나 참여했던 사건만이 예전의 구성요소가 될 수 있다.[15] 예를 들면, 성서를 풀어 주는 예수의 행위, 요단강에서 세례를 받으신 사건, 그리고 최후의 만찬 등이 예전의 구성요소가 될 수 있다.

고대 교회는 이러한 예전 상징을 통해 종말론적 사건이 현실이 된다고 고백한다. 즉 하나님 나라와 하나 되신 그리스도께서 도래하신다는 것이다. 그리고 이러한 그리스도의 도래로 인해 그리스도와의 교제와 - 이 교제가 창조하는 - 성도의 교제가 주어진다고 고백한다. 다시 말하면, 진정한 믿음과 사

---

13 참조. J. D. Zizioulas, *The Eucharistic communion and the world* (T&T Clark: London, 2011), 80~85.
14 J. D. Zizioulas, *The Eucharistic communion and the world* (T&T Clark: London, 2011), 86.
15 그러나 틸리히는 예수가 새로운 율법을 수여하기 위해 이 땅에 오신 것이 아님을 말하면서 교회의 성례전을 전통에 의해 받아들여진 성례전으로 이해한다. 참조. P. Tillich, *Systematic Theology* Vol. 3 (Chicago: The University of Chicago Press, 1963), 120~125.

량이 선사된다는 것이다.[16]

고대 교회는 예전의 전제가 되는 자세를 공경(恭敬, veneratio)으로 제시한다. 이러한 공경의 관점에서는 예전의 특정한 구성요소를 신격화하는 미신적인 태도도 문제지만 예전의 상징적 성격을 간과하는 지성주의 또한 극복해야 될 대상이 된다.

공경이란 자신을 낮추며 상대를 존중하는 태도다. 성서와 성찬은 공경의 대상이며, 전례 인도자 또한 공경의 대상이 되어야 한다. 그러나 공경은 일방적이 아니라 상호적이어야 한다. 예전에 참여하는 성도들도 - 공경의 대상이 되는 - 예전의 구성요소에 포함되기 때문이다. 예전에서 성도들의 상호존중과 용서가 전제되어야 하는 이유가 바로 여기에 있다. 디다케는 "예물을 제단에 드리려다가 거기서 네 형제에게 원망들을 만한 일이 있는 것이 생각나거든 예물을 제단 앞에 두고 먼저 가서 형제와 화목하고 그 후에 와서 예물을 드리라(마 5:23~24)."는 예수의 가르침을 따라 다음과 같이 말한다. "자기 동료와 더불어 분쟁거리를 가진 모든 이는, 그들이 화해할 때까지는, 여러분의 제사가 더럽혀지지 않도록, 여러분의 모임에 함께하지 말아야 합니다."[17]

그러나 예전이 공경에 그친다면 경건한 예전은 될지언정 '기쁨'이 있는 예전은 되지 못한다. 기쁨이 없는 예전은 - 공경의 태도가 은총에 압도되어 경배(敬拜, adoratio)[18]의 자세로 바뀔 때 주어지는 - 기쁨을 예전의 성취로 간주하는 고대 교회의 관점에서는 온전한 예전이 될 수 없다.

---

16 성서와 고대 교회 전통이 말하는 믿음은 교리에 대한 특정한 지적 자세가 아니라 인격의 중심에서 하나님을 신뢰하며 또한 이 중심이 하나님을 향해 열려지는 상태를 말한다. 루터는 다음과 같이 말한다. "사람들은 삶을 변화시키지 못하는 믿음의 현실 앞에서 믿음으로는 충분치 않으며 우리가 올바르게 되고 구원을 얻으려면 '행위들'을 하여야 한다고 선언하는 오류에 빠진다. …… 하지만 믿음은 하나님이 우리 속에서 일으키는 그 무엇이다. 그것은 우리를 변화시키며, 우리는 하나님으로부터 다시 태어난다." 참조. 존 딜렌버거 편/이형기 옮김, 『루터 저작선』 (서울: 크리스천다이제스트, 1996), 61~62.
17 디다케/정양모 역주, 『디다케 열두 사도들의 가르침』 (왜관: 분도출판사, 2014), 94~95.
18 정교회와 가톨릭에서는 adoratio를 흠숭(欽崇)으로 번역한다.

그러면 이러한 기쁨을 회복하기 위해선 무엇이 필요한가? 그것은 오직 성령의 도래뿐이다. 공경이 경배로 바뀔 때 주어지는 기쁨은 오직 성령의 임재 속에서만 주어지기 때문이다. 따라서 예전에는 공경의 자세와 함께 성령의 임재를 간구하는 기도가 요청된다. 물론 우리는 성령의 자유를 인정해야 한다. 예상치 못하게 성령의 임재 속에서 살아 계신 그리스도의 음성을 들을 수도 있다. 그러나 성령의 자유가 성령의 임재를 예비할 책임을 면제해 주는 것은 아니다. 이러한 의미에서 예전에 대한 성패는 성령의 임재를 예비하는 행위에 달렸다고 말할 수 있다. 물론 모든 예전에는 성령의 임재를 간구하는 기도가 선행된다. 그러나 성령 임재에 대한 기원이 형식적이 되지 않기 위해서는 삶 전체를 통해 성령의 임재가 무엇인지를 배워야 한다.

그리스도교 전통에서 성령의 임재는 무엇보다 기도와 깊은 연관성을 갖는다. 사실 고대 교회에서는 기도 속에 드러나는 고요함(hesychia)의 경지, 즉 있는 것을 있는 그대로 바라볼 수 있기에 통회와 공감의 눈물이 동반되는 고요함의 경지가 성령에 의해 창조된 현실로 간주되었다.[19] 그렇기에 고대 교회의 수도자들은 이러한 고요함을 얻기 위한 투쟁 없이 예전에 참여하는 것을 부끄러워할 수밖에 없었다. 물론 고대 교회는 예전을 가장 소중하게 여긴다. 신학과 영성도 예전으로부터 나와 예전을 지향한다. 그러나 수행(praxis)과 관상(theoria)을 존중하는 전통이 암시하듯이, 고대 교회는 주일에만 기도하는 예전을 늘 경계해 왔다. 이러한 고대 교회의 입장은 초대교회가 안식일 날 회당을 찾아 기도와 성서 묵상에 힘쓴 후 다음 날인 주일날 예배를 드렸다고 보고하는 성서를 따르는 것이다.

그리스도교 전통은 이러한 맥락에서 성례전 외에도 기도와 성서 묵상을 은총의 수단으로 간주한다. 교부들은 또한 자비의 실천도 은총의 수단에 포

---

19 사실 수도자 전통의 관상 기도나 예수 기도뿐 아니라 간절한 간구의 기도 또한 그 깊이에서는 성령의 임재를 기다리는 고요함의 차원을 갖고 있다.

함시킨다. 마카리우스는 기도만 할 뿐 선한 일을 하려고 노력하지 않는 것을 경계하며 다음과 같이 말한다. "오직 기도만 훈련한다면 …… 은혜를 받는다 해도 다시 잃을 것이요, 교만 때문에 타락하거나 자기에게 주어진 은혜를 발달시키거나 성장시키지 못할 것입니다."[20]

---

20 마카리우스/최대형 옮김, 『신령한 설교』 (서울: 은성, 2015), 229.

제8장
교회론

그리스도교는 본래 하나의 교회였다. 그러나 11세기와 16세기에 일어난 두 차례의 교회 분열은 정교회와 가톨릭 그리고 개신교라는 세 교파들을 출현시켰다. 교회 분열은 여기서 그치지 않고 개신교 내에서 계속되었다. 이러한 교회 분열은 교파 간의 상호 비방을 불러일으키며 교파 간의 차이가 타종교와의 차이보다 더 크게 느껴지는 현상을 초래하기도 했다. 이러한 상황이 비정상적임을 인식한 그리스도인들은 교회 일치를 추구하면서 특정한 교파의 교회론이 아니라 모든 교회를 포괄하는 보편적인 교회론을 모색하기 시작했다.

교회 일치를 추구하는 신학자들은 그리스도교 전통에서 예수와 하나님 나라 그리고 교회가 서로 분리되지 않는다는 사실을 재발견했다. 예수 없이 하나님 나라와 교회를 이해할 수 없으며, 하나님 나라 없이 예수와 교회를 이해할 수 없다는 것이다. 또한 교회를 배제한 채 하나님 나라와 예수를 깊이 이해할 수 없다는 것이다. 왜냐하면 하나님 나라는 그 나라의 빛을 비추어 줄 하나님의 백성을 필연적으로 요청할 수밖에 없기 때문이다.

따라서 교회론은 신학의 여러 주제 가운데 단지 하나의 주제에 불과한 것이 아니라, 신학 전체의 방향과 성격을 결정짓는 신학적 사고의 지평이라 할 수 있다. 교회론의 이러한 특성 때문에 교회론은 신학뿐 아니라, 교파 간의 대화에 있어서도 항상 격렬한 논쟁을 불러일으켰다. 이러한 논쟁은 결국 다음과 같은 근원적인 물음을 제기하도록 만들었다. "교회란 무엇인가?"

구약성서에는 교회란 말이 나타나지 않는다. 그러나 교회에 상응하는 개념들은 존재한다. '카할(qahal)'과 '에다(êdah)'가 바로 그것이다. 카할은 논의를 위해 소집된 공동체를 뜻하고, 에다는 부름을 받아 모인 공동체란 의미를 가지고 있다. 그러나 내용적으로는 양자 모두 이스라엘 공동체를 가리킨다. 70인역 성서(Septuaginta)는 카할을 '에클레시아(ekklesia)'로 번역하고, 에다는 '시나고게(synagoge)'라는 헬라어로 옮겨 놓았다. 그리스도교 탄생 이후 그리스도인들은 자신의 모임을 에클레시아로 불렀으며, 유대인들의 모임은 시나

고게로 불렀다.

우리는 신약성서와 그리스도교 전통에서 상이한 교회 개념들을 만나게 된다. 이러한 상이한 개념들이 가져올 수도 있는 혼란을 피하려면 개념들을 분류해 볼 필요가 있다. 교회론 개념들은 어떤 관점에서 교회를 보느냐에 따라 분류된다. 주로 신약성서에 나타나는 하나님의 백성, 그리스도의 몸, 성령의 피조물 등의 개념들은 신자들을 공동체로 부르시는 삼위일체 하나님의 관점에서 교회를 바라본다. 따라서 이러한 개념들은 교회가 하나님에 의해 세워진 공동체며, 하나님의 행위가 교회의 창조적 근거임을 피력한다.

반면에 그리스도교의 거의 모든 교파들이 받아들이는 니케아 공의회의 교회론은 공동체의 구조와 속성(屬性, Attribute)의 관점에서 교회를 바라본다. 즉 교회가 하나님에 의해 세워질 때 나타나는 공동체의 특성을 제시한 것이다. 전통적인 신학은 성서의 교회론을 교회의 본질로, 공의회의 교회론을 교회의 속성으로 부른다.

1. 교회의 기원

교회는 언제 누구에 의해 세워졌는가? 이 물음은 아주 오래된 물음이다. 이 물음에 대해 전통적인 가톨릭교회는 예수가 그의 지상 생애 중 교회를 세웠다고 말한다.[1] 반면에 개신교는 교회의 토대를 오순절 성령 강림 사건에서 찾는다. 따라서 개신교는 교회를 - 부활과 승천을 통해 온 세상에 현존하시는 - 그리스도의 부르심에 응답하는 성도들의 공동체 또는 "하나님의 말씀에 의해 생겨난 피조물(creatura Verbi divini)"이라고 부른다.

가톨릭교회는 마태복음 16장 18절 - "너는 베드로라 내가 이 반석 위에 내 교

---

[1] 오늘날 성서신학자들은 마태복음 16장 18절을 역사적 예수의 진술로 간주할 수 있느냐는 물음에 대해 일관된 답변을 주지 못하고 있다. 또한 "예수는 하나님 나라를 선포했는데, 실제로 도래한 것은 교회였다."고 말한 가톨릭 신학자 르와지(Alfred Loisy)의 견해에도 동조하지 않는다.

회를 세우리니 음부의 권세가 이기지 못하리라." - 에 근거해 예수가 사도의 토대 위에 세운 것이 교회라고 주장한다. 가톨릭은 이러한 관점에서 교황 제도와 주교 제도를 정당화시킨다. 사도의 후계자인 교황과 교황이 파송한 주교가 없는 교회는 진정한 교회가 아니라는 것이다.

그러나 가톨릭의 진보적 신학자 큉(H. Küng)은 전통적인 가톨릭교회의 입장과는 달리 "부활 이전의 예수가 교회를 설립한 적이 없다."고 단언한다.[2] 부활 신앙 이후에야 비로소 교회가 시작되었다는 것이다.[3] 이러한 견해는 분명 교회가 역사적 예수에 의해 세워졌다고 말하는 제2차 바티칸 공의회의 견해와는 다른 입장을 취하는 것이며, 오히려 교회를 말씀의 피조물로 규정하는 종교 개혁자들의 견해에 더 가깝다. 큉은 구체적으로 다음과 같이 말한다. "옛 백성과 구분되지만, 옛 백성을 계승하는 하나님의 새 백성은 사도들의 선포에서 처음으로 나타난다."[4]

부활하신 분의 현현을 목격한 사도의 선포에서 비로소 교회가 시작되었다는 것이다. 그러나 큉의 이러한 견해는 다음과 같은 반론을 불러일으킬 수도 있다. "그러면 예수의 제자 공동체는 아직 교회가 아니었다는 말인가? 예수는 다가오는 하나님 나라를 바라보며 이스라엘을 모아 하나님 백성을 삼고자 하지 않았는가?"[5] 물론 큉도 이러한 주장을 부정하지는 않는다. 큉은 하나님 나라를 선포한 예수와 교회를 세운 사도들 사이에 연속성이 존재한다는 사실을 부인하지 않는다. 큉은 오히려 예수와 사도의 관계를 연속성과

---

2 한스 큉/정지련 옮김, 『교회』 (서울: 한들출판사, 2007), 96.
3 앞의 책, 100~101.
4 앞의 책, 98.
5 게르하르트 로핑크/정한교 옮김, 『예수는 어떤 공동체를 원했나?』 (왜관: 분도출판사, 1996), 5. 교회의 근원에 대한 질문에 있어서 로핑크는 교회와 이스라엘의 연속성을 주장한다. "역사상 예수가 과연 교회를 세웠냐는 물음이 비평신학에서 세차게 일어난 지 이미 오래입니다. 물론 점차 뚜렷이 인식되고 있거니와 이것은 문제 제기 자체에 잘못이 있습니다. …… 예수는 애당초 교회를 세울 수도 없었으니, 오래전부터 교회가, 사실인즉 하느님 백성 이스라엘이 있었기 때문입니다. 예수는 이스라엘을 상대로 했습니다. 다가오는 하느님 나라를 바라보며 이스라엘을 모아 하느님 백성을 삼고자 했습니다."

상호연관성 속에서 이해한다. 그럼에도 불구하고 큉은 하나님의 백성으로 부름 받은 예수의 제자 공동체에는 결정적인 그 무엇이 결여되어 있다고 생각한다.

예수의 제자 공동체에 결여되어 있다는 교회의 결정적인 정체성은 무엇인가? 큉에게 그것은 바로 사도의 선포 속에서 당신의 신비를 드러내시는 현존하시는 그리스도(Christus praesens)이시다. 현존하시는 그리스도의 부르심이 예수의 제자 공동체에는 아직 나타나지 않았다는 것이다. 달리 말하면, 지상의 예수에 의해 교회의 토대는 어느 정도 마련되었지만 교회의 온전한 정체성은 현존하시는 그리스도의 부르심에 의해 비로소 실현될 수 있다는 것이다. 큉은 이와 같이 지상의 예수보다는 현존하시는 그리스도의 신비에서 교회의 직접적인 토대를 찾으며, 이러한 의미에서 사도의 선포를 교회의 실질적 토대로 말하고 있다.

개신교 전통은 처음부터 교회의 정체성을 현존하는 그리스도에서 찾아왔다. 즉 현존하시는 그리스도의 부르심에 의해 이루어지는 그리스도의 몸이야말로 교회의 본질을 이룬다는 것이다. 달리 말하면, 교회는 하나님 나라를 위해 부름 받은 하나님의 백성이지만, 그리스도의 몸만이 하나님의 백성의 내용을 온전하게 채울 수 있다는 것이다.

개신교 신학자들은 자신들의 교회론이 성서적이며 전통적이라고 생각했다. 그들은 특히 "그리스도가 계신 곳에 교회가 있다(ubi christus ibi ekklesia)."고 말한 안디옥의 이그나티우스(Ignatius)와 테르툴리아누스(Tertulianus)를 자신의 주장을 입증해 주는 증인으로 채택한다. 그리고 가톨릭교회가 "그리스도가 계신 곳"을 "주교가 있는 곳"으로 바꾸어 놓았다고 주장한다. "주교가 있는 곳에 교회가 있다."는 가톨릭의 주장은 교부들의 사상이 아니라는 것이다.

2. 성서의 교회론

1) 하나님의 백성

신약성서에서 하나님의 백성이란 말은 그리 자주 찾아볼 수 있는 개념이 아니다. 단지 몇몇 구절에서만 교회를 하나님의 백성으로 부르고 있다. "너희는 택하신 족속이요 왕 같은 제사장들이요 거룩한 나라요 그의 소유가 된 백성이니 이는 너희를 어두운 데서 불러 내어 그의 기이한 빛에 들어가게 하신 이의 아름다운 덕을 선포하게 하려 하심이라 너희가 전에는 백성이 아니더니 이제는 하나님의 백성이요 전에는 긍휼을 얻지 못하였더니 이제는 긍휼을 얻은 자니라(벧전 2:9~10. 참조. 고후 6:14~18; 딛 2:14; 계 21:3~4: 출 19:3~6)."

그러나 구약성서의 표상이라 할 수 있는 하나님의 백성이란 개념을 신약성서의 교회에 적용시키는 것은 임의적인 것이 아니다. 성서적 의미의 하나님 나라는 항상 하나님의 백성을 통해 그 빛을 발하기 때문이다. 사실 하나님 나라를 선포한 예수에게 하나님의 백성은 중심적인 역할을 수행한다.

가톨릭의 성서학자 로핑크(G. Lohfink)는 이러한 사실을 다음과 같이 묘사한다. "구약성서 신학의 결정적 전통 노선으로서 일단 기본 바탕이 되어 있는 것은, 하나님이 세상에 존재하는 여러 백성 가운데서 유일한 한 백성을 찾아내어 이 하나인 백성을 구원의 징표로 삼고자 하신다는 데 있다. 이로써 여느 백성들이 무시되는 것은 아니다. 여느 백성들은 실상 하나님 백성이 백성들 한복판에서 징표로서 빛을 발할 때 하나님 백성에게서 배우게 된다. …… 예수는 공동체 사상, 즉 하나님의 통치에는 한 백성이 있어야 한다는 생각을 버리지 않고, 이제는 그러니까 온 이스라엘을 도외시하지는 않되 제자들의 공동체에다가 하나님 나라를 연결 짓는 것이다."[6]

---

[6] 게르하르트 로핑크/정한교 옮김, 『예수는 어떤 공동체를 원했나?』 (왜관: 분도출판사, 1996), 58~59.

사실 예수께서 하나님 나라를 선포하면서 동시에 제자들을 불렀던 것은 우연이 아니었다. 보이지 않는 하나님 나라를 드러내야 할 과제가 하나님의 백성에게 주어져 있기 때문이다. 초대교회가 종말의 지연에도 동요치 않고 현재에 충실했던 이유도 바로 여기에 있다. 자신들의 과제가 무엇인지를 분명하게 알고 있었기 때문이다. 그러면 하나님 나라의 빛을 비춰 줄 수 있는 하나님의 백성의 정체성은 무엇인가?

초대교회는 하나님의 백성의 정체성을 하나님 나라의 도래를 기다리는 신실함에서 찾았다. "아멘 주 예수여 오시옵소서(계 22:20)." 이 신앙고백은 초대교회 내의 특정한 몇몇 교인들에게만 통용되었던 신앙고백이 아니다. 하나님 나라와 예수의 재림에 대한 기대는 초기 그리스도인의 정체성을 형성한다.[7]

하나님 나라의 도래를 신실하게 기다린다는 것은 세속화를 거부하는 것이다. 오직 하나님만을 의지하도록 부름 받은 하나님의 백성에게 세상의 현실에 안주하려는 세속화야말로 가장 큰 위협과 유혹이 되기 때문이다. 이러한 맥락에서 아브람에게 고향을 떠나라는 하나님의 명령과 하나님과 맘몬을 동시에 섬길 수 없다는 예수의 말씀은 오늘날의 교회에 시사해 주는 바가 크다.

그러나 세속화를 거부하는 것은 세상 그 자체를 거부하는 것이 아니다. 오히려 세상을 위한 삶을 살겠다는 결단을 의미한다. 교회는 자신만을 위한 존재가 아니다. 하나님의 백성은 마땅히 세상 한가운데서 살아야 하며 세상과 대화해야 한다. 그리고 항상 하나님의 구원의 대상인 세상에 책임감을 가져야 한다. 사실 교회가 자기 보존과 성장에만 치우쳐 함께 살아가는 이웃의 고난을 외면하고 그 고난에 동참하는 것을 회피한다면, 결국 교회는 생명력을 잃게 될 것이다.

---

7 참조. 막 9:1; 마 10:23.

성서가 세상을 위해 존재하는 하나님의 백성에게 일관되게 요구하는 것이 있다. "너희는 거룩하라."[8]는 명령이 바로 그것이다. 세상과 구별된 삶을 살라는 것이다. 물론 세상과 구별된 삶을 살라는 것은 세상을 거부하거나 하시(下視)하라는 말이 아니다. 하나님의 백성은 세상을 위한 존재기 때문이다. 그러나 세상과 구별되지 않는 백성은 세상을 위한 존재가 될 수 없다. 왜냐하면 세상과 구별된 삶의 방식을 보여 줄 때에만 세상에 빛을 비춰 줄 수 있기 때문이다.

세상 한가운데 살지만 세상에 물들지 않고 오히려 세상의 소금이 되는 것이야말로 하나님의 백성이 실현해야만 하는 삶의 방식이다. 사실 오늘날의 상황을 살펴보면 어설픈 선교나 사회 참여보다는 자신의 정체성을 회복하는 일이 시급해 보이기도 한다. 세상 가운데 살며 세상과 구별되는 삶을 영위하는 것이야말로 세상에 대한 가장 큰 봉사임을 잊어서는 안 된다.

구약성서에서 하나님께 헌신하려는 나실인이 구별됨의 징표로 포도주와 독주를 금했다면,[9] 예수의 제자들은 구별됨을 위해 어떤 삶을 살아야 하는 것일까? 이 물음이 바로 산상설교가 대답하고자 하는 물음이었을 것이다.

2) 성령의 피조물

사도행전 2장은 교회의 기원이 오순절 성령 강림 사건임을 지시해 준다. 교회의 탄생이 오순절에 이루어졌다는 것은 시사하는 바가 크다. 오순절은 모세가 시내 산에서 하나님의 계명을 받음으로써 하나님의 백성이 탄생했던 날이기 때문이다. 누가는 오순절 날에 성령이 제자들에게 부어졌다고 말함으로써 새로운 하나님의 백성의 토대가 율법이 아니라 성령이라는 사실을

---

8 참조. 레 19:1~2; 마 5:48.
9 나실인(Nazirite)은 '성별하다'는 뜻을 가지고 있다. 참조. 민 6:1~21; 눅 1:15.

시사해 준다.

성령은 공동체를 창조하는 영이라는 것이다. 이러한 맥락에서 신학자들은 교회를 성령의 피조물로 부른다. 바르트는 다음과 같이 말한다. "성령의 각성시키는 활동 속에서 교회는 모이게 되고, 성령의 생동시키는 활동 속에서 교회는 보존되고 성장하며 갱신되고, 성령의 조명하는 역사 속에서 교회는 세상으로 파송된다."[10]

바울에 의하면, 성령은 교회를 창조하는 능력일 뿐 아니라 교회를 실현하는 능력이기도 하다. 바울은 이러한 능력을 은사(恩賜, charisma)로 보고 교회가 은사 공동체임을 시사한다. "우리에게 주신 은혜대로 받은 은사가 각각 다르니 혹 예언이면 믿음의 분수대로, 혹 섬기는 일이면 섬기는 일로, 혹 가르치는 자면 가르치는 자로, 혹 위로하는 자면 위로하는 일로, 구제하는 자는 성실함으로, 다스리는 자는 부지런함으로, 긍휼을 베푸는 자는 즐거움으로 할 것이니라(롬 12:6~8)."

각자가 자신에게 주어진 은사로 서로 섬길 때 교회가 실현된다는 것이다. 그러나 바울은 은사 공동체를 열광주의 운동과 구분하면서 영 분별의 기준을 사랑에서 찾는다. "너희는 더욱 큰 은사를 사모하라 내가 또한 가장 좋은 길을 너희에게 보이리라(고전 12:31)."

즉 가장 좋은 길인 사랑으로 인도하지 않는 은사는 의미가 없다는 것이다. 바울은 신비한 모든 현상을 성령의 은사와 일치시키는 것에 경종을 울린다. "형제들아 신령한 것에 대하여 나는 너희가 알지 못하기를 원하지 아니하노니 너희도 알거니와 너희가 이방인으로 있을 때에 말 못하는 우상에게로 끄는 그대로 끌려 갔느니라(고전 12:1~2)."

신비한 것 그 자체에 빠지지 말고 그 신비가 나를 어디로 인도하는지를 분별해 은사의 참됨을 검증해 보라는 것이다. 그러면 진정한 은사, 즉 사랑으

---

10 K. Barth, *Die Kirchliche Dogmatik* Ⅳ/1, 718. Ⅳ/2, 695. Ⅳ/3, 780.

로 인도하는 은사란 구체적으로 무엇인가? 바울에게 그것은 다름 아닌 교회에 덕을 세우는 은사(고전 12:7), 즉 섬김의 열매를 맺는 은사다.

큉은 바울의 교회 사상에 나타난 은사(charisma)와 봉사(diakonia)의 상호적인 관계를 중시하며 은사를 다음과 같이 해석한다. "포괄적인 의미의 카리스마는 하나님께서 개인으로 하여금 교회에서 특정한 봉사를 수행하도록 개인을 부르시고 동시에 능력을 주시는 행위다. 우리는 이미 카리스마, 소명, 봉사 등의 개념들이 서로 연관되어 있으며, 용어적으로도 서로 교환 사용되고 있음을 살펴보았다. 고린도전서 12장 4~6절은 '은사'를 '봉사'와, 로마서 11장 29절과 고린도전서 7장 7절과 17절은 '은사'를 '부르심'과 혼용하고 있다. '봉사'에 대한 전제는 '카리스마'와 '부르심'이다."[11]

다시 말하면, 교회는 은사를 받은 자가 섬기고, 서로 다른 은사를 받은 사람들이 서로를 섬기는 공동체라는 것이다. 따라서 은사가 은사 받은 자를 사귐으로 인도하지 않는다면, 그 은사는 의심해 보아야 한다. 슈바이처도 다음과 같이 말한다. "성령을 소유하고 있다고 하여 은사를 가진 자기 자신을 과시하며, 교회의 질서를 따르지 않고 자기의 영역을 만드는 자는 성령을 받은 자가 아니라, 육의 사람(고전 3:1 이하)이다."[12]

사도신경은 성령에 의해 창조되는 친교 공동체(Communio Sanctorum)를 교회의 본질로 제시한다. "거룩한 공회와 성도가 서로 교통하는 것을 믿으며." 성령에 의해 창조되는 사귐의 공동체는 다양성을 억압하는 획일화나 하나가 되지 못하는 다양성 모두를 거부한다. 다양한 은사들은 은사 받은 사람들을 사귐으로 인도하면서 하나의 공동체를 형성한다는 것이다.

물론 바울은 성령이 개인 안에 현존하는 영이라고 말한다. "너희는 너희가 하나님의 성전인 것과 하나님의 성령이 너희 안에 계시는 것을 알지 못하

---

11 한스 큉/정지련 옮김, 『교회』 (서울: 한들출판사, 2007), 264.
12 E. 슈바이처/김균진 옮김, 『성령』 (서울: 대한기독교서회, 1982), 152~153.

느냐(고전 3:16. 참조. 고전 6:19)." 성령은 우리로 하여금 우리 안에 남아 있는 옛 자아와 싸우고 하나님을 아바 아버지로 부르도록 인도함으로써 우리를 성화의 삶으로 인도하는 영이라는 것이다. 그러나 성화의 영이 공동체를 창조하는 영과 모순되는 것은 아니다. 성화의 영은 결국 우리를 섬김과 사귐의 삶으로 인도하기 때문이다.

3) 그리스도의 몸

바울은 고린도전서, 로마서, 골로새서, 에베소서에서 교회를 그리스도의 몸이라고 부른다. "너희는 그리스도의 몸이요 지체의 각 부분이라(고전 12:27. 참조. 롬 12:5; 골 1:18; 2:19; 엡 1:22~23; 4:15; 5:23)." 그러나 이러한 사상의 출처는 바울이 아니라, 바울에게 전승된 사상이었다.

신약성서에서 그리스도의 몸은 예수께서 오늘도 몸으로 현존하신다는 사실을 강조하는 개념이다. 특히 성만찬을 통해 현존하시는 그리스도의 신비를 지시해 준다. 바울은 이러한 사상을 받아들이며 교회의 본질을 해명하고 심화시킨다.

바울은 고린도전서 12장 12~27절에서 먼저 신자들이 한 몸에 속한 다양한 지체들이라는 사실로부터 출발한다. 물론 고린도전서는 분쟁 없이 하나 됨을 이루자고 강력하게 호소한다. 지체들 간의 분열만큼 그리스도의 마음을 아프게 하는 것은 없다는 것이다. 그러나 바울은 이러한 일치를 위해 지체들 간의 유기적인 상호의존성을 강조한다. "만일 한 지체가 고통을 받으면 모든 지체가 함께 고통을 받고 한 지체가 영광을 얻으면 모든 지체가 함께 즐거워 하느니라(고전 12:26)."

그러나 바울이 사용하는 몸이란 은유는 당시 그레코 로마 세계에 널리 알려졌던 몸 표상에서 빌려온 것이다. 따라서 양자를 비교해 보면 바울의 몸 사상이 말하려는 것이 보다 명백하게 드러난다. 당시 그레코 로마 세계의 지성인들은 도시국가를 몸에 비유하여 설명하곤 했다. 그들은 몸의 은유를 통해 시민들의 불일치는 질병이요, 일치는 건강과 행복이라고 주장했다. 이를 위해 그들은 몸에도 질서가 있듯이 국가에도 질서가 있으며, 따라서 국가에 존재하는 위계질서에 순종하는 것이 국민의 덕이라는 사실을 강조한다. 이러한 사상은 다분히 철저한 위계질서를 근간으로 하는 당시 계급사회의 통치 이데올로기를 내포하고 있다.

바울과 그레코 로마 사상 모두는 일치를 강조한다. 그러나 양자는 일치를 이루는 방법에서는 서로 다른 길을 걷는다. 로마의 지성인들이 위계질서를 강조한다면, 바울은 지체들 간의 유기적인 상호의존성을 강조한다. 이러한 비교는 바울이 말하려는 것이 무엇인지를 분명하게 드러낸다. 즉 평등한 지체들이 서로 의지하며 서로의 삶에 참여하고 삶을 나누는 친교야말로 일치에 이르는 길이라는 것이다.

또한 바울은 교회를 신자들의 친교 공동체로 제시할 뿐 아니라 그리스도의 몸으로 정의한다. "몸은 하나인데 많은 지체가 있고 몸의 지체가 많으나 한 몸임과 같이 그리스도도 그러하니라(고전 12:12)." 논리적으로는 하나인 몸에 여러 지체들이 있다는 진술 다음에 "교회도 그러하니라."란 말이 나와야 하지만, 바울은 교회 대신에 그리스도를 위치시킨다.

이러한 진술은 분명 교회가 그리스도의 몸임을 시사해 주는 대목이다. 이러한 암시는 12장 27절의 말씀 – "너희는 그리스도의 몸이요 지체의 각 부분이라." – 에서 더욱 분명해진다. 교회, 즉 신자들의 친교 공동체가 바로 그리스도의 몸이라는 것이다. 달리 말하자면, 서로 다른 지체들이 친교를 통해 공동체를 이루는 삶이야말로 그리스도께서 당신을 드러내는 사건이라는 것이다.

이러한 사상은 골로새서와 에베소서에도 이어진다. 그러나 이 두 서신은 그리스도를 교회의 머리로 제시함으로써(골 1:18; 2:19; 엡 1:22~23; 4:15; 5:23) 교회의 머리로서의 그리스도와 그의 몸으로서의 교회의 관계를 역동적으로 규정한다.

그리스도가 자신의 몸인 교회의 머리라는 사실은 무엇을 말하는가? 이러한 진술은 무엇보다 먼저 교회가 그리스도에 대한 순종을 통해서만 그리스도의 몸이 될 수 있음을 시사해 준다. 교회는 그리스도를 소유한 존재가 아니라, 그리스도의 도래를 기다리는 존재라는 것이다. 달리 말하자면, 교회는 그리스도의 몸이지만, 더욱 충만한 그리스도의 몸이 되기 위해서는 끊임없이 성장해야 한다는 것이다.

바울은 이와 같이 그리스도의 몸에서 가장 구체적인 교회의 본질을 본다. 그에게 있어 하나님의 백성과 성령의 피조물이란 개념은 그리스도의 몸이란 개념에 의해 자신의 내용을 채운다고도 말할 수 있다. 구체적으로 말하면, 성도의 친교를 낳는 성만찬 예전과 성만찬 예전의 전제가 되는 성도의 친교가 교회의 본질이라는 것이다. 교회를 구성하는 두 요소인 예전과 친교는 서로가 서로에게 전제 조건이 된다는 것이다.

그리스도의 몸 사상을 재발견한 것은 종교 개혁자들이었다. 성서에서 교회의 토대를 찾으려 했던 종교 개혁자들은 중세 가톨릭의 계급주의적 교회 사상에 맞서 교회를 그리스도의 몸으로 선포하는 신약성서의 교회론을 강조한다. 즉 교회의 머리는 교황이 아니라 그리스도며, 계급 질서가 아니라 성도의 교제가 그 깊이에 있어서 그리스도의 몸이라는 것이다.

가톨릭 신학 또한 제2차 바티칸 공의회(1962~1965) 이후 그리스도의 몸 사상을 적극적으로 받아들인다.[13] 즉 제1차 바티칸 공의회와의 차별성을 부각

---

13 물론 제2차 바티칸 공의회 이전에도 가톨릭에는 그리스도의 몸 사상이 존재했다. 뮐러(A. Möhler)가 이미 교회의 본질을 그리스도의 성육신이 실현되는 공동체로 규정한 바 있다. 그러나 뮐러 이전과 이후 가톨릭교회론을 지배해 온 것은 벨라르미노(Bellarmin)의 가시적이며 위계적이고 제도적인 교회론이었다. 벨라르미노는 종교 개혁자들의 공격에 맞서 교회를 가시적이며 지상적인 교황 국가로 보고 강력한 교황권 확립과 엄격한 위계 조직을 강조하였다. 그로부터 약 300년이 지난 후 뮐러의 영향을 받은 슈라더(C. Schrader)가 제1차 바티칸 공의회(제20회 공의회, 1869~1870)의 주제 초안에서 교회를 그리스도의 몸으로 제시했지만, 공의회는 슈라더의 제안을 거부하고 벨라르미노의 교회론을 공의회의 정식 교회론으로 채택했다. 드디어 1943년 교황 비오 12세(Pius XII)는 제1차 세계대전 이후 부흥운동의 여파 속에서 교회를 그

시키기 위해 교회가 그리스도의 몸임을 재차 선언하면서도 그리스도만이 - 그리스도의 몸 된 - 교회의 머리임을 강조한다. "모든 민족 가운데서 불러 모으신 당신 형제들에게 당신의 성령을 주시어 신비로이 당신의 몸을 이루신다."[14]

다시 말하면, 계급적 조직체가 아니라 성도의 교제가 현존하시는 그리스도의 몸이라는 것이다. 바르트와 본회퍼(D. Bonhoeffer) 등의 개신교 신학자들도 이러한 제2차 바티칸 공의회의 선언에 기꺼이 동의할 것이다.[15]

제2차 바티칸 공의회 이후의 현대 신학은 교파 간 차이를 넘어서 그리스도가 당신의 몸인 교회의 머리임을 강조함으로써 양자의 관계를 단순한 일치가 아니라 연합되면서도 구분되는 관계로 제시한다. 달리 표현하자면, 교회는 순종을 통해서만 그리스도의 몸과 연합되지만, 이러한 연합 속에서도 양자의 구분은 여전히 존재한다는 것이다.

물론 성도의 교제는 개인주의적 관점에서는 개인에게 종속된 행위에 불과하다. 이러한 관점에서는 성도의 교제가 부차적인 것에 불과하다. 따라서 교회의 본질을 성도의 교제로 제시하는 교회론은 사유의 전환을 요청한다.

리스도의 몸으로 선언하는 회칙 '그리스도의 신비의 몸(Mystici corporis Christi)'을 반포한다. 그러나 비오 12세는 바울의 그리스도의 몸 사상을 받아들이면서도 이 신비의 몸을 로마 가톨릭교회와 일치시켰다. 결국 그리스도의 몸 사상은 교회와 그리스도를 일치시키고 교황권을 강화시키는 도구로 전락했다.

14 참조. 한국천주교주교회의 편, 『제2차 바티칸 공의회 문헌』 (서울: 한국천주교중앙협의회, 2009), 85.

15 참조. Karl Barth, *Die Kirchliche Dogmatik, Zweiter Halbband* (Zürich: Evangelische Verlag A.G. Zollikon, 1959), 215~336. 특히 본회퍼는 그의 박사학위 논문에서 교회를 '공동체로 존재하는 그리스도(Christus als Gemeinde existierend)'로 정의함으로써 그리스도는 말씀과 성례전뿐 아니라 성도의 교제(공동체)로서 현존함을 부각시킨다. 이로써 본회퍼는 성도의 교제로서의 교회가 개인적 신앙의 원천이며 동시에 목표임을 비판한다. 바르트는 이 정의가 그리스도와 교회를 동일시할 위험성을 내포하고 있다고 지적했다. 그러나 본회퍼는 그리스도가 세계 내에 - 숨겨져 있지만 - 현존하는 실재며, '사회적이며 윤리적인(soziale-ethische)' 사고야말로 현존하면서도 숨겨져 있는 그리스도의 신비에 상응할 수 있는 적절한 신학적 사고 범주라고 확신한다. 본회퍼는 성도의 본질뿐 아니라, 공동체로 존재하는 그리스도도 인격 존재 - 즉 타자와의 관계를 통해 자신을 실현하는 존재 - 로 이해한다. 이러한 인격주의 사상은 교회의 본질을 성도의 교제(Sanctorum Communio)로 바라보도록 만들며, 또 세계를 교회의 자기실현을 위해 반드시 필요한 타자로 이해하도록 만든다. 따라서 교회는 내적으로나 외적으로 타자를 향해 열린 존재로 이해된다. 참조. Dietrich Bonhoeffer, *Sanctorum Communio. Eine dogmatische Untersuchung zur Soziologie der Kirche*, hrsg. von Joachim von Soosten (München: Chr. Kaiser Verlag, 1986), 19~35.

즉 개인의 중심을 개인의 내면이 아니라 타자와의 인격적 교제에서 찾으며, 그리스도를 이 교제의 중심 속에서 내게 말을 건네는 인격적 실재로 인식할 수 있는 인격적 사고방식(personalism)[16]으로의 전환 말이다. 또한 이러한 사고방식은 성도의 교제 속에 현존하시는 그리스도가 오직 성령에 의해서만 인식되고 실현되는 신비임을 시사해 준다.

그러나 성도의 친교를 그리스도의 몸으로 바라보는 사상은 지성적 추론에 의한 것이 아니라 신앙의 체험에서 비롯된 것이다. 다시 말하면, 친교를 통해 선사되는 평강과 기쁨의 체험이 친교 공동체를 그리스도의 몸으로 고백하게 만드는 것이다. 사실 인간을 구성하는 세 요소들인 지성과 의지와 감정이 하나가 될 때 주어지는 기쁨은 친교의 삶이 은총에 의해 그리스도와 연합되는 사건임을 지시해 주는 증거라 할 수 있다.

이러한 맥락에서 예배학자 슈메만(A. Schmemann)은 다음과 같이 말한다. "기독교는 처음부터 지금까지 기쁨의 선포였다. 기독교는 지상에서 가능한 유일한 기쁨을 선포해 왔다. …… 이 기쁨을 가지고 기독교는 종말을 시작으로 변모시켜 놓았다. 기독교는 기쁨의 선포를 떠나서는 도저히 이해될 수 없다. 교회가 세상에서 승리를 거둘 수 있었던 것은 바로 기쁨 때문이었다. 교회가 이 기쁨을 잃어버렸을 때, 이 기쁨에 대한 믿음직한 증인이 되기를 그쳤을 때, 교회는 세상을 잃어버렸다. 기독교에 대한 가장 호된 비난은 그리스도인들에게는 기쁨이 없다고 했던 니체의 말이었다."[17]

그러나 그리스도의 몸으로서의 교회는 자신이 세상의 구원을 위한 하나

---

16 이러한 인격적 사고방식에서는 인간이 완결되고 닫힌 존재가 아니라 타자에게 열린 존재며, 타자와의 교제를 통해 비로소 자신을 실현해 나가는 존재로 이해된다. 그러나 인격주의는 한 걸음 더 나아가 나와 너의 관계 그 자체를 나와 너라는 개인들에 선행하는 인격적 존재로 본다. 즉 나와 너의 관계는 빈 공간이 아니라 의미 충만한 존재며 동시에 개인에게 말 건네는 인격적 존재라는 것이다. 참조. Heinrich Ott, *Wirklichkeit und Glaube, Zweiter Band: Der persönliche Gott* (Göttingen und Zürcih: Vandenhoeck & Ruprecht, 1969), 67~102.
17 알렉산더 슈메만/이종태 옮김, 「세상에 생명을 주는 예배」 (서울: 복있는사람, 2011), 33.

님(나라)의 표징과 도구이며, 하나님의 백성임을 잊어서는 안 된다.[18] 즉 교회는 자신만을 위한 존재가 아니라 세상을 위한 존재라는 사실을 기억해야 한다.

그러므로 하나님의 백성으로서의 교회와 그리스도의 몸으로서의 교회는 상호보완적이어야 한다. 그리스도의 몸만을 강조하는 교회는 하나님 나라의 백성이라는 자기 정체성을 간과할 수 있으며, 하나님의 백성만을 강조하는 교회도 성만찬 예전의 신비를 퇴색시켜 버리는 세계 개혁 사상이나 유토피아 사상으로 변질될 수 있기 때문이다.

3. 니케아 공의회의 교회론

신약성서는 삼위일체 하나님의 관점에서 교회를 바라본다. 이러한 관점에서 해명되는 것은 교회의 본질이다. 그러면 이러한 교회의 본질이 실현될 때 교회는 어떤 모습을 갖게 되는가? 참된 교회를 분별할 수 있는 구체적이며 가시적인 기준은 무엇인가?

이러한 물음에 대해 그리스도교 최초의 신앙고백이라 할 수 있는 니케아 공의회는 다음과 같이 고백한다. "하나이고 거룩하며 보편적(공변적)이며 사도적인 교회를 믿습니다(Εἰς μίαν, αγίαν, καθολικήν καί αποστολικήν Ἐκκλησίαν)."[19]

가톨릭교회는 물론이고 종교 개혁자들도 이 신조를 받아들였다. 그러나 11세기와 16세기의 교회 분열 이후 로마교회는 자신을 가톨릭교회와 일치시키고, 개신교 및 정교회를 가톨릭교회로부터 분리된 교회로 설명함으로써

---

18 특히 판넨베르크와 몰트만이 이 점을 강조한다. 참조. 볼파르트 판넨베르크/정용섭 옮김, 『판넨베르크의 사도신경 해설』 (서울: 한들출판사, 2000), 183~200; 위르겐 몰트만/박봉랑 외 4인 옮김, 『성령의 능력 안에 있는 교회』 (서울: 한국신학연구소, 2003).
19 한국 정교회는 헬라어 원문을 "하나인, 거룩하고, 공변(共變)되고, 사도로부터 이어 오는 교회"로 번역한다.

교파 간의 갈등을 증폭시켰다.

니케아 공의회가 말하는 교회의 네 가지 속성들 - 일치성, 거룩성, 보편성(공변성), 사도성 - 은 독립적인 네 가지 특성들이 아니라, 상호 의존적으로 하나의 전체를 구성하는 개념들이다. 거룩함은 세속화와 대립되는 것으로서 세속적인 세계로부터 구별되는 것을 말한다. 교회의 거룩함은 우선 거룩하신 하나님의 은총에 참여하는 전례 공동체를 뜻한다. 그러나 교회의 거룩함은 교회의 일치 속에서 자신의 참됨을 입증한다. 왜냐하면 그리스도 안에서 하나 되는 것이야말로 세속 세계와 구별되는 것이기 때문이다.

그리고 교회 일치를 위해서는 가톨릭성이 절실하게 요청된다. 서방교회는 가톨릭성을 보편성(universality)으로 번역하곤 하지만 가톨릭성이란 말에 내포된 의미를 온전하게 드러내 주지는 못한다. 정교회 신학자 로스키(V. Lossky)가 지적했듯이, 가톨릭성이란 다양성과 통일성 모두를 포괄하는 개념이기 때문이다.[20] 즉 가톨릭이란 말은 획일적인 일치가 아니라, 타자의 다름을 인정하는 이른바 다양성 속의 일치를 뜻하는 개념이라는 것이다. 그러면 타자의 다름을 인정하면서도 하나 된다는 것은 무엇을 말하는가?

그것은 바로 하나님의 은총에 힘입어 삼위일체 하나님, 즉 서로 구분되는 세 위격들이지만 상호적인 친교 가운데 성부의 본질을 공유하는 삼위일체 하나님의 삶을 본받는 것이라 할 수 있다. 한마디로 친교(koinonia)를 뜻한다. 성도의 친교와 교회 간의 친교가 바로 참된 교회의 속성이라는 것이다.

따라서 하나의 거룩한 가톨릭교회란 고백은 교회의 참됨이 예전과 친교에 있다는 고백이기도 하다. 그러나 고대 교회에서 예전과 친교는 별개의 행위들이 아니다. 친교는 예전의 전제가 되며, 예전은 친교를 창조한다. 초대 교회는 형제와 다툰 후 화해하지 않은 신자들에게는 성찬을 금지시켰다. 고대 교회도 성만찬 예배를 감사의 예배와 친교(θεία Εὐχαριστία, θεία Κοινωνία)

---

20 참조. 블라드미르 로스끼/박노양 옮김, 『동방교회의 신비신학에 대하여』 (2003), 214.

로 규정한다. 그리스도를 바라보는 데서 나오는 감사와 이러한 감사로부터 창조되는 교제가 예전의 핵심이라는 것이다.

그러면 왜 예전 그 자체가 친교인가? 신실한 예배 행위는 자신뿐 아니라 함께 예배드리는 타자에게도 하나님의 은총을 전달해 주는 도구가 되어 궁극적으로는 양자를 은총 안에서 연합시키기 때문이다. 예를 들자면, 예배 때 드리는 찬송과 기도 그리고 성서 봉독은 혼자 있을 때 드리는 기도와는 달리 자신뿐 아니라 형제에게도 하나님의 은총을 전해 주는 도구가 되는 것이다. 영성 사상가들은 형제의 기도와 찬양을 듣고 또한 형제에게 들려주는 것이 깊어지면 하나님과의 대화가 시작된다고 주장하기도 한다.

본회퍼(D. Bonhoeffer)는 이러한 사실을 다음과 같이 표현한다. "그리스도인은 하나님의 말씀을 들려주는 다른 그리스도인을 필요로 한다. …… 그는 예수 그리스도 때문에 형제를 필요로 한다. 자기 마음속에 계시는 그리스도는 형제의 말씀 안에 계시는 그리스도보다 약하다. 자기 마음속에 계시는 그리스도는 불확실하지만, 형제의 말씀 안에 계시는 그리스도는 확실하다. 이로써 모든 그리스도인 공동체의 목적이 드러난다. 즉 그들은 구원의 소식을 전하는 자로서 서로 만난다."[21]

친교는 참된 예배의 전제가 되며, 예배 가운데 주어지는 은총은 형제를 주님의 눈으로 바라보도록 만든다는 것이다. 이렇듯 예배 속에서 창조된 친교는 예배 밖으로까지 범위를 넓혀간다. 형제를 위한 중보기도와 형제와 마음뿐 아니라 물질도 나누는 진정한 친교의 삶 말이다. 예배를 통해 창조되는 성도의 교제를 그리스도의 몸으로 부르는 것은, 이러한 친교 자체가 바로 그리스도의 빛을 발하는 새로운 피조물이요, 친교의 삶에 참여하는 자들에게 믿음과 사랑을 선사해 주는 그리스도의 현존의 증거라는 것이다.

그러나 교회의 일치성과 거룩성 그리고 가톨릭성은 사도성이라는 전제하

---

[21] 디트리히 본회퍼/정지련·손규태 옮김, 『신도의 공동생활 성서의 기도서』 (서울: 대한기독교서회, 2010), 27.

에서만 참된 교회의 속성이 될 수 있다. 달리 말하자면, 예전과 친교의 삶에 신실하더라도 사도를 따르지 않는 교회는 참된 교회라 할 수 없다. 그러나 사도성에 대한 이해는 상이하다. 가톨릭교회에서는 사도성을 사도의 후계자에서 찾는 반면에 개신교에서는 사도의 사명, 즉 성서의 가르침이 실현되는 교회가 사도적인 교회로 이해된다. 여기서 물음이 제기된다. 사도성이 왜 참된 교회, 즉 올바른 예배와 친교를 분별하는 기준이 되는가?

사도란 부활하신 주님을 만나 주님으로부터 선교와 선포를 위임받은 사람을 뜻한다. 그렇다 할지라도 왜 사도들에게만 권위가 주어져야 하는가? 부활하신 분을 목격한 것이 그렇게도 중요하다는 말인가? 그리스도교 전통은 그렇다고 말한다. 부활하신 분을 목격했다는 것은 현존하시는 그리스도를 체험하는 것이나 역사적 예수를 만나는 것 이상의 가치를 가지고 있기 때문이다. 왜냐하면 예수의 부활 사건에서 예수 그리스도의 신비가 가장 온전하게 드러났기 때문이다. 따라서 부활하신 분을 보았다는 것은 동시에 하나님 나라의 신비를 온전히 목격했다는 것을 뜻한다. 그리고 하나님 나라와 하나 된 예수가 인간을 어떻게 부르고 어디로 인도하시는지를 온전하게 인식했다는 것을 뜻한다.

그러나 새로운 사도들이 계속 나타날 수는 없었다. 왜냐하면 부활하신 분은 승천하셨기 때문이다. 물론 승천은 그리스도가 우리를 떠나신 것이 아니라 단지 하나님의 영광 속으로 들어가셨음을 뜻한다. 그리스도는 승천을 통해 보이지 않는 분이 되셨다. 달리 말하면, 오직 성령에 의해서만 인식될 수 있는 분이 되셨다. 현존하시는 그리스도의 이러한 성격 때문에 사도 시대 이후의 그리스도 체험에는 불연속성과 불완전성 그리고 신앙의 시련이 필연적으로 뒤따른다. 따라서 부활하신 분이 승천하신 후에는 그 누구도 사도들처럼 그리스도를 온전하게 이해할 수 없었으며, 새로이 사도가 될 수도 없었던 것이다.

사도의 가르침이 참된 교회의 기준이 된다는 것을 부정하는 교파는 존재하지 않는다. 그러나 '사도들이 모두 사라진 후에 누가 사도를 대신하는가' 라는 물음 앞에서 그리스도교 전통은 의견의 일치를 보여주지 못하고 있다. 이러한 배경하에서 종교 개혁자들은 참된 교회의 표지(notae)를 순수한 복음 선포와 올바른 성례 집행[22]으로 제시한다. 이러한 교회론은 참된 교회를 충족시키는 기준을 최소화하는 것이며, 또한 성서를 사도성의 기준으로 제시하는 것이다. 이를 통해 종교 개혁자들은 개신교가 교회가 아니라는 가톨릭의 주장을 반박하고, 오히려 성서에 기초하지 않는 예전을 시행하는 가톨릭을 잘못된 교회로 규정한다.

4. 교회의 직제(職制)

교회의 토대는 사도의 가르침에 있다. 달리 말하자면, 사도의 가르침과 사명이 관철될 때 삼위일체 하나님의 자기 계시를 드러내는 교회의 본질이 실현된다고 할 수 있다. 그러면 누가 이러한 사도성을 계승하는가?

베드로의 후계자인가 아니면 사도의 가르침이 반영된 성서인가? 가톨릭은 양자를 사도의 후계자로 간주한다. 반면에 개신교는 후자만을 인정한다. 물론 가톨릭과 개신교 모두는 교회의 치리 기준을 성서로 간주한다. 그러나 성서를 해석하고 적용시킬 권리는 누구에게 있는가? 교황인가 아니면 교회 전체인가? 가톨릭은 전자를, 개신교는 후자를 강조한다.

여기서 교회 일치를 위해 가톨릭교회에 개혁을 촉구했던 가톨릭 신학자 큉의 사상을 돌아보는 것은 우리에게 도움이 될 것이다. 큉은 먼저 성서를

---

[22] 아우구스부르크 신조(1530)는 다음과 같이 말한다. "복음을 순수하게 가르치며 성례전을 올바로 집행하는 성도의 회중이 교회입니다. 교회의 참된 통일을 위해서는 복음의 가르침과 성례전의 집행에 관하여 일치하는 것으로 족합니다. 인간의 전통 곧 인간에 의하여 제정된 의식과 예식이 어디서나 같아야 할 필요는 없습니다."(제7조) "성례전과 하나님의 말씀은 비록 악한 사람들에 의하여 주어진다 할지라도 효과는 있습니다. 그리스도께서 친히 제정하시고 명령하신 것이므로 그것을 제공하는 사람의 값어치에 따라 효과 있게 될 수는 없습니다."(제8조) 참조. 지원용 편, 『루터교신앙고백집』 (서울: 컨콜디아사, 1991), 27.

해석할 권리가 특정한 인물이 아닌 교회 전체에 있다고 단언한다.[23] 달리 말하자면, 특정한 개인들이 아니라, 교회 전체가 사도의 후계자라는 것이다. 따라서 사도적 사명을 가진 교회가 사도적 교회며, 이러한 사명은 특정한 직무가 아니라 전체 교회에 계승된다는 것이다. 그러나 큉은 이러한 사명이 실현될 수 있도록 지도하고 감독하는 직제가 있으며, 이 직제가 공동체와 함께 교회를 이룬다고 말함으로써 교회의 질서와 직제 문제가 결코 부차적인 문제가 아님을 밝힌다.

이와 같이 큉은 교회의 사도성을 공동체와 직제 모두에게 부여하면서, 양자의 상호 협력을 통해 교회가 자신의 본질을 실현해 나간다는 논지를 펼친다. 즉 공동체는 만인사제직에 근거해 사도성을 실현해야 하며, 직제는 공동체가 사도성 위에 바로 서도록 돌보고 감독해야 한다는 것이다.[24]

큉의 균형 잡힌 시각은 성서에 상응한다. 감독 장로 집사의 직무를 인정하면서도 이들 직제가 공동체 전체를 지배하는 것이 아니라 섬겨야 한다는 성서의 사상 말이다. 사실 성서와 초기 교회에서 양자의 관계는 상호 배타적이 아니었다. 공동체를 직제에 종속시키면 성직자 중심의 교회가 되고, 직제를 공동체에 종속시키면 교회가 세속화의 위험에 빠지게 된다.

또한 질서 없는 친교뿐 아니라, 친교를 간과하는 질서도 친교를 붕괴시키고 만다. 따라서 공동체는 교회의 직제에 순종해야 하며, 교회의 직제도 지배가 아니라 섬김의 직무를 수행해야 한다. 물론 큉은 직제의 상하 질서, 즉 사역자들을 돌보고 감독하기 위한 주교 제도와 주교단의 대표로서 교황의 존재를 인정한다.[25] 가톨릭은 물론이고 개신교도 이러한 사상에 동의할 것

---

23 한스 큉/정지련 옮김, 『교회』 (서울: 한들출판사, 2007), 509.
24 참조. 한스 큉/정지련 옮김, 『교회』 (서울: 한들출판사, 2007), 630~631.
25 참조. 앞의 책, 685. 그는 이렇게 말한다. "모든 교회에는 자신만의 역사에 근거한, 그래서 다른 교회에서는 이러한 방식으로는 받아들여지기 어려운 특성, 즉 전문 분야가 있기 마련이다. 가톨릭교회에서는 교황 제도가 바로 이러한 것에 속한다."

이다. 개신교도 주교 제도나 교황 제도 그 자체를 문제 삼지는 않기 때문이다.[26]

그러나 제2차 바티칸 공의회 문서는 직제를 봉사의 직무로 말하면서도 주교들이 사도들의 후계자라고 말한다. 그리고 교황의 직무와 관련해서는 관할수위권과 최고교도권이라는 제1차 바티칸 공의회의 가르침을 되풀이한다. "이 거룩한 공의회는 제1차 바티칸 공의회의 발자취를 따라 그 공의회와 더불어, 영원한 목자이신 예수 그리스도께서 거룩한 교회를 세우시고 당신 친히 성부에게서 파견되신 것처럼 사도들을 파견하셨으며, 그들의 후계자들 곧 주교들이 당신 교회 안에서 세상 끝 날까지 목자가 되기를 바라셨다고 가르치며 선언한다. …… 교황의 거룩한 수위권의 설정, 영속성, 권한과 성격 그리고 교황의 그르칠 수 없는 교도권에 관한 교리를 거룩한 공의회는 모든 신자가 굳게 믿어야 할 것으로 거듭 제시하고, 또 그렇게 해 나가면서, 그리스도의 대리자이며 온 교회의 볼 수 있는 으뜸인 베드로의 후계자와 더불어 살아 계신 하나님의 집을 다스리는, 사도들의 후계자들인 주교들에 관한 교리를 모든 사람 앞에 천명하고 선언하기로 결정한다."[27]

이러한 입장에 대해 개신교는 물론이고 큉도 이의를 제기한다.[28] 이러한 공의회의 선언은 공의회가 추구하는 진정한 교회 일치의 신학에도 상응하지 않을 뿐 아니라 근본적으로는 성서의 메시지에 모순된다는 것이다. 큉의 이러한 이의 제기는 1970년 교황 무오류설(無誤謬說)에 대한 비판으로 표출된다.[29] 그리고 그리스도교 전체를 로마 가톨릭 중심으로 통합하려는 로마 가

---

26 참조. 홀스트 G. 펠만/이신건 옮김, 『교의학』 (천안: 한국신학연구소, 1989), 410. "그들이(종교 개혁자들이) 배격한 교황직은 단지 하느님의 법에 의해 세워졌다는 교황직일 뿐이다."
27 한국천주교주교회의 편, 『제2차 바티칸 공의회 문헌』, 104.
28 한스 큉/정지련 옮김, 『교회』 (서울: 한들출판사, 2007), 687.
29 그러나 칼 라너는 교황의 무오류성을 다음과 같이 변호한다. "종교 개혁 이전에는 교회 그 자체에 이러한 권위가 주어졌다. …… 문제는 교회에 주어졌던 권위가 교황에게 주어질 수 있느냐는 것이다. 그러나 우리가 교황에게 이러한 권위가 있다고 말하는 것은 개인적 인물로서의 교황을 말하는 것이 아니다. 오직 교황이 위계적 구조를 지닌 교회 안에서의 최고 권위고, 그리고 그러한 인물로서 행동하는 한에서

톨릭 사상의 스콜라 신학적 패러다임[30]으로는 진정한 교회 일치 운동이 실현될 수 없음을 강조한다. 무엇보다도 다양성과 일치성을 동시에 추구하기 위해 코이노니아를 전면에 부각시켰던 니케아 공의회의 교회론에 위배된다는 것이다.

오늘날 교회의 직제 구조는 교파마다 다르다. 개혁교회는 장로 제도를, 가톨릭은 감독 제도를 주장한다. 그리고 루터교와 감리교는 양자의 통합을 추구한다. 그러나 반드시 다양성과 일치성을 함께 추구하며 코이노니아를 교회적 삶의 실천 원리로 제시했던 초기 교부들의 사상이 교회 직제의 기준이 되어야 한다. 동시에 질서 없는 친교도 열광주의에 빠질 수 있다는 사실을 고려해야 한다.

5. 교회의 사명

교회의 본질을 하나님의 백성으로 말하는 것이나, 사도성을 참된 교회의 기준으로 말하는 것은 교회를 선교(Missio) 공동체로 선포하는 것이다. 물론 세상에서 부름을 받아 주의 이름으로 모인 성도들의 공동체는 세상과 구별되어야 한다. 그러나 세상과 구별된 성도들은 세상으로 다시 파송되어야 한다. 세상에 대한 책임이야말로 교회의 참됨을 입증해 주기 때문이다. 이러한 책임을 그리스도교 전통은 증언과 섬김으로 표현한다.

가톨릭 신학자 큉이 지적했듯이 "교회는 오직 세계 앞에 증언을 함으로써

만 교황에게 이러한 권위가 주어진다고 말할 수 있다. 다시 말해서 교황이 오류가 없다고 말하는 것은 오직 교황이 최고 권위에 근거하면서 성서의 전통 속에 주어진 계시 해석의 문제에서 최종적인 결단을 내리는 경우에만 해당된다. 참조. K. Rahner, *Grundkurs des Glaubens, Einfürung in den Begriff des Christentums* (Freiburg im Breisgau: Verlag Herder, 1984), 371~374.

30 스콜라 신학의 패러다임에 의하면, 이성과 신앙, 자연과 은총, 철학과 신학, 세계와 교회는 분명 구분되지만, 결코 모순적이거나 대립적이지 않다. 오히려 양자는 하부구조가 상부구조를 지향함으로써, 또는 상부구조가 하부구조를 완성시킴으로써 종합될 수 있다.

만 존재할 수 있다."³¹ 세상이 복음을 듣고 하나님께로 돌아오도록 하는 것은 교회에 주어진 가장 큰 사명이다. 그러나 루터가 말했듯이 복음은 올바르게 선포되어야 한다. 특정한 목적을 위해 복음을 변질시켜 선포하는 것을 교회는 늘 경계해야 한다. 초대교회에서 복음 선포의 사명이 사도들에게 주어졌다는 사실은 의미하는 바가 크다.

그러나 교회가 자기 보존과 성장에만 치우쳐 함께 살아가는 이웃의 고난을 외면한다면 복음 선포는 생명력을 잃게 될 것이다. 사실 예수와 사도들은 복음을 말과 행위로 전했다. 바르트는 이러한 사실을 강조하면서 말과 행위는 하나 속에 있는 둘이라고 말한다.³² 복음 선포에는 복음의 내용을 구현하려는 행위가 동반되어야 한다는 것이다. 죄를 소멸하는 하나님을 선포하면서 세상의 죄에 눈을 감는다면, 그리고 예수를 구원자로 전하면서도 강도 만난 자의 이웃이 되지 못한다면, 세상은 교회의 말에 귀를 닫을 것이다.

세상을 섬길 책임이 교회에 있다는 것에 이의를 제기할 사람은 없을 것이다. 가난한 자를 외면하는 자는 그리스도의 사람이 아니라고 선언한 교부들은 세상의 고난에 참여하는 교회의 세계성이야말로 참된 교회의 표지라고 말한 몰트만의 스승이었다. 그러나 섬김이란 지배가 아니다. 따라서 교회는 책임이란 명목하에 세상을 자기 뜻대로 변화시키려 해서는 안 된다. 오히려 세상을 섬기는 마음으로 세상의 질서를 존중해야 한다. 이러한 맥락에서 루터가 강조했던 - 세상 문제에서는 항상 세상의 상대적 질서를 인정하며 세상의 요청에 귀 기울이고 지배하는 것이 아니라 섬기는 것이야말로 그리스도인의 사회적 책임임을 강조하는 - 두 왕국설의 취지는 시사하는 바가 크다.

그러나 섬김 없는 증언도 문제지만, 증언 없는 섬김이나 영성 없는 섬김도 교회의 정체성을 파괴할 수 있다. 인간은 빵만으로 살 수 있는 존재가 아니

---

31 한스 큉/정지련 옮김, 『교회』(서울: 한들출판사, 2007), 698.
32 칼 바르트/최종호 옮김, 『교회 교의학 4/2 - 화해에 관한 교의 제2권』(서울: 대한기독교서회, 2012), 989.

요, 육과 영의 결합체이기 때문이다. 그리스도인은 사도 바울처럼 세상의 지혜 앞에서 복음을 부끄러워하지 말아야 한다. 우리는 우리의 섬김과 증언이 주님의 도구가 되는 것이지, 주님을 대신하는 것이 아니라는 사실을 항상 인식해야 한다. 이러한 사실은 복음에 대한 증언도 섬기며 열린 마음으로 해야 함을 일깨워 준다.

교회의 역사를 살펴보면, 교회의 본질과 현실 사이에 끊임없이 갈등이 있었다는 것을 알게 된다. 이러한 갈등은 열광주의와 교회의 세속화를 초래했다. 전자는 2세기 몬타누스(Montanus)의 사례가 보여 주듯이 현실의 교회를 부정했지만, 오히려 교부들에 의해 이단으로 정죄되었다. 교부들은 양자를 비판하며 교회의 세속화와 열광주의 사이에서 중용의 길을 취해 왔다. 즉 교회 안팎에서 친교를 방해하는 제도나 관습은 개혁되어야 하지만, 그럼에도 불구하고 현실의 교회는 부정이 아니라 사랑의 대상이 되어야 한다는 것이다. 사실 참된 교회를 누가 사랑하지 않을 수 있겠는가? 주님의 심정을 헤아리는 사람이라면 허물 많고 문제가 많은 교회를 더 사랑해야 되지 않겠느냐는 것이다.

교부들의 주장은 성서의 메시지에 상응한다. 성서가 말하는 교회의 본질은 오직 성령의 인도하심에 의해서만 인식되고 실현되는 성령의 피조물이기 때문이다. 교부들에 의하면, 현실의 교회는 죄인들의 공동체이지 성자들의 공동체가 아니다. 성서 또한 현실의 교회 그 자체를 그리스도의 몸으로 간주하는 것이 아니라, 죄인들의 공동체에 성령의 인도하심이 이루어질 때 비로소 현실의 교회가 그리스도의 몸이 된다고 주장한다. 그러나 이러한 사실은 개혁의지를 꺾으려는 것이 아니다. 성령의 인도하심은 교회를 개혁하려는 의지, 즉 진정한 친교를 방해하는 제도나 관행을 개혁하려는 의지를 전제하며 이러한 의지를 통해 당신의 뜻을 이루기 때문이다.

제9장
종말론

종말론(終末論, Eschatology)은 세상의 마지막 때 일어날 사건을 주제로 삼는 교의학의 한 분야다. 그러나 종말론의 창시자는 그리스도교가 아니다. 그리스도교는 종말 사상을 유대교로부터 받아들였다.

물론 유대교에서도 처음부터 종말 사상이 존재했던 것은 아니다. 오히려 유대교의 토대는 역사 속에 나타난 하나님의 구원 사건이었다. 그러나 기원전 6세기를 전후한 바벨론 포로기의 예언자들은 계속되는 시련과 좌절 속에서 하나님이 현 세상의 통치자라는 이스라엘의 신앙을 미래적 희망으로 바꾸어 놓는다. 즉 하나님께서 지금은 아니지만 머지않아 이스라엘을 위해 역사를 새롭게 전환시키리라는 것이다. 이와 같이 역사의 대전환을 말하는 예언자들의 사상을 역사적 종말론이라 부른다.

그러나 기원전 2~3세기의 절망적인 상황은 – 가까운 미래에 현존하는 세상은 사라지고 새로운 기원이 시작되리라는 – 묵시 사상(默示思想, Apocalypticism)을 전면에 부각시켰다. 그리고 이러한 묵시적 종말론 내에서 묵시적 종말론과 역사적 종말론을 중재하는 천년왕국(千年王國, Millennium) 사상이 등장한다.

그리스도교는 묵시 사상을 적극적으로 받아들인다. 그러나 그리스도교는 묵시 사상이 대망하는 새로운 창조가 예수 안에서 이미 시작되었으며, 부활하신 분이 재림(再臨, Parousia)할 때 완성될 것이라고 선포한다. 예수의 재림은 그리스도인의 궁극적인 희망이라는 것이다. 이러한 맥락에서 신약성서는 재림에 대한 기대가 신앙의 척도임을 시사해 준다.

그러나 재림의 지연은 재림에 대한 기대를 약화시킬 수밖에 없었다. 2세기 이후에는 임박한 재림에 대한 기대는 쇠퇴하고 죽음 이후의 삶에 관심을 집중시키는 이른바 개인적 종말론이 부각되었다. 그 결과 묵시 사상이 말하는 우주적 종말론은 교회에서 영향력을 상실했으며, 열광주의적인 소(小) 종파 내에서만 명맥을 유지할 수 있었다. 이러한 상황은 20세기 초까지 계속되었다. 그러다 20세기 초 신약성서의 종말론적 성격이 재발견되면서 종말론에 대한 관심이 고조되기 시작했다.

1. 현대 신학의 종말론 논쟁

현대 신학의 종말론 논쟁은 바이스(J. Weiss)와 슈바이처(A. Schweitzer)에 의해 촉발되었다. 그들은 예수를 인류의 보편적 교사로 제시한 자유주의 신학에 맞서 예수가 선포한 하나님 나라의 종말론적이며 미래적인 성격을 강조했다. 그러나 그들에게 예수는 도래하는 하나님 나라를 선포했지만 결국은 실패한 예언자로 간주되었다. 이러한 점을 맹렬하게 비판하고 나선 신학자가 바로 다드(C. H. Dodd)였다. 그는 하나님 나라가 예수의 도래와 더불어 실현되었음을 강조한다.

양자의 주장에는 나름대로 정당성이 있다. 슈바이처처럼 하나님 나라를 유대 묵시 사상의 빛에서 우주적 종말 사건으로 이해하는 시도뿐 아니라 다드처럼 하나님 나라의 근거를 예수의 지상 사역과 부활에서 찾으려는 시도 또한 성서적인 근거를 갖고 있기 때문이다. 따라서 이러한 논쟁에 참여한 신학자들은 상반되는 신학적 주장들을 하나로 통합시키는 방법을 모색하기 시작했다.

불트만(R. Bultmann)과 쿨만(O. Cullmann)이 바로 이러한 신학자들에 속한다. 불트만은 다드와는 달리 묵시 사상적 종말 기대가 예수의 선포를 규정한다고 생각한다. 이 점에서 불트만은 슈바이처와 견해를 같이한다. 그러나 불트만은 묵시 사상적 종말 기대를 실존론적으로 해석함으로써 예수의 하나님 나라 선포 속에서 현재적 종말론을 발견한다. 즉 묵시 사상적 표상 그 자체가 아니라 그 안에 내포되어 있는 실존론적 메시지가 예수의 선포를 규정한다는 것이다. 이 점에서 그는 다드와 견해를 같이한다. 그리고 이러한 현재적이며 실존론적 종말이 예수뿐 아니라 우리에게도 결정적이며 지속적인 의미를 갖는다고 말한다.

쿨만은 불트만과는 다른 시각에서 접근한다. 즉 현재적 종말과 미래적 종말을 포괄하기 위해 재림과 부활 그리고 창조를 직선적인 시간으로 연결하고 그 중심에 그리스도를 세우는 구속사 신학을 전개한다. 이러한 구속사 신학에서 그리스도의 부활은 예언의 성취인 동시에 종말의 시작으로 이해된다. 따라서 현재는 '이미 지금'과 '아직 아니'의 긴장 관계가 실현되는 장소이면서도 완성을 향해 나아가는 시점으로 이해된다.

그러나 오늘날 불트만의 실존론적 해석은 신약성서의 우주적 종말론을 실존론적 차원으로 축소시켰다는 비판을 받고 있다. 그리고 과거에서 현재, 현재에서 미래로 나아가는 직선적인 시간관을 전제하는 쿨만의 구속사적 종말론도 성서의 시간 이해를 단순화시켰다는 비판을 받고 있다.

이러한 상황 속에서 몰트만(J. Moltmann)은 하나님의 도래란 개념으로 성서 종말론을 풀어내면서 학계로부터 주목받기 시작한다. 즉 그는 시간과 영원의 질적인 차이와 그리스도교 메시지에 내포된 미래 지향성을 동시에 충족시키기 위해 현재로부터 미래로 나아가는 종말론이 아니라, 미래로부터 현재에 다가오는 종말론을 요청한다. 그리고 이를 위해 강림(advent)이란 개념을 부각시킨다. 즉 성서에서 말하는 종말이란 시간이 앞으로 흘러가면서 도달하게 되는 시점이 아니라, 현 세계를 새롭게 창조하면서 현재 속으로 진입해 들어오는 하나님의 도래를 말한다는 것이다. 몰트만은 이러한 하나님의 강림, 또는 도래란 개념을 통해 부활과 재림을 포괄하려 한다. 즉 부활은 하나님 나라의 실현뿐 아니라 하나님의 궁극적인 도래에 대한 약속을 가리키며, 재림은 이 약속의 궁극적 실현이라는 것이다.

부활과 재림을 메시아의 길, 즉 하나님의 도래란 개념으로 제시하는 몰트만은 하나님의 도래의 목적을 만유의 새 창조로 이해한다. 몰트만의 이러한 종말론은 그리스 철학의 지평 속에서 상실되었던 히브리 사상과 성서의 종말론을 부각시켰다는 평가를 받는다.

그러나 몰트만이 부활을 하나님의 도래 가운데 일어나는 사건들 중 단지 하나의 사건으로 이해하는 것은 문제가 될 수 있다. 그리스도교 전통에 의하면, 부활은 여러 사건들 가운데 단지 하나의 사건에 불과한 것이 아니라, 하나님의 결정적인 자기 계시에 속하기 때문이다. 사실 세상에 도래하는 것은 규정되지 않은 미래가 아니라, 예수의 부활 속에서 이미 일어난 사건이라고 말하는 것이 성서적이라 할 수 있다. 이러한 맥락에서 라너(K. Rahner)는 다음과 같이 말한다. "성서적 종말론은 계시된 현재에 근거해 진정한 미래로 나아가는 진술이다. 현재로부터 미래로 나아가는 진술은 종말론이다. 반면 미래로부터 현재를 말하는(einsagen) 것은 묵시 사상이다. …… 묵시 사상적 진술은 환상이거나 영지주의다."[1] 현재적 종말론에 대한 비판이 지나쳐 종말론의 근거인 현재적 종말, 즉 부활 사건을 종말의 시작이나 종말에 대한 약속에 한정시키는 것은 비판의 소지가 있다는 것이다.

2. 묵시 사상

묵시 사상이란 기원전 2세기에서 기원후 2세기 사이에 기록된 유대교 및 그리스도교 성서에 나타난 종말론 사상을 일컫는다.[2] 묵시란 감추어져 있는 하나님의 비밀을 드러내는 것을 뜻한다. 이러한 점에서 묵시도 일종의 계시(啓示, revelation)라 할 수 있다. 그러나 자신에게 주어진 계시를 암호와 상징으로 표현한다는 점에서, 그리고 감추어져 있는 하나님의 미래뿐 아니라 어둡고 암울한 세상의 미래를 드러낸다는 점에서 전통적인 의미의 계시를 넘어선다. 몰트만을 인용하자면, "하나님의 미래 행동에 대한 표상들이 지금까지의 역사와 완전한 불연속성 가운데 있으며, 하나님의 심판의 위기가 세계

---

1 K. Rahner, *Schriften zur Theologie*, Bd. IV (Einsiedeln·Zürich·Köln: Benziger Verlag, 1962), 418.
2 정경 가운데는 다니엘과 요한계시록, 외경과 위경 가운데는 에스라 제4서, 에녹서, 바룩의 묵시록이 묵시문학에 속한다. 물론 막 13장; 살전 4:13~18; 살후 2:1~12; 고전 15:20~28 등도 묵시 사상을 피력하고 있다.

사적이며 우주적 범위들을 취할 때" 묵시 사상이라고 말할 수 있다.³

그러면 묵시 사상의 근원은 무엇일까? 역사적 종말론을 대변하는 예언자 사상인가? 유대교 철학자 부버(M. Buber)와 구약성서학자 폰 라드(G. von Rad)는 묵시 사상과 예언자 사상의 불연속성을 주장한다. 다시 말하면, 묵시 사상의 출처는 예언자 사상이 아니라 기원전 6세기경 이란의 국교가 된 조로아스터교(Zoroastrianism)의 이원론적 영지주의(靈知主義, Gnosticism)라는 것이다.

그러나 이러한 견해는 현대의 주요 성서학자들에 의해 반박되고 있다. 현대 성서학자들은 묵시 사상의 뿌리가 이란의 종교 사상이 아니라 - 바벨론 포로기 이전까지 거슬러 올라가는 - 유대교 신앙에 있다고 주장한다. 성서학자 핸슨(P. D. Hanson)은 묵시 사상의 구조를 - 하나님에 의해 주어진 비전(vision)과 땅의 현실(realism) 사이에 존재하는 - 창조적 긴장으로 설명한다. 즉 이러한 창조적 긴장이 극대화되었을 때 나타난 사상이 묵시 사상이라는 것이다.⁴ 로제(E. Lohse)도 묵시 사상이 이란 종교의 이원론적 표상들을 받아들인 것은 사실이지만, 결코 전통적인 유일신 신앙의 한계를 벗어난 적은 없다고 주장한다.⁵

대부분의 묵시 사상들은 새로운 세상의 도래가 현 세상의 성취가 아니라 파멸을 불러온다고 주장한다. 그러나 묵시 사상 내에는 - 의로운 자들이 하나님의 창조를 완성시킬 것이라는 - 천년왕국 사상도 존재한다. 천년왕국 사상은 묵시 사상이 이 땅을 포기한 것이 아님을 시사해 준다. 오히려 천년왕국 사상은 옛 창조의 파멸을 말하는 사상과 옛 창조의 변혁을 말하는 사상이 묵시 사상 내에 공존하고 있음을 말해 주고 있다.

---

3 위르겐 몰트만/김균진 옮김, 『오시는 하나님』 (서울: 대한기독교서회, 1997), 393.
4 Paul D. Hanson, *The Dawn of Apocalyptic* (Philadelphia: Fortress Press, 1979), 30.
5 Eduard Lohse, *Die Entstehung des Neuen Testaments* (Stuttgart, Berlin, Köln, Mainz: Kohlhammer, 1972), 137.

사실 묵시 사상은 이 세상이 악의 지배를 받는 것처럼 보이지만 궁극적으로는 하나님의 정의가 승리할 것이라는 예언자 신앙을 계승하면서도, 현존하는 세상은 다가오는 하나님의 정의를 감당하지 못할 것이라고 주장한다는 점에서만 예언자 신앙과 구분된다. 따라서 묵시 사상은 종말에 이르는 과정을 제시하려는 것이 아니라, 하나님의 승리에 대한 신실한 기다림과 곧 사라질 이 세상의 모든 불의에 저항할 것을 촉구하는 신학적 메시지라 할 수 있다.

유대교 묵시 사상의 계승자는 유대교가 아니라 그리스도교였다. 기원후 2세기경 유대교는 묵시 사상과 완전히 결별한 반면, 초기 그리스도교는 예수를 묵시 사상의 빛에서 해석하면서 묵시 사상의 대망을 이어나갔다. 사실 하나님의 새 창조라는 묵시 사상의 흔적을 신약성서에서 찾기란 그리 어렵지 않다.

그러나 하나님의 새 창조를 말하면서도 현세에 부정적인 입장을 견지하는 묵시 사상은 신약성서에서 수정의 과정을 거친다. 즉 신약성서는 하나님의 새 창조가 예수 안에서 이미 실현되었다고 주장한다. 아직 구원받지 못한 세상의 현실 앞에서 현재를 - 파멸을 향해 나아가는 - 옛 세상과 - 예수 안에서 시작된 - 새 세상이 겹쳐지는 상황으로 제시한다.

3. 예수의 재림

그리스도교 신앙의 토대는 예수의 부활이다. 그리스도교 신앙은 예수의 부활을 종말론적 사건으로 이해하면서도 부활 이후에도 계속되는 역사의 흐름 앞에서 예수의 부활을 새 창조의 선취로 이해한 후 예수의 재림을 새 창조의 완성으로 제시한다.

1) 파루시아(Parusia)

성서에서 예수의 재림은 다분히 신화적 표상 속에서 묘사되고 있다. 하늘로 올라가신 예수께서 구름을 타고 다시 오리라는 것이다. 이러한 재림 표상은 부활하신 예수가 이 땅을 떠났다는 사실을 전제하는 것으로 보인다.

여기서 물음이 제기된다. 예수가 하늘로 올라가셨다는 이른바 승천(昇天)은 그분이 이 땅을 떠났다는 것을 뜻하는가? 그러나 그리스도의 승천은 루터가 이미 지적했듯이 부활하신 분이 하나님 안으로 들어가셨다는 것을 뜻한다. 즉 예수께서 이제 하나님의 무제약적 편재(遍在)에 참여하셨다는 것을 의미한다. 구체적으로 말하면, 예수께서 이제 시공간의 제약에서 벗어나 우주 전체에 현존하시는 우주의 주(主)가 되셨다는 것이다. 그러나 하나님 안으로 들어가셨다는 선포는 동시에 그리스도께서 하나님처럼 보이지 않는 분으로 현존하심을 지시한다. 그분은 이제 전과는 달리 자신을 감추시는 분으로서 현존하신다는 것이다. 요약하자면, 승천은 - 우주의 주(主)로 현존하시면서도 자신을 감추시는 - 그리스도의 존재 방식을 지시해 준다고 말할 수 있다.

이러한 맥락에서 몰트만은 재림이란 단어가 해석이 잘못된 단어라고 규정한다. "재림이란 단어는 잘못된 것이다. 그것은 시간적으로 얼마간의 부재(不在)를 전제하기 때문이다."[6] 몰트만의 비판은 정당하다. 예수께서 하늘로 올라가셨다는 승천 개념은 그분이 우리를 떠나신 것이 아니라, 하나님 안에서 - 비록 숨겨져 있지만 - 현존하심을 지시하는 개념이기 때문이다.

물론 재림이란 개념의 긍정적인 측면을 간과할 수는 없다. 재림이란 개념은 오실 분이 이미 오셨던 분과 동일하신 분이심을, 심판자로 오실 그리스도가 역사 속에 계셨던 갈릴리 예수와 동일하신 분이심을 지시하기 때문이다. 이러한 맥락에서 틸리히(P. Tillich)는 재림의 신학적 기능을 "예수가 그리

---

[6] 위르겐 몰트만/김균진·김명용 옮김, 『예수 그리스도의 길』 (서울: 대한기독교서회, 1990), 64.

스도"⁷이심을 강조하는 데 있다고 본다. 달리 말하자면, 마지막 심판의 기준과 주체는 다름 아닌 십자가에 달리셨던 분이라는 것이다. 그러나 이미 지적했듯이, 재림 표상은 현존하시는 그리스도를 온전하게 반영하지 못할 뿐만 아니라, 오실 분이 이미 오셨던 분과 전적으로 다른 형태를 지니신 분이라는 사실도 간과하게 만든다.

따라서 다음과 같은 물음이 제기된다. 그리스도교 전통에서 재림으로 번역해 왔던 파루시아(parusia)란 본래 무엇을 뜻하는 개념이었을까? 문자적으로 이 개념은 도래(到來) 또는 현재를 의미한다. 그러나 내용적으로는 그리스도께서 영광 가운데 오심을 뜻한다. 루터교회 신학자 알트하우스(P. Althaus)는 파루시아를 다음과 같이 해명한다. "그리스도의 영광은 아직 하나님 안에 감추어져 있다(골 3:3). 이 영광은 세계에는 감추어져 있으며, 우주와 역사의 현실에서도 아직 드러나지 않았다. …… 그리스도의 사역은 아직 완성되지 않았다. 화해된 자도 아직 죄인이며, 새로운 삶도 단편적일 뿐이다. …… 예수의 부활로써 하나님 나라가 영광 중에 이 세상에 완전히 도래한 것은 아니다. 하나님 나라의 영광은 약속으로만 주어졌다. …… 따라서 신앙은 약속의 성취, 즉 그리스도가 드러나는 것(골 3:4)을 신뢰 속에서 기다린다."⁸

요약하자면 파루시아란 부활 사건에 근거한 그리스도인의 소망으로서 감추어져 있는 그리스도가 만유 안에서 만유가 되심으로써 당신의 영광을 여실히 드러내는 사건이요, 이러한 드러남의 과정 속에서 온 우주가 새롭게 창조되는 사건이라 할 수 있다. 예수의 재림은 결코 예수의 인격에만 국한되는 사건이 아니라 온 세상이 예수와 연합함으로써 새롭게 창조되는 우주적인

---

7 참조. Paul Tillich, *Systematic Theology*, vol. 2 (Chicago: The university of Chicago press, 1957), 163. 틸리히는 계속해서 재림 표상의 또 다른 의미에 대해 다음과 같이 말한다. "새 에온이 도래하지 않았다는 유대인의 비판에 대해 우리도 새 에온을 기다리고 있다고 말하는 것이다."

8 Paul Althaus, *Christologie III* (Dogamtisch in: RGG, 1788).

사건을 지시하는 것이다. 그러므로 "주 예수여 오시옵소서."란 고백은 "만유를 새롭게 하소서."란 고백과 동일하다 할 수 있다.

신약성서는 하나님의 새 창조와 옛 창조의 불연속성뿐 아니라 연속성도 주장한다. 창조의 하나님과 새 창조의 하나님이 서로 다른 분이 아니라는 것이다. 여기서 우리는 신약성서 종말론에 내재되어 있는 긴장 관계를 발견하게 된다. 하나님의 새 창조가 옛 창조를 지양하면서도 옛 창조를 소멸시키지는 않는다는 모순 말이다. 달리 말하자면, 창조의 정체성은 보존되지만 질적인 변화를 겪게 된다는 것이다. 이러한 사상은 새 하늘과 새 땅을 선포하는 요한계시록에도 나타난다. 요한계시록 20장에 나타나는 천년왕국 사상이 바로 그것이다.

2) 천년왕국(千年王國, millennium, chiliasm)

요한계시록은 최후의 심판뿐 아니라 - 최후의 심판 이전에 재림하신 예수께서 의인들과 함께 다스릴 - 천년왕국이 도래할 것이라고 예언한다. 즉 최후의 심판이 있기 전에 그리스도가 재림하여 사탄의 세력을 물리치고 천년 동안 세상을 통치하리라는 것이다. 그리고 천년 동안의 통치가 지난 후 하나님의 나라가 도래한다고 덧붙인다.

물론 천년왕국은 명시적으로는 요한계시록에만 나타난다. 그러나 천년왕국을 이 땅 위에 실현될 하나님의 궁극적 승리로 이해한다면 다니엘(7:18, 27)과 에스겔(37:22, 24, 28)뿐 아니라 신정적(神政的)인 평화의 나라를 선포하는 이사야도 천년왕국 사상의 범주에 귀속시킬 수 있다. 사실 천년왕국은 유대인들의 사상이었다.

그러나 천년왕국 사상을 계승한 사람들은 유대인이 아니라 그리스도인들이었다. 유대인들은 독립운동이 실패로 돌아가면서 묵시 사상과 천년왕국 사상을 포기했다. 반면 초대교회는 천년왕국 사상을 적극적으로 받아들였다. 콘(N. Cohn)은 다음과 같이 말한다. "다니엘의 꿈의 전승에 담겨 있는 예언들을 간직하고 정교하게 다듬은 사람들은 유대인들이 아니라 그리스도인들이었다. …… 오랫동안 수많은 그리스도인들이 그리스도가 곧 권세와 위엄을 가지고 재림하리라고 확신했을 뿐만 아니라, 그가 재림할 때 그것은 곧 지상에 메시아 왕국을 건설하는 것이라고 확신했다."[9]

묵시록의 예언을 문자 그대로 받아들인 몬타누스(Montanus)의 열광적 종말 운동의 여파로 고대 교회는 천년왕국설을 외면하거나 알레고리적으로 해석하기 시작했다. 오리게네스는 천년왕국을 영혼 안에서 일어나는 사건으로 해석했으며, 아우구스티누스는 알레고리적 해석을 통해 천년왕국을 교회와 일치시켰다. 그리고 에베소 공의회(451)가 천년왕국설을 정죄하면서부터 천년왕국 사상은 그리스도교에서 자취를 감추었다. 그러나 천년왕국 사상이 그리스도인의 마음에서 완전히 사라진 것은 아니었다. 중세의 수도사 요아킴(Joachim von Fiore), 종교 개혁 시기의 뮌처(Thomas Müntzer)와 재세례파, 그리고 19세기에는 종교사회주의자들이 천년왕국 사상을 주장하였다. 미국에서도 복음주의 신학이 천년왕국 사상을 받아들였다. 그러나 복음주의 신학은 천년왕국에 대한 해석에서 내홍을 겪으며 이른바 '전천년주의(前千年主義, Premillennialism)'와 '후천년주의(後千年主義, Postmillennialism)'라는 개념들을 탄생시켰다.[10]

천년왕국 사상은 특정한 집단을 신격화시켰던 역사를 갖고 있다. 그리고 반(反) 사회적인 열광주의 운동이나 시한부 종말론에 빌미를 제공해 주기도 했다. 따라서 전통적인 교회가 천년왕국설을 외면했던 것도 전혀 이해할 수

---

9 노만 콘/김승환 옮김, 『천년왕국운동사』 (천안: 한국신학연구소, 1993), 24~25.
10 전천년주의(前千年主義)는 천년왕국 이전에 그리스도의 재림이 있을 것이라는 주장을 펼친다. 달리 말하자면 재림 후 천년 동안 그리스도의 지상 통치가 펼쳐진다는 것이다. 반면 후천년주의(後千年主義)는 천년왕국 이후에 재림이 이루어진다고 주장한다. 교회 시대의 말기에 정의와 평화의 시대가 실현된 후 예수께서 오신다는 것이다.

없는 것은 아니다. 그러나 현대의 주요 신학자들(P. Althaus, E. Käsemann, H. Ott, J. Moltmann)은 이러한 부정적인 이미지에도 불구하고 천년왕국설의 의미를 새롭게 인식하기 시작했다. 특히 묵시 사상의 우주적 종말론과 예언자 사상의 역사적 종말론을 중재하는 기능을 높이 평가한다. 예를 들자면, 케제만(E. Käsemann)은 천년왕국 사상의 근원을 "의에 주리고 목마른 자들, ... 예수를 제의의 주님이 아니라 땅의 참 주님으로 인식하고자 하는 자들의 믿음"[11]에서 찾는다. 새 하늘과 새 땅이 도래할 때까지 결코 하나님이 창조하신 이 땅을 포기하지 않으려는 믿음 말이다. 간략하게 말하면, 천년왕국 사상은 이 땅에서도 실현될 하나님의 정의에 대한 희망의 표현으로서 새 창조를 옛 창조의 폐기로만 이해하는 극단적인 묵시 사상을 견제하는 역할을 수행한다.

3) 최후의 심판

재림은 심판을 전제한다. 영성신학자 그륀(A. Grün)이 지적했듯이, 심판 없이는 새 창조가 존재할 수 없기 때문이다. "새로운 세계가 있다면, 옛 세계와 새 세계 사이에는 순조로운 건너감이 있을 수 없다. 오히려 인간이 새로운 미래에 다시는 옛 것을 가져가지 않도록, 곧 악행과 고통을 가져가지 않도록 심판을 거쳐 새 세계를 향하게 해야 한다."[12]

이러한 이해는 하나님의 현실이 궁극적으로 인간에게 임했을 때 가장 먼저 나타나는 현실이 심판임을 지시해 준다. 전통적으로 심판은 행한 대로 갚아 주는 보복으로 이해되어 왔다. 사실 고대 교회 이후 영원한 형벌을 말하는 지옥 교리는 전통적인 신앙의 일부가 되었다. 심지어 543년 콘스탄티노

---

11 Ernst Käsemann, *Der Ruf der Freihet* (Tübingen: J.C.B. Mohr Verlag, 1968), 137.
12 안셀름 그륀/김선태 옮김, 『죽음 후에는 무엇이 오는가?』 (서울: 바오로딸, 2009), 86.

플 공의회는 만유 회복을 주장했던 오리게네스를 사후(死後) 정죄하고 파문했다. 영원한 정죄를 완화시키는 것은 이단이라는 것이다. 종교 개혁자들도 지옥을 부정하지 않는다.

그러나 계몽주의를 거치면서 이러한 견해에 이의를 제기하고 심판을 정화의 과정으로 이해하는 신학적 분위기가 형성되었다. 이러한 분위기는 현대 신학에서도 감지된다. 가톨릭의 영성 신학자 그륀은 심판을 다음과 같이 형상적으로 묘사한다. "심판의 목적은 죄인의 구원이다. 하지만 이 구원은 뉘우침이라는 고통스런 과정을 거쳐야 한다. 악인들은 자신 때문에 고통을 겪은 희생자들을 만나고, 자신이 그들에게 어떤 고통을 가했는지를 바라보게 된다. 그들은 또한 예수님의 십자가에서 고통을 겪은 하나님도 만난다. …… 심판은 …… 자신의 악행에 직면하여 깊은 통회를 느끼고 이웃과 하나님과 화해하고 사랑하게 하는 가능성을 선사하는 은총이다. 악인들은 심판에서 자신에게 주어지는 은총을 받아들여 믿어야 한다."[13]

심판은 영원한 정죄가 아니라 하나님이 주시는 은총과의 만남에서 오는 뉘우침을 목적으로 삼는다는 것이다. 개신교 신학자 가운데서도 몰트만이 심판을 정의가 실현되는 만유화해의 과정으로 이해하며 다음과 같이 말한다. "최후의 심판은 위협이 아니라, 그리스도의 진리 안에서 인간에게 선포될 수 있는 가장 놀라운 것이다. …… 모든 사물의 회복에 대한 종말론적 이론은 이 두 가지 측면을 가지고 있다. 즉 회복시키는 하나님의 심판과, 새로운 생명으로 일으키는 하나님 나라라는 두 가지 면을 가지고 있다."[14]

간략하게 말하면, 피조물에 대한 하나님의 신실하심과 헌신적인 사랑이 인간의 책임성보다 더 크다는 사실을 받아들인다면 마지막 사건은 만유구원이 될 수밖에 없다는 것이다. 그러나 만유구원론에 이의를 제기하는 신학자

---

13 안셀름 그륀/김선태 옮김, 『죽음 후에는 무엇이 오는가?』 (서울: 바오로딸, 2009), 9.
14 위르겐 몰트만/김균진 옮김, 『오시는 하나님』 (1997), 440~441.

들도 엄연히 존재한다. 예를 들면 개신교 신학자 브루너는 영원한 정죄의 가능성을 암시하면서 다음과 같이 말한다. "심판은 인간 안에 숨겨진 것이 드러나는 사건일 뿐 아니라 위기, 분리를 의미한다."[15] 만유구원론을 인정하는 가톨릭 신학자 큉도 다음과 같이 말한다. "영원한 좌절에 빠질 수도 있다는 성서의 경고를 무시하는 것은 스스로 자신을 심판하는 행위다."[16]

하나님의 자비에 근거한 만유구원의 대전제에도 불구하고 영원한 정죄 가능성은 존재한다는 것이다. 사실 복음서(마 7:13~14; 눅 16:23)는 분명한 어조로 영원한 분리에 대해 말하고 있으며, 마가복음(9:48)은 꺼지지 않는 지옥 불을 말하기도 한다. 사실 만유구원을 암시하는 성서 구절들(골 1:20; 빌 2:6 이하; 고전 15:28)에 근거해 반대 입장을 표명하는 성서 구절들을 상징적으로 해석하는 것은 이미 정해진 교의학적 전제에 성서 구절들을 짜 맞춘다는 인상을 피할 수 없다.

무엇보다도 만유구원론의 문제는 - 정의를 자비에 포함시키며 가해자에 대한 보복적 징벌을 정의에 포함시키는 - 예언자 전통을 적극적으로 반영하지 못할 뿐 아니라 - 당신을 계시하면서도 동시에 자신을 숨기시는 - 하나님의 신비를 반영할 수 없는 데 있는 것처럼 보인다. 하나님의 신비 가운데는 아직 드러나지 않은 어두운 부분이 존재한다는 사실을 감안한다면, 하나님의 어둠을 형상화한 지옥 표상들을 과거의 유물로만 간주하는 것은 결코 바람직하지 않다. 하나님의 은총을 끝까지 거부함으로써 모든 형태의 친교도 거부하며, 결국 자기 자신을 파멸시키는 상태는 엄연히 존재할 수 있기 때문이다.

요약하자면, 논리적인 일관성을 위해 어느 한편에 침묵을 강요하는 것은 신앙의 신비를 해소시킬 위험이 있다. 오히려 브루너가 말했듯이, 이러한 긴장 한가운데서 침묵을 지키며 하나님의 음성을 기다리는 것이 중요하다. "하

---

[15] Emil Brunner, *Das Ewige als Zukunft und Gegenwart* (1955), 194.
[16] H. Küng, *Ewiges Leben?* (1984), 182.

나님의 말씀은 부르심의 말씀이지 교리가 아니다. 우리는 세계 심판을 말하는 음성을 듣고 하나님을 두려워해야 한다. 그리고 만유구원을 말하는 음성을 듣고 하나님을 사랑해야 한다. 오직 이러한 이중성 속에서만 우리는 하나님의 본질의 – 그러나 하나인 – 이중성을 파악하게 된다."[17]

4) 마라나타(Maranatha)

성서는 종말론적 사건을 구체적으로 묘사하는 것에 조심스러운 입장을 보인다. 하나님의 신비를 해소시킬 위험성이 있다는 것이다. 성서는 특히 시한부(時限附) 종말론을 견제한다. 그때는 누구도 모른다는 것이다. 사실 성서의 종말론은 종말에 이르는 시간표를 제시하려는 것이 아니다. 그러나 다른 한편으로는 갈급한 심정으로 재림을 소망하는 종말론적 자세를 촉구한다. 사실 요한계시록 22장 20절이 말하는 "주 예수여 오시옵소서(maranatha)."는 초대교회에서 신앙의 척도로 간주되었다.

따라서 신학은 재림의 지연에도 불구하고 재림을 신실하게 기다렸던 초대교회의 신앙을 기억하면서 물음을 제기해야 한다. 무엇이 초대교회로 하여금 새 창조의 도래를 신실하게 기다리도록 만들었던 것일까? 여러 가지 요인이 있었겠지만, 가장 중요했던 것은 바로 성령의 현존에 대한 체험이었을 것이다.

바울은 하나님의 도래를 확신하도록 만들었던 것이 성령의 현존이었음을 시사하고 있다. 그리고 복음서가 예수를 메시아로 고백할 수 있었던 것도 예수 안에 현존하셨던 성령의 임재였다. 왜냐하면 성서의 관점에서 바라볼 때, 성령은 무엇보다도 종말의 영을 의미하기 때문이다.

사실 재림 신앙은 부활 신앙에서 비롯되었지만, 이러한 신앙을 유지시켜

---

17 Emil Brunner, *Das Ewige als Zukunft und Gegenwart* (1955), 201~202.

준 것은 성령의 현존에 대한 체험이었다. 성령의 현존만이 하나님의 도래를 바라볼 수 있는 눈을 열어 주기 때문이다. 교회사를 통해서 알 수 있듯이, 성령의 현존에 대한 믿음이 사라질 때 교회가 세속화되기 시작했다.

물론 성령의 현존에 대한 체험은 만유가 하나님에 의해 새롭게 창조되는 것을 소망하도록 만든다. 이러한 희망은 무엇보다 기존의 체제와 타협하는 것에 반대한다. 그러나 이러한 희망이 세상에 대한 보복이나 세상으로부터의 도피로 이어져서는 안 된다. 그리스도교의 역사 속에서 이러한 경향이 있었던 것은 부인할 수 없는 사실이다. 마르크스(K. Marx)는 종교를 대중의 아편으로 말하기도 했다.

성서적인 관점에서 보면, 하나님의 도래에 대한 소망은 오히려 세상에 대한 책임을 불러일으킨다. 몰트만은 다음과 같이 말한다. "이 희망으로부터 산다는 것은, 이 세계의 기만적 외관과 모든 역사적 성공의 인상들을 거부하고 오늘 여기에서 정의와 평화의 세계에 상응하여 행동하는 것을 뜻한다."[18] 가톨릭 영성신학자 그륀도 다음과 같이 말한다. "보이지 않는 것에 대한 희망은 우리가 세상에 대한 책임을 등한시하게 하지 않는다. 오히려 희망은 정의와 평화를 위해 투신하게 하고 참된 자신이 되도록 헌신하라고 용기를 북돋아 준다."[19]

요약하자면, 새 하늘과 새 땅에 대한 소망은 이 땅에 대한 책임을 배제하지 않는다. 물론 하늘에 대한 소망과 이 땅에 대한 책임은 논리적으로는 서로 대립되는 개념들로 비쳐질 수도 있다. 그러나 천년왕국 사상이 암시하듯이 성서적인 관점에서는, 다시 말하면 성령에 의해 새로운 눈을 가진 사람에게는 양자가 통일을 이룬다. 이러한 의미에서 내일 지구의 종말이 온다 할지라도 나는 한 그루의 사과나무를 심겠다는 루터의 고백은 진정한 종말론적

---

18 위르겐 몰트만/김균진 옮김, 『오시는 하나님』 (1997), 405.
19 안셀름 그륀/김선태 옮김, 『죽음 후에는 무엇이 오는가?』 (2009), 153.

자세가 무엇인지를 보여 준다.

4. 죽음 이후의 삶

1) 연옥 사상에 대한 고찰

성서는 심판을 마지막 때의 사건으로 규정한다. 그러나 동일한 성서는 죽음을 하나님의 차원으로 들어가는 통로로 제시한다(빌 1:23. 참조. 눅 23:43). 따라서 다음과 같은 물음이 제기된다. "그리스도의 재림 이전에 죽은 자들은 지금 어디서 무엇을 하는가?"

고대 교회 이전에는 죽음을 인간 전체가 하나님의 차원으로 들어가는 통로로 이해했다. 그러나 인간의 육신은 무덤에서 쉬고 있는데 인간이 이미 하나님 안에 머물러 있다는 메시지를 해명하기 위해 영혼과 육신을 구별하기에 이르렀다. 이로써 죽은 자의 영혼은 이미 하나님 안에 있지만 육신은 아직도 마지막 날의 부활을 기다리고 있다는 사상이 등장한다. 이러한 사상을 구체화시킨 것이 바로 연옥(煉獄, purgatorium) 사상이다. 연옥 사상에 의하면, 인간의 영혼은 죽음 이후에도 멸망하지 않고 심판을 거쳐 연옥에서 정화의 과정을 거치며 몸이 부활할 때 비로소 육신과 합쳐져 최후의 심판을 받는다고 한다.

가톨릭 신학은 연옥 사상을 받아들인다. 그러나 현대 가톨릭 신학자들은 죽은 자가 죽음 이후 그리스도의 심판과 정화의 과정을 거친다는 전통적인 연옥 사상을 받아들이면서도 연옥을 은총의 한 형식으로 이해한다. 가톨릭의 영성신학자 그륀(A, Grün)은 연옥을 다음과 같이 형상적으로 묘사한다. "연옥은 하느님과 예수 그리스도와의 만남을 상징하는 형상이다. 우리는 하느님의 사랑에 직면하여 우리 자신의 참모습과 하느님을 간과하며 살았음을 고통스럽게 깨닫는다. 또한 사람들에게 가했던 상처를 깨닫는다. 연옥은 결국 우리가 자비로우신 하느님을 만나면서 지각하는, 뉘우치는 고통을 가리키는 형상이다. 이런 고통이 얼마나 오래 지속될지 우리는 말할 수 없다. 죽음 이후에 시간과 공간의 범주는 끝나기 때문이다. …… 자비로우신 하느님과의 만남에서 오는 고통이 결국 연옥이다."[20]

그륀이 암시하듯이 현대 가톨릭 신학자들은 죽음 이후의 심판이 하나님의 단죄나 형벌이 아님을 강조한다. 오히려 하나님 안에서 자신의 실상을 깨닫는 상태로 이해한다. 녹케도 다음과 같이 말한다. "심판은 나의 인격적인 결정들을 빛 아래 드러내는 것을 뜻한다. …… 무엇보다도 그리스도가 보는 앞에서 나 자신이 누구인지 분명하게 드러나는 진실의 시간이다. …… 그 심판관은 아무것도 할 것이 없다. 다만 그 앞에 계실 뿐이다. …… 진리이신 그 분을 만나는 바로 그 순간 일생의 진실은 마침내 빛 아래 드러난다. …… 아무것도 단죄하지 않는다. 아무런 벌도 외부로부터 나에게 이르지 않는다. 단지 내 자신이 이 순간 모든 것을 분명하게 보는 것이다."[21]

현대 가톨릭 신학자들도 연옥설의 전제가 되는 영혼 불멸설의 한계를 인정한다. 그러나 현대 신학자들은 몸의 죽음마저도 인간의 책임성을 폐기할 수 없다는 영혼 불멸설의 메시지는 보존되어야 한다고 주장한다.

개신교 신학은 면죄부에 빌미를 제공해 준 연옥 사상을 거부하지만, 죽음 이후에 영혼이 몸과 분리되어 존재한다는 사상은 받아들인다. 『웨스트민스터 신앙고백서』[22]는 다음과 같이 말한다. "사람의 육체는 죽은 후에 흙으로 돌아가 썩게 된다. 그러나 영혼은 불멸의 본질이 있어서 그것을 주신 하나님께로 직접 돌아간다. 의인의 영혼은 그때 온전히 거룩해져서 지극히 높은 천

---

20 앞의 책, 94~95.
21 프란츠 요셉 녹케/조규만 옮김, 『종말론』 (1998), 178~179.
22 1648년 공포된 웨스트민스터 신앙고백(The Westminster Confession of Faith)은 칼뱅주의 신앙을 담고 있는 개신교의 신앙고백이다. 현재 한국장로교회에서 사도신경과 더불어 주요 신앙고백으로 간주되고 있다. 괄호 안의 숫자는 신앙고백서 항목번호다.

국에 들어가 빛과 영광 가운데서 하나님을 뵙고 그 몸의 온전한 구속을 기다린다. 그리고 악인의 영혼은 지옥에 던지운 바 되어 고통과 흑암 가운데 남아서 마지막 날의 심판을 기다린다."(32)

2) 중간 시간의 문제

그러나 전통적인 신학에서 몸과 영혼을 분리하는 것을 가능하게 만들어 주는 전제가 있다. 즉 개인의 죽음과 최후의 심판 사이에 설정된 중간(中間) 시간이 바로 그것이다. 그러나 중간 시간은 오늘날 현대 신학에서 문제가 되고 있다. 하나님과 인간의 질적인 차이를 감안하면 죽음 이전의 시간과 죽음 이후의 시간 사이에 질적인 차이가 존재한다고밖에 말할 수 없기 때문이다.

이미 루터는 이러한 맥락에서 죽은 자가 최후의 심판 때까지 잠깐 잠을 잔다는 이론을 주장한 바 있다. 하나님의 시간은 모든 시간에 동시적(同時的)인 영원한 현재의 시간임을 상기시키며 죽음 이후의 시간은 지금 여기서 흘러가는 시간과 질적으로 다르다는 것을 강조한 것이다. 루터교회 신학자 브루너(E. Brunner)도 루터의 입장에서 다음과 같이 말한다. "죽는 날과 부활의 날 사이에는 수 세기의 시간적 간격이 있는 것이 아니다. 왜냐하면 이러한 시간적 간격은 오직 여기에만 있는 것이지, 천 년이 하루와 같은 하나님의 현재에서는 존재하지 않기 때문이다."[23]

그러나 현대의 몇몇 저명한 신학자들은 중간 시간의 신학적 필연성을 역설한다. 예를 들자면, 가톨릭 신학자 라너는 개인적 종말론과 우주적 종말론을 구분해야 한다고 주장함으로써 중간 시간의 필연성을 조심스럽게 타진한다. "개인적 종말론과 우주적 종말론은 상이한 두 가지 사실에 대한 두 가지 진술이 아니다. 그럼에도 불구하고 양자는 동일한 것이 아니다. …… 바로

---

[23] Emil Brunner, *Das Ewige als Zukunft und Gegenwart* (Zürich: Zwingli Verlag, 1955), 167.

여기서 중간 시간 및 연옥의 한계와 의미가 동시에 나타난다."[24]

죽음 이후의 삶과 최후의 심판은 하나님의 현재 안에 일어나는 사건이라는 공통점을 갖고 있지만, 하나님의 현재 안에서도 양자 사이에는 구분이 존재한다는 것이다. 개신교 신학자 몰트만은 보다 분명하게 말한다. "죽음 후에 인간이 이 삶의 시간적 범주들과 공간적 범주들에 더 이상 예속되어 있지 않다 할지라도, 개인적인 완성과 세계의 완성이 반드시 일치하지는 않을 것이다. 우리가 이미 우리 자신의 죽음 속에서 부활한다면, 우리는 '이 구원받지 못한 세계'로부터 구원받았을 것이며, 땅과 우리의 신체적 연대는 폐기될 것이다. …… 새 땅 없이는 '육체의 부활'도 없을 것이다. 새로운 창조만이 인간의 새로운 신체성에 대한 가능성을 부여하기 때문이다."[25]

개인의 종말과 세계의 종말은 하나님의 현재 안에 있다는 공통점을 갖고 있지만 만유의 연대성 때문에 세계의 구원 이전에는 개인의 구원도 완성되지 않는다는 것이다. 달리 말하자면, 개인은 죽음 이후에도 최후의 심판에 이르기까지, 혹은 만유 안에서 만유가 되시는 하나님을 발견하기까지 지속적인 정화의 과정을 거쳐야 한다는 것이다.

다시 말하면, 하나님의 현재 안에서도 지상의 시간은 아니지만 나름대로 '시간'이 존재하며 또한 존재해야 한다는 것이다. 그렇다면 하나님의 현재 안에서도 시간이 존재한다고 말할 수 있는 근거는 무엇인가?

하나님의 영원성과 지상적 시간 사이의 질적 차이를 감안하면, 중간 시간을 부인하는 것이 적절할 것이다. 하나님의 영원성에서는 시간 자체가 폐기되기 때문이다. 그러나 동일한 성서에는 하나님이 처음 창조를 폐기하는 것이 아니라 완성시킬 것이라고 말하는 구절들도 엄연히 존재한다. 하나님을 창조의 완성자로 보는 관점은 특히 요한의 로고스 신학이나 바울의 우주적

---

[24] K. Rahner, *Schriften zur Theologie*, Bd. IV (Einsiedeln Zürich Köln: Benziger Verlag, 1962), 423.
[25] 위르겐 몰트만/김균진 옮김, 「오시는 하나님」 (1997), 193.

그리스도론에서 부각된다. 이러한 관점에서는 하나님의 영원이 시간의 폐기가 아니라 시간의 성취요 성취된 시간으로 제시된다.

요약하자면, 죽음 후에 인간은 분명 - 지상적인 시간과 질적으로 다른 - 하나님의 현재 안에 살게 된다. 성서가 선포하는 하나님의 영원이 시간의 성취를 뜻한다면, 중간 시간은 나름대로 존재 근거를 갖게 된다. 그러나 하나님 안에서의 삶이 원칙적으로 인간 인식의 능력을 넘어서는 사건임을 감안하면, 중간 시간을 긍정하는 입장과 부정하는 입장의 차이는 강조점의 차이에 불과하다고 말할 수밖에 없다. 전자가 시간의 성취로서의 영원을 강조한다면, 후자는 지상적 시간이 폐기되는 영원을 강조할 뿐이다.

3) 천국

하나님의 새 창조가 옛 창조의 폐기인지 아니면 창조의 완성인지는 인간 인식의 한계를 넘어서는 물음이다. 하나님의 새 창조 혹은 천국은 세상과는 전적으로 다른 새로움 그 자체이기에 이 땅의 인간에게는 영원히 신비와 비밀로 남아 있을 수밖에 없기 때문이다.

그럼에도 불구하고 성서는 새 창조의 특징을 형상적인 언어로 묘사한다(참조. 사 11장; 계 21장). 교부들도 천국의 신비를 해소하지 않는 범위 내에서 천국의 신학적 성격을 규명하려 했다. 그들은 이러한 것이 가능할 뿐만 아니라 필요하다고 생각했다. 천국이 - 비록 단편적이고 불연속적이지만 - 이미 이 땅에서 실현되고 있다는 믿음이 있었기 때문이다. 달리 말하자면, 교부들은 성서와 자신들의 체험에 근거해 천국의 특징을 규명함으로써 신자들이 지금 여기서 천국의 삶을 체험하고 분별하기를 원했던 것이다.

그들은 마태복음 5장 8절("마음이 청결한 자는 복이 있나니 그들이 하나님을 볼 것임이요")에 근거해, 천국의 삶을 지복직관(至福直觀, visio beatifica)으로 제시한다. 천국이란 정화를 통해 깨끗해진 자가 복의 근원이신 하나님을 바라보는 삶을 가리킨다는 것이다.

하나님을 바라본다는 의미의 관상(theoria)이 수도자들의 목적인 이유도 바로 여기에 있다. 그러나 하나님을 바라본다는 것은 그 어떤 대상을 바라보는 것과는 질적으로 다르다. 하나님을 바라보는 것은 하나님에 의한 삶의 변화를 가져다주기 때문이다. 따라서 하나님을 바라보는 것은 동시에 하나님에 의해 자신이 하나님으로 충만한 존재 또는 하나님과 연합된 존재가 되는 것을 말한다. 이러한 의미에서 고대 동방교회 전통은 관상의 목적을 신화(神化, theosis)로 부르기도 한다.

가톨릭 신학자 큉은 교부들의 천국 사상을 다음과 같이 요약한다. "하나님이 모든 것 안에서 모든 것이 되신다. 더 이상 거리가 있는 관계나 종교가 하나님과 인간의 관계를 규정하지 않고, 오히려 신비주의가 꿈꾸어 왔던 하나님과 인간이 하나 됨이 하나님과 인간의 관계를 규정하게 된다."[26]

물론 교부들의 천국 사상에도 비판이 제기되었다. 이러한 천국 이해는 물질과 육신을 경시하는 플라톤 사상의 영향을 받은 것이 아니냐는 것이다. 즉 성서가 말하는 천국은 물질과 육신이 배제된 영적인 상태가 아니라 육신과 물질이 새롭게 창조되는 새 하늘과 새 땅으로 이해되어야 한다는 것이다. 물론 이러한 비판은 성서의 영성과 그리스 사상 사이에 존재하는 차이를 간과했던 오리게네스에게는 해당될 수 있다. 그러나 고대 교회가 오리게네스와 에바그리우스를 정죄했다는 사실을 간과해서는 안 된다.

교부들의 영성 전통은 오리게네스와는 달리 하나님을 바라보는 것이 하나님과의 신비적 합일에 이르는 것이 아니라 하나님의 빛 안에서 모든 것을 새롭게 바라보는 것임을 강조한다. 달리 말하자면, 하나님을 바라본다는 것은 하나님의 빛 안에서 자연을 포함한 모든 존재들과 새로운 관계를 맺게 된다는 것이다.

---

[26] H. Küng, *Ewiges Leben?* (1984), 295.

사실 교부들의 천국 사상은 신자들로 하여금 세계 도피적인 삶이 아니라 이미 이 세상에 깃들어 있는 천국에 참여하도록 만든다. 즉 사랑의 눈으로 모든 것을 바라보고 새롭게 만나는 삶 말이다. 교부들의 이러한 천국 이해는 그리스 사상이 아니라 이사야가 예언하는 평화의 나라에 상응한다. "그 때에 이리가 어린 양과 함께 살며 표범이 어린 염소와 함께 누우며 송아지와 어린 사자와 살진 짐승이 함께 있어 어린 아이에게 끌리며 암소와 곰이 함께 먹으며 그것들의 새끼가 함께 엎드리며 사자가 소처럼 풀을 먹을 것이며 젖 먹는 아이가 독사의 구멍에서 장난하며 젖 뗀 어린 아이가 독사의 굴에 손을 넣을 것이라 내 거룩한 산 모든 곳에서 해 됨도 없고 상함도 없을 것이니 이는 물이 바다를 덮음 같이 여호와를 아는 지식이 세상에 충만할 것임이니라(사 11:6~9)."

그러나 천국이 죽음 이후에야 비로소 시작되는 것이 아니듯이, 지옥의 그림자도 이미 이 세상에 드리워져 있다. 천국을 소망하는 사람은 이 땅에 드리운 지옥의 그림자를 제거하려 할 것이다. 모든 친교로부터 소외된 사람들, 그래서 스스로 자신을 파괴하는 사람들에게 다가가 그들을 지옥 같은 삶으로부터 건져내야 한다.

4) 죽음에 대한 자세

대부분의 사람들은 죽음 앞에서 불안과 두려움을 느낀다. 죽음이 미지의 세계에 속하는 것임을 감안하면 충분히 이해할 수 있는 현상이다. 따라서 성취 지향적인 사회에서는 죽음에 대한 논의 자체를 금기시하는 분위기가 팽배하다. 왜 부질없는 불안감을 조성하고 삶의 의욕을 저하시키느냐는 것이다. 물론 이러한 항의에 일리는 있다. 공자와 셰익스피어가 이러한 입장을 취했다는 것은 주지의 사실이다. 그러나 "네가 죽는다는 사실을 기억하라(memento tori)."는 격언을 삶의 지혜로 간주했던 사람들도 적지 않았다. 그들은 죽음을 기억하고 반성하는 것이 삶을 위축시키는 것이 아니라, 오히려 삶의 질을 높여 준다고 주장한다. 따라서 죽음에 관해 말하려는 사람은 양자의 정당한 주장을 늘 염두에 두어야 한다. 성실하게 살아가는 사람들에게 의도적으로 불안을 가중시켜서는 안 되지만, 누구에게나 다가오고야 마는 진실을 은폐해서도 안 되기 때문이다.

자연과학자들은 심장의 박동과 뇌파 활동이 멈추는 현상을 죽음이라고 부른다. 뇌 과학자들은 한 걸음 더 나아가 뇌가 활동하고 있는 동안만 자아의식이 존재하며, 뇌의 활동이 정지하면 의식도 사라진다고 생각한다. 따라서 그들은 죽음을 생명이 완전히 소멸된 무아(無我)의 상태로 추정한다. 그러나 죽음에 대한 이러한 관점도 과학적인 검증이 아니라 그렇게 될 것이라는 추론에서 비롯된 것이다.

최근에는 죽음의 제반 현상 및 임사 체험(臨死體驗)을 탐구하는 죽음학(Tanatology)이란 간학문적(間學問的) 연구가 등장했다. 특히 퀴블러 로스(E. Kubler-Ross)가 보고하는 생생한 임사 체험은 많은 사람들의 주목을 받기도 했다.[27] 그러나 이러한 체험이 모든 사람들에게 인정받는 것은 아니다. 임사 체험자들이 실제적인 죽음의 문턱을 넘어서지는 않았기에 그들의 보고가 곧 사후의 삶에 대한 정보를 제공해 주는 것은 아니라는 것이다.

그러나 죽음으로 모든 것이 끝난다는 사상은 인류의 장구한 역사에 비추어 볼 때 그리 오래된 것이 아니다. 사실 죽음을 이와 같이 이해하는 사람들도 다음과 같은 물음에서 자유롭지 않음을 우리는 잘 알고 있다. "죽음과 더불어 모든 것은 끝나는가? 죽으면 정말 모든 것이 끝이란 말인가? 그것이 아니라면, 사후에 새로운 삶 또는 영원한 삶이 존재하는가?"

---

27 퀴블러-로스는 신비한 빛의 존재에 이끌려 이루 형언할 수 없는 기쁨과 사랑 그리고 평화의 감정에 사로잡혔다가 다시 이 세상으로 돌아온 후 인격적 변화가 이루어졌다는 임사 체험자들의 보고에 깊은 관심을 기울이다 자신도 직접 이러한 체험을 하게 되면서 본격적인 죽음학 연구에 뛰어들었다. 참조. 퀴블러-로스, 엘리자베스/최준식 옮김, 『사후생』 (서울: 대화문화아카데미, 2009).

모든 종교는 - 표상은 다르지만 - 사후의 삶 혹은 영생 개념을 갖고 있다는 점에서 일치한다. 죽음이 끝이 아니라는 것이다. 물론 이러한 영생 사상은 역사 속에서 지지뿐 아니라 비판도 받아 왔다. 특히 마르크스(K. Marx)는 그리스도교의 영생 사상을 비판하면서 종교를 민중의 아편이라고 불렀다. 영생 사상은 - 순진한 사람들에게 공포심을 유발시키거나 결코 입증될 수 없는 유토피아를 약속함으로써 - 현실의 악에 저항하지 못하도록 만드는 현실 도피의 유혹이라는 것이다. 이러한 비판은 현대의 비판적 지성인들에게도 나타난다. 즉 영생 사상이 인간으로 하여금 이기적인 자아에 집착하도록 만든다는 것이다. 살아서는 축복이요 죽어서는 천국이라는 달콤한 메시지가 이런 것이 아니냐는 것이다.

그러나 과연 그리스도교가 선포하는 영생에 대한 소망이 이런 것인가? 물론 성서에는 영생에 대한 다양한 표상들이 나타난다. 그럼에도 불구하고 그리스도교 전통은 영생에 대한 소망이 현실 도피나 이기적 욕망에서 비롯된 것이 아니라, 실제적인 체험에서 비롯된 것으로서 인간과 세상을 변혁시키는 힘으로 작용할 수 있음을 시사해 준다.

그러면 그리스도인으로 하여금 영생을 소망하도록 만드는 체험은 무엇인가? 그것은 다름 아닌 회개의 길을 걷는 자에게 선사된 믿음의 체험이다. 성서의 영생 사상을 지적으로 동의하는 데 그치는 사람이 아니라 하나님의 은총에 의해 하나님의 사랑을 신뢰하게 된 사람만이 죽음을 통해 자신의 인격이 하나님의 은총 안에서 완성되면서 역사와 창조의 의미를 온전하게 바라보게 되리라는 것이다.

이러한 신뢰는 죽음에 대한 태도에 변화를 가져온다. 큉은 이러한 자세를 다음과 같이 기술한다. "희망에 찬 기다림, 잔잔한 확신, 종래에는 결정적으로 우리의 흔적으로 남아 있는 그 모든 선과 과실에 대해 부끄럽지만 하느님께 감사하는 마음이 있게 될 것이다. 부끄럽지만 감사하는 마음으로 하나님을 우러르는 죽음은 내가 보기에 우리가 신뢰에 가득 차서 열망해도 좋은,

진실로 품위 있는 죽음인 것처럼 보인다."[28] 하나님의 사랑을 신뢰하는 사람에게는 불안과 두려움이 신뢰와 담대함으로, 아집과 원망이 회개와 감사로 바뀐다는 것이다.

다시 말하면, 신뢰와 감사 속에서 죽음을 맞이하기 위해선 현재의 삶 속에서 하나님이 선사해 주시는 믿음을 체험해야 하며, 이를 위해서는 믿음의 은총이 주어지는 장소인 이른바 '은총의 수단들'인 기도와 자비에 참여해야 한다. 이러한 길에서 믿음의 은총이 선사되면, 그는 지옥의 그림자 속에서 고통 받고 있는 인간들을 바라보게 되고, 이 땅에 드리운 지옥의 그림자를 제거하려는 모험을 감행하게 될 것이다. 모든 친교로부터 소외된 사람들, 그래서 스스로 자신을 파괴하는 사람들에게 다가가 그들을 지옥 같은 삶으로부터 건져내려는 모험 말이다.

---

28 한스 큉·발터 옌스/원당희 옮김, 『안락사 논쟁의 새 지평』 (2010), 83.

에필로그

"때가 찼고 하나님의 나라가 가까이 왔으니 회개하고
복음을 믿으라 하시더라(막 1:15)."

예수는 하나님 나라를 선포하고 당신의 말씀을 듣는 자들이 이 나라를 공유하게 되기를 소망했다. 그러나 하나님 나라라는 개념이 자명한 것만은 아니다. 오히려 이 개념은 그리스도교 전통 속에서 가장 다양하게 해석되어 온 개념들 가운데 하나다. 사람에 따라 하나님 나라란 개념은 사후세계의 한 장소로, 때로는 우주의 종말로 이해되기도 한다. 그리고 어떤 사람들에게는 단지 상징적인 의미만을 갖는다. 신학적인 대화나 토론에서도 하나님 나라에 대한 자신의 해석학적 전제를 밝히지 않으면 오해할 수밖에 없는 상황이 연출되기도 한다.

사도와 교부들은 변화된 상황 속에서 동일한 신앙의 신비를 전하기 위해 하나님 나라라는 개념 대신에 피조물에게 다가와서 당신을 내어 주시는 하나님의 신비를 전면에 부각시킨다. 그러나 교부들은 신앙의 신비를 지성의 차원에서 해소하지 않는다. 오히려 신앙의 진술에 내포되어 있는 모순들을 지성의 이해를 위해 폐기하는 것을 이단으로 정죄했다. 이러한 사실은 그리스도교 최초의 교리가 하나님을 삼위일체로 선포하는 데서 잘 나타난다. 하나님은 성부 성자 성령의 세 위격으로 현존하지만 하나의 본질을 지닌 신비라는 것이다. 거칠게 말하자면, 우리에게 당신의 삶에 참여할 것을 요청하는 하나님은 셋이면서 동시에 하나라는 것이다. 그리고 우리의 구원을 위해 성부 성령과 함께 오늘도 현존하시는 하나님의 아들 예수 그리스도를 참 하나님이요 참 인간으로 고백한다. 예수 안에서 하나님과 인간은 둘도 아니지만 하나도 아니라는 것이다. 뿐만 아니라 하나님의 존재와 행위, 즉 인간이 결코 파악할 수 없는 하나님의 본질과 우리와 함께하시는 하나님을, 즉 하나님의 존재와 하나님의 은총은 서로 다른 두 가지 실재는 아니지만 구분되어야 한다고 말한다. 그리고 인간의 구원 또한 오직 하나님의 은총에 의해 이루어짐을 고백하면서도 동시에 순종하려는 인간의 의지 없이는 구원이 이루어지지 않는다고 말한다. 인간의 의지와 은총은 분리되지 않으며 오히려 동시적으로 작용하면서 구원을 이룬다는 것이다.

그리스도교 전통은 왜 신앙의 진리를 전하는 데 있어서 지성에는 모순으로밖에 보이지 않는 – 예를 들자면, "셋이면서 동시에 하나, 하나님이면서 동시에 인간, 하나님의 행위이면서 동시에 인간의 행위" 등의 – 표현들을 사용하는가? 그것은 그들이 체험한 신앙의 진리 안에 모순적 체험들이 공존하기 때문이다. 당신을 계시하시는 하나님은 동시에 당신을 숨기시는 하나님이요, 당신의 본성마저도 넘어서서 당신이 창조하신 피조물에게 당신을 내어 주는 사랑의 하나님은 동시에 인간을 압도하며 죄를 소멸시키는 공의의 하나님이라는 인식도 바로 이러한 사실을 지시해 준다. 그러면 이러한 모순의 형식으로 점철된 교리는 우리에게 무엇을 말하는가? 정교회 신학자 로스키는 이러한 물음에 정당한 답변을 제시한다. "교회의 교리들은 종종 모순의 형식을 입고 인간의 이성에 나타나는데 이 모순이 표현하는 신비가 지고하면 할수록 그것은 더욱 해결 불가능한 것이 된다. 문제는 교리를 우리의 오성에 적용시킴으로써 모순을 제거하는 것이 아니다. 오히려 …… 우리에게 계시된 실재를 관상하는 데 이를 수 있도록 우리의 영을 변화시키는 데 있다."[1]

모순의 형식으로 나타나는 교리는 우리에게 주어진 지성을 진리 인식의 척도로 삼을 것이 아니라, 우리 자신의 지성을 돌아보도록 만드는 계기가 되어야 한다는 것이다. 물론 모순 가운데는 지성이 기만으로 간주할 수 있는 모순도 존재한다. 사실 모순(矛盾)이라는 말 자체는 기만을 뜻한다. 모든 방패를 뚫을 수 있는 창을 말하면서 동시에 모든 창을 막을 수 있는 방패를 말하는 것은 기만일 수밖에 없기 때문이다.

그리스도교 신학 또한 모든 모순이 진리를 내포하고 있다고 말하지는 않는다. 지성에 의해 기만으로 판명되는 모순도 있다는 것이다. 그러나 신앙의 신비를 체험한 사람들은 지성을 넘어서는 모순, 즉 진리를 내포하는 모순이 존재한다고 말한다. 지성에 의해 논리적으로 설명될 수 있는 신비는 더 이상 신비가 아니라는 것이다.

그리스도교 전통은 이러한 맥락에서 예배뿐 아니라 교리 앞에서도 공경의 자세를 요청한다. 공경하는 마음으로 듣는 것이 전제되어야 한다는 것이다. 물론 이해되지 않는 부분을 억지로 인정할 필요는 없으며, 그렇게 해서도 안 된다. 이러한 지적인 강요는 지성의 교만만큼이나 교리의 본래적인 기능을 간과하도록 만든다. 교리를 공경하는 자는 다만 자신의 지성을 돌아보며 다음과 같은 물음을 던져야 한다. "왜 나의 지성은 모순의 형식을 갖춘 교리를 받아들이지 못하는가? 원인은 어디에 있는가?" 그리스도교 전통은 이해가 이루어지지 않는 현상의 원인을 교리 그 자체에서 찾지 않는다. 오히려

---

1 블라디미르 로스끼/박노양 옮김, 「동방교회의 신비신학에 대하여」 (2003), 58.

온갖 선입견과 이기적 욕구 그리고 죄로 인해 어두워진 우리의 지성에서 찾는다. 사실 우리의 지성이 선입견과 편견에서 벗어나면 전과는 달리 모든 것이 새롭게 보이지 않는가?

교부들은 신앙의 신비에 도달하기 위해선 지성의 정화가 필요하다는 사실을 강조한다. 그러나 교부들은 인간의 지성이 감성 및 의지와 밀접하게 연관되어 있음을 주지시킨다. 지성만의 정화란 존재할 수 없으며, 인간의 마음을 구성하는 지성과 감성 그리고 의지가 함께 정화되어야 한다는 것이다. 이미 예수께서도 말씀하시지 않았는가? "마음이 청결한 자는 복이 있나니 그들이 하나님을 볼 것임이요(마 5:8)."

사실 마음이 정화되어 기도하는 상태가 되면 성서와 교리가 새로운 빛 속에서 다가오며, 신앙의 신비인 믿음과 사랑이 선사될 수도 있다. 우리는 여기서 회개하는 자에게 하나님 나라의 신비가 드러나리라는 예수의 말씀을 이해하게 될 것이다.

물론 회개가 깊어지면 회개도 은총에 의해 이루어지는 것임을 알게 된다. 이러한 의미로 그리스도교 전통은 회개를 인간의 의지와 하나님의 은총이 합력해서 이룩하는 현실로 고백한다. 그러나 그리스도교 전통은 온전한 회개를 그렇지 못한 회개와 구분하기 위해 진정한 회개의 길을 교회에 위임한다. 교회에 주어진 예배와 기도 그리고 성서 묵상과 자비의 실천이 신뢰할 만한 회개의 길이라는 것이다. 교회는 자신에게 이러한 선물이 주어졌음에 감사하며, 묵묵히 회개의 길을 걷는 공동체가 되어야 한다.

주요 참고 문헌

나웬, 헨리 J. M./이봉우 옮김. 『마음의 길: 사막의 영성과 현대의 사목직』. 왜관: 분도출판사, 2011.

녹케, 프란츠 요셉/조규만 옮김. 『종말론』. 서울: 성바오로, 1998.

닛사의 그레고리/고진옥 옮김. 『모세의 생애』. 서울: 은성, 2003.

라우스, 앤드루/배성옥 옮김. 『서양신비사상의 기원』. 왜관: 분도, 2011.

로스끼, 블라드미르/박노양 옮김. 『동방교회의 신비신학에 대하여』. 서울: 한국장로교출판사, 2003.

루터, 마르틴/최주훈 옮김. 『대교리문답』. 서울: 복있는사람, 2017.

메이엔도르프, 존/박노양 옮김. 『비잔틴 신학: 역사적 변천과 주요 교리』. 서울: 정교회출판사, 2013.

몰트만, 위르겐/김균진·김명용 옮김. 『예수 그리스도의 길』. 서울: 대한기독교서회, 1990.

바르트, 칼/최종호 옮김. 『교회 교의학 4/2 – 화해에 관한 교의 제2권』. 서울: 대한기독교서회, 2012.

박준양. 『은총론, 그 고귀한 선물에 관하여』. 서울: 생활성서사, 2008.

본회퍼, 디트리히/정지련·손규태 옮김. 『신도의 공동생활 성서의 기도서』. 서울: 대한기독교서회, 2010.

비앙키, 엔조/이연학 옮김. 『말씀에서 샘솟는 기도』. 왜관: 분도출판사, 2001.

슈메만, 알렉산더/이종태 옮김. 『세상에 생명을 주는 예배』. 서울: 복있는사람, 2011.

안셀름/이은재 옮김. 『인간이 되신 하나님』. 서울: 한들출판사, 2001.

알렉산드리아의 아타나시우스·안토니우스/허성석 옮김. 『사막의 안토니우스』. 왜관: 분도, 2015.

위 디오니시우스/엄성옥 옮김. 『위 디오니시우스 전집』. 서울: 은성, 2007.

이에로테오스 대주교/박노양 옮김, 『예수기도: 아토스 성산의 한 은둔 수도승과 나눈 대화』. 서울: 정교회출판사, 2013.

조규만. 『원죄론』. 서울: 가톨릭출판사, 2016.

카스퍼, 발터/박상래 옮김. 『예수 그리스도』. 왜관: 분도출판사, 1996.

큉, 한스/정지련 옮김. 『교회』. 서울: 한들출판사, 2007.

헤셀, 아브라함 요수아/김순현 옮김. 『안식』. 서울: 복있는 사람, 2007.

Asmussen, Hans·Sartory, Thomas. *Gespräch zwischen der Konfessionen*. Frankfurt am Main: Fischer Bücherei KG, 1959.

Aulen, Gustaf. *The Faith of the christian church*. Translated from the fifth Swedish edition of 1956 by Eric H. Wahlstrom. Philadelphia: Fortress, 1973.

Basil the Great, *De Spiritu Sancto*. New York: Scriptura Press, 2015.

Brunner, Emil. *Das Ewige als Zukunft und Gegenwart*. Zürich: Zwingli Verlag, 1955.

Hanson, Paul D. *The Dawn of Apocalyptic*. Philadelphia: Fortress Press, 1979.

Lapide, Pinchas. *The Resurrection of Jesus. A Jewish Perspective*, translated by Linss, Wilhelm C. Oregon: Augsburg Fortress Publishing House, 1982.

Lohse, Bernhard. *Epochen der Dogmengeschichte*. 7. Aufl. Stuttgart: Kreuz Verlag, 1988.

Lohse, Eduard. *Die Entstehung des Neuen Testaments*. Stuttgart·Berlin·Köln, Mainz: Kohlhammer, 1972.

Palamas, Gregory. *The Triads*. edited by John Meyendorff. translated by Nicholas Gendle, New Jersey: Paulist Press, 1983.

Pelikan, Jaroslav. *The Christian Tradition Vol. 2: The Spirit of Eastern Christendom (600-1700)*. Chicago: The University of Chicago Press, 1974.

Rahner, Karl. *Schriften zur Theologie*, Bd. Ⅳ. Einsiedeln·Zürich·Köln: Benziger Verlag, 1962.

Tillich, Paul. *Systematic Theology*, vol. 1-3. Chicago: The University of Chicago press, 1951~1963.

Trebolle Barrera, Julio C. *The Jewish Bible and the Christian Bible: an introduction to the history of the Bible*. trans. Wilfred G. E. Watson. Leiden, New York, Köln: Brill, 1997.

Zizioulas, John D. *The Eucharistic communion and the world*. T&T Clark: London, 2011.

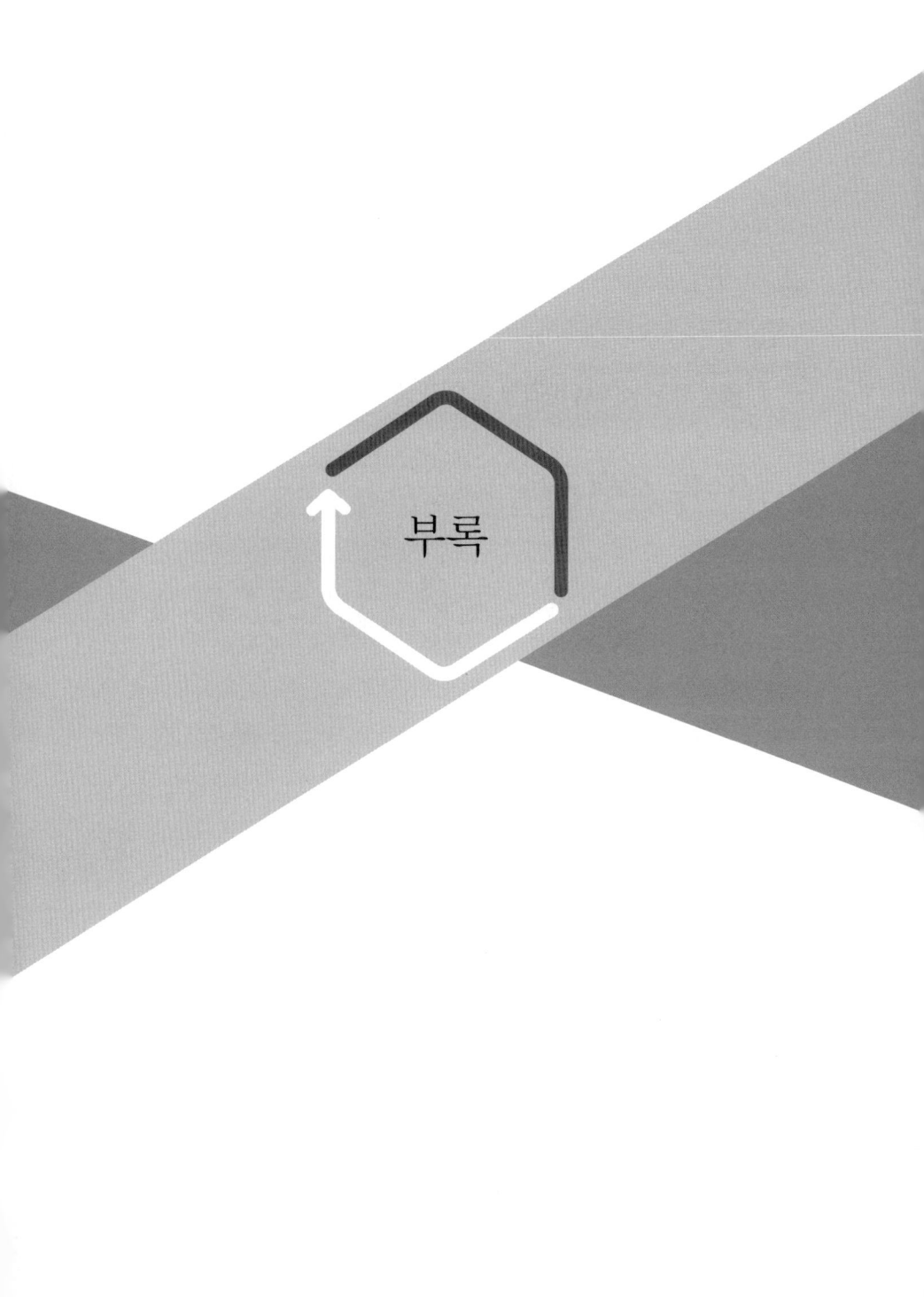

존 웨슬리(John Wesley)의
영성과 경제 사상

1. 영성적 관점에서 바라본 웨슬리 생애의 주요 과정들

1) 옥스퍼드 시절의 웨슬리

웨슬리는 1703년 영국의 한 작은 마을인 엡워스에서 영국성공회의 사제였던 사무엘 웨슬리(Samuel Wesley)와 수잔나 웨슬리(Susanna)의 열아홉 명의 자녀 가운데 열다섯째로 태어났다. 그는 1720년 옥스퍼드 대학교에 입학해 1724년 졸업한 뒤 영국성공회의 사제가 되기로 결심했다. 그리고 1725년 옥스퍼드 주교로부터 부제로 임명되었고, 1728년에는 사제 서품을 받았다. 이기간 동안 웨슬리는 테일러 주교, 토마스 아 켐피스, 윌리엄 로 등의 저술을 접하면서 그리스도인의 성화(聖化)란 주제에 심취했다. 웨슬리 전공자 박창훈 교수는 이 시절의 웨슬리에 대해 다음과 같이 말한다. "1725년 웨슬리는 처음으로 기독교의 최종 목표는 성결이라는 것을 알게 되었고, 기독교는 단순히 외적인 훈련이나 의무가 아니라 마음의 감정과 정서를 포괄한다는 것을 발견했으며, 자비의 일뿐 아니라 경건의 일까지 포함한다는 것을 깨달았으며, 외적인 훈련뿐 아니라 하나님에 대한 내적인 경건과 헌신을 동반하는 것이라고 이해하게 되었다."[1]

---

[1] 박창훈, 「존 웨슬리, 역사비평으로 읽기」 (서울: 대한기독교서회, 2007), 42.

간략하게 말하자면, 겸손과 사랑으로 충만한 마음을 신앙의 목적으로 삼은 것이다. 이러한 목표는 웨슬리의 생애 전체에 걸쳐 결코 흔들리지 않았다. 1729년 10월 대학 연구원이 된 웨슬리는 그리스도교 전통이 제정한 소위 '은혜의 수단(예전, 성서 묵상, 기도)'들을 통해 마음이 사랑으로 충만한 경지에 이르려 했다. 그리고 이를 위해 동생 찰스 등과 함께 영성 훈련 모임을 조직했다. 이 모임이 후에 부흥 운동의 모체가 되었으며, 결국 감리회로 발전했다. 이 모임은 철저한 규칙 생활을 강조했기 때문에 주위 사람들이 그들을 조롱조로 '규칙주의자(Methodist)'라고 불렀다.

그러나 이 시절의 웨슬리는 - 종교 개혁자들에게 가장 중요한 주제였던 - 믿음에 대해 충분하게 고찰하지는 않았다. 1725년 7월 29일 어머니에게 보낸 편지를 보면 웨슬리가 믿음을 "이성에 근거하여 하나님의 계시에 동의하는 것"으로 이해하고 있음을 알 수 있다. 즉 이 시절의 웨슬리는 믿음을 성서의 메시지에 지적으로 동의하는 지성의 행위와 성서의 계명에 순종하는 의지의 행위로 간주했다.

그러나 믿음을 지적인 동의로 이해하는 관점은 이미 - 1735년 아버지가 돌아가신 후 실행에 옮겼던 - 미국 선교 활동이 실패로 끝날 때부터 흔들리기 시작했다. 웨슬리는 선교 실패 후 참담한 심정으로 귀국하던 중 '모라비아 형제회'[2] 신자들을 만나면서 자신에게 참된 믿음이 결여되어 있다는 사실을 깨달았다. 그는 특히 피터 뵐러(Peter Boehler)와의 만남을 통해 참된 믿음이란

---

[2] 모라비아 형제회(Moravia Church)는 오늘날에는 동유럽의 체코 공화국에 속하는 보헤미아와 모라비아 지방에서 시작된 교단이다. 7~8세기경 그리스 정교회의 신앙을 받아들인 모라비아교회는 - 11세기 그리스도교의 최초 분열 이후 - 동방교회와 서방교회의 경계선에 위치한 지정학적 정황 때문에 정치적으로나 신앙적으로 가톨릭의 체제를 강요받는다. 그러나 그들은 그들이 갖고 있었던 정교회 신앙을 포기하지 않고 오히려 이 신앙의 토대 위에서 가톨릭의 전통을 비판하고 가톨릭 신앙과 체제를 거부한다. 저항 운동의 대표자는 얀 후스(John Hus)였다. 후스는 1415년 이단으로 정죄된 후 화형 당했다. 그러나 후스의 추종자들은 정교회 신앙을 고수하며 저항 운동을 계속했다. 그 후 탄압과 박해의 시절을 견디다 독일과 영국 등에 둥지를 틀고 세계 선교를 시작한다. 웨슬리와 마찬가지로 미국 선교에 나섰지만 실패했고, 그 후 미국으로 이주해 그곳을 중심으로 주로 가난하고 소외된 나라에 선교사를 파송해 오늘날까지 이르고 있다.

지적 동의가 아니라 인격의 중심이 하나님을 신뢰하는 상태라는 사실을, 그리고 이러한 믿음은 오직 은총에 의해 주어진다는 사실을 깨달았다. 또한 사람이 구원을 받을 수 있는 유일한 근거인 이와 같은 믿음이 자신에게 결여되어 있다는 사실을 분명하게 인식했다. 그는 훗날 당시 자신의 심정을 다음과 같이 기술한다. "나는 모든 악을 피하고 죄 없는 양심을 가지려고 노력했습니다. …… 나는 끊임없이 또는 조심스럽게 공적인 또는 사적인 은총의 수단을 다 사용했습니다. …… 모든 일에서 하나님의 뜻을 행하려고 마음으로부터 바라고 …… 나를 불러 주신 하나님을 기쁘시게 하려고 했습니다. 그러나 성령 안에서 나 자신의 양심은 이 기간 중에 내가 단지 '명목상의 그리스도인'에 불과했다고 나를 향해 증언합니다."

웨슬리는 믿음이 결여되어 있다는 영적인 비참함을 느꼈지만 동시에 하나님의 은총이 주어지기를 간절히 기다렸다. 이러한 심경 속에서 그는 1738년 5월 24일 런던의 올더스게이트 거리에서 열린 모라비아 형제회의 집회에 참여한다. 그러나 웨슬리는 훗날 이러한 상태 또한 하나님의 은총에 의해 주어진 것이었음을 깨닫는다.

2) 웨슬리의 올더스게이트 회심

웨슬리는 런던의 올더스게이트 거리에서 열린 집회에서 한 사람이 루터의 『로마서 주석』 서문을 낭독하고 설명해 주는 것을 듣는 순간 회심을 체험하게 된다. 그는 그때 일을 다음과 같이 회상한다. "저녁에는 별로 마음이 내키지 않은 채 올더스게이트 가에 있는 어느 모임에 갔는데 거기서 한 사람이 루터의 로마서 주석의 서문을 읽고 있었다. 9시 5분 전쯤 되어서 그가 계속하여 그리스도를 믿는 믿음을 통하여 하나님께서 마음에 변화를 일으키시는 역사를 하신다고 설명을 하고 있었는데 내 마음이 이상하게 뜨거워짐을 느꼈다. 나는 구원을 받기 위하여 그리스도를, 오로지 그리스도를 믿는다고 느졌다. 뿐만 아니라 주께서 내 모든 죄를 씻어내시고 나를 죄와 사망의 법에서 구원하셨다는 확신이 생겼다."

웨슬리가 올더스게이트 회심의 순간에 들었던 『로마서 주석』의 저자 루터는 다음과 같이 말한다. "믿음은 꿈꾸는 그 무엇, 인간적인 환상이 아니다. 그런데도 많은 사람들은 그 용어를 그렇게 이해하고 있다. 그들은 믿음에 도덕적인 진보나 선행들이 수반되지 않음을 보면서 …… 믿음으로는 충분치 않으며 우리가 올바르게 되고 구원을 얻으려면 '행위들'을 하여야 한다고 선언하는 오류에 빠진다. …… 하지만 믿음은 하나님이 우리 속에서 일으키는 그 무엇이다. 그것은 우리를 변화시키며, 우리는 하나님으로부터 다시 태어난다. …… 믿음은 옛 아담을 죽이고 우리를 마음과 생각과 우리의 모든 힘에 있어서 전혀 다른 사람으로 만들어 놓는다."[3]

루터는 여기서 믿음 외에 공적(功績)이 있어야 구원받는다는 가톨릭 교리를 비판하고 있다. 그러면 왜 가톨릭은 믿음뿐 아니라 공적과 선행이 있어야 구원을 얻는다고 가르쳤는가? 믿음을 가졌어도 변하지 않는 삶의 현실을 인정했기 때문이다. 따라서 가톨릭교회는 변하지 않는 삶을 선행과 공적으로 보완하려 했을 것이다. 그러나 선행이나 공적도 삶을 변화시키지 못했기에 구원을 - 고대 교회처럼 지금부터 시작되는 것으로 이해하지 못하고 - 죽음 이후로 옮겨 놓을 수밖에 없었다.

루터는 여기서 믿음을 성서와 교리에 대한 지적인 동의로 이해한 중세 가톨릭의 믿음 이해가 비성서적임을 주지시킨다. 즉 성서가 말하는 믿음이란 그 어떤 교리에 대한 지적인 동의, 즉 지성의 행위에 그치는 것이 아니라는 것이다. 루터는 성서에 근거해 믿음을 인격의 중심이 은총에 의해 하나님을 향해 돌아서는 자세로 제시한다. 따라서 믿음은 인간이 만들어 낼 수 있는 것이 아니라, 하나님이 우리 안에서 창조하시는 하나님의 선물이라는 것

---

3 존 딜렌버거 편/이형기 옮김, 『루터 저작선』 (서울: 크리스천다이제스트, 1996), 61~62.

이다. 이러한 믿음 없이 행해지는 지적인 동의나 행위들은 마음을 거룩하게 만들기는커녕 마음에 좌절과 증오심을 불러일으킬 뿐이라는 것이다. 웨슬리는 올더스게이트 회심 이후 루터의 이러한 믿음 이해에 동의한다. 그는 또한 이러한 믿음이 실현되는 인격의 중심을 마음으로 제시하면서 믿음을 마음이 하나님의 은총에 의해 하나님을 신뢰하게 되는 상태임을 강조한다. 이를 통해 웨슬리는 믿음과 사랑의 불가분리적 관계를 깊이 인식하게 된다.

믿음에 대한 루터의 이해는 비참한 심정으로 은혜를 사모했던 웨슬리에게 공감을 불러일으켰을 것이다. 이러한 공감으로 웨슬리는 은혜를 체험하게 된다. 웨슬리는 당시를 회상하며 다음과 같이 말한다. "나는 내 마음이 이상하게 뜨거워짐을 느꼈다. 나는 구원을 받기 위하여 그리스도를, 오로지 그리스도를 믿는다고 느꼈다. 뿐만 아니라 주께서 내 모든 죄를 씻어내시고 나를 죄와 사망의 법에서 구원하셨다는 확신이 생겼다."[4]

마음이 따뜻해지는, 즉 마음이 열리며 마음에 따뜻한 기운, 즉 사랑에 들어오기 시작하면서 두려움이 사라지고 세상이 줄 수 없는 평화를 느끼기 시작한 것이다. 그리고 자신에게 그리스도를 신뢰하는 믿음이 주어졌음을 느끼게 된다. 그러다 영적 감각이 살아나면서 하나님의 용서에 대한 확신, 즉 자신이 하나님의 자녀라는 확신을 갖게 된다. 그러나 이러한 확신 가운데 죄가 소멸되었다는 확신은 훗날 수정된다.

웨슬리의 회심은 다름 아닌 자신 안에서 그리스도를 신뢰하는 믿음을 발견한 체험이다. 이러한 믿음 체험에는 무엇보다도 평강과 기쁨이 동반된다. 그러나 영적 감각이 깨어나면서 - 모든 두려움과 염려를 내쫓는 - 평강이 하나님의 용서가 가져다준 것이요, 하나님의 용서는 그리스도의 공로에 의해 주어진 것임을 깨닫는다. 그리고 이를 통해 자신이 하나님의 자녀라는 확신을 갖게 된다. 마지막으로 자신에게 "구원으로 인도하는 믿음"이 있다는 확신

---

[4] 존 웨슬리/김영운 옮김, 『존 웨슬리의 일기』 (서울: 크리스천다이제스트, 2007), 1785년 5월 24일자 일기.

이 성령의 증거임을 깨닫는다. 웨슬리는 이러한 신뢰를 훗날 한 설교에서 마음의 믿음으로 설명한다. "믿음이란 사변적이요, 합리적인 것으로 냉랭하고 생명 없는 냉랭한 지적 동의, 즉 머리의 어떤 관념적 훈련에 그치는 것이 아니라 마음으로 믿는 신앙인 것입니다(참조. 롬 10:9~10 마음으로 믿어 의에 이르고)."

3) 올더스게이트 이후의 웨슬리

믿음이란 은총에 의해 주어지는 신뢰요 또한 영적 감각에 의해 자신이 은총에 의해 하나님의 자녀가 되었음을 확신하게 되는 사건이라는 것이다. 그러나 진정한 믿음에는 평강과 동시에 사랑이 체험된다. 웨슬리는 고대 교회의 전통을 따라 평강보다 사랑을 믿음의 궁극적인 기준으로 제시한다. 사실 평강에 대한 체험은 주관적인 느낌일 수도 있다. 주어진 평강이 주님의 용서에 의한 것인지 아닌지는 평강과 동시에 주어지는 사랑을 통해 분별할 수 있다. 고대 교회 전통은 사랑이야말로 자신이 그리스도와 연합되어 있다는 증거요, 성령의 열매가 맺혀졌다는 증거라고 말한다.

웨슬리도 다음과 같이 말한다. "자기 안에 증거를 가졌다고 믿는 사람은 모두 이것이 하나님께로부터 온 것인가 시험하여 보십시오. …… 누구든지 성령의 열매와 격리된 어떤 가상의 성령의 증거를 신뢰해서는 안 된다는 것입니다."[5] 사랑이 없는 믿음, 사랑이라는 성령의 열매를 맺지 못하는 성령의 증거는 있을 수 없다는 것이다. 물론 웨슬리는 성령의 진정한 증거를 가진 사람에게도 성령의 열매가 항상 맺히는 것이 아님을 강조한다. "이런 열매는 일시적으로 구름에 가려질 수도 있습니다. 그러므로 유혹을 당하는 사람, 즉 사탄이 밀 까부르듯, 흔들고 있는 사람에게는 나타나지 않습니다. …… 성령

---

5 참조. 존 웨슬리, "성령의 증거 II", 『웨슬리 설교전집 1』, 228~232.

안에 있는 기쁨이 시련의 기간에는 없어질 수도 있는 것이 사실입니다. ……
그러나 일반적으로는 회복되어 마침내 말할 수 없는 영광스러운 즐거움으로
기뻐하게 되는 것입니다."[6]

　웨슬리는 또한 1739년 1월 1일 페터 레인에서 동료들과 함께 기도하던 중 그들에게 임하신 성령의 은사들을 체험한다. 많은 사람들이 쓰러지고 큰 소리로 찬양하는 현상이 나타났다. 그때부터 웨슬리와 동료들의 부흥 운동에 여러 가지 은사들이 나타나면서 웨슬리와 그의 동료들은 교계의 주목을 받게 되었다. 그러나 그의 주변에서 투시의 은사를 가졌다고 주장하는 여인과 임박한 종말을 예언하는 사람들이 등장하면서 웨슬리의 부흥 운동은 비판을 받기도 한다. 여기서 웨슬리는 한편으로는 - 칼뱅과는 달리 - 성서에 기록되어 있는 성령의 은사가 오늘날에도 주어진다는 입장을 고수하면서도 다른 한편으로는 이러한 초자연적 현상들이 성령의 은사인지는 성서의 증언에 기초해 분별해 보아야 한다고 주장한다. 구체적으로 말하자면, 성서가 증언하는 성령의 열매인 사랑과 겸손에 상응하지 않는 은사는 의심해 보아야 한다는 것이다. 이를 위해 웨슬리는 자신의 설교들 가운데서 44편의 설교를 선택해 『표준 설교집』을 출판해 메소디스트 설교자들에게 배포한다.

　간단히 말하면, 사랑이라는 성령의 열매 없는 믿음과 은사는 의심해 보아야 한다는 것이다. 사도 바울도 더욱 큰 은사인 사랑을 사모하라고 말하지 않았는가? "내가 사람의 방언과 천사의 말을 할지라도 사랑이 없으면 소리 나는 구리와 울리는 꽹과리가 되고 내가 예언하는 능력이 있어 모든 비밀과 모든 지식을 알고 또 산을 옮길 만한 모든 믿음이 있을지라도 사랑이 없으면 내가 아무 것도 아니요 내게 있는 모든 것으로 구제하고 또 내 몸을 불사르게 내줄지라도 사랑이 없으면 내게 아무 유익이 없느니라(고전 13:1~3)."

---

[6] 참조. 존 웨슬리, "성령의 증거 II", 『웨슬리 설교전집 1』, 232~233.

웨슬리는 또한 목회 경험을 통해 성령에 의해 회복된 영적 감각도 사람에 따라 정도의 차이가 있기 때문에 진정한 믿음이 있어도 자신의 믿음과 구원을 확신하지 못하는 사람들이 존재한다는 사실을 깨닫는다. 회심 직후의 웨슬리는 구원에 대한 확신을 믿음의 본질적 요소로 간주했지만, 성숙한 웨슬리는 확신이 믿음의 본질적인 요소가 아니라 은사임을 깨달았다. 그리고 확신에도 정도의 차이가 있다는 사실을 깨달았다. 즉 성령의 열매인 사랑만이 믿음에 대한 기준이 된다는 것이다.

이처럼 올더스게이트 회심은 웨슬리가 처음부터 추구해 왔던 성화의 영성을 심화시킬 수 있는 기회를 제공해 주었다. 아우틀러는 웨슬리의 회심 체험에 대해 다음과 같은 평가를 내린다. "웨슬리 일기에 나와 있는 올더스게이트 사건은 동일한 장소에서 한순간에 발생한 거룩한 삶과 오직 믿음이라는 두 거대한 기독교 전통을 한 점으로 모으기 위해 매우 조심스럽게 재구성되어 있다."[7]

교회사적으로 보자면, 웨슬리의 영성은 개신교의 칭의론(稱義, Justification)과 가톨릭의 성화론(聖化, Sanctification)을 종합하려는 시도라 할 수 있다. 물론 이러한 종합은 가톨릭과 개신교의 대립을 넘어서서 성서와 고대 교회 전통을 신앙의 기준으로 삼으려 했던 영국성공회가 추구하는 것이기도 했다. 그러나 계몽주의라는 시대적 정신을 수용했던 영국성공회는 웨슬리를 주류에서 배제시킨다. 웨슬리는 결국 자의반 타의반으로 영국 국가교회의 관심 밖에 있었던 소외계층들을 찾아다니며 설교하기 시작했다. 그러나 교구 관할 지역을 넘어서는 웨슬리의 전도 행위와 웨슬리의 체험적 영성은 영국성공회 내에서 웨슬리의 입지를 더욱 좁게 만들었다. 결국 웨슬리는 1784년 영국성공회의 39개조 종교 강령 중에서 – 칼뱅의 예정론이 들어 있는 17조, 세속

---

[7] 알버트 C. 아우틀러/전병희 옮김, 『웨슬리 영성 안의 복음주의와 신학』 (서울: 한국신학연구소, 2008), 147.

권력에 복종할 것을 강조하는 37조 등 - 모두 14개조를 삭제하고 남은 25개조로 감리회 종교 강령을 확정하고 독자적인 길을 걷는다. 이로써 감리회가 탄생하게 되었다.

4) 웨슬리 해석사

웨슬리는 20세기 중반까지 내적인 체험과 거룩한 삶을 강조한 설교자이자 감리회를 창시한 인물로 알려져 왔다. 그러나 1975년 미국감리교회 설립 200주년을 전후해 웨슬리 전집(*The Works of John Wesley*)이 출간되면서 웨슬리에 대한 포괄적이고 집중적인 연구가 시작되었다.

이러한 연구에서 주도적인 역할을 담당했던 신학자로는 아우틀러(A. C. Outler)와 매덕스(R. Maddox)를 들 수 있다. 그들은 웨슬리의 영성을 올바르게 이해하기 위해선 웨슬리 영성의 뿌리인 초기 동방 교부의 빛에서 웨슬리의 신학을 조명해야 한다고 주장한다.[8]

물론 웨슬리가 종교 개혁자들의 영향을 받은 것은 분명하다. 웨슬리는 - 믿음을 은총에 의해 인간에게 선사되는 하나님의 선물로 이해하는 - 루터의 믿음 이해를 받아들인다. 그리고 웨슬리가 - 가톨릭과 개신교 사이에서 중용의 길(Via Media)을 선택한 - 영국국교회 사제라는 정체성을 가지고 살았다는 것도 부인할 수 없는 사실이다.

그러나 웨슬리가 모(母)교회로부터 받아들인 것은 중용의 정신이 아니라 초기 교부들의 사상을 신앙의 기준으로 간주하는 신학 방법이었다. 웨슬리는 젊은 시절부터 초기 교부들의 사상을 그리스도교의 규범으로 간주해 왔다. 물론 웨슬리는 교부 전통에서 - 당시의 영국국교회 신학과는 달리 - 교리보다는 영성 사상을 받아들였다. 이러한 성향은 그가 감리회 신학의 규범을

---

8 참조. Albert C. Outler, ed. *John Wesley* (New York: Oxford, 1964), 9.

제정하면서 – 영국국교회가 신앙의 기준으로 규정한 – "성경 전통 이성"에 체험을 덧붙인 사실에서도 잘 나타난다.

물론 이러한 해석에 동의하지 않는 신학자도 존재한다. 콜린스(K. J. Collins)는 웨슬리가 동방 교부들의 사상을 받아들인 것은 사실이지만, 이러한 수용도 항상 개신교 신앙의 테두리 내에서 일어났다고 주장한다. 콜린스는 이를 입증하기 위해 웨슬리가 강조하는 '은총에 의한 순간적인 변화'가 정교회에는 나타나지 않는다고 주장한다.[9] 그러나 콜린스는 동방교회가 '신인협력설(神人協力說, Synergism)'뿐 아니라 '은총에 의한 압도적이고 순간적인 변화'도 강조하고 있다는 사실은 간과하고 있다.

현대의 웨슬리 학자들은 – 성화(Sanctification)에서 정점에 달하는 – '구원의 길(Via salutis)'을 설득력 있게 해명해 준 점을 웨슬리의 공헌으로 간주한다. 웨슬리 해석자들은 또한 웨슬리가 동방교회 교부들과 공유하는 마음의 영성이 지성주의에 물든 개신교 신학에 경종을 울려줄 수 있다는 점을 높이 평가한다.

현대 신학자들의 웨슬리 연구는 1970년대 후반부터 웨슬리의 영성에 내포된 사회적 성격에 주목하면서 웨슬리가 개인 구원에만 집중하는 것이 아님을 보여 주었다. 아우틀러는 웨슬리가 – 믿음은 마음에서 시작되지만, 믿음의 증거는 사회적이라고 주장하는 – 건전한 복음주의(Healthy evangelism)를 대변한다고 주장하며,[10] 런연(T. Runyon)은 자신이 편집한 『성화와 해방』(*Sanctification and Liberation*)에서 웨슬리를 사회적 혁명가로 묘사한다.[11] 이러한 해석은 웨슬리 학자들로 하여금 웨슬리의 경제 윤리에 관심을 갖도록 만들었다. 마르크바르트(M. Marquardt)와 카터(C. W. Carter)는 웨슬리의 경제

---

9   참조. 케네스 콜린스/이세형 옮김, 『존 웨슬리 톺아보기』 (서울: 신앙과지성사, 2016), 279~280.
10 참조. Albert Outler, *Evangelism in Wesleyan Spirit* (Nashville: Tidings, 1971), 25.
11 참조. Theodore Runyon, "Introduction: Wesley and the Theologies of Leberation", Theodore Runyon, ed. *Sanctification and Liberation* (Nashville: Abingdon Press, 1981), 29.

사상을 자본주의에 대한 비판으로 제시하며,[12] 매덕스는 웨슬리의 경제 윤리를 초기 교부 사상에 기초한 자기 부정의 길로 해석한다.[13] 그리고 제닝스(T. Jennings)와 믹스(D. Meeks)는 웨슬리의 경제 윤리를 자본주의 사회 속에서 성서의 청지기 사상과 희년 사상을 관철시키려 했던 시도로 해석한다.[14] 우리나라에서는 김홍기 교수가 웨슬리의 경제 윤리를 - 레위기 25장이 말하는 - 희년의 실천으로 해석했으며, 박창환 교수도 웨슬리의 경제 윤리를 자본주의의 근간인 사유재산 제도에 대한 도전으로 해석하고 있다.[15]

2. 웨슬리의 영성신학: 구원의 길

1) 회개

그러나 성령의 증거를 확신했던 웨슬리가 항상 기뻐하고 성령 충만한 삶을 산 것은 아니었다. 그는 체험을 통해 자신 안에서 죄가 소멸되지 않았음을 깨닫게 되었다. 간간이 사랑의 마음을 체험하면서도 다른 한편으로는 자신이 아직 부패한 본성, 즉 이기적인 본성에 매여 있음을 자각했다.

웨슬리는 자신의 마음에 떠오르는 악한 생각 - 교만 허영 분노 탐욕 우울 - 들을 통해 이러한 사실을 확인했다. 즉 자신이 통제할 수 없는 이러한 악한 생각들을 바라보며 이러한 생각들의 근원지인 자신의 마음이 아직 이기적

---

12 참조. M. 마르크바르트/조경철 옮김, 『존 웨슬리의 사회윤리』 (서울: 보문출판사, 1992); 찰스 W. 카터/박은규 외 옮김, 『현대 웨슬리 신학 II』 (서울: 대한기독교서회, 1999).
13 참조. Randy L. Maddox, *Responsible Grace: John Wesley's Practical Theology* (Nashville: Kingswood Books, 1994).
14 참조. Theodore Jennings, *Good News to the Poor: John Wesley's Economics* (Nashville: Abingdon Press, 1990); Douglas Meeks, "Sanctification and Economy: A Wesleyan Perspective on Stewardship", Randy L. Maddox, ed., *Rethinking Wesley's theology for contemporary Methodism* (Nashville: Kingswood Books, 1998).
15 참조. 김홍기, 『존 웨슬리의 경제 윤리』 (서울: 대한기독교서회, 2001), 135~172; 박창훈, 『존 웨슬리, 사회비평으로 읽기』 (서울: 대한기독교서회, 2014), 38~45.

본성에 사로잡혀 있음을 확신하게 된 것이다. 웨슬리는 회심 이후 자신 안에 있는 숨겨진 가증스러운 실체들을 더욱 적나라하게 바라볼 수 있었다.

웨슬리는 바울의 고백에 깊이 공감했다. "내가 한 법을 깨달았노니 곧 선을 행하기 원하는 나에게 악이 함께 있는 것이로다 내 속사람으로는 하나님의 법을 즐거워하되 내 지체 속에서 한 다른 법이 내 마음의 법과 싸워 내 지체 속에 있는 죄의 법으로 나를 사로잡는 것을 보는도다(롬 7:21~23)."

우리는 "선을 행하기 원하는 나에게 악이 함께 있다."는 깨달음이 회심 이전이 아니라 회심 이후의 바울이 드렸던 고백임을 명심해야 한다. 우리도 때로는 우리 자신을 성찰하면서 자신 안에 선한 것이 하나도 없으며 악한 것밖에 없음을 시인하며 비참함을 느끼지 않는가? 특히 상처를 받게 되면, 마음속의 악한 생각들이 더욱 기승을 부리지 않는가? 작은 일을 겪어도 침소봉대(針小棒大)하여 쉽게 노하고 원망하며 절망하지 않는가? 우리는 악한 생각에 휘둘릴 때 죄를 짓는 것임을 알면서도 여전히 악한 생각에 휘둘리지 않는가?

웨슬리도 바울처럼 또한 자기 힘만 가지고는 죄의 뿌리를 뽑을 수 없다는 자각에 이른다. 그러나 웨슬리는 자신의 비참함을 깨닫는 순간에 집중하며 이러한 깨달음이 은총에 의한 것임을 알게 된다. 은총의 빛이 없다면 인간은 자신의 비참함을 깨달을 수조차 없다는 것이다. 정말 비참한 자는 자신의 비참함을 깨닫지 못하는 사람이다. 이러한 비참함에 대한 자각이 은총에 의한 것임을 깨달을 때 인간은 진정으로 마음이 가난한 자가 되어 주님의 이름을 부르게 된다. 파스칼은 이러한 상황에 대해 다음과 같이 말한다. "인간의 비참함을 알지 못하고 신을 알게 되면 교만해진다. 신을 모르고 인간의 비참함을 알게 되면 절망에 빠진다."[16] 자신의 비참함과 동시에 하나님의 은혜를 아는 사람만이 진정한 행복을 맛보게 된다는 것이다.

---

16 파스칼/최현·이정림 옮김, 『팡세』 (서울: 범우사, 1992), 199.

이처럼 회개는 인간이 은총에 의해 자신의 실상을 발견하는 데서부터 시작된다. 그러나 회개는 여기서 그치지 않고 지속적으로 죄와 싸우는 과정으로 이어진다. 웨슬리는 자신의 체험을 통해 이러한 회개의 과정 역시 은총에 의한 것임을 깨닫는다. 또한 옥스퍼드 시절의 경건 훈련 끝에 주어진 비참한 심정이 사실은 하나님께서 자신을 진정한 회개로 인도하기 위해 주신 것이었음을 깨닫는다. 그리고 이러한 회개가 무르익을 때 비로소 믿음과 사랑의 은총이 주어진다는 사실도 인식하게 되었다.

인간은 생각을 통해 다가오는 유혹이 없으면 죄를 지을 수도 없으며, 자신의 생각을 통제할 수도 없는 무력한 존재다. 그러나 웨슬리는 우리를 휘두르려는 생각을 바라보며 주님께 맡기는 회개의 삶을 지속한다면 하나님이 원하시는 때에 갑자기 우리의 마음에 믿음과 사랑이 충만해짐을 느끼게 될 것이라고 주장한다. 이것은 동시에 악한 생각이 사라지는 순간이기도 하다. 이러한 순간이 바로 웨슬리가 말하는 그리스도인의 완전 혹은 온전한 성화가 실현되며, 우리 안에 하나님의 사랑이 충만하게 실현되는 때다. 이러한 주장은 분명 종교 개혁자들을 넘어서는 것이지만, 웨슬리만의 주장은 아니다. 고대 교회 교부들도 웨슬리와 마찬가지로 온 몸과 마음이 사랑으로 충만해지는 상태에 이르는 것을 신앙의 목적으로 제시했다.

2) 구원의 순서

웨슬리는 이를 통해 '구원의 길(via salutis)' 혹은 '구원의 순서(ordo salutis)'를 신자들에게 가르치는 데 심혈을 기울였다. 웨슬리는 구원의 순서에서 믿음의 두 열매인 칭의와 성화를 중심에 위치시킨다. 그러나 웨슬리는 회개를 칭의 전후에 위치시키며 구원의 길에 포함시킨다. 이러한 맥락에서 웨슬리는 다음과 같이 말한다. "다른 모든 교리들을 포함한 우리 감리교회의 중심 교리는 회개와 믿음과 성결입니다. 회개는 종교의 현관이며 믿음은 종교의 문이며, 성결은 종교 그 자체입니다."[17]

웨슬리에게 믿음은 칭의와 성화로 구체화된다. 은총은 믿음을 통해 칭의와 성화의 열매를 맺는다는 것이다. 그는 칭의와 성화를 관계적인 변화와 실질적인 변화로 묘사한다. 즉 칭의를 죄의 용서로, 성화를 죄의 소멸로 제시하면서 양자의 관계를 다음과 같이 제시한다. "내적 성화는 언제 시작되는가? 사람이 의롭다 하심을 받는 순간에 시작된다. (하지만 그 사람 안에는 죄가 아직도 머물러 있다. 그가 전적으로 성화되기까지는 모든 죄의 씨가 남아 있다.) 그 시간부터 신자는 점진적으로 죄에 대하여 죽고 은혜 안에서 성장한다."[18]

칭의론 및 성화론과 관련해 루터와 가톨릭 신학자들 사이에서 벌어졌던 논쟁에서 웨슬리는 중용의 길을 선택한다. 칭의 없는 성화는 존재하지 않지만, 성화 없는 칭의도 존재할 수 없다는 것이다. 아우틀러는 이러한 웨슬리의 신학을 다음과 같이 해명한다. "그는 칭의와 성화가 한 사건의 서로 다른 두 측면이라는 견해를 부정하며 구원의 존재론적 순서에 따라 조심스럽게 칭의 이후에 성화를 위치시켰다. 그러나 칭의와 성화는 동시에 발생하며 성화는 칭의와 함께 시작한다."[19] 웨슬리 전문가 이후정 교수는 보다 자세하게 설명한다. "분명한 것은 칭의의 은총이 결코 우리를 새롭게 창조하며 변형시키는 성화의 은총을 대신하거나 넘어설 수 없으며, 오히려 신자는 그 칭의의 기초 위에 성화의 집을 짓는 일생의 과정을 계속해야 한다는 사실이었다."[20]

신학적인 관점에서 보면, 성화는 칭의와 동시적으로 일어나지만, 칭의 이후에도 계속된다는 인식은 회개가 칭의 이전뿐 아니라 이후에도 계속되어야 한다는 것을 지시한다. 죄가 소멸되기 위해선 죄에 대한 인식과 고백이 선행

---

17 참조, "The Principles of a Methodist Farther Explained(1746)", in: *The Work of John Wesley*, vol. 1 ed. Albert C. Outler (Nashville: Abingdon Press, 1984), 9:227.
18 존 웨슬리/이후정 옮김, 「그리스도인의 완전」 (서울: 감신대출판부, 2006), 41.
19 알버트 C 아우틀러/전병희 옮김, 「웨슬리 영성 안의 복음주의와 신학」 (2008), 173.
20 이후정, 「성화의 길: 오늘을 위한 웨슬리의 영성」 (서울: 대한기독교서회, 2001), 24.

되어야 하기 때문이다. 사실 웨슬리의 영성은 회개를 강조한다. 왜냐하면 칭의 이후에도 죄의 힘은 사라지지 않고, 오히려 더 크게 부각되기 때문이다. 이러한 사실은 순간적으로 일어나는 칭의와 성화도 점진적인 회개의 과정 속에서 일어난다는 사실을 시사해 주고 있다. 웨슬리는 마태복음 5장 1~12절의 산상설교 대명제를 주석하면서 구원의 과정이 점진적인 회개와 순간적인 칭의(와 성화) 그리고 다시 점진적인 회개가 이어지면서 순간적으로 온전한 성화가 이루어지면서 완성된다고 말한다.[21]

웨슬리의 이러한 해석은 웨슬리가 칼뱅주의의 불가항력적 은총을 무조건 배격하는 것이 아니라는 사실을 시사해 준다. 칭의와 완전은 분명 은총이 순간적으로 인간 전체를 압도하며 변화시키는 사건이기 때문이다. 이러한 은총은 칼뱅주의가 말하는 불가항력적 은총과 크게 다르지 않다. 웨슬리는 단지 이러한 불가항력적 은총이 회개 없이 주어지는 것이 아니라 회개가 점진적으로 무르익을 때 주어지는 것임을 강조할 뿐이다.

웨슬리에게는 인간을 부르고 인간의 응답을 기다리는 인격적인 은총의 시간뿐 아니라 한순간에 인간의 모든 것을 압도하는 은총의 시간도 존재한다. 웨슬리는 다음과 같이 말한다. "이 완전이 언제나 단순한 믿음의 행위로 영혼 속에서 이루어지며, 결과적으로 순간적인 것이라고 믿는다. 그러나 그 순간 이전과 이후에는 점진적인 역사가 있다고 믿는다."[22]

순간적 변화 이전과 이후에 점진적 변화가 있다고 말하는 웨슬리에게도 순간적인 변화와 점진적인 변화는 도식적으로 구분할 수 있는 것이 아니다. 웨슬리에게도 점진적인 변화와 순간적인 변화는 하나의 전체적인 사건이다. 웨슬리는 아마도 온전한 성화의 순간에도 통회의 씨앗이, 회개의 과정에도 성화의 씨앗이 배태되어 있다고 말할 것이다.

---

21 참조. 존 웨슬리/양재훈 옮김, 『웨슬리가 전한 산상수훈』 (서울: 도서출판kmc, 2015).
22 존 웨슬리/이후정 옮김, 『그리스도인의 완전』 (2006), 138.

3) 그리스도인의 완전

점진적 진보의 과정 속에 순간적으로 이루어지는 온전한 성화를 웨슬리는 '그리스도인의 완전'이라고 부른다. 웨슬리는 이러한 그리스도인의 완전이 이 땅에서 가능하며, 따라서 그리스도인의 삶의 목적이 되어야 한다고 주장한다. 물론 루터나 칼뱅은 이러한 완전이 이 땅에서는 이루어질 수 없다고 말한다.

그러나 웨슬리는 자신이 말하는 완전이 하나님의 완전과 같은 절대적인 완전이 아님을 주지시키며,[23] 다음과 같이 해명한다. "감리교도는 자기의 마음을 다하고 목숨을 다하고 생각을 다하여 주 하나님을 사랑하는 사람이다. 하나님은 그 마음의 기쁨이시요, 그 영혼의 소원이시다. …… 그는 '자기를 돌보시는 그분께 자기의 염려를 다 맡겨버리고,' '구할 것을 감사함으로 아뢴' 후에 '범사에' 하나님께 의지하면서 아무 것도 불안해하며 염려하지 않는다. …… 이것은 그가 '쉬지 않고 기도하기' 때문이다. …… 그의 마음은 언제나 어디서나 하나님께 들어 올려져 있다. 어느 누구도 그 무엇도 그가 이렇게 하는 것을 방해하지 못하며, 중단시키지는 더욱 못한다. …… 이는 그의 '마음이 순결하기' 때문이다. …… 그는 성한(순일한) 눈을 가졌다. 그리고 그의 눈이 성하므로 온 몸이 빛으로 충만하다."[24]

웨슬리는 먼저 완전을 쉬지 않고 기도하는 상태, 즉 마음이 깨어 기도하는 상태로 제시한다. 이러한 맥락에서 웨슬리가 말하는 완전을 종결된 상태가 아니라 항상 개방적인 상태로 부를 수 있다. 그는 비유로 다음과 같이 말한다. "완전은 …… 줄기에 붙어 있으면 열매를 맺으나 줄기를 떠나서는 말라

---

23 참조. 존 웨슬리/이후정 옮김, 『그리스도인의 완전』 (2006), 56. 아우틀러도 다음과 같이 말한다. "웨슬리는 결단코 죄 없는 완전이란 용어를 사용하지 않았다." 참조. 알버트 C 아우틀러/전병희 옮김, 『웨슬리 영성 안의 복음주의와 신학』 (서울: 한국신학연구소, 2008), 199.
24 존 웨슬리/이후정 옮김, 『그리스도인의 완전』 (2006), 15~17.

시들어버리는 포도나무 가지의 완전과 같은 것이다."[25]

간단히 말하면 완전이란 마음이 기도를 통해 하나님의 은총과 사랑을 공급받고 있는 상태라는 것이다. 이후정은 다음과 같이 웨슬리의 완전을 설명한다. "그것은 그리스도께서 우리 안에서 우리가 품을 수 있는 분량에 따라 채워 주시는 정도의 사랑의 완전이다. …… 하나님의 완전한 사랑의 근원에 계속 열려 있는 동안 우리에게 그 완전한 사랑이 흘러 들어와서 우리를 충만하게 하시는 것이다."[26] 이러한 완전 이해는 웨슬리가 - 신앙의 궁극적 상태를 마음이 기도하는 상태로 이해하는 - 고대 교회 수도자들의 영향을 받고 있음을 강력하게 시사해 주는 대목이다.

웨슬리는 또한 완전을 마태복음 5장 8절("마음이 청결한 자는 복이 있나니 그들이 하나님을 볼 것임이요")에 근거해 마음의 순결과 순일한 눈으로 묘사한다. 여기서 웨슬리가 말하는 '순일한 눈'은 신앙의 궁극적 상태를 하나님을 바라보는 삶으로 제시하는 고대 교회 교부 전통을 상기시켜 준다. 그러나 웨슬리는 하나님을 바라본다는 관상이란 용어 대신에 순일한 눈이라는 용어를 사용한다. 완전이란 하나님의 은총에 의해 순간적으로 완전히 정화된 눈을 갖게 되는 상태라는 것이다.[27] 그러나 순일한 눈으로 바라본다는 것은 하나님을 바라보는 것 이전의 단계가 아니다. 오히려 하나님을 바라보는 것과 - 구분은 되지만 - 동시적으로 일어나는 현상이다. 하나님을 바라보는 것은 - 피조물을 바라보는 것과는 질적으로 달리 - 하나님의 빛에 의해 변화된 눈으로 세상을 바라보는 것을 내포하기 때문이다. 따라서 완전을 순일한 눈으로 해명하는 것은 성화가 개인적인 성화를 넘어서서 하나님의 눈, 곧 사랑의 눈으로 세상을 바라보는 것에서 완성되는 것임을 시사해 주고 있다.

그러나 웨슬리는 완전에 이른 사람에게도 악한 생각들이 엄습한다는 사

---

25 앞의 책, 55.
26 이후정, 「성화의 길: 오늘을 위한 웨슬리의 영성」 (2001), 268.
27 그리스도교 영성 전통에서는 이러한 눈을 내면의 사랑의 눈(the inner eye of love)으로 부른다.

실을 부정하지 않는다. 그래서 완전에 이른 자들에게 "교만을 경계하여 끊임없이 깨어 기도하라."고 권면한다. 온전한 성화의 은혜를 받은 후에 경계해야 할 것이 모든 악한 생각의 근원인 교만이라는 것이다. 사실 얼마나 많은 사람이 은사나 은혜를 받은 후에 교만에 빠져 하나님의 영광을 가렸는가? 은사와 사랑은 겸손으로 이어질 때 비로소 완성된다.

이로써 진정한 그리스도인의 삶이 무엇인지가 해명된다. 회개로부터 시작해 회개로 끝나는 삶 말이다. 우리는 은혜를 얻든지 못 얻든지 회개해야 한다. 이러한 맥락에서 웨슬리는 바울 아우구스티누스 칼뱅과 함께 다음과 같이 말한다. "우리 안에 있는 모든 선은 주님으로부터 온 것이다. 반면 우리 안에 있는 모든 악의 기원은 우리에게 있다." 이러한 사실을 깨닫는 자는 우리 안에 선을 부어 주신 하나님의 은혜에 감사하며 자신의 이기적 본성과 무력함을 더욱 깊이 의식하면서 주님의 이름을 부르는 회개의 기도를 쉬지 않게 될 것이다. 웨슬리는 우리의 회개가 깊어질수록 주님의 사랑이 우리 안에서 더욱 충만해진다고 말한다. 우리는 우리의 이기적이고 무력한 본성을 자각하지만, 주님은 우리를 성자(聖者)로 본다는 것이다. 회개는 죄인이 아니라 성자가 하는 것이라는 말의 의미가 바로 여기 있다. 그리고 우리의 회개가 깊어지면 주님이 우리를 성자로 바라보는 눈이 우리에게도 주어질 수 있다. 이때 우리는 하나님에 대한 참된 감사의 경지에 도달하게 되는 것이다.

3. 은총의 수단

1) 예전

그리스도인은 온전한 사랑이 주어지기를 기다려야 한다. 그러나 믿음과 사랑이란 우리 힘으로 이루어 낼 수 있는 것이 아니라 오직 하나님의 은총에 의해서만 선사되는 것이다. 이러한 인식은 우리에게 무엇을 말하는가? 가만

히 앉아 은총이 주어지기를 기다려야 하는가? 퀘이커 교도들(Quakers)은 이렇게 한다. 그러나 그리스도교 전통은 회개하며 기다리라고 말한다. 성령의 인격적인 인도함을 따르는 회개 없이는 우리를 압도적으로 사로잡는 성령의 충만함이 선사되지 않는다는 것이다.

그러나 그리스도교 전통은 성령의 인도함을 받는 신앙생활도 자의적으로 하는 것이 아니라 그리스도교 전통이 제정한 이른바 '은총의 수단(The means of grace)'을 통해 실천할 것을 권면한다. 웨슬리도 이러한 전통을 따르며 다음과 같이 말한다. "그리스도인이란 하나님의 은총을 기다리는 사람들이다. …… 그러나 성경의 결정을 따라 하나님께서 정하신 수단에 의해 은혜를 대망하는 사람들이다."[28]

웨슬리는 물론 측량할 수 없는 하나님의 사랑이 '은총의 수단' 밖에서도 주어질 수 있음을 인정하면서도 그리스도인은 하나님뿐 아니라 성서와 전통에 순종하는 사람들임을 상기시키며 은총의 수단을 경시하는 것을 신앙적 교만으로 간주한다.

그리스도교 전통은 은총의 수단 가운데 가장 중요한 것으로 성례전(sacrament, μυστηριον)을 꼽는다. 그리스도교 전통은 또한 이러한 성례전 외에도 평일 날 드려지는 기도와 성서 묵상을 은총의 수단으로 간주한다. 웨슬리도 이러한 전통을 따르면서 성찬과 기도 그리고 성서 묵상을 은총의 수단으로 제시한다.

웨슬리는 물론 은총의 수단들 가운데 성례전과 기도를 의식적으로 구분하지는 않았지만, 성만찬을 가장 확실한 은총의 수단이요 매주 받아야 할 수단으로 제시함으로써 성례전과 기도 사이에 질적인 차이가 있음을 시사한다.

웨슬리는 예전을 가장 중시한다. 그는 고대 교회의 예전을 회복하려 했던 영국성공회의 예전과 성찬에 규칙적으로 참여할 것을 촉구했다. 이러한 맥

---

28 참조. 존 웨슬리, "은총의 수단", 『웨슬리 설교전집 1』, 321~325.

락에서 그는 전통적인 예전을 경시하는 모라비아 형제 교회를 비판한다. 그러나 다른 한편으로는 - 교회가 정한 의식대로 집전되는 성례전은 집례자나 참여자의 주관적 상태와는 상관없이 효력을 발휘한다는 - 가톨릭의 사효성(事效性, ex opere operato) 교리를 비판한다.[29]

예전은 오직 성령의 임재 속에서만 그리스도의 신비를 전해 주는 '은총의 수단' 혹은 성례전(sacrament)이 될 수 있다는 것이다. 웨슬리는 "은총의 수단"이란 설교에서 이 점을 인식하며 다음과 같이 말한다. "그러나 시간이 경과함에 따라 많은 사람의 사랑이 식어가자(마 24:12) 어떤 사람들은 수단을 목적으로 잘못 알고, 종교를 하나님의 형상을 따라 마음을 새롭게 하는 것으로 생각하기보다는 외적 행위를 하는 것이 종교라고 간주하기 시작했습니다."[30]

은총의 수단에 대한 웨슬리의 이러한 입장은 두 가지 실천적 귀결을 갖는다. 첫째, 성례전이 우리에게 줄 수 있는 최고의 선물은 사랑을 낳는 믿음이다. 사랑을 낳는 믿음은 성례전의 목적이요, 성례전은 이러한 믿음을 얻기 위한 수단이라는 것이다. 둘째, 성례전 참여의 전제는 회개다. 회개 없이는 믿음이 선사되지 않기 때문이다. 그러나 회개 또한 '은총의 수단'에 참여하는 자에게 주어지는 것임을 감안하면, 예외는 있을 수 있지만 은총의 수단을 믿음을 위한 수단과 회개를 위한 수단으로 구분할 수 있을 것이다. 성례전이 전자에 속한다면, 기도와 성서 묵상은 후자에 속한다.

---

29 가톨릭 신학에 의하면, 빵과 포도주에 말씀이 더해지면 성만찬은 그 자체로서 효력을 갖는다고 한다. 물론 이러한 사상의 배후에는 그리스도가 성만찬의 집전자라는 고대 교회의 정당한 인식이 존재한다. 그러나 그리스도께서 제정하신 성례전이 그 자체로서 효력을 갖는다는 가톨릭의 사상은 개신교뿐 아니라 정교회의 전통에도 낯설다. 정교회 예배학자 슈메만은 다음과 같이 말한다. "정교회는 늘 성만찬 성물의 변모가 제정의 말씀이 아니라 에피클레시스 - 성령 임재를 기원하는 기도 - 를 통해 성취된다고 주장해 왔다." 정교회의 이러한 주장은 정당하다. 성서와 고대 교회가 한목소리로 증언하듯이, 성령의 임재 없이는 그리스도의 현존이 드러나지 않기 때문이다.
30 존 웨슬리, "은총의 수단", 『웨슬리 설교전집 1』, 318.

2) 기도와 성서 묵상

웨슬리는 예전 다음으로 중요한 은총의 수단으로 기도를 든다. 사실 기도는 모든 교파에서 은총의 수단으로 받아들여지고 있다. 웨슬리에게 기도는 무엇보다도 성령의 은총을, 즉 성령의 인도하심에 의해 회개와 칭의 그리고 성화의 은총이 주어지기를 기다리는 경건 훈련으로 간주된다. 웨슬리는 여기서 누가복음 11장 13절을 자신의 증언으로 제시한다. "너희가 악할지라도 좋은 것을 자식에게 줄 줄 알거든 하물며 너희 하늘 아버지께서 구하는 자에게 성령을 주시지 않겠느냐."

웨슬리는 고대 교회와 함께 기도의 목적을 성령의 도래에서 찾는다. 그러나 고대 교회 수도자들의 기도인 관상 기도 혹은 예수 기도는 추천하지 않는다. 웨슬리는 기도의 특별한 형태에 구애받지도 않는다. 통성 기도와 침묵 기도, 자발적 기도와 기도문에 의한 기도를 차별하지도 않는다. 이러한 사실은 웨슬리에게 중요한 것이 기도의 형식에 있는 것이 아니라 성령의 인도하심에 자신을 맡기는 기도의 내적 자세에 있다는 사실을 새삼 일깨워 준다. 웨슬리가 영성의 모범으로 간주했던 마카리우스도 다음과 같이 말했다. "습관적으로 기도하지 마시오. 마음에 주의를 기울이며 …… 하나님이 우리 영혼을 찾아오시기를 기다려야 합니다. 고요히 기도해야 할 때 고요히 기도하고, 소리쳐 기도해야 할 때 소리쳐 기도해야 합니다. …… 정신이 산만해져서 갖가지 생각에 분심됨이 없이 생각을 집중하며, 그리스도만 기다리는 일에 몰두해야 합니다."[31]

웨슬리도 고대 동방교회의 교부들과 마찬가지로 기도에 가장 큰 방해가 되는 것을 끊임없이 마음속에서 솟아오르는 악한 생각들로 보고 이러한 생

---

31 마카리우스/최대형 옮김, 『신령한 설교』 (서울: 은성, 2015), 227.

각과의 영적 투쟁을 강조한다.[32] 즉 우리의 기도를 들으실 뿐 아니라 우리에게 무언의 음성으로 말씀하시는 하나님께 온전히 집중할 수 있도록 - 우리를 휘두르려는 - 악한 생각과의 영적 투쟁이 선행되거나 기도 시간 내내 동반되어야 한다는 것이다.

웨슬리는 기도와 함께 성서 묵상을 은총의 수단으로 제시한다. 그러나 성서 묵상은 해석이나 묵상으로 끝나는 것이 아니라 기도로 시작해 기도로 끝난다. 그는 다음과 같이 말한다. "하나님의 말씀을 상고하기 전에 진지하고 간절하게 기도하라. 성서는 성서를 주신 바로 그 성령을 통하여서만 이해될 수 있음을 알기 때문이다. 성서 읽기를 마칠 때에는 기도하라. 이는 우리가 읽은 것들이 우리 마음에 기록되기 위하여서이다. 또한 읽는 동안에도 가끔 멈추어 읽은 말씀에 비추어 우리 자신의 마음과 생활에 관하여 검토해 본다면 유익할 것이다."

웨슬리에게 기도와 성서 묵상은 서로 다른 별개의 것들이 아니다. 웨슬리가 가장 많이 권면했던 기도는 성서 묵상에서 우러나오는 기도, 혹은 기

---

[32] 웨슬리가 말하는 영적 투쟁은 사실 고대 교회 사막 교부들의 영성 훈련에서 영감을 받은 것이다. 사막 교부의 원형인 아르세니우스는 고대 수도자들의 영성 훈련을 다음과 같이 요약한다. "떠나라. 침묵하라. 고요 속에 머물라." 사막 교부들의 가르침은 - 성령의 인도함을 받아 광야로 나아가 사탄의 음성을 들었던 - 주님의 광야 수행과 기도에 관한 주님의 가르침(마 6:5~8)에 근거한 것이다. 그러면 왜 광야이며, 왜 골방인가? 인간은 홀로 있으며 세상의 소리에 귀를 닫을 때 자신의 마음으로부터 나오는 생각이나 마음에 기생하는 악한 영으로부터 나오는 생각을 보다 쉽게 바라볼 수 있기 때문이다. 그리고 영적 투쟁을 통해 이러한 부정적인 생각이나 유혹들이 소멸될 때 비로소 고요함 속에서 들려오는 무언(無言)의 음성을 들을 수 있기 때문이다. 그리고 이러한 고요 속에서 하나님의 음성이 들려지면서 이른바 하나님과의 내적인 대화가 시작된다. 수도원 전통에서는 전자를 수행으로, 후자를 관상으로 부른다. 사막 교부들과 수도원 전통은 수행 없는 기도, 즉 정화의 노력 없이 하나님의 음성을 기다리는 일은 어불성설이며 자칫 수도자를 위험에 빠뜨릴 수 있다고 생각했다. 거칠게 말하자면, 기도에 앞서 먼저 자신의 마음 상태를 바라보고 돌볼 줄 알아야 한다는 것이다. 사막 교부의 금언에는 다음과 같은 말이 있다. "자신 안에 상처와 분노를 쌓아두고 기도할 수 있다고 생각하는 사람들은 마치 수없이 구멍 난 통에 물을 가져다가 붓는 사람들과 같다." 이러한 맥락에서 고대 교회는 마음의 정화(淨化, κάταρσις)를 위한 수행이 어느 정도 이루어진 후 기도의 단계로 나아가야 한다고 가르친다. 물론 기도의 단계에서도 수행이 요청된다. 수도원 전통에서 수행은 - 지성이 마음에 떠오르는 정념들을 사라질 때까지 바라보는 - 경성(警省)의 행위뿐 아니라, 욕구를 정화시키는 절제의 행위와 감성을 정화시키는 자비의 행위를 동시에 요청한다. 마음에서 솟아나오는 모든 생각과 유혹들을 경성하는 침묵의 시간뿐 아니라, 감성의 정화를 추구하는 자비의 행위와 의지를 정화시키려는 금식을 은총의 수단에 포함시킨 웨슬리는 분명 고대 수도원의 수행과 관상 전통을 알고 있었다. 단지 이것을 세상 한가운데 사는 신자들에게 적합한 방식으로 적용시켰을 뿐이다.

도로 시작해서 기도로 마치는 성서 묵상이다. 달리 말하자면, 성령의 감동을 받아 쓰인 성서를 매개로 드리는 기도야말로 가장 신뢰할 수 있는 기도라는 것이다.

다양한 기도 전통 가운데서 모든 그리스도인의 공감을 얻은 방법은 성서 묵상이다. 왜 성서 묵상이 기도에 이르는 길이 되는가? 성서는 묵상하는 자에게 거울이 되기 때문이다. 성서는 묵상하는 자에게 그의 실상을 비춰 준다. 물론 빛이 없으면 거울도 무용지물이다. 그러나 성서를 묵상하는 가운데 은총의 빛이 주어지면 우리는 은총의 빛 속에서 깨달은 자신의 실상을 주님께 맡기게 된다. 이러한 기도 속에서 흘리는 참회의 눈물은 사람을 치유하는 능력을 갖는다. 즉 그를 구원의 현실로 인도한다. 시편 1편도 고백하지 않는가? "복 있는 사람은 악인들의 꾀를 따르지 아니하며 죄인들의 길에 서지 아니하며 오만한 자들의 자리에 앉지 아니하고 오직 여호와의 율법을 즐거워하여 그의 율법을 주야로 묵상하는도다."

그러나 문제는 은총을 사모하는 마음조차 우리 마음대로 할 수 없다는 사실이다. 은혜를 사모하지 않으니 기도하고픈 마음이 들지도 않는다. 그러나 우리는 이러한 현실에 실망해서는 안 된다. 사실 수도자들도 어느 때나 기도하고픈 마음이 들어 기도하는 것은 아니었다. 그러나 마카리우스는 이러한 때도 기도해야 한다고 말한다. "영적으로 기도할 수 없을 때에도 기도해야 합니다. 이처럼 마음으로는 내키지 않아도 억지로 자신을 강요하며 분투하는 것을 보실 때 하나님이 그에게 참된 성령의 기도를 주시며, 긍휼과 자비와 온유함을 주십니다."[33]

억지로라도 기도 시간을 가질 때에 비로소 기도가 성령의 인도하심에 의해 이루어지는 것임을 깨닫게 되기 때문이다. 웨슬리도 이러한 맥락에서 규칙적인 기도 시간을 가질 것을 강조한다.

---

[33] 마카리우스/최대형 옮김, 『신령한 설교』 (서울: 은성, 2015), 227.

3) 자비의 실천

웨슬리의 영적 스승인 마카리우스는 기도만 할 뿐 선한 일을 하려고 노력하지 않는 것도 경계한다. "오직 기도만 훈련한다면 …… 은혜를 받는다 해도 다시 잃을 것이요, 교만 때문에 타락하거나 자기에게 주어진 은혜를 발달시키거나 성장시키지 못할 것입니다." 웨슬리 또한 다음과 같이 말한다. "자비를 실천하지 않고 기도만 하면 받은 은혜마저도 잃어버리는 결과를 맞이하게 될 것이다."[34]

이러한 맥락에서 웨슬리는 마지막 심판의 비유(마 25:31~46)에 근거해 아픈 자, 즉 고난당하는 자와 함께하는 것을 신자들의 마땅한 의무로 제시한다. 고난당하는 자를 찾아보는 일이 - 이미 받은 - 은총을 증대시키는 수단이요 결국은 마지막 심판의 기준이 된다는 것이다.

또한 웨슬리는 자비에 정의의 실천을 포함시킨다. 정의 없는 자비는 자칫 감상적인 사랑에 빠질 수 있다는 것이다. 웨슬리는 이러한 인식하에서 인종차별을 악으로 규정하면서 노예 제도 폐지에 적극 나섰다. 웨슬리의 제자 윌리엄 윌버포스는 회심 후 노예제 폐지를 자신의 소명으로 여기고 감리회 교인들의 지지 속에서 당시 영국 국가 수입의 1/3 이상을 차지했던 노예 무역을 폐지하고 노예 제도마저 폐지했다.

웨슬리는 한 걸음 더 나아가 기도와 성서 묵상과 같은 경건 훈련뿐 아니라 자비의 실천도 은총의 수단으로 간주한다. "자비의 일(works of mercy) 역시 하나님의 은총의 수단이 됨은 자명한 이치이다."[35] 자비의 실천은 해도 되고 안 해도 되는 것이 아니라는 것이다. 결론적으로 말하면, 자비 없는 기도나 기도 없는 자비는 결국 주어진 은총마저 소멸시키는 결과로 이어진다는

---

34 참조. 존 웨슬리, "아픈 자들을 심방하는 일에 대하여(On Visiting the Sick)", 『웨슬리 설교전집 6』, 274.
35 앞의 설교, 274.

것이다.

사실 그리스도교 전통은 기도와 더불어 이웃 사랑의 계명을 강조해 왔다. 그리고 사랑의 계명을 실천하지 않고 기도만 한다면 은혜를 받아도 쉬 사라질 것이라고 경고한다. "사랑하지 아니하는 자는 하나님을 알지 못하나니 이는 하나님은 사랑이심이라(요일 4:8)."

그러나 기도에서 제기되었던 물음이 여기서도 제기될 수 있다. 이웃에게 공감의 감정이 들지 않으면 어떻게 해야 하는가? 이때에도 마카리우스는 억지로라도 선을 행하라고 가르친다. "이 모든 일들을 억지로라도 해야 합니다. 그렇게 되면 이전에는 그와 함께 거하는 죄 때문에 행할 수 없었던 것을 행할 수 있게 되며, 모든 덕을 자연스럽게 실천할 수 있게 됩니다. 그때부터 주님이 항상 그에게 오셔서 그의 안에 거하시고 그는 주님 안에 있게 됩니다. 그는 조금도 수고하지 않고 주님이 친히 그의 안에서 계명을 수행하시며 주님이 그에게 성령의 열매들을 채워 주십니다."[36]

다시 말해서 억지로라도 순종하지 않으면 은총을 받을 수 없다는 것이다. 왜 그런가? 계명에 순종하려는 자에게만 주어지는 - 자신이 왜곡된 이기적 본성에 사로잡혀 있다는 - 비통한 자기 인식이 바로 은총의 조명(照明)에 의해 생겨난 은총의 선물이기 때문이다. 사실 은총이 우리의 실상을 비춰 주지 않으면 우리는 이러한 인식에 도달할 수 없다.

그러나 이러한 자기 인식은 우리를 절망으로 인도하지 않는가? 은총이 우리를 절망으로 인도하는가? 그러나 우리에게 우리의 실상을 보여 주시는 은총은 동시에 우리의 영적 감각을 회복시켜 줌으로써 주님의 이름을 부르도록 만든다. 이것이 바로 성서가 말하는 회개다. 사실 종교 개혁 전통은 율법의 주요 기능을 신자로 하여금 자신을 바라보고 죄를 뉘우치도록 만드는 회개와 연관시켜 왔다. 그리고 이러한 회개가 깊어지면 계명 속에 나타난 하나

---

36 마카리우스/최대형 옮김, 『신령한 설교』 (서울: 은성, 2015), 228~229.

님의 뜻을 깨닫고 담대한 마음으로 계명에 순종하게 된다. 이로써 선을 행하라는 계명 앞에 선 우리의 자세가 해명된다. 억지로라도 선을 행하되 동시에 우리의 행위를 온전케 하시는 주님의 은총을 기다리는 자세 말이다.

그러나 선을 행하는 것보다 더 중요한 것이 있다. 십자가의 길을 걷다가 포기하지 않는 것이다. 사실 경건 훈련과 자비의 실천은 우리를 빠른 시일 내에 진정한 회개로 인도하지는 않는다. 특히 이웃 사랑의 실천은 우리에게 기쁨을 가져다주기보다는 우리를 낙담시키거나 시험에 들게 만드는 경우가 더 많다. 그러나 우리는 쉽고 편한 길이 아니라 험난하지만 약속이 주어진 길을 가야 한다. 이는 예수께서 말씀하시기 때문이다. "좁은 문으로 들어가라 멸망으로 인도하는 문은 크고 그 길이 넓어 그리로 들어가는 자가 많고 생명으로 인도하는 문은 좁고 길이 협착하여 찾는 자가 적음이라(마 7:13~14)." 바울도 이러한 낙담의 순간이 바로 진정한 회개가 시작되는 시점이라는 것을 시사하며 다음과 같이 말한다. "선을 행하다가 낙심하지 말라(살후 3:13)."

사실 선을 행하다 보면 지치고 절망하기 쉽다. 그러나 교부들은 이때가 바로 기도해야 할 때라고 말한다. 은총이 가까이 도래한 시간이라는 것이다. 사실 수도원 전통은 때를 얻든지 못 얻든지 묵묵히 회개의 길을 걸어가는 사람들을 수도자라 부른다. 묵묵히 회개의 길을 걷는 자는 언젠가 회개가 성령의 인도하심에 응답하는 행위였음을 깨닫게 된다. 겸손에서 비롯되는 회개와 회개에 주어지는 기쁨이야말로 이미 성령의 인도함을 받고 있다는 증거기 때문이다. 묵묵히 이러한 길을 걷다 보면 어느 순간 갑자기 믿음과 사랑이 우리에게 선사될 것이다. 이 순간이 바로 우리가 우리의 이기적 본성으로부터 해방되는 순간이요 따라서 하나님의 은총에 의해 우리의 구원이 실현되는 순간이다. 더불어 우리가 이러한 순간에 겸손함을 잊지 않는다면, 우리에게 주어진 은총은 우리의 이웃에게 하나님의 사랑을 전해 주는 도구의 역할을 하게 될 것이다.

4. 웨슬리의 경제 사상

경제에 대한 현대인의 관심은 뜨겁다. 현대인들에게 스미스(Adam Smith)와 케인스(John Maynard Keynes)는 물론이고 신자유주의란 개념도 그리 낯설지 않을 것이다. 그러나 경제에 대한 관심은 현대인의 전유물이 아니다. 고대인도 현대인 못지않게 경제에 관심을 갖고 있었다. 사실 경제란 말은 - 가정의 관리를 뜻하는 - 고대 그리스어 오이코노미아(oikonomia)에서 유래했다. 현대 경제학자들도 경제 사상의 원류가 고대 그리스 철학과 성서라는 사실을 인정하고 있다.

성서와 교부들에게도 경제는 주요 관심사였다. 그들에게 영성과 경제는 별개의 주제들이 아니었다. 올바른 경제 활동은 영성의 참됨을 입증해 주는 장소요, 영성은 올바른 경제 행위의 동력이었다. 그러나 계몽주의 이후 서구 교회는 - 세속화된 사회의 요청을 받아들여 정치 경제 문제는 국가에 맡기고 - 개인의 구원에만 초점을 맞추었다. 그 결과 그리스도인의 경제 윤리도 근면과 검소라는 개인적인 덕에 한정되었다. 이러한 현상은 베버(Max Weber)로 하여금 개신교 윤리가 자본주의 형성에 기여했다고 주장하도록 만들었다. 그러나 현대의 그리스도인들은 영성과 경제가 얼마나 밀접하게 연관되어 있는지를 재인식하고 포괄적인 그리스도교 경제 윤리를 모색하기 시작했다.

웨슬리는 체계적인 경제 윤리를 제시하거나 경제학 일반에 정통한 신학자도 아니다. 그럼에도 불구하고 웨슬리의 경제 사상이란 주제를 선택한 것은 웨슬리야말로 산업혁명과 계몽주의의 거센 파고 속에서 - 영성과 경제의 통일성을 전제하며 영성의 빛에서 경제를 바라보는 - 성서와 교부들의 경제 사상을 관철시키려 했던 영성신학자로 사료되기 때문이다.

웨슬리 영성의 토대는 성서와 교부, 혹은 교부의 눈으로 바라본 성서의 영성이다. 그러나 웨슬리는 경제 사상에서도 성서와 교부들에게 의존하고 있다. 따라서 웨슬리 경제 사상의 특징을 해명하기 위해선 교부의 경제 사상이 먼저 소개되어야 한다. 간략하게 성서와 교부들의 경제 사상을 소개한 후 웨슬리 경제 사상의 특성을 살펴보겠다.

1) 성서와 교부들의 경제 사상

구약성서는 부를 하나님의 선물로 제시한다. "여호와께서 주시는 복은 사람을 부하게 하고(잠 10:22. 참조. 창 13:2; 왕상 3:13)." 그러나 구약성서가 모든 부자를 복 받은 자로 규정하는 것은 아니다. 때로는 부자의 탐욕을 강하게 비판한다. 하나님의 선물인 부는 당신의 백성 모두에게 돌아가야 한다는 것이다. 따라서 구약성서의 관점에서 바라볼 때, 이 땅에 가난한 자가 많아지거나 경제적 불평등이 심화된다는 것은 이 땅이 죄로 얼룩졌음을 알려 주는 징표라 할 수 있다. 따라서 구약성서는 이러한 경제적 불평등을 해소하기 위해 부의 공유를 법적으로 제정한다. 십일조, 약자보호법, 안식년과 희년제도 등이 이러한 법에 속한다. 그러나 구약성서가 사유재산권을 부정하는 것은 아니다. 오히려 십계명의 제8계명이 암시하듯이, 개인의 사유재산권을 침해하는 것은 죄로 규정된다.

구약성서는 가난의 원인에 대해서도 일관된 대답을 주지 않는다. 가난에도 다양한 원인들이 있다는 것이다. 잠언에서는 게으름이 가난의 원인으로 제시되지만(잠 10:4), 예언자들은 부자의 탐욕을 가난의 원인으로 간주하기도 한다(호 12:7~9; 미 6:10~11; 렘 5:27; 아 5:7). 그러나 구약성서는 하나님을 따르기 위해 스스로 가난의 길을 택하는 의인에 대해서도 말하고 있다(시 34:19; 37:16; 렘 20:13).

신약성서는 구약의 경제 사상을 받아들이지만, 부의 축적에 초점을 맞추며 강력한 비판의 메시지를 전한다. 예수는 부의 축적이 하나님 나라에 걸림돌이 된다는 메시지를 선포한다. "낙타가 바늘귀로 들어가는 것이 부자가 하나님의 나라에 들어가는 것보다 쉬우니라(마 19:24. 참조. 눅 16:13)." 재물의 축적은 결국 재물을 신뢰하도록 만드는 맘몬 숭배에 빠지도록 만든다는 것이다(참조. 마 6:24). 사도들도 이러한 경고를 받아들인다. "돈을 사랑함이 일만 악의 뿌리가 되나니 이것을 탐내는 자들은 미혹을 받아 믿음에서 떠나 많은 근심으로써 자기를 찔렀도다(딤전 6:10)."

부의 축적을 경고하는 예수는 가난한 자에게 하나님 나라가 주어진다고 선포한다. "제자들을 보시고 이르시되 너희 가난한 자는 복이 있나니 하나님의 나라가 너희 것임이요(눅 6:20)." 그리고 재물 포기를 제자의 길로 제시한다. "누구든지 자기의 모든 소유를 버리지 아니하면 능히 내 제자가 되지 못하리라(눅 14:33. 참조. 막 1:18; 마 4:20; 눅 5:11)." 이 말씀이 예수의 육성에 가깝다면, 예수의 경제 윤리는 사유재산권마저 포기하라는 급진적인 가르침이 될 것이다.

그러나 마태복음은 가난한 자에 영(Pneuma)을 덧붙여 영 혹은 마음이 가난한 자에게 하나님 나라가 주어진다고 선포한다. "심령이 가난한 자는 복이 있나니 천국이 그들의 것임이요(마 5:3)."

교부들은 이 구절에 의지하면서 재물이 아니라 탐욕을 내려놓는 것이 예수의 뜻이라고 주장한다. 어쨌든 신약성서는 구약성서보다 훨씬 더 강하게 부의 축적을 경고한다. 그러나 이러한 경고는 부를 악한 것으로 바라보게 하는 대신, 부를 의롭게 사용하라는 권면으로 이어진다. 청지기 사상이 바로 그것이다. 예수는 불의한 청지기의 비유(눅 16:1~13)에서 불의의 재물로 친구를 사귀는 것이 청지기의 자세임을 일깨워 준다. 즉 가난한 자들의 빚을 탕감해 주는 것이 부의 근원이신 하나님을 섬기는 길이라는 것이다. 이러한 청지기 사상은 사도행전 2장과 4장이 증언하듯이 초대교회로 하여금 - 구성원의 필요에 따라 부를 나눠주는 - 하나님의 경제 공동체를 탄생시켰다(참조. 행 2:43~47; 4:32~37).

히브리 영성을 헬라 세계에 전해 주었던 초기 교부들은 성서의 경제 사상을 조망하면서 그리스도교 경제 사상에 큰 틀을 제공해 주었다. 그들은 물질과 부에 적대적인 태도를 취했던 영지주의(靈知主義, Gnosis)에 맞서 – 부가 하나님의 선물이라는 – 구약성서의 선포로부터 출발한다. 따라서 교부들은 부를 획득하는 정당한 수단인 노동을 장려한다.[37]

그러나 그들은 동시에 노동을 통해 얻은 부를 가난한 자와 나누라고 가르친다. 2세기 초에 등장한 『디다케』(Didache)는 다음과 같이 말한다. "모든 것들을 네 형제와 함께 공유하고 네 것들이라고 말하지 말라."[38] 이러한 사상을 받아들인 교부들은 자족(自足, autarkeia)과 공유(公有, koinonia)를 그리스도인의 경제 윤리로 제시한다.[39]

교부들도 부의 축적에 대해선 강도 높게 비판한다. 그러나 강조점은 교부들마다 다르다. 2세기의 교부 알렉산드리아의 클레멘스(Clement of Alexandria)는 『어떤 부자가 구원받는가?』에서 부 자체가 아니라 탐욕이 포기의 대상임을 강조한다. "청년에게 소유한 재물을 버리라고, 그의 소유물을 포기하라고 명령하신 것이 아닙니다. 오히려 그분은 청년의 영혼에서 재물에 대한 생각, 재물에 대한 애착, 재물에 대한 지나친 욕망, 재물에 대한 병적인 불안, 재물에 대한 걱정, 생명의 씨앗을 자라지 못하게 하는 세속적인 삶의 가시를 떨쳐 버리라고 명령하십시다."[40]

클레멘스는 이와 같이 탐욕을 전면에 부각시킴으로써 부의 축적을 영

---

37 요아니스 알레시우는 크리소스토모스(Johannes Chrisostomos)의 생애와 영성을 해설하면서 다음과 같이 말한다. "요한은 또한 노동은 결코 수치가 아니라 명예로운 것이라고 역설했다." 참조. 요아니스 알렉시우/요한 박용범 옮김, 『성 요한 크리스토모스』 (서울: 정교회출판사, 2014), 72.
38 정양모 역주, 『디다케 열두 사도들의 가르침』 (왜관: 분도출판사, 1993), 43.
39 참조. 알렉산드리아의 클레멘스/하성수 역주, 『어떤 부자가 구원받는가』 (왜관: 분도출판사, 2018); 대 바실리우스/노성기 역주, 『내 곳간들을 헐어 내리라·부자에 관한 강해·기근과 가뭄 때에 행한 강해·고리 대금업자 반박』 (왜관: 분도출판사, 2018); 정교회 교부들/박노양 옮김, 『부와 가난』 (서울: 정교회출판사, 2018).
40 알렉산드리아의 클레멘스/하성수 역주, 『어떤 부자가 구원받는가?』 (2018), 30. 클레멘스의 신학사상에 대해서는 다음 문헌들을 참조하시오. Hans Freiherr von Campenhausen, *Griechische Kirchenvater* (Stuttgart: Verlag Kohlhammer, 1986), 32~42; Eusebius von Caesarea. *Kirchengeschichte* (Darmstadt: Wissenschaftliche Buchgesellschaft, 1989), 282~290.

적인 문제로 풀어나간다. 그러나 4세기 카파도키아의 교부 바실리우스(St. Basilius)는 부의 축적을 사회적 문제로 보면서 부자가 하나님 나라에 들어가지 못하는 이유를 가난한 자에게 돌아가야 할 하나님의 선물을 강탈했기 때문이라고 말한다. 그는 『내 곳간들을 헐어 내리라』에서 가난한 자의 비참함이 부자의 탐욕에서 비롯된다고 주장하면서 다음과 같이 말한다. "탐욕스러운 사람은 어떤 사람입니까? 충분한데도 만족하지 못하는 사람입니다. 누가 강도입니까? 모든 사람에게 속한 것을 빼앗아 가는 사람입니다. 청지기로서 위탁받은 것을 그대의 소유물로 여긴다면, 그대는 탐욕스러운 사람이며 강도가 아닙니까?"[41]

그러나 교부들은 가난한 자를 더욱 가난하게 만드는 토지의 독점과 이자소득은 강력하게 비판하면서도, 사유재산권만큼은 인정한다. 여기서 물음이 제기된다. 교부들의 사유재산권 인정은 부의 포기를 강조하는 예수의 가르침을 온전하게 반영한 것인가? 물론 하나님의 선물인 부조차도 - 하나님 나라를 위해 - 포기하라는 것이 예수의 가르침이라면, 교부들은 예수의 메시지를 약화시켰다고 말할 수 있다. 트뢸치(E. Troeltsch)는 이러한 맥락에서 교부들이 - 예수의 가르침과 동시대인의 상황 사이에서 - 절충안을 제시했다고 주장한다.[42] 우리나라에서도 장윤재 교수가 비슷한 입장을 대변한다. 교부들은 예수의 급진적인 가르침(눅 6:20~21; 마 6:24)을 순화시키고 변용시켰다는 것이다.[43]

그러나 교부들은 아니라고 말할 것이다. 즉 부자 청년에게 모든 것을 팔아 가난한 자에게 주라고 말씀하셨던 예수는 다른 곳에서는 그렇게 하지 않았다는 것이다. 클레멘스는 다음과 같이 말한다. "주님께서는 자캐오(눅 19:5~6)와 레위(막 2:14~15; 눅 19:5~6), 마태오(마 9:9~10), 부유한 사람들과

---

41 대 바실리우스/노성기 역주, 『내 곳간들을 헐어 내리라·부자에 관한 강해·기근과 가뭄 때에 행한 강해·고리 대금업자 반박』 (2018), 35~36.
42 참조. E. Troeltsch, *Die Soziallehren der christlichen Kirchen und Gruppen* (Tübingen, 1965), 113.
43 장윤재, "부와 가난에 대한 신학적 성찰: 성 아우구스티누스가 남긴 불행한 유산", 『한국조직신학논총』 제18집 (2007), 67~92.

세리들 집에 손님으로 머물렀으며, 그들에게 부를 포기하라고 명령하지 않았습니다. 반대로 그분은 다만 부를 공정하게 사용할 것을 요구하시고 부당하게 사용하는 것을 금하면서 '오늘 이 집에 구원이 내렸다(눅 19:9).'라고 선포하십니다."⁴⁴

신약성서학자 김득중 교수도 신약성서가 가난이나 청빈을 이상으로 제시하지 않는다고 주장한다. 그는 이에 대한 근거로 "재산과 소유를 팔아 각 사람의 필요에 따라 나눠주며"(행 2:45)에 나오는 '팔다(ἐπίπρασκον)'라는 헬라어가 단순과거형이 아니라 미완료 시제(Imperfect tense)임을 주지시킨다. "즉 이 단어는 단 한 번 가진 것을 모두 팔았다는 의미가 아니라 필요가 생길 때마다 가진 것을 파는 행위가 거듭 반복되었다는 것을 뜻한다. 이것은 초대기독교인들이 계속 자신들의 집을 갖고 있으면서 그 집에서 살고 있었다는 사실에서도 분명히 드러나고 있다(행 5:42; 12:12)."⁴⁵

물론 누가 해석의 정당성을 갖고 있는지는 쉽게 대답할 수 있는 문제가 아니다. 이 문제는 결국 – 재물의 포기를 강조하는 – 예수의 가르침을 구약성서의 경제 사상을 계승하며 심화시키는 것으로 해석할 것인지, 아니면 구약성서의 가르침을 뛰어넘는 것으로 해석할 것인지에 달려 있기 때문이다. 분명한 것은 교부들이 문자적 해석과 더불어 알레고리적 해석을 받아들임으로써 전자를 택했다는 사실이다.

2) 웨슬리의 경제 윤리

웨슬리도 부를 하나님의 선물로 인식한다. 그는 다음과 같이 말한다. "금이나 돈 자체가 악한 것은 아닙니다. 잘못은 돈에 있는 것이 아니라, 사용하

---

44 알렉산드리아의 클레멘스/하성수 역주, 『어떤 부자가 구원받는가?』 (2018), 33~34.
45 김득중, "신약성서의 경제 윤리", 「신약논단」 4권 (1998), 16.

는 사람들에게 있습니다. 인류의 현재 상태에서 가장 고귀한 목적을 충족시키는 돈은 하나님의 훌륭한 선물입니다."[46]

부가 하나님의 선물이라는 것은 그리스도교의 전통적인 경제 사상이다. 물론 중세 교회가 부를 부정적으로 바라본 적도 있지만, 이러한 시각은 늦어도 칼뱅 이후에는 자취를 감춘다.

웨슬리는 부가 하나님의 선물이라는 명제하에서 경제 윤리를 구체화시킨다. 첫째, "할 수 있는 대로 많이 벌어라." 둘째, "할 수 있는 대로 많이 저축하라." 셋째, "할 수 있는 대로 모든 것을 주어라." 이제 웨슬리의 경제 윤리를 노동과 사유재산권 그리고 청지기 사상의 관점에서 살펴보겠다.

(1) 노동과 부

부가 하나님의 선물이라면, 부를 획득하는 행위는 기피가 아니라 권장의 대상이다. 이러한 경제 사상은 당시의 개신교 신자들에게 해방감을 가져다 주었다. 그러나 청교도를 위시한 당대의 개신교인들은 부를 획득하는 방법이 정당하지 않으면, 하나님의 선물인 부를 도둑질하는 것이라고 생각했다. 즉 성실한 노동에 주어진 부만이 하나님을 기쁘시게 한다는 것이다. 따라서 - 중세 스콜라 신학에 의해 하나님의 일과 상관없는 일로 간주되었던 - 세속의 직업이 다시 하나님의 소명(召命, Calling)으로 복권되었다.

루터는 세속의 직업을 하나님의 부르심으로 받아들인 최초의 종교 개혁자였다. 사제만이 부르심을 받은 것이 아니라는 것이다. 그러나 중세의 영향력에서 완전히 벗어나지 못한 루터는 노동의 대가에 대해서는 그리 큰 관심을 갖지 않았다. 노동뿐 아니라 노동에 주어진 부도 긍정적으로 받아들인 개혁자는 칼뱅이었다. 칼뱅은 하나님의 소명인 직업에서 최선을 다해 최대한의 결실을 거두어야 한다고 주장한다. 따라서 노동에 주어지는 부는 자신의

---

46 존 웨슬리, "돈의 사용", 『웨슬리 설교전집 3』 (2006), 284.

소명에 최선을 다했음을 입증해 주는 증거로 간주되었다. 이러한 맥락에서 칼뱅은 돈을 자신보다 더 잘 활용하는 사람에게 빌려주고 이자를 받는 것을 긍정적으로 평가하기도 했다.[47]

따라서 칼뱅의 노동 윤리에서 가장 강조되는 덕목은 근면이었다. 청교도들은 시간을 소중하게 여기지 않는 것을 게으름의 징표로 간주했다. 미국의 청교도 프랭클린(Benjamin Franklin)은 '시간은 돈(time is money)'이라는 말을 남기기도 했다.

그러나 이러한 사고는 가난의 원인을 게으름으로 간주하도록 만들었다. 그 결과 가난한 자들은 동정이 아니라 정죄의 대상이 되기 시작했다. 근면과 더불어 강조된 또 하나의 덕은 검소한 삶이었다. 하나님의 선물인 부를 헛된 곳에 사용하지 말라는 것이다.

베버가 지적했듯이, 청교도들의 근면과 검소는 인간의 이기적 욕망을 억제하려는 금욕적인 의미를 갖는다.[48] 사실 초기 교부들의 사상적 뿌리인 수도원 영성에서는 노동이 단지 재물을 얻는 수단이 아니라 태만을 통해 다가오는 이른바 '악한 생각들'과의 영적 싸움을 의미했다. 특히 서방 수도원 전통은 노동이 악한 생각들을 몰아내는 기능을 수행한다고 확신하면서 노동을 – 마음속 악한 생각과 투쟁하며 은총을 기다리는 – 수도사의 수행(Praxis)에 포함시킨다.[49] 루터 또한 이러한 사상을 가지고 있었다. 루터교회 신학자 본회퍼는 루터 사상의 빛에서 노동을 "자기중심과 이기심으로부터 정화시키려는 하나님의 도구"로 정의한다.[50]

그러나 청교도들에게 근면과 검소는 점차 영성적 행위가 아니라 세속적인 덕으로 간주되기 시작했다. 그 결과 근면과 검소는 부를 획득하는 수단이

---

47 참조. 이은선. "칼빈과 청교도의 경제 윤리", 「한국개혁신학논문집」 6권 (1999), 158~161.
48 참조. 막스 베버/권세원 옮김, 「프로테스탄티즘의 윤리와 자본주의 정신」 (서울: 휘문출판사, 1972), 288.
49 이러한 맥락에서 베네딕트(Benedict)는 수도자의 삶을 "기도하고 일하라(Ora et Labora)."로 요약한다.
50 디트리히 본회퍼/정지련·손규태 옮김, 「신도의 공동생활 성서의 기도서」 (서울: 대한기독교서회, 2010), 74.

되었고, 노동의 기쁨보다는 노동에 주어지는 부가 강조되기 시작했다.

웨슬리도 근면과 검소를 강조하는 청교도의 경제 윤리에 동조하면서 자신의 건강과 이웃의 이익을 침해하지 않는 범위 내에서 열심히 일해 많이 벌고, 사치하거나 낭비하지 말고 할 수 있는 대로 저축하라고 말한다.[51] 그는 특히 검소한 삶을 강조한다. "1페니도 육체의 욕망, 안목의 욕망, 혹은 이생의 자랑을 만족시키기 위해 사용하지 마십시오. 또한 진실로 하나님을 기쁘시게 하거나 영화롭게 하는 일 외에 다른 목적을 위해서는 결코 사용하지 마십시오."[52]

그러나 웨슬리가 청교도의 경제 사상 모두에 동의하는 것은 아니다. 그는 근면과 검소를 단지 부를 축적하기 위한 수단만으로 보지는 않는다. 그는 초기 교부들과 마찬가지로 근면과 검소에 주어진 영성적 차원을 중시했다. 그는 또한 근면은 강조하지만 가난의 원인을 게으름으로 보아 가난한 자를 멸시하는 태도나 경제 활동을 통해 축적한 부를 바라보며 구원을 확신하는 사상은 단호하게 배격하였다.[53]

(2) 사유재산권

노동을 통해 하나님의 선물인 부를 취하라는 것은 사유재산권을 인정하는 경제 윤리다. 사실 그리스도교 전통은 사유재산권을 인정해 왔다. 부의 축적에 비판적이었던 교부들도 사유재산권만큼은 인정했다.

그러나 철학에서는 상반된 견해들이 지속적으로 대립해 왔다. 아리스토텔레스와 로크는 사유재산권을 변호한 반면, 플라톤과 루소는 사유재산제의 폐해를 맹렬하게 비판하며 공유경제(公有經濟)를 주장했다. 그들은 사유재산

---

51 참조. 존 웨슬리, "돈의 사용", 『웨슬리 설교전집 3』 (2006), 285~291.
52 존 웨슬리, "재물 축적의 위험성에 대하여", 『웨슬리 설교전집 3』 (2006), 379. 그는 1760년에도 검소한 삶을 강조했다. 참조. 존 웨슬리, "돈의 사용", 『웨슬리 설교전집 3』 (2006), 294.
53 물론 칼뱅도 부의 축적이 아니라 나눔을 하나님께 영광 돌리는 것으로 간주했다.

제가 부의 독점을 법적으로 용인해 줌으로써 부익부 빈익빈 현상을 가중시켜 결국 가난하고 힘없는 자들을 노예로 전락시킨다고 주장한다.

이러한 철학적 입장들 앞에서 가톨릭 전통은 아리스토텔레스를 따르며 사유재산권을 자연법으로 선포한다. 모든 사람은 자연적으로 자신의 재산을 소유할 권리를 갖고 있으며, 그 누구도 이 권리를 침해할 수 없다는 것이다. 종교 개혁자들 또한 십계명에 근거해 사유재산권을 하나님의 요청으로 이해한다. "도둑질하지 말라"는 계명은 사유재산권을 전제하며, 이러한 권리를 침해하지 말라는 계명이라는 것이다. 루터는 『대교리문답』에서 사유재산권을 침해하는 것을 죄로 규정하며, 칼뱅 또한 『기독교강요』에서 사유재산권을 하나님이 주신 권리로 해석한다.[54]

그러나 그리스도교 전통이 주어진 재산을 자기 마음대로 사용해도 좋다고 주장하는 것은 아니다. 즉 가톨릭은 사유재산권을 공동선(共同善)의 제약을 받는 권리로 규정하며, 종교 개혁자들 또한 사유재산권을 부의 궁극적 소유주이신 하나님에 의해 제한을 받는 권리로 이해한다.

간략하게 말하자면, 그리스도교 전통은 사유재산권을 인정하되 배타적이며 독점적인 권리로 해석하지 않는다. 부의 궁극적 소유권은 인간이 아니라 하나님에게 있다는 것이다. 그러면 웨슬리는 사유재산권을 어떻게 생각했는가? 그는 사유재산권 논쟁에 직접적으로 참여하지는 않았다. 다만 사유재산권을 전제하는 당시의 경제 제도하에서 고통을 당하는 가난한 사람들을 변호하며, 그들에게 고통을 가져다주는 가난을 극복하기 위해 여러 가지 조치들을 단행했다. 이러한 웨슬리의 행보는 몇몇 웨슬리 해석자로 하여금 웨슬리가 사유재산제를 부정했다는 논지를 펼치도록 만들었다. 제닝스(T. Jennings)는 – 사도행전이 증언하는 공유 공동체를 바라보며 가난한 자의 편에 선 –

---

54 참조. 마르틴 루터/최주훈 옮김, 『대교리문답』 (서울: 복있는사람, 2017), 148~161; 존 칼빈/양낙홍 옮김, 『기독교강요』 (서울: 크리스천다이제스트, 2004), 88.

웨슬리가 사유재산권을 부정하는 태도를 취했다고 주장한다.[55] 박창훈 교수 또한 노예 제도를 사유재산권에 토대를 둔 제도로 보면서 노예 제도에 반대했던 웨슬리를 부각시킨다.[56]

물론 웨슬리가 초대교회의 공유 공동체를 경제 윤리의 모델로 삼은 것은 분명한 사실이다. 그러나 앞서 교부들의 경제 사상을 소개하며 언급했듯이, 초대교회가 사유재산권을 부정했다고 단정 짓는 것은 지나친 주장이다.

사실 웨슬리는 저축을 장려했다. 그는 물론 저축이 선한 일을 위해 쓰일 때에만 정당성을 가질 수 있다고 주장하지만, 저축 그 자체를 부정한 것은 아니었다. 이러한 사실은 웨슬리가 사유재산권을 무조건적으로 거부하지는 않았음을 보여 주는 하나의 예다.

(3) 청지기 윤리

개념적으로 말하자면, 웨슬리는 사유재산권을 절대적 권리가 아닌 상대적 권리로 인정한다. 이러한 사유재산권 이해는 교부들의 이해와 크게 다르지 않다. 웨슬리는 또한 교부들을 따라 청지기 사상도 받아들인다.

사실 경제(經濟)로 번역된 economy란 단어는 고대 그리스어 oikonomi와 oikonomos에서 유래한 말이다. 전자는 공동체를 관리하는 방식을 뜻하고, 후자는 청지기를 뜻한다. 교부들은 한 걸음 더 나아가 성령 안에 나타난 하나님의 구원 사역을 하나님의 경제(oikonomia tou theou)라는 말로 표현하기도 한다.[57] 하나님 자신이 세상을 돌보고 섬기는 청지기의 본분을 보여 주셨다는 것이다. 사실 그리스도교 문화권에서 경제라는 말은 공동체를 섬기는

---

55 참조. Theorodo Jennings, Jr, "Wesley's Preferential for the poor", *Quarterly Review* (Fall, 1989), 20. 박창훈, 『존 웨슬리, 사회비평으로 읽기』 (서울: 대한기독교서회, 2014), 38에서 재인용.
56 물론 박창훈 교수는 웨슬리의 심중에 있는 것이 특정한 경제 이론이 아니라 – 사도행전 2장과 4장이 묘사하고 있는 – 초대교회의 공유 공동체임을 인정한다. 그러나 그는 이러한 공유 공동체가 사유재산제를 극복할 수 있는 대안 공동체라고 주장한다. 참조. 박창훈, 『존 웨슬리, 사회비평으로 읽기』 (2014), 37~44.
57 참조. St. Basil the Great, *De Spiritu Sancto* (New York: Scriptura Press, 2015), 16, 38.

행위, 즉 공동체 구성원 모두가 삶에 필요한 것을 얻고 있는지를 살피는 행위를 의미했다. 이러한 본연의 의미가 오늘날의 시장 경제의 의미로 바뀐 것은 그리 오래되지 않았다.

청지기란 자신에게 주어진 것을 하나님의 뜻대로 사용하는 사람을 말한다. 그러면 무엇이 하나님의 뜻인가? 그리스도교 전통은 말한다. 부를 가난한 이웃과 나누는 것이다. 이에 이의를 제기할 그리스도인은 없을 것이다. 그러나 "자신의 것과 이웃의 것을 어떤 비율로 나눠야 하는가?"라는 물음에서는 의견의 일치를 보이지는 않는다.

그리스도교 전통에서 십일조와 납세는 나눔을 수행하는 역할을 담당해 왔다. 그러나 십일조와 납세는 최소한의 나눔을 뜻한다. 칼뱅은 할 수 있는 대로 많이 나눠주라고 말하지만 일부러 가난해질 필요는 없다고 말한다. 그러나 웨슬리는 자신의 삶을 유지하는 데에는 최소한의 부만 사용하고 나머지 모두는 가난한 자들에게 주라고 말한다. "할 수 있는 한 모든 것, 즉 가지고 있는 재산을 모두 나누어주십시오."[58]

자신의 삶에 꼭 필요한 것만을 충족시킨 후 나머지는 모두 나누어주라는 것이다. 그러나 이러한 사상 또한 그의 독창적인 사상이 아니다. 자족과 공유를 청지기 윤리로 제시하는 교부들이 이미 이러한 사상을 주장해 왔다.

물론 문자적으로 바라보자면, 웨슬리는 자족을 말하는 교부들보다는 가난의 영성을 말하는 예수에 더 가까운 것처럼 보인다. 그러나 교부들이 말하는 자족은 문자적인 의미 이상을 뜻한다. 즉 노동을 통해 얻은 부를 다른 사람들과 나누기 위해 스스로 택한 소박한 삶에 만족하는 태도 말이다.

그러나 웨슬리가 자족보다 공유에 강조점을 둔 것은 분명한 사실이다. 웨슬리는 설교를 통해 부의 나눔을 강조했을 뿐 아니라 부유한 신자들을 찾아다니며 설득하고 강권했다. 웨슬리는 왜 그토록 나눔을 강조했을까? 나눔은

---

[58] 존 웨슬리, "재물 축적의 위험성에 대하여", 『웨슬리 설교전집 7』 (2006), 379.

그에게 어떤 의미가 있을까? 웨슬리가 나눔에 어떠한 의미를 부여했는지를 이해하기 위해선 - 부의 나눔을 가로막는 - 부의 축적을 경고한 이유가 무엇인지를 먼저 살펴보아야 한다.

3) 경제와 영성

(1) 영적 문제로서의 부의 축적

웨슬리는 1780년 이후 부를 축적하는 것이 얼마나 위험한지를 거듭 지적한다. 이러한 경고에는 구체적인 이유가 있었다. 그를 따르는 신자들이 - 열심히 일해서 가능한 한 많이 벌고 검소한 생활을 하며 저축하라는 가르침은 받아들였지만 할 수 있는 대로 주라는 가르침은 따르지 않음으로써 - 부를 축적했기 때문이다. 그러나 웨슬리의 제자들만 그런 것이 아니었다. 당시 영국의 청교도들은 근면을 통해 이룬 부의 축적을 구원의 증거로 간주했다. 19세기 영국의 소설가 디킨스(C. Dickens)가 쓴 『크리스마스 캐롤』(*A Christmas Carol*)의 주인공 '스크루지'는 전형적인 청교도 신자의 모습이었다.

부의 축적을 구원의 증거로 간주하는 사상은 당시 개신교인들에게 유행처럼 번져 갔다. 웨슬리가 거듭 부의 축적을 경고했다는 것은 웨슬리가 이러한 사상을 정반대의 입장에서 비판했다는 것을 의미한다. 부의 축적이 구원의 증거라는 사상은 비(非) 성서적일 뿐 아니라 반(反) 성서적이라는 것이다. 웨슬리는 성서의 가르침뿐 아니라 자신의 목회 경험에 근거해 부의 축적이 은총의 소멸로 이어진다고 확신했다. "부자가 되기를 바라거나 부자가 되기 위해 노력하는 사람들은 그 순간 유혹, 즉 깊은 유혹의 늪에 떨어집니다."[59]

그러나 웨슬리에게 근면과 검소를 통해 주어진 부는 예나 지금이나 하나님의 선물이다. "재물과 재물이 늘어가는 것이 하나님의 선물이라는 것은 사

---

[59] 앞의 책, 380.

실입니다. 그러기에 우리는 하나님의 은총으로 된 일이 저주받을 일이 되지 않도록 하기 위해 대단히 조심하지 않으면 안 됩니다."⁶⁰

그러면 부의 축적이 가져오는 영적 위험은 구체적으로 어떤 것인가? 이에 대해 웨슬리는 다음과 같이 말한다. "재산이 증가할 때 만약 당신의 자선이 똑같은 비율로 증가하지 않으면 …… 당신 재물의 온전한 십일조를 나눠 주지 않으면 당신은 분명 당신의 마음을 재물에 두어, 마침내 당신의 육체를 불처럼 집어삼키게 될 것입니다."⁶¹

부의 축적은 결국 그를 탐욕의 노예로 만든다는 것이다. 그리고 이를 통해 이미 받은 은총마저도 소멸시키는 무서운 결과를 가져온다는 것이다. 웨슬리는 결론적으로 다음과 같이 말한다. "하나님의 힘에 의하지 않고는 부자가 그리스도인이 되는 것은, 즉 그리스도의 마음을 품고 그리스도처럼 사는 것은 불가능하다는 것입니다."⁶²

그러면 부를 하나님의 선물로 선포했던 웨슬리가 견물생심(見物生心)이란 부정할 수 없는 현상 앞에서 부의 축적을 유혹의 원인으로 본 것인가?

웨슬리에게 부 자체는 악이 아니다. 그렇게 생각했다면 부를 가난한 사람들에게 나누어주라고 말하지는 않았을 것이다. 웨슬리는 교부들과 마찬가지로 물질 그 자체가 아니라 마음속 탐욕을 견물생심의 원인으로 간주한다.

그러나 – 은총은 인간의 의지와 협력하여 선을 이룬다는 – 신인협력설의 대변자였던 웨슬리는 죄와의 영적 싸움에서 중요한 것이 억지로라도 선을 행하려는 의지라고 가르친 바 있다. 따라서 웨슬리가 그토록 부를 축적하지 말라고 경고했던 것은 탐욕과의 영적 투쟁이 기도의 행위가 아니라 – 부를 나누지 못하게 저항하는 – 이기적 자아를 돌파하려는 의지의 행위에 의해 시작

---

60 존 웨슬리, "재물 축적의 위험성에 대하여", 『웨슬리 설교전집 7』 (2006), 370.
61 앞의 책, 374~375.
62 존 웨슬리, "부에 대하여", 『웨슬리 설교전집 7』 (2006), 187.

된다고 확신했기 때문이다.

간략하게 말하자면, 비워야 할 것은 마음속 탐욕이지만, 탐욕을 비우기 위해선 억지로라도 축적된 부를 나누어야 한다는 것이다. 내려놓아야 할 것이 탐욕인가 아니면 축적된 부인가라는 물음은 웨슬리에게는 피상적인 물음에 불과하다. 이로써 부를 축적하지 말고 나누라는 웨슬리의 경제 윤리가 탐욕과의 영적 투쟁을 전제하는 영성적 사상임이 드러난다.

(2) 부의 나눔과 사회 성화

그러면 부의 나눔은 웨슬리에게 어떤 의미가 있을까? 단지 자기 구원을 위한 수단일 뿐인가? 매덕스(R. L. Maddox)는 이러한 맥락에서 웨슬리의 경제 윤리를 자기 부정의 길로 소개한다.[63] 나눔의 목적은 성화에 있다는 것이다.

그렇다면 결국 웨슬리의 궁극적인 관심은 개인의 구원에 있다는 말인가? 부는 아무에게나 주어져도 상관없다는 것인가? 그러나 웨슬리에게 부는 결코 헛되이 사용해서는 안 되는 하나님의 선물이다.

그러면 웨슬리에게 부의 나눔은 여느 경제학자들처럼 경제적 약자를 도움으로써 경제적 불평등을 해소하는 데 목적이 있는가? 그러한 목적으로 본다면 결국 주는 자는 구원을 받겠지만 받는 자는 단지 경제적 정의에 만족해야 할 것이다. 그러나 웨슬리는 그렇게 생각하지 않는다. 웨슬리는 다음과 같이 말한다. "여기에서 우리는 기독교와 도덕성 사이에 큰 차이가 있음을 발견하게 됩니다. 내적인 변화와 - 정의, 자비, 진리의 실천과 같은 - 외적인 행동이 없이는 진정한 기독교란 존재할 수 없습니다. 이것은 물론 도덕적인 것입니다. 그러나 그리스도가 없는 정의, 자비, 진리는 그리스도인들에게

---

63 Randy L. Maddox, *Responsible Grace: John Wesley's Practical Theology* (Nashville: Kingswood Books, 1994), 244~245.

는 아무런 쓸모가 없는 것입니다."[64]

주는 자는 물론 받는 자도 그리스도를 만나 성화의 길을 걸어가도록 하는 것이 나눔의 목적이 되어야 한다는 것이다. 웨슬리는 이와 같이 주는 자와 받는 자 모두의 성화, 즉 사회의 구원을 소망한다. 그리고 이러한 과제 앞에서 웨슬리는 사도행전 4장 32절 - "믿는 무리가 한마음과 한 뜻이 되어 모든 물건을 서로 통용하고 자기 재물을 조금이라도 자기 것이라 하는 이가 하나도 없더라." - 이 증언하는 공유 공동체를 바라보며 다음과 같이 말한다. "그들이 어떻게 모든 소유를 서로 나누어주고 공유하게 되었을까요? 보건대 어떤 적극적인 명령도 없었는데 말입니다. 저의 대답은 외부의 어떤 명령이 필요 없었다는 것입니다. 그 명령은 그들의 마음에서 나온 것이었습니다. 당연하고도 필연적으로 그들이 나누었던 사랑으로부터 초래한 것입니다. 그들은 한마음과 한 영을 가지고 있어서 성서에 쓰여 있듯이 그들이 소유한 것 중 어느 것도 자신의 것이라고 말하지 않았습니다. 그들의 마음이 사랑으로 넘쳐흐르는 동안에는 그럴 수 있었을 것입니다. 같은 동기로 사랑이 넘치는 곳에서는 어디나 같은 결과가 자연히 뒤따랐습니다."[65]

초대교회로 하여금 부의 공유와 나눔을 실천하도록 만든 것은 강제적인 법이 아니라, 사랑의 실천이라는 것이다. 달리 말하자면, 초대교회에는 공유 경제뿐 아니라 마음을 나누는 인격적 사귐이 공존했다는 것이다.

물론 웨슬리는 부의 나눔을 기피하는 인격적 사귐을 청지기의 자세로 여기지 않을 것이다. 웨슬리는 요한의 말에 동의할 것이다. "누가 이 세상의 재물을 가지고 형제의 궁핍함을 보고도 도와 줄 마음을 닫으면 하나님의 사랑이 어찌 그 속에 거하겠느냐(요일 3:17)."

그러나 웨슬리는 인격적 사귐 없는 부의 나눔도 무의미하다고 생각한다.

---

64 존 웨슬리, "하나님 없는 삶에 대하여", 『웨슬리 설교전집 7』 (2006), 367.
65 존 웨슬리, "불법의 신비", 『웨슬리 설교전집 5』 (2006), 309.

"누군가에게 도움이 될 만한 것을 보내 주는 행위는 누군가를 방문하는 행위와 같을 수 없습니다. 물론 전자의 행위도 좋은 일에는 틀림없습니다. 하지만 전자의 행위가 후자의 행위를 도외시하는 것이라면 행하지 아니함만 못할 수 있습니다."[66]

사귐 없는 부의 나눔은 역효과를 낼 수 있다는 것이다. 부의 나눔은 오히려 인격적 사귐을 섬기는 도구가 되어야 한다는 것이다. 사실 가난한 자를 마음속으로는 무시하면서 물질적 도움을 준다면, 주어진 부로 인해 잠시 열린 가난한 자의 마음은 다시 닫히게 될 것이다.

웨슬리는 이러한 사귐을 실천하는 방안으로 심방(尋訪)을 강조한다. 웨슬리에게 심방은 설교만큼이나 중요한 사역이었다. 웨슬리는 옥스퍼드 시절부터 고난당하는 사람들을 찾아가는 심방 사역을 지속적으로 수행했다. 그의 사역 내내 동반되었던 가난한 자들 - 노동자와 어린이 그리고 여성과 노예 - 에 대한 관심은 결코 우발적인 것이 아니었다. 웨슬리는 "성찬 없이 일주일을 보낼 수 없는 것같이, 가난한 사람들을 방문하지 않고 일주일을 보내는 것은 생각할 수 없었다."고 술회한 바 있다.[67]

웨슬리는 1786년 "아픈 자들을 심방하는 일에 대하여"라는 설교에서 과감하게 심방을 은총의 수단으로 제시한다.[68] 고난당하는 형제를 찾아가 물질과 마음을 나누는 인격적 사귐은 형제와 자신에게 은총을 전해 주는 수단이라는 것이다. 형제를 찾아가 겸손한 마음으로 물질을 나누고 기도하는 행위는 형제를 사귐으로 불러들여 그로 하여금 하나님의 사랑을 받아들이도록 하는 자비의 실천이지만, 또한 부지불식간에 자신의 마음속 악한 생각들과 싸우는 수행(修行, Praxis)의 행위라는 것이다.

---

66 존 웨슬리, "아픈 자들을 심방하는 일에 대하여", 『웨슬리 설교전집 6』 (2006), 277.
67 John Wesley, "The Preface of an Extract of the Rev. Mr. John Wesley's Journal", *Works* (Journal & Diary) 18: 128~129. 박창훈, 『존 웨슬리, 사회비평으로 읽기』 (2014), 26에서 재인용.
68 존 웨슬리, "아픈 자들을 심방하는 일에 대하여", 『웨슬리 설교전집 6』 (2006), 276~277.

요약하자면, 노동에서 사귐에 이르기까지 근면과 검소 그리고 나눔과 사귐을 강조하는 웨슬리 경제 윤리는 태만과 허영 그리고 탐욕과 교만이라는 악한 생각들과 투쟁하는 수행(Praxis)의 행위를 내포한다. 웨슬리는 여기서 수행이 기도로 이어지도록 하면서 성화의 은총을 기다리는 수도사들의 삶을 염두에 두었을 것이다. 그러나 웨슬리는 나눔과 사귐이 자신뿐 아니라 형제도 구원하는 길임을 강조한다. 수행의 결과인 나눔과 사귐은 가난한 자를 불러 그로 하여금 그리스도를 만나도록 돕는 역할을 담당하기 때문이다.

4) 요약과 전망

웨슬리의 경제 사상은 예수의 명령인 "불의의 재물로 친구를 사귀라(눅 16:9)"는 말씀으로 요약될 수 있다. 결국 부는 사귐을 섬기는 수단이 되어야 한다는 것이다. 이러한 사상은 바울의 메시지에도 나타난다. "내가 내게 있는 모든 것으로 구제하고 또 내 몸을 불사르게 내줄지라도 사랑이 없으면 내게 아무 유익이 없느니라(고전 13:3)."

사실 교부들이 강조하는 부의 공유도 궁극적으로는 사랑의 교제를 지향한다. 부자들을 정죄하는 대신 참된 사귐의 장소로 나오라고 설득하는 클레멘스나 가난한 자들에게도 나름대로 책임을 묻는 바실리우스가 궁극적으로 소망했던 것은 사랑의 사귐이었다.

이러한 경제 사상은 첫째, 부가 삶의 한 수단임을 강조한다. 이 사상에 의하면, 부를 축적하는 것은 수단을 목적으로 착각하는 것이다. 부란 사용되기 위해 존재하기 때문이다. 부가 수단이라는 것은 또한 상황에 따라 부라고 하는 수단 없이도 - 은총의 수단인 - 사귐은 이루어질 수 있고 또한 이루어져야 한다는 것을 뜻한다. 부는 때로는 다른 것으로 대체될 수도 있는 수단이기 때문이다. 따라서 이러한 사상은 가난 속에서도 의연함을 잃지 말며, 부유함 속에서도 겸손함을 잃지 말라고 권면한다. 바울은 이러한 삶을 자족으로 부르며 다음과 같이 말한다. "내가 궁핍하므로 말하는 것이 아니니라 어떠한 형편에든지 나는 자족하기를 배웠노니 나는 비천에 처할 줄도 알고 풍부에 처할 줄도 알아 모든 일 곧 배부름과 배고픔과 풍부와 궁핍에도 처할 줄 아는 일체의 비결을 배웠노라(빌 4:11~12)."

둘째, 근면과 검소 그리고 나눔과 사귐을 실천하는 청지기 윤리가 내적으로는 악한 생각과 싸우는 수행이라는 사실을 인식하라고 요청한다. 즉 외적으로 행동하면서도 내면에서 일어나는 생각들을 주시하라는 것이다. 왜냐하면 악한 생각들은 나눔과 사귐을 실천하는 가운데서도 나타나 선한 행위를 중단시키려 하기 때문이다.

웨슬리는 또한 청지기 윤리에 기도가 동반되어야 할 것을 요청한다. 기도로 이어지지 않는 수행이나 윤리는 결국 - 청지기 윤리의 목적인 - 사회의 성화가 하나님의 은총에 의해 이루어지는 것임을 간과할 수도 있기 때문이다. 웨슬리는 윤리 없는 기도뿐 아니라 기도 없는 윤리도 경계한다. 전자는 회개 없이 은총을 기다리는 자세이기에 열매를 맺지 못하며, 후자는 수행만으로 사회의 성화를 이루려 하기 때문에 선을 행하다가 고난을 만나면 쉽게 낙심하기 쉽다는 것이다.

이러한 웨슬리의 경제 사상은 그리스도교 경제 윤리의 특성이 무엇인지를 숙고하는 데 도움을 줄 수 있을 것이다. 탐욕이 정말 인간의 지성과 지혜를 뛰어넘는 힘과 계략을 가졌는지, 그리고 은총이 실제로 인간의 수행과 기도를 받아들여 탐욕을 소멸할 수 있는지를 확인하지 못하는 윤리는 피상적인 윤리에 그칠 뿐, 그리스도인을 실제로 도울 수 없기 때문이다.

물론 여기에 이의가 제기될 수 있다. 탐욕이 하나님의 경제를 가로막는 요인인 것은 분명하지만, 주범은 마음속 탐욕이 아니라 세상의 탐욕이지 않은가? 따라서 경제적 불평등을 심화시키는 사회의 구조적 불의를 식별하고 저지하는 일이 더 중요하지 않은가? 바실리우스도 합법을 가장한 불의를 비판하는 데 심혈을 기울이지 않았는가?[69]

웨슬리는 분명 이러한 이의를 받아들일 것이다. 경제적 불평등을 심화시키는 구조적 불의는 하나님의 경제와 양립할 수 없기 때문이다. 그러나 웨슬리는 마음속 탐욕이 소멸되지 않는 한, 세상의 그 어떤 정의로운 제도나 법도 자신의 역할을 수행하지 못한다고 말할 것이다. 세상의 탐욕을 저지하려는 지혜보다 탐욕의 진화 속도가 더 빠르다고 생각하기 때문이다.

물론 웨슬리는 악한 생각도 소멸될 수 있다고 주장한다. 그리고 악한 생각이 소멸될 때 비로소 본래 우리에게 주어진 선한 본성도 발견하게 될 것이라고 믿는다. 인간과 협력하여 선을 이루려는 하나님의 은총에 동참하기만 한다면, 즉 우리를 사귐으로 부르시는 은총에 순종할 수만 있다면, 마음속 악한 생각을 소멸시킬 수 있을 뿐만 아니라 세상의 탐욕과 교만에 대해서도 당당히 맞설 수 있다는 것이다.

사실 이방인들은 하나님을 믿는 자들의 말이 아니라 삶을 보고 하나님께 돌아온다는 예수의 말씀 – "너희 빛이 사람 앞에 비치게 하여 그들로 너희 착한 행실을 보고 하늘에 계신 너희 아버지께 영광을 돌리게 하라(마 5:16)." – 을 신뢰한다면, 말이 아니라 세상과 구별된 삶으로서 세상의 탐욕을 고발하는 것보다 더 효율적인 것은 없어 보인다.

이러한 맥락에서 – 교부들과 웨슬리에게 영감을 불러일으켰던 – 수도원 영성은 맘몬의 지배 아래서 길을 잃고 방황하는 현대의 그리스도인에게 하나의 길을 제시해 줄 수 있을 것이다.[70] 수도사들로 하여금 – 노동을 통해 얻은 – 부와 – 수행과 기도를 통해 얻은 – 사랑의 마음을 공동체 안팎의 형제와 나누도록 만든 것은 결국 세상의 탐욕을 삶으로 고발하려는 결단이었기 때문이

---

69 바실리우스뿐 아니라 니사의 그레고리우스도 고리대금업을 신랄하게 비판한다. 참조. 정교회 교부들/박노양 옮김, 『부와 가난』 (2018), 239~258.
70 웨슬리에게 영감을 주었던 위(僞) 마카리우스(Macarius)는 동방정교회의 영성에 지대한 영향력을 행사한 수도사였다.

다.[71] 사실 수도자들의 경제 공동체는 적지 않은 경제 사상가들에게 삶의 모델이 되고 있다.[72]

---

[71] 정교회 신학자 메이엔도르프는 세상의 요구에 비타협적인 자세를 취하는 것을 수도원 영성의 특징으로 간주한다. 참조. 존 메이엔도르프/박노양 옮김, 『비잔틴 신학: 역사적 변천과 주요 교리』 (서울: 정교회출판사, 2013), 129~154. 허성석 신부도 수도원 영성의 특징을 그리스도를 온전히 따르기 위한 '세상에서의 분리(fuga mundi)'로 제시한다. 참조. 허성석, 『수도 영성의 기원』 (왜관: 분도출판사, 2015), 20~23.
[72] 필리핀의 가톨릭 사제이자 농민운동가인 아빌라(C. Avila)와 예수회 사제 도어(D. Dorr)는 사회 경제의 구조적 모순에 저항하는 대안으로 수도원의 경제 사상을 제시하고 있다. 참조. 찰스 아빌라/김유준 옮김, 『소유권: 초대교부들의 경제 사상』 (2008), 208~211; 도날 도어/황종렬 옮김, 『영성과 정의』 (왜관: 분도출판사, 1990), 198~201.

참고 문헌

1. 웨슬리 문헌

1) 웨슬리의 저서

웨슬리, 존/한국웨슬리학회 편역. 『웨슬리 설교전집』 1~7. 서울: 대한기독교서회, 2006.
웨슬리, 존/이후정 옮김. 『그리스도인의 완전』. 서울: 감신대출판부, 2006.
웨슬리, 존/김영운 옮김. 『존 웨슬리의 일기』. 서울: 크리스천다이제스트, 2007.

Jackson, Thomas. ed. *The Works of John Wesley*. I-XIV. Peabody: Hendrickson Publishers, 1986.
Outler, Albert. ed. *John Wesley*. New York: Oxford, 1964.

2) 참고문헌

김득중. "신약성서의 경제 윤리". 「신약논단」 4권 (1998).
김홍기. 『존 웨슬리의 경제 윤리』. 서울: 대한기독교서회, 2001.
도어, 도날/황종렬 옮김. 『영성과 정의』. 왜관: 분도출판사, 1990.
루터, 마르틴/최주훈 옮김. 『대교리문답』. 서울: 복있는사람, 2017.
마르크바르트, M./조경철 옮김. 『존 웨슬리의 사회윤리』. 서울: 보문출판사, 1992.
마카리우스/최대형 옮김. 『신령한 설교』. 서울: 은성, 2015.
박창훈. 『존 웨슬리, 사회비평으로 읽기』. 서울: 대한기독교서회, 2014.
베버, 막스/권세원 옮김. 『프로테스탄티즘의 윤리와 자본주의 정신』. 서울: 휘문출판사, 1972.
본회퍼, 디트리히/정지련·손규태 옮김. 『신도의 공동생활 성서의 기도서』. 서울: 대한기독교서회, 2010.
이은선. "칼빈과 청교도의 경제 윤리". 「한국개혁신학논문집」 6권 (1999).

장윤재. "부와 가난에 대한 신학적 성찰: 성 아우구스티누스가 남긴 불행한 유산". 「한국조직신학논총」 제18집 (2007).
카터, 찰스 W./박은규 외 옮김. 『현대 웨슬리 신학 Ⅱ』. 서울: 대한기독교서회, 1999.
칼빈, 존/양낙홍 옮김. 『기독교 강요』. 서울: 크리스천다이제스트, 2004.
콜린스, 케네스/이세형 옮김. 『존 웨슬리 톺아보기』. 서울: 신앙과지성사, 2016.

Jennings, Theodore. *Good News to the Poor: John Wesley's Economics*. Nashville: Abingdon Press, 1990.
Maddox, Randy L. *Responsible Grace: John Wesley's Practical Theology*. Nashville: Kingswood Books, 1994.
Meeks, M. Douglas. Sanctification and Economy: A Wesleyan Perspective on Stewardship. in: Maddox, Randy L. ed. *Rethinking Wesley's Theology for contemporary Methodism*. Nashville: Kingswood Books, 1998.
Outler, Albert. *Evangelism in Wesleyan Spirit*. Nashville: Tidings, 1971.
Runyon, Theodore. ed. *Sanctification and Liberation*. Nashville: Abingdon Press, 1981.

2. 교부 문헌

1) 교부들의 저서

바실리우스/노성기 역주. 『내 곳간들을 헐어 내리라·부자에 관한 강해·기근과 가뭄 때에 행한 강해·고리대금업자 반박』. 왜관: 분도출판사, 2018.
알렉산드리아의 클레멘스/하성수 역주. 『어떤 부자가 구원받는가?』. 왜관: 분도출판사, 2018.
정교회 교부들/박노양 옮김. 『부와 가난』. 서울: 정교회출판사, 2018.
정양모 역주. 『디다케 열두 사도들의 가르침』. 왜관: 분도출판사, 1993.

Basil the Great. *De Spiritu Sancto*. New York: Scriptura Press, 2015.

Von Caesarea, Eusebius. *Kirchengeschichte*. Darmstadt: Wissenschaftliche Buchgesellschaft, 1989.

2) 참고문헌

메이엔도르프, 존/박노양 옮김. 『비잔틴 신학: 역사적 변천과 주요 교리』. 서울: 정교회출판사, 2013.

아빌라, 찰스/김유준 옮김. 『소유권: 초대교부들의 경제 사상』. 서울: 기독교문서선교회, 2008.

요아니스 알렉시우/요한 박용범 옮김. 『성 요한 크리스토모스』. 서울: 정교회출판사, 2014.

허성석. 『수도 영성의 기원』. 왜관: 분도출판사, 2015.

Troeltsch, Ernst. *Die Soziallehren der christlichen Kirchen und Gruppen*. Tübingen, 1965.

Von Campenhausen, Hans Freiherr. *Griechische Kirchenvater*. Stuttgart: Verlag Kohlhammer, 1986.

조직신학

발행일	2020년 3월 3일 초판 1쇄
	2023년 10월 19일 초판 2쇄
지은이	정지련
발행인	이 철
편집인	김정수
발행처	도서출판 kmc

서울특별시 종로구 세종대로 149 감리회관 16층
(재)기독교대한감리회 도서출판 kmc
전화 02-399-2008 **팩스** 02-399-2085
www.kmcpress.co.kr

디자인·인쇄 코람데오

Copyright (C) 도서출판 kmc, 2020, *Printed in Korea*.
ISBN 978-89-8430-836-7 03230

―――――――――――

이 도서의 국립중앙도서관 출판예정도서목록(CIP)은 서지정보유통지원시스템 홈페이지(http://seoji.nl.go.kr)와
국가자료종합목록 구축시스템(http://kolis-net.nl.go.kr)에서 이용하실 수 있습니다. (CIP제어번호 : CIP2020007816)